**NEW TEPS 완벽 반영**

# 뉴텝스  넥서스!

## 그냥 믿고 따라와 봐!

**600점 만점!!**

### 마스터편 실전 500+

**독해** 정일상, TEPS콘텐츠개발팀 지음 | 17,500원 　**문법** 테스 김 지음 | 15,000원 　**청해** 라보혜, TEPS콘텐츠개발팀 지음 | 18,000원

**500점**

### 실력편 실전 400+

**독해** 정일상, TEPS콘텐츠개발팀 지음 | 18,000원 　**문법** TEPS콘텐츠개발팀 지음 | 15,000원 　**청해** 라보혜, TEPS콘텐츠개발팀 지음 | 17,000원

**400점**

### 기본편 실전 300+

**독해** 정일상, 넥서스TEPS연구소 지음 | 19,000원 　**문법** 장보금, 써니 박 지음 | 17,500원 　**청해** 이기헌 지음 | 19,800원

**300점**

### 입문편 실전 250+

**독해** 넥서스TEPS연구소 지음 | 18,000원 　**문법** 넥서스TEPS연구소 지음 | 15,000원 　**청해** 넥서스TEPS연구소 지음 | 18,000원

MP3 듣기
모바일 단어장
온라인 받아쓰기
정답 자동 채점

**넥서스 NEW TEPS 시리즈**

- 목표 점수 달성을 위한 **뉴텝스 기본서 + 실전서**
- 뉴텝스 실전 완벽 대비 **Actual Test 수록**
- 고득점의 감을 확실하게 잡아 주는 **상세한 해설 제공**
- 모바일 단어장, 어휘 테스트 등 **다양한 부가자료 제공**

NEXUS Edu

# LEVEL CHART

| | 초1 | 초2 | 초3 | 초4 | 초5 | 초6 | 중1 | 중2 | 중3 | 고1 | 고2 | 고3 |
|---|---|---|---|---|---|---|---|---|---|---|---|---|

**VOCA**

- 초등필수 영단어 1-2 · 3-4 · 5-6학년용
- The VOCA + (플러스) 1~7
- THIS IS VOCABULARY 입문 · 초급 · 중급
- 고급 · 어원 · 수능 완성 · 뉴텝스
- WORD FOCUS 중등 종합 5000 · 고등 필수 5000 · 고등 종합 9500

**Grammar**

- 초등필수 영문법 + 쓰기 1~2
- OK Grammar 1~4
- This Is Grammar Starter 1~3
- This Is Grammar 초급~고급 (각 2권: 총 6권)
- Grammar 공감 1~3
- Grammar 101 1~3
- Grammar Bridge 1~3
- The Grammar Starter, 1~3
- 한 권으로 끝내는 필수 구문 1000제
- 구사일생 (구문독해 Basic) 1~2
- 구문독해 204 1~2
- 그래머 캡처 1~2
- [특급 단기 특강] 어법어휘 모의고사

| | 초1 | 초2 | 초3 | 초4 | 초5 | 초6 | 중1 | 중2 | 중3 | 고1 | 고2 | 고3 |
|---|---|---|---|---|---|---|---|---|---|---|---|---|

**Writing**

- 공감 영문법+쓰기 1~2
- 도전만점 중등내신 서술형 1~4
- 영어일기 영작패턴 1-A, B · 2-A, B
- Smart Writing 1~2

**Reading**

- Reading 101 1~3
- Reading 공감 1~3
- This Is Reading Starter 1~3
- This Is Reading 전면 개정판 1~4
- 원서 술술 읽는 Smart Reading Basic 1~2
- 원서 술술 읽는 Smart Reading 1~2
- [특급 단기 특강] 구문독해 · 독해유형
- [앱솔루트 수능대비 영어독해 기출분석] 2019~2021학년도

**Listening**

- Listening 공감 1~3
- The Listening 1~4
- After School Listening 1~3
- 도전! 만점 중학 영어듣기 모의고사 1~3
- 만점 적중 수능 듣기 모의고사 20회 · 35회

**TEPS**

- NEW TEPS 입문편 실전 250⁺ 청해 · 문법 · 독해
- NEW TEPS 기본편 실전 300⁺ 청해 · 문법 · 독해
- NEW TEPS 실력편 실전 400⁺ 청해 · 문법 · 독해
- NEW TEPS 마스터편 실전 500⁺ 청해 · 문법 · 독해

# NEW
# TEPS
## 기본편
## 실전 300+ 청해

## NEW TEPS 기본편(실전 300+) 청해

지은이 이기헌
펴낸이 임상진
펴낸곳 (주)넥서스

출판신고 1992년 4월 3일 제311-2002-2호 ⑩
10880 경기도 파주시 지목로 5
Tel (02)330-5500 Fax (02)330-5555

ISBN  979-11-6165-415-7  14740
       979-11-6165-412-6  14740 (SET)

www.nexusbook.com

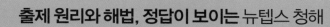

출제 원리와 해법, 정답이 보이는 뉴텝스 청해

How to TEPS

# NEW TEPS

기본편
실전 300+

청해

이기헌 지음

## Listening

NEXUS Edu

## TEPS 점수 환산표 [TEPS → NEW TEPS]

| TEPS | NEW TEPS | TEPS | NEW TEPS | TEPS | NEW TEPS | TEPS | NEW TEPS |
|---|---|---|---|---|---|---|---|
| 981~990 | 590~600 | 771~780 | 433~437 | 561~570 | 303~308 | 351~360 | 185~189 |
| 971~980 | 579~589 | 761~770 | 426~432 | 551~560 | 298~303 | 341~350 | 181~184 |
| 961~970 | 570~578 | 751~760 | 419~426 | 541~550 | 292~297 | 331~340 | 177~180 |
| 951~960 | 564~569 | 741~750 | 414~419 | 531~540 | 286~291 | 321~330 | 173~177 |
| 941~950 | 556~563 | 731~740 | 406~413 | 521~530 | 281~285 | 311~320 | 169~173 |
| 931~940 | 547~555 | 721~730 | 399~405 | 511~520 | 275~280 | 301~310 | 163~168 |
| 921~930 | 538~546 | 711~720 | 392~399 | 501~510 | 268~274 | 291~300 | 154~163 |
| 911~920 | 532~538 | 701~710 | 387~392 | 491~500 | 263~268 | 281~290 | 151~154 |
| 901~910 | 526~532 | 691~700 | 381~386 | 481~490 | 258~262 | 271~280 | 146~150 |
| 891~900 | 515~525 | 681~690 | 374~380 | 471~480 | 252~257 | 261~270 | 140~146 |
| 881~890 | 509~515 | 671~680 | 369~374 | 461~470 | 247~252 | 251~260 | 135~139 |
| 871~880 | 502~509 | 661~670 | 361~368 | 451~460 | 241~247 | 241~250 | 130~134 |
| 861~870 | 495~501 | 651~660 | 355~361 | 441~450 | 236~241 | 231~240 | 128~130 |
| 851~860 | 488~495 | 641~650 | 350~355 | 431~440 | 229~235 | 221~230 | 123~127 |
| 841~850 | 483~488 | 631~640 | 343~350 | 421~430 | 223~229 | 211~220 | 119~123 |
| 831~840 | 473~481 | 621~630 | 338~342 | 411~420 | 217~223 | 201~210 | 111~118 |
| 821~830 | 467~472 | 611~620 | 332~337 | 401~410 | 212~216 | 191~200 | 105~110 |
| 811~820 | 458~465 | 601~610 | 327~331 | 391~400 | 206~211 | 181~190 | 102~105 |
| 801~810 | 453~458 | 591~600 | 321~327 | 381~390 | 201~206 | 171~180 | 100~102 |
| 791~800 | 445~452 | 581~590 | 315~320 | 371~380 | 196~200 | | |
| 781~790 | 438~444 | 571~580 | 309~315 | 361~370 | 190~195 | | |

※ 출처: 한국영어평가학회

보다 세분화된 환산표는
www.teps.or.kr에서
내려받을 수 있습니다.

1999년 첫 시행 이래 큰 변화가 없었던 텝스가 2018년 5월 처음으로 개정되었습니다. 청해와 독해에 새로운 유형의 문제가 도입되었으며 최고점수가 990점에서 600점으로 조정되었습니다. 가장 반가운 소식은 문항 수와 시험시간이 대폭 줄어 수험자의 응시 부담과 피로도가 크게 낮아졌다는 점입니다. 하지만 심리적 부담이 줄었다고 해서 뉴텝스가 쉬운 시험인 것은 아닙니다.

많은 학습자들이 텝스 영역 중 청해가 특히 어렵다고 합니다. 우선 토익, 토플 등과 달리 텝스 청해는 문제와 선택지가 시험지에 나와 있지 않습니다. 성우들의 읽는 속도도 빠르고 생소한 생활영어 표현과 어려운 어휘가 등장합니다. 또 대화나 담화문을 잘 듣고도 선택지 자체가 헷갈려 오답을 고르는 경우도 많습니다.

이러한 어려움을 해소하는 데 도움이 되고자 〈NEW TEPS 기본편 청해〉를 집필했습니다. 본서에서는 기초를 잡아 주고 실전에서 활용할 수 있는 전략과 다양한 난이도의 문제가 배치된 Practice Test와 Actual Test를 통해 최적의 학습 효과가 가능하도록 했습니다. 아무리 좋은 교재도 대충 읽고 풀며 답만 확인하고 넘어가는 식으로 공부하면 실력이 늘지 않습니다. 전략을 꼼꼼하게 읽고 Practice Test로 연습한 후, 최종적으로 실전과 똑같은 Actual Test로 마무리하면 어느덧 청해 고득점을 위한 튼튼한 내공이 쌓여 있음을 느끼게 될 것입니다.

이 모든 일이 저 혼자서라면 불가능했을 것입니다. 좋은 책이 나올 수 있게 방향을 잡아 주시고 같이 고민하신 넥서스 편집 팀장님과 팀원분들, 정말 고생 많으셨습니다. 고맙습니다. 학생 시절부터 지금의 영어교육 전문가로 성장하는 데 많은 도움을 주신 김대균어학원 김대균 원장님, EBS 이현석 선생님, 그리고 저를 위해 모든 희생을 아끼지 않는 가족에게도 감사의 말씀을 전합니다.

〈저자 소개〉
저자 이기헌은 명덕외고 영어과, 서강대 영문과를 졸업하고 한국외대 통번역대학원에서 국제회의 통역(동시통역) 석사학위를 받은 뒤 통역사로 활동하고 있다. 통일부 주최 「한반도 국제포럼」 등 수많은 국제회의에서 동시통역을 했다. TOEFL iBT 120점 만점, TOEIC 990점 만점을 비롯해 모든 주요 영어시험에서 만점을 받았으며, TEPS에서도 전 영역 만점을 기록했다. 해커스 · YBM · 파고다어학원 등에서의 강의경험과 많은 시험 응시경험을 바탕으로 영어교재를 저술하고 있으며, 저서로는 '넥서스 텝스보카', 'How To TEPS 실전 600 청해편'이 있다.

이기헌

# Contents

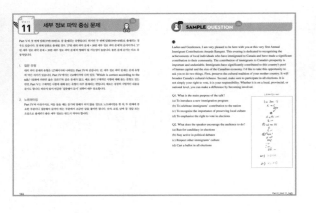

## NEW TEPS 청해 핵심 전략

뉴텝스 청해 5개 파트의 유형별 특징과 핵심 전략을 자세히 수록했습니다. 유형에 따른 특징과 주의해야 할 사항을 파악함으로써 청해에 대한 감을 익히고 실전에 대비할 수 있도록 했습니다.

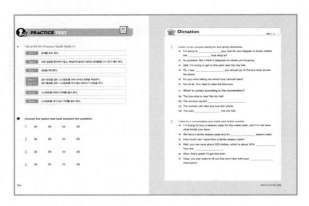

## Practice Test & Dictation

실전 문제를 풀고 지문을 다시 복습할 수 있는 Practice Test와 Dictation을 수록했습니다. 파트별 전략을 적용하고 받아쓰기로 듣기 능력을 향상시켜 청해의 감각을 익힐 수 있도록 했습니다.

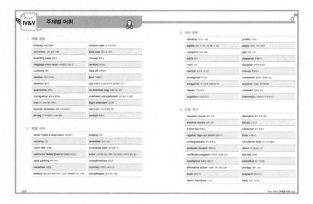

## 상황별 표현 & 빈출 구동사 & 주제별 어휘

청해에서 자주 쓰이는 상황별 표현과 빈출 구동사, 주제별 어휘를 수록했습니다. 핵심 어휘를 학습함으로써 청해의 기본기를 쌓을 수 있도록 했습니다.

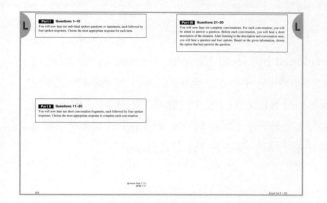

## NEW TEPS 실전 모의고사 5회분

뉴텝스 기출 유형을 충실하게 반영한 Actual Test 5회분을 수록하였습니다. 실제 시험과 유형과 구성이 흡사한 실전 문제를 풀어 봄으로써 실전 감각을 익히고 고득점에 한 걸음 다가갈 수 있도록 했습니다.

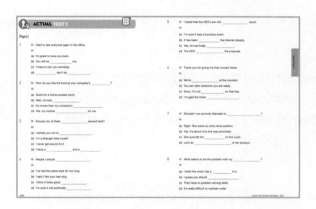

## Dictation Workbook

Actual Test 5회분의 모든 Dictation을 워크북에 수록했습니다. 직접 받아쓰기 연습을 하며 필수 표현을 익히고 보다 심도 깊은 듣기 훈련을 할 수 있도록 했습니다.

MP3 바로 듣기
받아쓰기 테스트
모바일 단어장

## 정답 및 상세한 해설

모든 문제의 스크립트와 해석, 상세한 해설, 어휘를 수록했습니다. 상세한 해설을 통해 혼자서도 완벽하게 문제를 이해할 수 있고, 어려운 어휘까지 손쉽게 학습할 수 있도록 하였습니다.

# TEPS란?

TEPS는 Test of English Proficiency developed by Seoul National University의 약자로 서울대학교 언어교육원에서 개발하고, TEPS관리위원회에서 주관하는 국가공인 영어 시험입니다. 1999년 1월 처음 시행 이후 2018년 5월 12일부터 새롭게 바뀐 NEW TEPS가 시행되고 있습니다. TEPS는 정부기관 및 기업의 직원 채용이나 인사고과, 해외 파견 근무자 선발과 더불어 국내 유수의 대학과 특목고 입학 및 졸업 자격 요건, 국가고시 및 자격 시험의 영어 대체 시험으로 활용되고 있습니다.

**1** / NEW TEPS는 종합적 지문 이해력 평가를 위한 시험으로, 실제 영어 사용 환경을 고려하여 평가 효율성을 높이고 시험 응시 피로도는 낮춰 수험자의 내재화된 영어 능력을 평가합니다.

**2** / 편법이 없는 시험을 위해 청해(Listening)에서는 시험지에 선택지가 제시되어 있지 않아 눈으로 읽을 수 없고 오직 듣기 능력에만 의존해야 합니다. 청해나 독해(Reading)에서는 한 문제로 다음 문제의 답을 유추할 수 있는 가능성을 배제하기 위해 1지문 1문항을 고수해 왔지만 NEW TEPS부터 1지문 2문항 유형이 새롭게 추가되었습니다.

**3** / 실생활에서 접할 수 있는 다양한 주제와 상황을 다룹니다. 일상생활과 비즈니스를 비롯해 문학, 과학, 역사 등 학술적인 소재도 출제됩니다.

**4** / 청해, 어휘, 문법, 독해의 4영역으로 나뉘며, 총 135문항에 600점 만점입니다. 영역별 점수 산출이 가능하며, 점수 외에 5에서 1+까지 10등급으로 나뉩니다.

| 영역 | 문제 유형 | 문항수 | 제한 시간 | 점수 범위 |
|---|---|---|---|---|
| 청해<br>Listening Comprehension | Part Ⅰ : 한 문장을 듣고 이어질 대화로 가장 적절한 답 고르기<br>(문장 1회 청취 후 선택지 1회 청취) | 10 | 40분 | 0~240점 |
| | Part Ⅱ : 짧은 대화를 듣고 이어질 대화로 가장 적절한 답 고르기<br>(대화 1회 청취 후 선택지 1회 청취) | 10 | | |
| | Part Ⅲ : 긴 대화를 듣고 질문에 가장 적절한 답 고르기<br>(대화 및 질문 1회 청취 후 선택지 1회 청취) | 10 | | |
| | Part Ⅳ : 담화를 듣고 질문에 가장 적절한 답 고르기 (1지문 1문항)<br>(담화 및 질문 2회 청취 후 선택지 1회 청취) | 6 | | |
| | Part Ⅴ : 담화를 듣고 질문에 가장 적절한 답 고르기 (1지문 2문항)<br>(담화 및 질문 2회 청취 후 선택지 1회 청취) | 신유형<br>4 | | |
| 어휘<br>Vocabulary | Part Ⅰ : 대화문의 빈칸에 가장 적절한 어휘 고르기 | 10 | 변경<br><br>통합<br>25분 | 0~60점 |
| | Part Ⅱ : 단문의 빈칸에 가장 적절한 어휘 고르기 | 20 | | |
| 문법<br>Grammar | Part Ⅰ : 대화문의 빈칸에 가장 적절한 답 고르기 | 10 | | 0~60점 |
| | Part Ⅱ : 단문의 빈칸에 가장 적절한 답 고르기 | 15 | | |
| | Part Ⅲ : 대화 및 문단에서 문법상 틀리거나 어색한 부분 고르기 | 5 | | |
| 독해<br>Reading Comprehension | Part Ⅰ : 지문을 읽고 빈칸에 가장 적절한 답 고르기 | 10 | 40분 | 0~240점 |
| | Part Ⅱ : 지문을 읽고 문맥상 어색한 내용 고르기 | 2 | | |
| | Part Ⅲ : 지문을 읽고 질문에 가장 적절한 답 고르기 (1지문 1문항) | 13 | | |
| | Part Ⅳ : 지문을 읽고 질문에 가장 적절한 답 고르기 (1지문 2문항) | 신유형<br>10 | | |
| 총계 | 14개 Parts | 135문항 | 105분 | 0~600점 |

### 청해 (Listening Comprehension) _40문항

정확한 청해 능력을 측정하기 위하여 문제와 보기 문항을 문제지에 인쇄하지 않고 들려줌으로써 자연스러운 의사소통의 인지 과정을 최대한 반영하였습니다. 다양한 의사소통 기능(Communicative Functions)의 대화와 다양한 상황(공고, 방송, 일상생활, 업무 상황, 대학 교양 수준의 강의 등)을 이해하는 데 필요한 전반적인 청해력을 측정하기 위해 대화문(dialogue)과 담화문(monologue)의 소재를 균형 있게 다루었습니다.

### 어휘 (Vocabulary) _30문항

문맥 없이 단순한 동의어 및 반의어를 선택하는 시험 유형을 배제하고 의미 있는 문맥을 근거로 가장 적절한 어휘를 선택하는 유형을 문어체와 구어체로 나누어 측정합니다.

### 문법 (Grammar) _30문항

밑줄 친 부분 중 오류를 식별하는 유형 등의 단편적이며 기계적인 문법 지식 학습을 조장할 우려가 있는 분리식 시험 유형을 배제하고, 의미 있는 문맥을 근거로 오류를 식별하는 유형을 통하여 진정한 의사소통 능력의 바탕이 되는 살아 있는 문법, 어법 능력을 문어체와 구어체를 통하여 측정합니다.

### 독해 (Reading Comprehension) _35문항

교양 있는 수준의 글(신문, 잡지, 대학 교양과목 개론 등)과 실용적인 글(서신, 광고, 홍보, 지시문, 설명문, 양식 등)을 이해하는 데 요구되는 총체적인 독해력을 측정하기 위해서 실용문 및 비전문적 학술문과 같은 독해 지문의 소재를 균형 있게 다루었습니다.

## 청해 Listening Comprehension

### ★ PART I (10문항)

두 사람의 질의응답 문제를 다루며, 한 번만 들려줍니다. 내용 자체는 단순하고 기본적인 수준의 생활 영어 표현으로 구성되어 있지만, 교과서적인 지식보다는 재빠른 상황 판단 능력이 필요합니다. Part I에서는 속도 적응 능력뿐만 아니라 순발력 있는 상황 판단 능력이 요구됩니다.

| |
|---|
| **Choose the most appropriate response to the statement.** |

W  I heard that it's going to be very hot tomorrow.

M  _____

(a) It was the hottest day of the year.
(b) Be sure to dress warmly.
(c) Let's not sweat the details.
(d) It's going to be a real scorcher.

W  내일은 엄청 더운 날씨가 될 거래.

M  _____

(a) 일 년 중 가장 더운 날이었어.
(b) 옷을 따뜻하게 입도록 해.
(c) 사소한 일에 신경 쓰지 말자.
(d) 엄청나게 더운 날이 될 거야.

정답 (d)

### ★ PART II (10문항)

짧은 대화 문제로, 두 사람이 A-B-A 순으로 보통의 속도로 대화하는 형식입니다. 소요 시간은 약 12초 전후로 짧습니다. Part I과 마찬가지로 한 번만 들려줍니다.

| |
|---|
| **Choose the most appropriate response to complete the conversation.** |

M  Would you like to join me to see a musical?

W  Sorry no. I hate musicals.

M  How could anyone possibly hate a musical?

W  _____

(a) Different strokes for different folks.
(b) It's impossible to hate musicals.
(c) I agree with you.
(d) I'm not really musical.

M  나랑 같이 뮤지컬 보러 갈래?

W  미안하지만 안 갈래. 나 뮤지컬을 싫어하거든.

M  뮤지컬 싫어하는 사람도 있어?

W  _____

(a) 사람마다 제각각이지 뭐.
(b) 뮤지컬을 싫어하는 것은 불가능해.
(c) 네 말에 동의해.
(d) 나는 그다지 음악에 재능이 없어.

정답 (a)

13

앞의 두 파트에 비해 다소 긴 대화를 들려줍니다. NEW TEPS에서는 대화와 질문 모두 한 번만 들려 줍니다. 대화의 주제나 주로 일어나고 있는 일, 화자가 갖고 있는 문제점, 세부 내용, 추론할 수 있는 것 등에 대해 묻습니다.

---

**Choose the option that best answers the question.**

W  I just went to the dentist, and he said I need surgery.
M  That sounds painful!
W  Yeah, but that's not even the worst part. He said it will cost $5,000!
M  Wow! That sounds too expensive. I think you should get a second opinion.
W  Really? Do you know a good place?
M  Sure. Let me recommend my guy I use. He's great.

Q: Which is correct according to the conversation?
(a) The man doesn't like his dentist.
(b) The woman believes that $5,000 sounds like a fair price.
(c) The man thinks that the dental surgery is too costly for her.
(d) The woman agrees that the dental treatment will be painless.


W  치과에 갔는데, 의사가 나보고 수술을 해야 한대.
M  아프겠다!
W  응, 하지만 더 심한 건 수술 비용이 5천 달러라는 거야!
M  왜! 너무 비싸다. 다른 의사의 진단을 받아 보는 게 좋겠어.
W  그래? 어디 좋은 곳이라도 알고 있니?
M  물론이지. 내가 가는 곳을 추천해 줄게. 잘하시는 분이야.

Q  대화에 의하면 다음 중 옳은 것은?
(a) 남자는 담당 치과 의사를 좋아하지 않는다.
(b) 여자는 5천 달러가 적당한 가격이라고 생각한다.
(c) 남자는 치과 수술이 여자에게 너무 비싸다고 생각한다.
(d) 여자는 치과 시술이 아프지 않을 것이라는 점에 동의한다.

정답 (c)

★ PART IV (6문항)

이전 파트와 달리, 한 사람의 담화를 다룹니다. 방송이나 뉴스, 강의, 회의를 시작하면서 발제하는 것 등의 상황이 나옵니다. Part IV, Part V는 담화와 질문을 두 번씩 들려줍니다. 담화의 주제와 세부 내용, 추론할 수 있는 것 등에 대해 묻습니다.

---

**Choose the option that best answers the question.**

Tests confirmed that a 19-year-old woman recently died of the bird flu virus. This was the third such death in Indonesia. Cases such as this one have sparked panic in several Asian nations. Numerous countries have sought to discover a vaccine for this terrible illness. Officials from the Indonesian Ministry of Health examined the woman's house and neighborhood, but could not find the source of the virus. According to the ministry, the woman had fever for four days before arriving at the hospital.

Q: Which is correct according to the news report?
(a) There is an easy cure for the disease.
(b) Most nations are unconcerned with the virus.
(c) The woman caught the bird flu from an unknown source.
(d) The woman was sick for four days and then recovered.


최근 19세 여성이 조류 독감으로 사망한 것이 검사로 확인되었고, 인도네시아에서 이번이 세 번째이다. 이와 같은 사건들이 일부 아시아 국가들에게 극심한 공포를 불러 일으켰고, 많은 나라들이 이 끔찍한 병의 백신을 찾기 위해 힘쓰고 있다. 인도네시아 보건부의 직원들은 그녀의 집과 이웃을 조사했지만, 바이러스의 근원을 찾을 수 없었다. 보건부에 의하면, 그녀는 병원에 도착하기 전 나흘 동안 열이 있었다.

**Q** 뉴스 보도에 의하면 다음 중 옳은 것은?
(a) 이 병에는 간단한 치료법이 있다.
(b) 대부분의 나라들은 바이러스에 대해 관심이 없다.
(c) 여자는 알려지지 않은 원인에 의해 조류 독감에 걸렸다.
(d) 여자는 나흘 동안 앓고 나서 회복되었다.

정답 (c)

---

★ PART V (2지문 4문항)

이번 NEW TEPS에 새롭게 추가된 유형으로 1지문 2문항 유형입니다. 2개의 지문이 나오므로 총 4문항을 풀어야 합니다. 주제와 세부 내용, 추론 문제가 섞여서 출제되며, 담화와 질문을 두 번씩 들려줍니다.

---

**Choose the option that best answers each question.**

Most of you have probably heard of the Tour de France, the most famous cycling race in the world. But you may not be familiar with its complex structure and award system. The annual race covers about 3,500 kilometers across 21 days of racing. It has a total of 198 riders split into 22 teams of 9. At the end of the tour, four riders are presented special jerseys.

The most prestigious of these is the yellow jerseys. This is given to the rider with the lowest overall time. The white jersey is awarded on the same criterion, but it's exclusive to participants under the age of 26. The green jersey and the polka-dot jersey are earned based on points awarded at every stage of the race. So what's the difference between these two jerseys? Well, the competitor with the most total points gets the green jersey, while the rider with the most points in just the mountain sections of the race receives the polka-dot one.

Q1: What is the talk mainly about?
(a) How the colors of the Tour de France jerseys were chosen.
(b) How the various Tour de France jerseys are won.
(c) Which Tour de France jerseys are the most coveted.
(d) Why riders in the Tour de France wear different colored jerseys.

Q2: Which jersey is given to the rider with the most points overall?
(a) The yellow jersey      (c) The green jersey
(b) The white jersey      (d) The polka-dot jersey

여러분은 아마도 세계에서 가장 유명한 사이클링 대회인 투르 드 프랑스에 대해 들어보셨을 것입니다. 하지만 여러분은 그 대회의 복잡한 구조와 수상 체계에 대해서는 잘 모를 것입니다. 매년 열리는 이 대회는 21일 동안 약 3,500킬로미터를 주행하게 되어있습니다. 이 대회에서 총 198명의 참가자가 각각 9명으로 구성된 22팀으로 나뉩니다. 대회 마지막에는 4명의 선수에게 특별한 저지를 수여합니다.

가장 영예로운 것은 노란색 저지입니다. 이것은 가장 단시간에 도착한 참가자에게 수여됩니다. 흰색 저지는 같은 기준에 의하여 수여되는데, 26세 미만의 참가자에게만 수여됩니다. 녹색 저지와 물방울무늬 저지는 대회의 매 단계의 점수에 기반하여 주어집니다. 그럼 이 두 저지의 차이점은 무엇일까요? 자, 가장 높은 총점을 딴 참가자는 녹색 저지를 받고, 산악 구간에서 가장 많은 점수를 딴 참가자는 물방울무늬 저지를 받습니다.

**Q1** 담화문의 주제는 무엇인가?

(a) 투르 드 프랑스 저지의 색깔은 어떻게 정해지는가
(b) 다양한 투르 드 프랑스 저지가 어떻게 수여되는가
(c) 어떤 투르 드 프랑스 저지가 가장 선망의 대상이 되는가
(d) 투르 드 프랑스의 선수들이 다양한 색의 저지를 입는 이유는 무엇인가      정답 (b)

**Q2** 가장 많은 총점을 획득한 선수에게 어떤 저지가 주어지는가?

(a) 노란색 저지      (c) 녹색 저지
(b) 흰색 저지      (d) 물방울무늬 저지      정답 (c)

## 어휘 Vocabulary

### ★ PART I (10문항)

구어체로 되어 있는 A와 B의 대화 중 빈칸에 가장 적절한 단어를 고르는 문제입니다. 단어의 단편적인 의미보다는 문맥에서 쓰인 의미가 더 중요합니다. 한 개의 단어로 된 선택지뿐만 아니라 두세 단어 이상의 구를 이루는 선택지도 있습니다.

---

**Choose the option that best completes the dialogue.**

A Congratulations on your _____ of the training course.

B Thank you. It was hard, but I managed to pull through.

(a) improvement
(b) resignation
(c) evacuation
(d) completion

A 훈련 과정을 완수한 거 축하해.
B 고마워. 어려웠지만 가까스로 끝낼 수 있었어.

(a) 개선
(b) 사임
(c) 철수
(d) 완료

정답 (d)

---

### ★ PART II (20문항)

하나 또는 두 개의 문장 속의 빈칸에 가장 적당한 단어를 고르는 문제입니다. 어휘력을 늘릴 때 한 개씩 단편적으로 암기하는 것보다는 하나의 표현으로, 즉 의미 단위로 알아 놓는 것이 제한된 시간 내에 어휘 시험을 정확히 푸는 데 많은 도움이 됩니다. 후반부로 갈수록 수준 높은 어휘가 출제되며, 단어 사이의 미묘한 의미의 차이를 묻는 문제도 출제됩니다.

---

**Choose the option that best completes the sentence.**

Brian was far ahead in the game and was certain to win, but his opponent refused to _____.

(a) yield
(b) agree
(c) waive
(d) forfeit

브라이언이 게임에 앞서 가고 있어서 승리가 확실했지만 그의 상대는 굴복하려 하지 않았다.

(a) 굴복하다
(b) 동의하다
(c) 포기하다
(d) 몰수당하다

정답 (a)

---

★ PART I (10문항)

A와 B 두 사람의 짧은 대화를 통해 구어체 관용 표현, 품사, 시제, 인칭, 어순 등 문법 전반에 대한 이해를 묻습니다. 대화 중에 빈칸이 있고, 그곳에 들어갈 적절한 표현을 고르는 형식입니다.

> Choose the option that best completes the dialogue.
>
> A  I can't attend the meeting, either.
> B  Then we have no choice _____ the meeting.
>
> (a) but canceling
> (b) than to cancel
> (c) than cancel
> (d) but to cancel
>
> A  저도 회의에 참석할 수 없어요.
> B  그러면 회의를 취소하는 수밖에요.
> (a) 그러나 취소하는
> (b) 취소하는 것보다
> (c) 취소하는 것보다
> (d) 취소하는 수밖에
>
> 정답 (d)

★ PART II (15문항)

Part I에서 구어체의 대화를 나눴다면, Part II에서는 문어체의 문장이 나옵니다. 서술문 속의 빈칸을 채우는 문제로 수 일치, 태, 어순, 분사 등 문법 자체에 대한 이해도는 물론 구문에 대한 이해력이 중요합니다.

> Choose the option that best completes the sentence.
>
> _____ being pretty confident about it, Irene decided to check her facts.
>
> (a) Nevertheless
> (b) Because of
> (c) Despite
> (d) Instead of
>
> 그 일에 대해 매우 자신감이 있었음에도 불구하고 아이린은 사실을 확인하기로 했다.
> (a) 그럼에도 불구하고
> (b) 때문에
> (c) 그럼에도 불구하고
> (d) 대신에
>
> 정답 (c)

★ **PART III** (대화문: 2문항 / 지문: 3문항)

① A-B-A-B의 대화문에서 어법상 틀리거나 문맥상 어색한 부분이 있는 문장을 고르는 문제입니다. 이 영역 역시 문법 뿐만 아니라 정확한 구문 파악과 대화 내용을 이해하는 능력이 중요합니다.

---

**Identify the option that contains a grammatical error.**

(a) A: What are you doing this weekend?
(b) B: Going fishing as usual.
(c) A: Again? What's the fun in going fishing? Actually, I don't understand why people go fishing.
(d) B: For me, I like being alone, thinking deeply to me, being surrounded by nature.

(a) A 이번 주말에 뭐해?
(b) B 평소처럼 낚시 가.
(c) A 또 가? 낚시가 뭐 재미있니? 솔직히 난 사람들이 왜 낚시를 하러 가는지 모르겠어.
(d) B 내 경우엔 자연에 둘러 싸여서 혼자 깊이 생각해 볼 수 있다는 게 좋아.

정답 (d) me → myself

---

② 한 문단을 주고 그 가운데 문법적으로 틀리거나 어색한 문장을 고르는 문제입니다. 문법적으로 틀린 부분을 신속하게 골라야 하므로 독해 문제처럼 속독 능력도 중요합니다.

---

**Identify the option that contains a grammatical error.**

(a) The creators of a new video game hope to change the disturbing trend of using violence to enthrall young gamers. (b) Video game designers and experts on human development teamed up and designed a new computer game with the gameplay that helps young players overcome everyday school life situations. (c) The elements in the game resemble regular objects: pencils, erasers, and the like. (d) The players of the game "win" by choose peaceful solutions instead of violent ones.

(a) 새 비디오 게임 개발자들은 어린 게이머들의 흥미 유발을 위해 폭력적인 내용을 사용하는 불건전한 판도를 바꿔 놓을 수 있기를 바란다. (b) 비디오 게임 개발자들과 인간 발달 전문가들이 공동으로 개발한 새로운 컴퓨터 게임은 어린이들이 매일 학교에서 부딪히는 상황에 잘 대처할 수 있도록 도와준다. (c) 실제로 게임에는 연필과 지우개 같은 평범한 사물들이 나온다. (d) 폭력적인 해결책보다 비폭력적인 해결책을 선택하면 게임에서 이긴다.

정답 (d) by choose → by choosing

---

★ PART I (10문항)

지문 속 빈칸에 알맞은 것을 고르는 유형입니다. 글 전체의 흐름을 파악하여 문맥상 빈칸에 들어갈 내용을 찾아야 하는데, 주로 지문의 주제와 관련이 있습니다. 마지막 두 문제, 9번과 10번은 빈칸에 알맞은 연결어를 고르는 문제입니다. 문맥의 흐름을 논리적으로 파악할 수 있어야 합니다.

---

**Read the passage and choose the option that best completes the passage.**

Tech industry giants like Facebook, Google, Twitter, and Amazon have threatened to shut down their sites. They're protesting legislation that may regulate Internet content. The Stop Online Piracy Act, or SOPA, according to advocates, will make it easier for regulators to police intellectual property violations on the web, but the bill has drawn criticism from online activists who say SOPA will outlaw many common internet-based activities, like downloading copyrighted content. A boycott, or blackout, by the influential web companies acts to _____.

(a) threaten lawmakers by halting all Internet access
(b) illustrate real-world effects of the proposed rule
(c) withdraw web activities the policy would prohibit
(d) laugh at the debate about what's allowed online

페이스북, 구글, 트위터, 아마존과 같은 거대 기술업체들이 그들의 사이트를 닫겠다고 위협했다. 그들은 인터넷 콘텐츠를 규제할지도 모르는 법령의 제정에 반대한다. 지지자들은 온라인 저작권 침해 금지 법안으로 인해 단속 기관들이 더 쉽게 웹상에서 지적 재산 침해 감시를 할 수 있다고 말한다. 그러나 온라인 활동가들은 저작권이 있는 콘텐츠를 다운로드하는 것과 같은 일반적인 인터넷 기반 활동들이 불법화될 것이라고 이 법안을 비판하고 있다. 영향력 있는 웹 기반 회사들에 의한 거부 운동 또는 보도 통제는 <u>발의된 법안이 현실에 미치는 영향을 보여 주기 위한</u> 것이다.

(a) 인터넷 접속을 금지시켜서 입법자들을 위협하기 위한
(b) 발의된 법안이 현실에 미치는 영향을 보여 주기 위한
(c) 그 정책이 금지하게 될 웹 활동들을 중단하기 위한
(d) 온라인에서 무엇이 허용될지에 대한 논쟁을 비웃기 위한

정답 (b)

★ PART II (2문항)

글의 흐름상 어색한 문장을 고르는 문제로, 전체 흐름을 파악하여 지문의 주제나 소재와 관계없는 내용을 고릅니다.

---

**Read the passage and identify the option that does NOT belong.**

For the next four months, major cities will experiment with new community awareness initiatives to decrease smoking in public places. (a) Anti-tobacco advertisements in recent years have relied on scare tactics to show how smokers hurt their own bodies. (b) But the new effort depicts the effects of second-hand smoke on children who breathe in adults' cigarette fumes. (c) Without these advertisements, few children would understand the effects of adults' hard-to-break habits. (d) Cities hope these messages will inspire people to think about others and cut back on their tobacco use.

향후 4개월 동안 주요 도시들은 공공장소에서의 흡연을 줄이기 위해 지역 사회의 의식을 촉구하는 새로운 계획을 시도할 것이다. (a) 최근에 금연 광고는 흡연자가 자신의 몸을 얼마나 해치고 있는지를 보여 주기 위해 겁을 주는 방식에 의존했다. (b) 그러나 이 새로운 시도는 어른들의 담배 연기를 마시는 아이들에게 미치는 간접흡연의 영향을 묘사한다. (c) 이러한 광고가 없다면, 아이들은 어른들의 끊기 힘든 습관이 미칠 영향을 모를 것이다. (d) 도시들은 이러한 메시지가 사람들에게 타인에 대해서 생각해 보고 담배 사용을 줄이는 마음이 생기게 할 것을 기대하고 있다.

정답 (c)

글의 내용 이해를 측정하는 문제로, 글의 주제나 대의 혹은 전반적 논조를 파악하는 문제, 세부 내용을 파악하는 문제, 추론하는 문제가 있습니다.

---

**Read the passage, question, and options. Then, based on the given information, choose the option that best answers the question.**

In theory, solar and wind energy farms could provide an alternative energy source and reduce our dependence on oil. But in reality, these methods face practical challenges no one has been able to solve. In Denmark, for example, a country with some of the world's largest wind farms, it turns out that winds blow most when people need electricity least. Because of this reduced demand, companies end up selling their power to other countries for little profit. In some cases, they pay customers to take the leftover energy.

Q: Which of the following is correct according to the passage?

(a) Energy companies can lose money on the power they produce.

(b) Research has expanded to balance supply and demand gaps.

(c) Solar and wind power are not viewed as possible options.

(d) Reliance on oil has led to political tensions in many countries.

이론상으로 태양과 풍력 에너지 발전 단지는 대체 에너지 자원을 제공하고 원유에 대한 의존을 낮출 수 있다. 그러나 사실상 이러한 방법들은 아무도 해결할 수 없었던 현실적인 문제에 부딪친다. 예를 들어 세계에서 가장 큰 풍력 에너지 발전 단지를 가진 덴마크에서 사람들이 전기를 가장 덜 필요로 할 때 가장 강한 바람이 분다는 것이 판명되었다. 이러한 낮은 수요 때문에 회사는 결국 그들의 전력을 적은 이윤으로 다른 나라에 팔게 되었다. 어떤 경우에는 남은 에너지를 가져가라고 고객에게 돈을 지불하기도 한다.

**Q** 이 글에 의하면 다음 중 옳은 것은?

(a) 에너지 회사는 그들이 생산한 전력으로 손해를 볼 수도 있다.

(b) 수요와 공급 격차를 조정하기 위해 연구가 확장되었다.

(c) 태양과 풍력 에너지는 가능한 대안으로 간주되지 않는다.

(d) 원유에 대한 의존은 많은 나라들 사이에 정치적 긴장감을 가져왔다.

정답 (a)

★ PART IV (5지문 10문항)

이번 NEW TEPS에 새롭게 추가된 유형으로 1지문 2문항 유형입니다. 5개의 지문이 나오므로 총 10문항을 풀어야 합니다.
주제와 세부 내용, 추론 문제가 섞여서 출제됩니다.

---

**Read the passage, questions, and options. Then, based on the given information, choose the option that best answers each question.**

You seem exasperated that the governor's proposed budget would triple the funding allocated to state parks. What's the problem? Such allocation hardly represents "profligate spending," as you put it. Don't forget that a third of all job positions at state parks were cut during the last recession. This left the parks badly understaffed, with a dearth of park rangers to serve the 33 million people who visit them annually. It also contributed to deterioration in the parks' natural beauty due to a decrease in maintenance work.

These parks account for less than 1% of our state's recreational land, yet they attract more visitors than our top two largest national parks and national forests combined. They also perform a vital economic function, bringing wealth to nearby rural communities by attracting people to the area. The least we can do is to provide the minimum funding to help keep them in good condition.

Q1:  What is the writer mainly trying to do?
(a) Justify the proposed spending on state parks
(b) Draw attention to the popularity of state parks
(c) Contest the annual number of state park visitors
(d) Refute the governor's stance on the parks budget

Q2:  Which statement would the writer most likely agree with?
(a) Low wages are behind the understaffing of the state parks.
(b) State parks require more promotion than national parks.
(c) The deterioration of state parks is due mainly to overuse.
(d) The state parks' popularity is disproportionate to their size.

---

여러분은 주립 공원에 할당된 예산을 세배로 증가시키려는 주지사의 제안을 듣고 분노할지도 모른다. 무엇이 문제일까? 그와 같은 할당은 여러분들이 말하듯이 '낭비적인 지출'이라고 말하기 힘들다. 지난 경제 침체기 동안 주립 공원 일자리의 1/3이 삭감되었다는 사실을 잊지 말기 바란다. 이 때문에 공원은 부족한 관리인들이 매년 공원을 방문하는 3천3백만 명의 사람들을 처리해야 하는 인력 부족에 시달리고 있다. 또 그 때문에 관리 작업 부족으로 공원의 자연 경관이 망가지게 되었다.

이 공원들은 주의 여가지의 1%도 차지하지 않지만, 규모가 가장 큰 2개의 국립공원과 국립 숲을 합친 것보다 많은 방문객을 끌어들인다. 그들은 사람들을 그 지역으로 끌어들여 부를 주변의 공동체에게 가져다줌으로써 중요한 경제적 기능을 한다. 우리가 할 수 있는 최소한의 일은 공원이 잘 관리될 수 있도록 최소한의 자금을 조달하는 것이다.

**Q1** 작가가 주로 하고 있는 것은?

(a) 주립 공원 예산안을 정당화하기

(b) 주립 공원 인기에 대한 주의를 환기시키기

(c) 매년 주립 공원을 방문하는 사람 수에 대한 의문 제기하기

(d) 공원 예산에 대한 주지사의 입장에 대해 반박하기

정답 (a)

**Q2** 저자가 동의할 것 같은 내용은?

(a) 인력난에 시달리는 주립 공원의 배경에는 낮은 임금이 있다.

(b) 주립 공원은 국립공원보다 더 많은 지원이 필요하다.

(c) 주립 공원은 지나친 사용 때문에 망가지고 있다.

(d) 주립 공원의 인기는 그 규모와는 어울리지 않는다.

정답 (b)

※ 독해 Part 4 뉴텝스 샘플 문제는 서울대텝스관리위원회에서 제공한 문제입니다. (www.teps.or.kr)

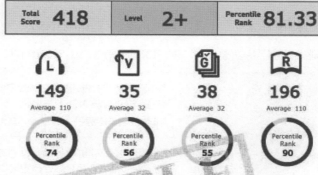

## TEPS
### SCORE REPORT

**YOUR SCORES**

| Total Score | **418** | Level | **2+** | Percentile Rank | **81.33** |
|---|---|---|---|---|---|

| L | V | G | R |
|---|---|---|---|
| **149** | **35** | **38** | **196** |
| Average 110 | Average 32 | Average 32 | Average 110 |
| Percentile Rank **74** | Percentile Rank **56** | Percentile Rank **55** | Percentile Rank **90** |

**YOUR ENGLISH PROFICIENCY**

Advanced level of English proficiency. A score at this level typically indicates an advanced level of English proficiency for a non-native speaker. A test taker at this level is able to perform general tasks after short-term training.

| Section | Subskill | Proficiency |
|---|---|---|
| Listening | - Understanding the connection of ideas across turns in spoken texts<br>- Understanding the main ideas of spoken texts<br>- Understanding specific information in spoken texts<br>- Making inferences based on given information in spoken texts | Intermediate<br>Advanced<br>Advanced<br>Intermediate |
| Vocabulary | - Understanding vocabulary used in spoken contexts<br>- Understanding vocabulary used in written contexts | Intermediate<br>Basic |
| Grammar | - Understanding grammar used in spoken contexts<br>- Understanding grammar used in written contexts | Intermediate<br>Intermediate |
| Reading | - Understanding the main ideas of written texts<br>- Understanding specific information in written texts<br>- Making inferences based on given information in written texts<br>- Understanding the connection of ideas across sentences in written texts | Advanced<br>Advanced<br>Advanced<br>Intermediate |

**NAME**
HONG GIL DONG

**DATE OF BIRTH**
JUL. 12, 1990

**GENDER**
MALE

**REGISTRATION NO.**
0123456

**TEST DATE**
MAY 12, 2018

**VALID UNTIL**
MAY 12, 2020

**Barcode**

NO : RAAAA0000BBBB

**THE TEPS COUNCIL**

※ 자료 출처: www.teps.or.kr

# NEW TEPS Q&A

**1 / 시험 접수는 어떻게 해야 하나요?**

정기 시험은 회차별로 지정된 접수 기간 중 인터넷(www.teps.or.kr) 또는 접수처를 방문하여 접수하실 수 있습니다. 정시 접수의 응시료는 39,000원입니다. 접수기간을 놓친 수험생의 응시편의를 위해 마련된 추가 접수도 있는데, 추가 접수 응시료는 42,000원입니다.

**2 / 텝스관리위원회에서 인정하는 신분증은 무엇인가요?**

아래 제시된 신분증 중 한 가지를 유효한 신분증으로 인정합니다.

| | |
|---|---|
| 일반인, 대학생 | 주민등록증, 운전면허증, 기간 만료전의 여권, 공무원증, 장애인 복지카드, 주민등록(재)발급 확인서<br>*대학(원)생 학생증은 사용할 수 없습니다. |
| 중·고등학생 | 학생증(학생증 지참 시 유의 사항 참조), 기간 만료 전의 여권, 청소년증(발급 신청 확인서), 주민등록증(발급 신청 확인서), TEPS신분확인증명서 |
| 초등학생 | 기간 만료 전의 여권, 청소년증(발급신청확인서), TEPS신분확인증명서 |
| 군인 | 주민등록증(발급신청확인서), 운전면허증, 기간만료 전의 여권, 현역간부 신분증, 군무원증, TEPS신분확인증명서 |
| 외국인 | 외국인등록증, 기간 만료 전의 여권, 국내거소신고증(출입국 관리사무소 발행) |

*시험 당일 신분증 미지참자 및 규정에 맞지 않는 신분증 소지자는 시험에 응시할 수 없습니다.

**3 / TEPS 시험 볼 때 꼭 가져가야 하는 것은 무엇인가요?**

신분증, 컴퓨터용 사인펜, 수정테이프(컴퓨터용 연필, 수정액은 사용 불가), 수험표입니다.

**4 / TEPS 고사장에 도착해야 하는 시간은 언제인가요?**

오전 9시 30분까지 입실을 완료해야 합니다. (토요일 시험의 경우 오후 2:30까지 입실 완료)

## 5 / 시험장의 시험 진행 일정은 어떻게 되나요?

| | 시험 진행 시간 | 내용 | 비고 |
|---|---|---|---|
| 시험 준비 단계<br>(입실 완료 후 30분) | 10분 | 답안지 오리엔테이션 | 1차 신분확인 |
| | 5분 | 휴식 | |
| | 10분 | 신분확인 휴대폰 수거<br>(기타 통신전자기기 포함) | 2차 신분확인 |
| | 5분 | 최종 방송 테스트<br>문제지 배부 | |
| 본 시험<br>(총 105분) | 40분 | 청해 | 쉬는 시간 없이 시험 진행<br>각 영역별 제한시간 엄수 |
| | 25분 | 어휘/문법 | |
| | 40분 | 독해 | |

*시험 진행 시험 당일 고사장 사정에 따라 변동될 수 있습니다.
*영역별 제한 시간 내에 해당 영역의 문제 풀이 및 답안 마킹을 모두 완료해야 합니다.

## 6 / 시험 점수는 얼마 후에 알게 되나요?

TEPS 정기시험 성적 결과는 시험일 이후 2주차 화요일 17시에 TEPS 홈페이지를 통해 발표되며 우편 통보는 성적 발표일로부터 7~10일 가량 소요됩니다. 성적 확인을 위해서는 성적 확인용 비밀번호를 반드시 입력해야 합니다. 성적 확인 비밀번호는 가장 최근에 응시한 TEPS 정기 시험 답안지에 기재한 비밀번호 4자리입니다. 성적 발표일은 변경될 수 있으니 홈페이지 공지사항을 참고하시기 바랍니다. TEPS 성적은 2년간 유효합니다.

※자료 출처 : www.teps.or.kr

| 등급 | 점수 | 영역 | 능력검정기준(Description) |
|---|---|---|---|
| 1+ | 526~600 | 전반 | 외국인으로서 최상급 수준의 의사소통 능력<br>교양 있는 원어민에 버금가는 정도로 의사소통이 가능하고 전문분야 업무에 대처할 수 있음<br>(Native Level of English Proficiency) |
| 1 | 453~525 | 전반 | 외국인으로서 최상급 수준에 근접한 의사소통능력<br>단기간 집중 교육을 받으면 대부분의 의사소통이 가능하고 전문분야 업무에 별 무리 없이 대처할 수 있음<br>(Near-Native Level of Communicative Competence) |
| 2+ | 387~452 | 전반 | 외국인으로서 상급 수준의 의사소통능력<br>단기간 집중 교육을 받으면 일반 분야업무를 큰 어려움 없이 수행할 수 있음<br>(Advanced Level of Communicative Competence) |
| 2 | 327~386 | 전반 | 외국인으로서 중상급 수준의 의사소통능력<br>중장기간 집중 교육을 받으면 일반분야 업무를 큰 어려움 없이 수행할 수 있음<br>(High Intermediate Level of Communicative Competence) |
| 3+ | 268~326 | 전반 | 외국인으로서 중급 수준의 의사소통능력<br>중장기간 집중 교육을 받으면 한정된 분야의 업무를 큰 어려움 없이 수행할 수 있음<br>(Mid Intermediate Level of Communicative Competence) |
| 3 | 212~267 | 전반 | 외국인으로서 중하급 수준의 의사소통능력<br>중장기간 집중 교육을 받으면 한정된 분야의 업무를 다소 미흡하지만 큰 지장 없이 수행할 수 있음<br>(Low Intermediate Level of Communicative Competence) |
| 4+ | 163~211 | 전반 | 외국인으로서 하급수준의 의사소통능력<br>장기간의 집중 교육을 받으면 한정된 분야의 업무를 대체로 어렵게 수행할 수 있음<br>(Novice Level of Communicative Competence) |
| 4 | 111~162 | | |
| 5+ | 55~110 | 전반 | 외국인으로서 최하급 수준의 의사소통능력<br>단편적인 지식만을 갖추고 있어 의사소통이 거의 불가능함<br>(Near-Zero Level of Communicative Competence) |
| 5 | 0~54 | | |

# I

# NEW TEPS
## 청해 전략

| W | Will you ring me later in the afternoon? |
|---|---|
| M | _____ |

(a)    You're welcome.

(b)    Don't mind me.

(c)    Sure thing.

(d)    Not at all.

W   나중에 오후에 제게 전화해 줄래요?
M   _____

(a) 천만에요.
(b) 저는 신경 쓰지 마세요.
(c) 물론이죠.
(d) 전혀요.

정답_(c)

Part I은 한 문장을 듣고 그에 대해 가장 적절한 응답을 고르는 문제입니다. Part I은 기본적인 생활 영어 능력이 요구되지만 진행이 빠르기 때문에 듣기 능력만큼 빠른 상황 판단 능력이 필요합니다.

## 1.   한 번만 들려주며 빠르게 진행된다.

문장과 선택지 모두 한 번만 들려주며, 문제와 문제 사이의 간격이 2초 정도로 매우 짧습니다. 따라서 한참 고민하다가 답을 고를 시간이 없습니다. 문장과 선택지를 듣는 즉시 이해하고 답을 골라야 하기 때문에 많은 수험자들이 Part I을 매우 어려운 파트로 꼽습니다.

전략 1 소거법을 활용하자.

대화는 물론, 선택지가 시험지에 인쇄돼 있지 않기 때문에 네 개 선택지를 다 듣고 어떤 것이 오답이고 어떤 것이 정답인지 기억해서 푸는 것은 더 어렵습니다. 정답이 아닌 선택지를 지워나 가는 소거법을 이용하면 수월할 수 있습니다.

선택지 (a), (b), (c), (d)를 들으면서 확실한 정답은 O, 확실한 오답은 X, 불확실한 것은 △ 로 표시한 뒤 재빨리 답안지에 답을 마킹하고 다음 문제를 풀 준비를 해야 합니다. 예를 들어, XOXX가 되면 (b)가 정답, X△△O가 되면 (d)가 정답, X X△X가 되면 (c)가 정답일 확률이 높습니다.

모르는 문제는 과감히 찍자.

문제 자체를 못 들었거나, 소거법으로 해도 X△X△처럼 답을 고르기 어려운 문제는 과감히 찍어야 합니다. '어? 뭐였더라?' 하면서 잘 모르는 문제에 미련을 가지고 잡고 있다가는 다음 문제까지 놓치게 됩니다. 마음을 비우고 과감히 찍은 후, 다음 문제에 집중합니다.

## 2. 관용구와 숙어가 많이 나온다.

단어 하나하나를 다 듣고도 무슨 뜻인지 몰라서 틀리는 수험자들이 많습니다. 텝스에는 관용구와 숙어가 많이 출제되기 때문입니다. 예를 들어, get by나 get the hang of라는 표현을 들었어도 각각 '그럭저럭 해 나가다', '~을 할 줄 알게 되다'라는 뜻을 모르면 문제를 풀 수 없습니다.

관용구와 숙어를 예문과 함께 외우자.

왕도는 없습니다. 모르는 표현은 외워서 내 것으로 만들어야 합니다. 본 교재에서는 파트마다 Part I '상황별 표현', Part II와 Part III '청해 필수 구동사', Part IV와 Part V '주제별 어휘'가 정리돼 있습니다. 이 표현들은 반드시 반복해서 외워야 합니다.

주의할 점은 숙어나 표현만 따로 공부할 게 아니라 함께 수록된 예문을 같이 외워야 한다는 것입니다. 앞서 설명했듯이 텝스 청해는 진행 속도가 매우 빨라 한참 생각하고 답을 고를 시간이 없습니다. 예를 들어, get at '암시하다, 뜻하다'처럼 숙어나 표현만 따로 외우면, 막상 What are you getting at?(도대체 무슨 말을 하려는 거야?)이라는 문장을 듣고 그 의미를 파악하기 힘들 수 있습니다. 반드시 예문과 함께 외워야 합니다.

또 눈으로만 보는 것보다 입으로 소리 내어 읽으며 외워야 암기가 더 잘 될 뿐만 아니라 표현들을 완전히 내 것으로 체화시킬 수 있습니다. 완전히 체화돼야 빠르게 진행되는 텝스 문제를 풀 수 있습니다.

## 3. 시제가 중요하다.

시제를 이용해 오답을 만드는 경우가 있습니다. 예를 들어, How often did you use the dictionary in class?(수업 시간에 얼마나 자주 사전을 사용했나요?)라는 질문에 대한 오답으로 I'll be using it every day.(매일 사용할 거예요.)가 오답으로 나올 수 있습니다. How often ~으로 물었으니 every day가 들어간 선택지가 답이 될 수 있을 것 같지만, 과거의 일에 대해 묻는 말에 미래에 대한 말을 했으니 오답입니다.

받아쓰기로 청취력을 향상시키자.

듣기 초보자일 경우 시제까지 정확히 듣기는 어려울 수 있습니다. 영어는 한국어와 달리 한 문장 안에 강세가 있는 부분과 강세가 없는 부분이 있는데, 대개 시제를 나타내는 단어는 강세를 받지 않기 때문입니다.

이런 문제를 해결할 수 있는 학습 방법이 받아쓰기입니다. 받아쓰기를 하면 강세를 받지 않는 단어들까지 모두 들어야 하기 때문에 꾸준히 하면 듣기 실력이 향상됩니다.

단, 무한정 반복해서 듣고 받아쓰기를 하면 긴장감을 잃을 수 있기 때문에 문장당 다섯 번에서 열 번으로 듣는 횟수를 미리 정해 놓는 것이 좋습니다.

## 4. 자주 나오는 오답 유형이 정해져 있다.

자주 나오는 오답의 유형이 정해져 있기 때문에 앞서 설명한 소거법으로 오답을 제거해 나가면 답을 맞힐 확률이 높아집니다.

**전략 1** 제시 문장의 단어와 똑같거나 비슷한 단어가 쓰인 선택지는 오답일 확률이 높다.

Did you see a doctor?(진료를 받았나요?)라는 질문에 No, I don't have a doctor's degree.(아니요, 전 박사 학위가 없어요.)와 같은 오답이 나올 수 있습니다. 문장 전체를 다 듣지 못할 경우, 귀에 들린 단어가 선택지에 또 나오면 그것을 답으로 고르기 쉽습니다. 이런 심리를 이용해 출제자들은 똑같거나 비슷한 단어를 이용해 오답을 만듭니다. 이를 역이용해 오답을 걸러낼 수 있습니다.

**전략 2** 비슷한 상황이 연상되는 단어가 쓰인 선택지는 오답일 확률이 높다.

Did you see a doctor?(진료를 받았나요?)라는 질문에 Don't forget to take this medicine.(이 약을 복용하는 것을 잊지 마세요.)과 같은 오답이 나올 수 있습니다. 이것 역시 문제의 doctor와 선택지의 medicine을 들으면 비슷한 상황이 연상돼 답으로 고르기 쉽습니다. 이런 종류의 함정도 오답으로 걸러내야 합니다.

**전략 3** 시제가 틀린 오답에 주의한다.

Did you have a good time?(즐거운 시간 보냈나요?)이라는 질문에 Yes, I look forward to it.(네, 기대가 돼요.)과 같은 오답이 나올 수 있습니다. 즐거운 시간을 보냈냐고 과거에 대해 묻는데 미래의 일이 기대된다고 했으니 시제를 이용한 오답입니다. 질문의 did를 제대로 듣지 못하면 대강의 내용만 듣고 답으로 고르기 쉽습니다. 앞서 설명했듯 받아쓰기를 통해 정확히 듣는 훈련을 해야 합니다.

**전략 4** 간접적인 답이 오히려 정답일 확률이 높다.

정답은 오히려 간접적인 응답, 애매한 응답, 에둘러 표현하는 응답인 경우가 많습니다. Did you see a doctor?(진료를 받았나요?)라는 질문에 Yes/No로 진료를 받았는지 안 받았는지 직접적으로 말하기보다는 I can only make time on the weekends.(주말밖에 시간이 안 돼요.)와 같이 간접적으로 응답하는 정답의 비율이 높습니다.

의문문

과거에는 의문문 문제가 평서문 문제보다 많았지만 요즘은 절반 정도의 비율로 출제됩니다. 의문사 의문문은 How, What, Which, Why가 Where, When, Who보다 자주 나오며, 일반 의문문은 요청의 의미를 지닌 Can(Could), 현재완료 Have, 요청 및 제안의 Will(Would) 등으로 시작하는 문제가 잘 나옵니다.

## 1. 의문사와 시제에 주의한다.

의문사 의문문 중 난이도가 낮은 문제는 의문사만 잘 들어도 풀 수 있는 경우가 있으므로 의문사는 반드시 잡아야 합니다. 또한, 의문사 의문문과 일반 의문문 모두 선택지 중에 표현은 정답인 것 같지만 시제가 틀려서 오답인 경우가 빈번하므로 시제를 정확히 들을 수 있어야 합니다. 이 부분이 아직 부족한 학습자는 앞서 Part I의 도입부 전략에서 언급했듯이 꾸준한 받아쓰기를 통해 청취력을 향상시키는 것이 중요합니다.

## 2. 정형화된 답변만을 예상하면 안 된다.

When do you usually go to work?(보통 몇 시에 출근하나요?)라는 문제가 나올 경우, 난이도가 낮은 문제라면 At around nine in the morning.(대략 아침 9시쯤이요.)과 같이 When에 대해 구체적인 시간을 말해 주는 정형화된 응답이 정답일 수 있습니다. 하지만 난이도가 높은 문제라면 Actually, I work from home.(사실 전 재택근무를 해요.)처럼 의문사 When과 직접적인 관계는 없지만 대화가 통하는 간접적인 응답이 정답인 경우도 많습니다. 일반 의문문도 우선은 Yes/No가 답으로 나오리라 생각하지만 그렇지 않은 문제들도 많습니다. 그리고 역으로 이런 선입견을 노린 오답이 나오기도 합니다. Part I 문제에서 간접적인 응답이 정답이 되는 경우도 많기 때문에 특정 문장 형태에 집착하기보다는 가능성을 열어 두고 질문의 내용과 화제를 바탕으로 정답을 찾아야 합니다.

🎧

**M** Can you babysit my son on October second?

**W** _____

(a) Sure, he's good at babysitting.

(b) Yes, I'll be away from town.

(c) I'm more than willing to help you.

(d) Thanks, I really appreciate it.

해석   **M** 10월 2일에 우리 아들 좀 봐줄 수 있어요?
   **W** _____.

   (a) 물론이죠. 그는 아이를 잘 봐요.
   (b) 네. 저는 멀리 떠나 있을 거예요.
   (c) 얼마든지 기꺼이 도와 드릴게요.
   (d) 고마워요. 정말 감사하게 생각해요.

어휘   **babysit** (남의) 아이를 돌봐 주다   **be willing to** 기꺼이 ~하다   **appreciate** 고마워하다

해설   요청의 의미를 지닌 전형적인 Can 의문문이다. 도움을 요청하는 말에 기꺼이 돕겠다고 답하는 (c)가 가장 자연스럽다. 요청하는 말에 다소 정형화된 답을 하는 쉬운 문제에 속한다. (a)는 babysit과 비슷한 babysitting이 나왔지만 갑자기 he가 나온 것이 맥락에 맞지 않는다. 만약 Sure, I'm good at babysitting.이면 답이 될 수 있다. (b)는 Yes만 들으면 답인 것 같지만, 멀리 떠나 있을 것이라는 뒤의 내용과 앞뒤가 맞지 않는다. (d)는 요청하는 사람이 도와주겠다고 하는 사람에게 할 수 있는 말로, 대화 맥락상 여자가 할 말이 아니다.

정답   (c)

♣  다음 순서에 따라 Practice Test를 학습합니다.

> **Step 1**  문제를 모두 푼다.

> **Step 2**  바로 정답을 확인하지 말고, 확실하게 들리지 않았던 문제들을 다시 듣고 풀어 본다.

> **Step 3**  정답을 확인한다.

> **Step 4-1**  답이 맞았을 경우, 스크립트를 보며 단어와 표현을 학습한다.
> **Step 4-2**  답이 틀렸을 경우, 스크립트를 보지 말고 받아쓰기 연습을 한다.

> **Step 5**  스크립트를 보면서 전체를 들어 본다.

> **Step 6**  스크립트를 보지 않고 전체를 들어 본다.

🎧  **Choose the most appropriate response to the statement.**

1.  (a)  (b)  (c)  (d)

2.  (a)  (b)  (c)  (d)

3.  (a)  (b)  (c)  (d)

4.  (a)  (b)  (c)  (d)

5.  (a)  (b)  (c)  (d)

6.  (a)  (b)  (c)  (d)

7.  (a)  (b)  (c)  (d)

8.  (a)  (b)  (c)  (d)

9.  (a)  (b)  (c)  (d)

10.  (a)  (b)  (c)  (d)

1  W  _____ by your office today?

   M

   (a) Sure, you can _____ anytime.

   (b) I'm sorry about the short notice.

   (c) Yes, just tell me where it is.

   (d) At the _____.


2  M  Have you brought my _____ back?

   W

   (a) Yes, I will bring it soon.

   (b) It'll be paid by the _____.

   (c) We don't _____ each other.

   (d) I have it with me right now.


3  M  Has the train _____ already?

   W

   (a) Well, you just _____.

   (b) Not according to the _____ here

   (c) It's OK. You can pay the late fee.

   (d) I think you are on the right track.


4  W  Do all rooms _____ breakfast?

   M

## ✎ Dictation

(a) I still have room for _____.

(b) It's an all-you-can-eat _____.

(c) You are supposed to _____.

(d) The _____ rooms don't.


5   M   Is everything OK with the project? Any problem?

    W

(a) Thanks for _____ the problem.

(b) I don't mind if I do.

(c) _____

(d) Anything will be fine.


6   M   Would you _____ these _____ for me, please?

    W

(a) But I already went there twice.

(b) Sorry, but my hands are _____ now.

(c) Sure, I'd love to have a double helping.

(d) Yes, you have a really good _____.


7   M   What are you going to do this Sunday?

    W

(a) Don't tell me you are _____.

(b) I'll probably be _____.

(c) I want to _____ some reading.

(d) It's my home away from home.


**8** W How do you _____ on the bus every morning?

M

(a) My bus stop is the first _____.

(b) Because I usually take a cab to work

(c) I find the morning _____ tiring.

(d) I always yield a seat to _____.


**9** W How did you put all of your _____ one backpack?

M

(a) I _____ jam everything in.

(b) That's because I tend to _____.

(c) I stuffed my hands in my pockets.

(d) I don't let my _____ pack for me.


**10** W Where did you go to _____?

M

(a) Once upon a time in Canada

(b) In a very _____ place

(c) I went to Cambridge University.

(d) It was before high school, _____.

# Unit 02 평서문

평서문 문제는 의문문 문제와 달리 가능한 응답의 폭이 넓기 때문에 대략 어떤 내용이 이어질지 예측하기가 어렵습니다.

## 1. 평서문 문제라고 특별히 부담을 갖지 말자.

평서문 문제를 더 어렵게 느끼는 학습자들이 있습니다. 하지만 이것은 의문문 문제가 의문사 같은 문장의 극히 일부만 알아듣고 답을 고를 수 있기 때문이지 반드시 평서문 문제가 더 어렵다고 할 수 없습니다. 사실 의문문 문제도 답변에 대한 선입견이 있어서 힘들 수 있습니다. Unit 1에서 설명했듯이, When으로 물었는데 시간으로 답하는 선택지가 정답이 아닐 수도 있고, Yes/No가 답으로 나올 것 같지만 그렇지 않은 일반 의문문 문제들도 많습니다. 그리고 빠르게 진행되는 텝스 청해에 집중하다 보면 지금 의문문 문제를 풀고 있는지 평서문 문제를 풀고 있는지 인식하지 못하기도 합니다. 실제로 텝스 중·고급 수준으로 갈수록 평서문이냐 의문문이냐의 여부보다는 결국 영어 표현을 제대로, 더 많이 아느냐 모르느냐에 따라 점수가 결정됩니다. 결과적으로 표현 암기와 청취력 향상에 집중해서 학습해야 합니다.

## 2. 정형화된 답변만을 예상하면 안 된다.

물론 정형화된 응답이 답인 경우도 많습니다. I got a scholarship to Oxford!(나 옥스포드대 장학금 받았어!)라는 말에 Congratulations! That's good news.(축하해! 좋은 소식이네.)라고 응답하는 것이 정답으로 제시되는 문제가 출제될 수 있습니다. 하지만 텝스에는 이런 식의 답만 나오는 것은 아닙니다. This new product is going to be a massive hit.(이 신제품은 엄청난 히트를 칠 거야.)라는 말에 I'm not so sure about that.(글쎄, 잘 모르겠는데.)과 같이 상대방의 말에 동의하지 않는 응답도 정답으로 출제됩니다. 문제 자체도 감사와 사과, 칭찬, 제안, 요청, 의견, 감정, 사실 확인, 정보 제공 등 매우 다양합니다. 섣불리 예측하지 말고 모든 가능성을 열어 두는 열린 마음으로 들어야 합니다.

W   That was a great presentation you did.

M   _____

(a) Thanks, but I'll pass.

(b) I especially liked your conclusion.

(c) Well, I'm flattered.

(d) Oh, truth always hurts.

해석   W 발표를 정말 잘하셨어요.
　　 M _____.

　　 (a) 고맙지만 사양할게요.
　　 (b) 특히 당신의 결론이 마음에 들었어요.
　　 (c) 기분이 좋네요.
　　 (d) 진실은 항상 아픈 법이죠.

어휘   **pass** 건너뛰다   **flattered** (칭찬을 들어) 으쓱해진, 기분 좋은

해설   칭찬하는 평서문 문제이다. flatter는 '아첨하다'라는 부정적인 의미로도 쓰이지만, (c)의 I'm flattered.는 칭찬을 받아 기분이 좋다는 긍정적인 의미로 쓰였다. (a)는 thanks까지만 들으면 답인 것 같지만 뒤의 I'll pass는 '(자기 순서를) 건너뛰겠다' 즉, '사양하겠다'라는 뜻으로 칭찬을 들었을 때 하는 말로는 적절하지 않다. (b)는 대화의 맥락상 여자가 남자에게 할 수 있는 말로 적절하다. (d)는 칭찬과는 반대로 솔직한 비판의 말을 들었을 때 쓸 수 있는 표현이다.

정답   (c)

♣ 다음 순서에 따라 Practice Test를 학습합니다.

> **Step 1** 문제를 모두 푼다.

> **Step 2** 바로 정답을 확인하지 말고, 확실하게 들리지 않았던 문제들을 다시 듣고 풀어 본다.

> **Step 3** 정답을 확인한다.

> **Step 4-1** 답이 맞았을 경우, 스크립트를 보며 단어와 표현을 학습한다.
> **Step 4-2** 답이 틀렸을 경우, 스크립트를 보지 말고 받아쓰기 연습을 한다.

> **Step 5** 스크립트를 보면서 전체를 들어 본다.

> **Step 6** 스크립트를 보지 않고 전체를 들어 본다.

**Choose the most appropriate response to the statement.**

1. (a)　　(b)　　(c)　　(d)

2. (a)　　(b)　　(c)　　(d)

3. (a)　　(b)　　(c)　　(d)

4. (a)　　(b)　　(c)　　(d)

5. (a)　　(b)　　(c)　　(d)

6. (a)　　(b)　　(c)　　(d)

7. (a)　　(b)　　(c)　　(d)

8. (a)　　(b)　　(c)　　(d)

9. (a)　　(b)　　(c)　　(d)

10. (a)　　(b)　　(c)　　(d)

1   M   It looks like my blue jacket is gone.

    W

    (a)  Then put it in the _____ yourself.

    (b)  I got all _____ for the party.

    (c)  I'm sure it will _____ somewhere.

    (d)  She's already been gone for two weeks.


2   W   My neck is _____ me.

    M

    (a)  But my doctor said otherwise.

    (b)  Do you think it really helps?

    (c)  Have you tried _____?

    (d)  They are _____.


3   W   I'd like to change my _____ to Wednesday.

    M

    (a)  You can _____ for another use, then.

    (b)  Okay, tell me your name and phone number.

    (c)  I'll make sure to have it delivered to you.

    (d)  We cannot _____ now.


4   W   Excuse me, I think you _____ me for the beer.

    M

# Dictation

(a) Don't worry. It's _____.

(b) Just a moment. Let me check.

(c) It's a _____ price.

(d) You can't drink alcohol here.


5    M  Thank you for the cake.

     W

(a) I'll pay for it.

(b) Don't _____ it.

(c) Put some _____, then.

(d) There's nothing much.


6    W  Department store customers can park in Lot D _____.

     M

(a) _____. How much is it?

(b) Really? Which way is it?

(c) Yes, the _____ is terrible.

(d) I'm not going to the park.


7    M  Don't break your promise again.

     W

(a) I _____ I won't.

(b) I'm glad you think so.

(c) You have a _____ future.

(d) Sorry, it's not _____ .

**8**    M   I'm glad to finally meet you _____, ma'am.

      W

(a) The pleasure is mine.

(b) I met her _____ , too.

(c) That's what I want to do.

(d) _____ , young man.

**9**    M   Uh-oh, my _____ feels funny.

      W

(a) Maybe it's the fish you had for lunch.

(b) You have a good _____ .

(c) Oh, that's why you're smiling.

(d) But I'm not hungry at all.

**10**   W   There is no smoking here, sir.

      M

(a) What? I thought this is a _____ .

(b) Sorry, I'll _____ now.

(c) Then give me a cigar instead.

(d) Oh, where can I smoke then?

# 상황별 표현

## 1. 학교

〈교육/ 학교/ 시험〉

① **What year are you (in)?** 몇 학년이니? (주로 대학생 이상에게)

② **What grade are you in?** 몇 학년이니? (초 · 중 · 고등학생에게)

③ **Is your school co-ed?** 학교가 남녀 공학이니? (co는 together의 의미, ed는 education의 약자)

④ **I live on campus.** 저는 기숙사에 살아요.

⑤ **I live off campus.** 저는 학교 밖에서 살아요.

⑥ **I have to cram tonight.** 나 오늘 벼락치기 해야 해.

⑦ **Would you proofread my report?** 제 리포트 교정 좀 봐 주실래요?

⑧ **I got straight As.** 나 전과목 A 받았어.

⑨ **I flunked my History test.** 역사 시험에서 낙제했어.

⑩ **I got chewed out.** 호되게 야단맞았어.

⑪ **Don't talk back.** 말대꾸하지 마.

⑫ **He has ants in his pants because of the test result.** 그는 시험 성적 때문에 안절부절 못해요.

⑬ **You should take a make-up test.** 너는 재시험을 봐야 해.

⑭ **You should take a make-up class.** 너는 보충 수업을 받아야 해.

〈수업을 빼먹다〉

① **I want to play hooky today.** 나 오늘 학교 가기 싫어.

② **Don't goof off.** 빈둥거리지 마.
   = **Don't fool around.**

〈놀리다〉

① **Are you making fun of me?** 나 놀리는 거야?
   = **Are you teasing me?/ Are you pulling my leg?**

② **She always plays tricks on me.** 그녀는 늘 나를 골탕 먹인다.

〈생각/ 기억/ 이해〉

① **The name doesn't ring a bell.** 그 이름은 들어 본 기억이 없네요.

② **It's on the tip of my tongue.** 생각이 날 듯 말 듯 해요.

③ **I can't recall it off the top of my head.** 그게 바로 기억나지 않네요.

④ **James Kim, something like that.** 제임스 김이래나 뭐래나.

⑤ **It slipped my mind.** 깜박했어요.

⑥ **I keep drawing a blank.** 영 생각이 안 나네요.

⑦ **(You can) search me.** 난들 아나요.

⑧ **I drank too much beer last night. I cannot think straight this morning.**
   어젯밤에 맥주를 너무 많이 마셨어요. 오늘 아침 정신이 몽롱하네요.

⑨ Can you get the picture?  이해가 되나요?

⑩ It's beyond my grasp.  이해가 안 돼요.

⑪ That sounds Greek to me.  전혀 이해가 안 가요.

⑫ I am not following you.  이해가 잘 안 돼요.

⑬ I cannot figure it out.  이해가 안 돼요.

⑭ Would you spell it out for me?  자세히 설명해 주시겠어요?

⑮ Not that I know of.  제가 아는 바로는 아니에요.

⑯ He has a memory like an elephant.  그는 기억력이 너무 좋아요.

⑰ It's a piece of cake.  누워서 떡 먹기예요.
    = It's a breeze[cinch/ snap/ cakewalk].
    = It's as easy as pie.


2.  회사/ 비즈니스

〈직장〉

① Do you have an opening for a manager?  매니저 직으로 빈자리가 있습니까?

② Do you have any reference?  당신을 추천해 줄 사람이 있습니까?

③ She has gone for the day.  그녀는 퇴근했어요.

④ I am swamped with things to do.  할 일이 몰려 정신이 없어요.

⑤ I was held up at work.  직장에서 일에 묶여 있었어요.

⑥ I am bogged down with work.  일 때문에 꼼짝 못하고 있어요.

⑦ Let's start to talk shop.  (전문적인) 일 이야기를 시작하죠.

⑧ He was sacked.  그는 해고됐어요.

⑨ She called in sick.  그녀는 아파서 못 온다고 전화 왔어요.

⑩ He is unemployed these days.  그는 요즘에 일하지 않아요.

⑪ What do you do (for a living)?  직업이 어떻게 되시나요?

⑫ Can you fill[sit/ stand] in for me?  나 대신 일 좀 해 줄래요?

⑬ We are short-handed.  일손이 딸려요.

⑭ He tried to pull strings.  그는 연줄을 이용하려고 했어요.

⑮ How shall I address you?  뭐라고 부르면 될까요?

⑯ Who will deliver a speech?  누가 연설할 거죠?

⑰ Can you give me a ball park figure?  대략적인 수치라도 알려 주시겠어요?

⑱ Have[Take] a seat.  앉으세요.

⑲ They gave me a green light.  그들이 공식 허가를 내렸어요.

⑳ It's none of your business.  당신이 알 바가 아니에요.

㉑ Mind your own business.  당신이나 잘하세요.

〈시간〉

① Do you have time? 시간 있으세요?
= Would you spare some time?

② Can I have a word with you? 잠깐 얘기 좀 할 수 있나요?

③ Do you have the time? 몇 시예요?

④ Be punctual! 시간 잘 지키세요!

〈전화〉

① Who's calling please? 누구시죠?
= Who's this please?/ Who's on the phone?

② Who do you want to speak to? 누구와 통화하길 원하세요?

③ Is Tom there? 톰 있나요?

④ Is this the Smith's residence? 스미스 씨 댁입니까?

⑤ What's this regarding? 무슨 일 때문에 그러시죠?

⑥ Hang on. (끊지 말고) 잠깐 기다리세요.
= Hold on./ Stay on the line.

⑦ Hang up, please. 전화를 끊으세요.

⑧ There is no one by that name. 그런 이름 가진 분은 없어요.

⑨ He is off today. 그는 오늘 쉬는 날이에요.

⑩ Can I take a message? 메모 남겨 드릴까요?

⑪ You have a call. 전화 왔어요[받으세요].
= Get the phone.

⑫ Would you speak up, please? 좀 크게 말씀해 주시겠어요?

⑬ He is on another[the other] line. 그는 다른 전화를 받고 계세요.

⑭ The line is busy. 통화 중입니다.

⑮ The lines are crossed. 혼선이 되고 있습니다.

⑯ You have the wrong number. 잘못 거셨어요.

⑰ You have the wrong extension. 내선 번호를 잘못 거셨어요.

⑱ I'm returning his call. 그분이 전화하셔서 다시 전화드립니다.

⑲ Give me a ring. 전화해 주세요.

⑳ Can you put me through to Mike? 마이크에게 전화 연결시켜 주세요.

㉑ I'll transfer you to him. 그에게 연결시켜 드릴게요.
= I'll put you through to him.

㉒ When she finally got through, he was not in his office.
그녀가 마침내 전화 연결되었을 때, 그는 사무실에 없었어요.

㉓ M as in Mike. 마이크 할 때 M이요.

㉔ He is history. 그는 한물갔지요.
= He is a has-been./ He is over the hill.

① Suit yourself. 좋으실 대로 하세요.

② Be my guest. (간단한 청을 듣고) 네, 그러세요.

③ Go ahead. 먼저 하세요. 그렇게 하세요.

〈동의〉

① I could not agree with you more. 진심으로 동감이에요.

② You can say that again. 그 말이 맞아요.

③ That makes two of us. 저도 같은 생각이에요.

④ Tell me about it. 무슨 말인지 잘 알아요.

## 3. 쇼핑/ 식당/ 여행

〈돈/ 계산〉

① I will treat you to a cup of coffee. 커피 한 잔 대접할게요.

② This is on the house. 무료[공짜]입니다.

③ This is a complimentary drink. 무료 음료수입니다.

④ I will pick up the tab. 내가 계산할게.

⑤ Let's split the bill. (인원수대로) 나누어 내자.

⑥ That comes to $70 in total. 총 70달러입니다.

⑦ Keep the change. 잔돈은 가지세요.

⑧ Cash or charge? 현금으로 하시겠어요, 카드로 하시겠어요?

〈쇼핑〉

① I'd like to return this scarf. 이 스카프를 반품하고 싶습니다.

② I'd like to get a refund. 환불해 주세요.

③ It's too steep. 터무니없이 비싸다.

④ It's a steal[bargain]. 정말 싸다.

⑤ It's a real bargain. 정말 싸게 사시는 거예요.

⑥ Can I try it on? 입어 봐도 되나요?

⑦ I'm just browsing. 그냥 구경하는 거예요.
   = I'm just looking (around).

⑧ This is a little something for you. 별거 아니지만 선물이에요.

⑨ What's your price range? 어느 정도 가격대를 생각하고 계세요?

⑩ Paper or plastic? 종이봉투 드려요, 비닐봉지 드려요?

⑪ Let me shop around. (다른 곳도) 둘러볼게요.

⑫ It cost me a fortune. 돈이 엄청 들었어요.

⑬ They charged me an arm and a leg. 저한테 엄청난 금액을 청구했어요.

⑭ I was ripped off. 바가지 썼어요.

⑮ I was not born yesterday. 어린애가 아니에요. 누굴 속이려하죠?

⑯ I traded in my old car. 중고차 값을 제한 나머지 돈을 주고 새 차를 샀어요.

〈식당/ 음식〉

① Hold the garlic, please. (음식 주문 시) 마늘은 빼고 주세요.

② What can I get you? (음식 주문 시) 무엇을 드시겠습니까?

③ Are you being waited on? (식당에서) 웨이터가 도와주고 있습니까?

④ How many (people are there) in your party? 일행이 몇 명입니까?

⑤ I'm expecting company. 일행이 올 거예요.

⑥ Same here. 같은 걸로 주세요.

⑦ It comes with French fries. (이것을 시키시면) 감자튀김도 같이 드립니다.

⑧ Help yourself. 많이 드세요.

⑨ Would you care for seconds? 한 그릇 더 드릴까요?

⑩ Can I have a doggy bag? 남은 음식 싸갈 것 좀 주시겠어요?

⑪ Please wrap this up. 이것 좀 싸 주세요.

⑫ For here or to go? 여기서 드실 건가요, 가지고 가실 건가요?

⑬ Sunny-side up, please. 한쪽만 익혀 주세요, 계란 노른자가 위로 오게 해 주세요.

⑭ I am picky/ fussy about food. 나는 음식에 대해서 까다로워요.

⑮ I will fix a sandwich for you. 간단히 샌드위치를 만들어 줄게.

⑯ They bend over backward to take care of their customers. 그들은 손님을 위해 최선을 다해요.

⑰ It'll quench your thirst. 이걸 드시면 갈증이 풀릴 거예요.

⑱ One decaf Latte, please. 카페인 없는 라떼 한잔이요.

⑲ This milk is stale[spoiled]. 우유가 상했어요.
  = This milk has gone bad.

⑳ I'm sick and tired of hamburgers. 나는 햄버거가 물렸어.
  = I'm fed up with hamburgers.

---

**음식을 활용한 표현**

① He brings home the bacon. 그가 생활비를 벌어 와요.
  = He is the breadwinner in his family.

② He is a couch potato. 그는 앉아서 TV만 보는 사람이에요.

③ Don't put all your eggs in one basket. 한곳에 모든 것을 다 투자하지 마세요, 분산 투자를 하세요.

④ It's pie in the sky. 그림의 떡이에요.

⑤ That's the way the cookie crumbles. 살다 보면 다 그렇지 뭐, 그런 일은 생기기 마련이야.
  = Those things are bound to happen./ That's the way it goes.

〈배고파요/ 배불러요〉

① My stomach[tummy] is growling.  배에서 꼬르륵 소리가 나.

② I could eat a horse.  (너무 배가 고파서) 엄청 많이 먹을 수 있어.

③ I'm stuffed.  배불러 죽겠다.

〈예약/ 약속〉

① Do you have any vacancies?  빈방 있나요?

② Am I all set?  다 끝났나요? 가도 되나요?

③ It's still up in the air.  아직 정해지지 않았어요.

④ I will squeeze you in the afternoon.  (예약 시간을) 오후로 넣어 드릴게요.

⑤ First come first served.  선착순입니다.

⑥ Is this seat taken?  자리 있나요?

〈공항/ 기내〉

① Aisle seat, please.  (비행기) 복도 자리로 주세요.

② This is my carry-on (bag).  기내로 들고 갈 짐입니다.

③ Do you have any luggage to check in?  부칠 짐 있으세요?

④ Do you have anything to declare?  세관 신고할 것 있으세요?

⑤ Where is the baggage claim (area)?  짐 찾는 곳이 어디죠?

⑥ I feel jet-lagged.  시차 때문에 피곤해.

⑦ I'll arrange a trip.  내가 여행을 준비해 볼게.

⑧ Can I get an extension, please?  기간을 연장할 수 있을까요?

⑨ The view took my breath away.  경치가 너무 아름다워 숨이 막혔어요.

〈기타〉

① Let's hit the road.  떠나자.

② Can you give the direction to the park?  공원 가는 길 좀 알려 주실래요?

③ I'm a stranger.  저도 여기는 잘 몰라요.

## 4. 병원/ 건강

〈건강〉

① I have a fever[temperature].  열이 나.

② I have a runny nose.  콧물이 나와.
   = My nose is running.

③ I have a stuffy nose[nasal congestion].  코가 막혔어.

④ I have a sore throat.  목이 아파요.

⑤ I cough a lot.  기침이 심해요.

⑥ I have cramps in my leg. 다리에 쥐가 났어요.

⑦ I feel like throwing up. 토할 것 같아요.

⑧ I feel dizzy. 어지러워요.

⑨ I feel woozy. 머리가 띵해요.

⑩ I am allergic to peach. 저는 복숭아 알레르기가 있어요.

⑪ I ache all over. 온 몸이 다 쑤셔요.
    = My whole body aches.

⑫ I pulled a muscle in my foot. 발 근육이 당겨요.

⑬ He sprained his ankle. 그는 발목을 삐었어요.

⑭ He has a cast in his arm. 그는 팔에 깁스를 했어요.

⑮ He is walking on a crutch. 그는 목발을 짚고 다니고 있어요.

⑯ Get well soon. 빨리 나으세요.

⑰ How often do you work out? 얼마나 자주 운동하세요?

⑱ My grandfather is still in the pink. 할아버지께서는 아직 정정하세요.

⑲ You have bad breath. 너 입 냄새 나.

⑳ I am out of breath. 숨이 차네.

㉑ I am under the weather. 몸이 안 좋아.

㉒ I need a second opinion. 다른 곳도 알아봐야겠어요.

㉓ I'm exhausted. 피곤해. 너무 지쳤어.
    = I'm worn out./ I'm wiped out./ I'm burned out.

〈약〉

① Apply ointment. 연고를 발라라.

② Would you get this prescription filled? 이 처방전대로 약을 지어 주세요.

③ This is an over-the-counter drug. 이것은 처방전 없이도 살 수 있는 약이에요.

〈출산〉

① Are you expecting? 임신하셨나요?

② When is your baby due? 출산 예정일이 언제예요?

③ When is your baby shower? (아이 낳기 전에 하는) 출산 파티는 언제예요?

④ She is going into labor. 그녀는 진통을 시작했어요.

⑤ She can have a maternity leave. 그녀는 출산 휴가를 갈 수 있어요.

⑥ She gave birth to a son. 그녀는 아들을 낳았어요.

## 5. 감정/ 정서

〈우울/ 걱정〉

① I got up on the wrong side of the bed.  기분이 안 좋다.

② He is in a rotten mood.  그는 기분이 안 좋아요.

③ Don't fret over it.  너무 초조해 하지 마.

④ Don't make a fuss about it.  호들갑 떨지 마.

⑤ Please get your mind off this.  이제 이 일에 신경 쓰지 마세요.

⑥ Don't let your imagination run wild.  쓸데없는 걱정하지 마세요.

⑦ I feel blue.  우울해.

⑧ He cried out of the blue.  그는 갑자기 울었어요.

〈격려〉

① Keep your chin up.  기운 내라.
   = Cheer up./ Get your spirits up.

〈기타〉

① I am short-tempered.  난 성질이 급해.

② He hit the ceiling.  그는 엄청 화가 나 있어.

③ Don't let me down.  나를 실망시키지 마.

④ I am green with envy.  샘 난다.


## 6. 파티/ 여가

〈파티〉

① Let's throw a party.  파티를 열자.

② Christmas is just around the corner.  며칠만 있으면 크리스마스다.

③ My birthday falls on Sunday this year.  올해 내 생일은 일요일이야.

④ What's the occasion?  오늘 무슨 날이야?

⑤ Can I tag along?  나도 따라가도 되나요?

⑥ Please let me in.  나도 끼워줘.

⑦ Let me out this time.  이번에는 빠질게.

⑧ My father drinks like a fish.  우리 아버지는 술을 많이 마신다.

⑨ I cannot carry a tune.  난 음치야.
   = I am tone deaf.

〈외모〉

① Beauty is only skin deep.  미모는 단지 껍데기일 뿐이야.

② She is an eyeful.  그녀는 엄청난 미인이야.

③ She is an eyesore.  그녀는 못생겼어.

④ She is homely.  그녀는 못생겼어.

⑤ Don't put on[apply/ use/ wear] too much make-up.  너무 진하게 화장하지 마.


## 7. 가정/ 가족

〈집/ 가정〉

① I live next door.  옆집에 삽니다.

② My sink is clogged up.  싱크대가 막혔어요.

③ Does it include utilities?  공과금이 포함된 건가요?

④ Tidy up your room.  방을 깨끗이 치워라.

⑤ There was a blackout yesterday.  어제 정전이 됐었어.

⑥ I'm grounded for two days.  이틀 동안 외출 금지야.

⑦ I was cooped up in my room.  방에 처박혀 있었어.

⑧ I named my son after my grandfather.  할아버지 이름을 따서 아들 이름을 지었어요.

⑨ What's your last[family] name?  성이 뭐예요?

⑩ What's your first[given] name?  이름이 뭐예요?

〈닮았다〉

① He takes after[looks like] his mother.  그는 자기 엄마를 닮았어요.

② He is the carbon copy of his mother.  그는 자기 엄마와 똑같이 생겼어요.

③ He is a chip off the old block.  그는 자기 아빠를 쏙 빼닮았어요.

〈옷/ 세탁소〉

① Do you do alterations?  옷 수선도 하시나요?

② Hem up, please.  (바지·치마의) 단을 올려 주세요.

③ Do you want starch?  (옷에) 풀을 먹여 드릴까요?

④ Your fly is open.  바지 지퍼가 열렸어.

⑤ Is there any special dress code for the party?  그 파티에 특별한 복장 규정이 있나요?

⑥ You seem to have outgrown it.  (몸이 커져서) 옷이 작아졌구나.

⑦ I like your skirt.  치마 예쁘다.

⑧ Your sweater goes well with your skirt.  스웨터가 치마와 너무 잘 어울린다.

---

### 옷을 활용한 표현

She wears the pants[trousers] in the house.  그녀가 집안을 꽉 잡고 있다.

⑨ The dress becomes you. 그 드레스 너한테 너무 잘 어울린다.

⑩ Get dressed. 옷 입어라.

⑪ Dress up, please. 옷을 잘 갖춰 입으세요.

⑫ Why don't you tuck in your shirt? 셔츠를 (바지 안에) 집어넣지 그래요?

⑬ You should bundle up. 옷을 껴입는 게 나을 거야.

〈잠〉

① I tossed and turned all night. 밤새 뒤척이느라 잠을 못 잤어.

② I took a nap. 낮잠을 잤어.

③ Let me sleep on it. 생각 좀 해 볼게요.

④ Sleep tight. 푹 자라.

⑤ You need to get some shut-eye. 너 잠을 좀 자야겠다.

⑥ I didn't sleep a wink last night. 어젯밤 한숨도 못 잤어.

⑦ I slept like a log. 곯아 떨어졌다.

⑧ I stayed up last night. 어젯밤 늦게까지 안 잤어.

⑨ I went to bed early yesterday. 어제 일찍 잤어.

⑩ I'll do it first thing in the morning. 일어나자마자 그것부터 할게요.


8. 날씨/ 교통

〈날씨〉

① It's pouring down. 비가 쏟아져 내리고 있어요.

② It's drizzling. 이슬비가 내리고 있어요.

③ It was rained out. 비로 인해 연기됐어요.

④ It's raining cats and dogs. 비가 억수같이 내려요.

⑤ The rain is forecast to let up Monday night. 월요일 저녁에 비가 그칠 것으로 예상돼요.


### 날씨를 활용한 표현

① I'm saving money for a rainy day. 만약의 경우를 위해 돈을 모으고 있어요.

② Can I take a rain check? 다음으로 미루면 안 될까요?

③ Every cloud has a silver lining. 어떤 어려운 상황 속에도 희망은 있어요.

〈교통〉

① There was a fender-bender on my way home. 집에 오는 길에 가벼운 접촉 사고가 났어요.

② My car was rear-ended by a truck. 트럭이 내 차를 뒤에서 박았어.

③ I got a flat tire. 바퀴가 펑크 났어요.

④ Can you help jump-start my car? 제 차 (배터리에 연결해서) 시동을 걸어 주시겠어요?

⑤ He ran a red light. 그는 빨간불을 그냥 지났어요.

⑥ I was held up in traffic. 교통 체증에 꼼짝 못했어요.

⑦ Can you drop me off at the station? 정거장에서 내려 주겠니?

⑧ I am locked out of my car. 차 안에 열쇠를 두고 잠갔어요.

⑨ Call the locksmith. 열쇠 수리공을 부르세요.

9. **일상생활/ 대인 관계**

〈안부/ 인사〉

① What's up? 잘 지냈어?

② How are you getting along? 어떻게 지내니?
   = How is life treating you?
   = How is it going?
   = How are things coming along?
   = How are you making out?

③ What are you up to these days? 요즘 어떻게 지내니?

④ Long time no see. 오랜만이다.
   = I haven't seen you for ages.

⑤ What brings you here? 여기는 무슨 일로 왔니?

⑥ Couldn't be better. 정말 잘 지내.
   = Can't complain.

⑦ Please say hello[hi] to her. 그녀에게 안부를 전해줘.
   = Please give my best regards to her.
   = Please remember me to her.
   = Please pass along my greetings to her.

〈연락〉

① Let's keep in touch. 연락하면서 지내자.

② Keep me posted. 계속 소식 전해 주세요.

③ I'll keep you posted. 보고드릴게요.

④ How can I get hold of you? 어떻게 당신과 연락할 수 있나요?

⑤ Drop me a line. 소식 전해 주세요.

〈만남〉

① What's your Mr.[Miss] Right like?  너의 이상형은 어떤 남자[여자]니?

② Did you ask her out?  그녀에게 데이트 신청했니?

③ How was your blind date?  소개팅 어땠어?

④ I've got a crush on him.  나는 그에게 반했어.

⑤ Look who's here!  (반가워서) 이게 누구야!

⑥ Do you know her by any chance?  혹시 그 여자 아니?

⑦ I met her by chance.  우연히 그녀를 만났어.

〈헤어짐〉

① I must be off now.  가 봐야 해요.
  = I must get going./ I am out of here.

② I broke up with him.  나는 그와 헤어졌어.

③ I am through with you.  너랑은 끝이야.

④ He stood me up.  그가 나를 바람맞혔어.

⑤ He is my ex.  그는 내 예전 남자 친구야./ 그는 전 남편이야.

⑥ He dumped me.  그가 날 찼어.

〈관계〉

① What are friends for?  친구 좋다는 게 뭐니?

② We are on good[bad] terms.  우리는 사이가 좋아[나빠].

③ We don't have any chemistry between us.  우리는 서로 통하는 구석이 없어요.

④ What a small world!  세상 참 좁네요!

⑤ She is a square peg in a round hole.  그녀는 사람들과 잘 어울리지 못해요.

⑥ You read my mind.  제 마음을 잘 아시네요.

⑦ Don't call me names.  나한테 욕하지 마.
  = Don't swear at me.

⑧ You name it.  말만 해. 다 해 줄게.

⑨ Please accept my condolences.  조의를 표합니다.

⑩ What a shame!  (나쁜 소식을 들었을 때) 안됐네요.

### mad를 활용한 표현

① I am mad at[with] him.  그 남자에게 화났어.
  = I am angry with[at] him.

② I am mad[crazy] about him.  그 남자가 너무 좋아.

⑪ Don't beat around the bush. 빙빙 돌려 말하지 마세요.

⑫ You made my day. 네 덕분에 오늘 너무 좋았어.

⑬ Act your age. 나이값 좀 해라. 나이에 맞게 행동해.

⑭ I'm flattered. 과찬의 말씀이세요.

⑮ No offense. 나쁜 뜻으로 한 말은 아니에요.

⑯ I really mean it. 진심이에요.

## 10. 신체 부위를 이용한 표현

〈손〉

① I am all thumbs. 난 손재주가 없어.
 = I'm all fingers and thumbs./ I have ten thumbs./ I am clumsy.

② Two thumbs up. 최고야.

③ She has a green thumb. 그녀는 원예에 소질이 있어요.

④ I will keep my fingers crossed for you. 행운을 빌어 줄게.

⑤ He has a finger in every pie. 그는 온갖 일에 다 참견하고 다녀요.

⑥ Let's give him a big hand. 그에게 큰 박수를 보냅시다.

⑦ My hands are full. 나는 너무 바빠.

〈발〉

① Why are you dragging your feet? 왜 그렇게 꾸물거리니?

② Put your foot down. 단호하게 반대해라.

③ He got cold feet. 그는 겁먹었어.

〈귀〉

① I am all ears. 듣고 있어.

② I'm up to my ears. 할 일이 태산이야.

③ He turned a deaf ear to me. 그는 내 말을 들으려고 하지 않았어.

④ Let's play it by ear. (계획 세우지 말고) 되는대로 하자.

〈얼굴〉

① I could not keep a straight face. 웃겨서 참을 수가 없었어.

② Why the long face? 왜 그렇게 시무룩해?

③ You should keep a poker face. 감정을 드러내지 말아라.

④ Face the reality. 현실을 직시해.

〈눈〉

① Keep an eye on him. 저 남자를 주시해.

② She has an eye for fashion. 그녀는 패션에 관한 안목이 있어요.

〈입〉

① She has a big mouth.  그녀는 입이 싸.

② Watch your mouth[language].  말 조심해라.

③ My mouth is watering.  군침이 돈다.

④ Stop paying lip service.  입에 발린 소리하지 마세요.

⑤ I don't have a sweet tooth.  단것은 안 좋아해.

⑥ Sorry for the slip of the tongue.  말실수해서 미안해.

⑦ He put his foot in his mouth.  그는 말실수를 했어.

〈기타〉

① Over my dead body.  절대로 안 돼.

② He has salt and pepper hair.  그는 머리가 희끗희끗해.

③ She gets on my nerves.  그녀는 나의 신경을 거슬러.

④ She will take it on the chin.  그녀는 잘 참아낼 것이다.

⑤ She is a pain in the neck.  그녀는 골칫덩어리야.

⑥ They are neck and neck.  그들은 막상막하예요.

⑦ He gave me the cold shoulder.  그는 저를 쌀쌀맞게 대했어요.

⑧ He stabbed me in the back.  그는 날 배신했어요.

⑨ He doesn't have guts.  그는 배짱이 없어요.

⑩ He had a fit.  그는 발작을 일으켰어요.


## 11. 기타 표현

〈큰일났다〉

① I'm in a real fix.  나는 곤경에 빠졌어.
   = I'm in hot water./ I'm up a tree.

〈무슨 일이 있어도 꼭〉

① I won't miss it for the world.  무슨 일이 있어도 놓치지 않을게요.

② I'll eat my hat.  내 손에 장을 지지겠다.

〈쌤통이다〉

① It serves you right.  꼴 좋다, 쌤통이다.

② She got her deserts.  그녀의 자업자득이야.

〈복수할 거야〉

① I'll get even with you.  너에게 복수하고 말겠어.

② You will pay for this.  너는 대가를 치르게 될 거야.

〈동물〉

① You are a chicken.  너는 겁쟁이야.

② Don't count your chickens before they are hatched.  김칫국부터 마시지 마라.

③ Every dog has his day.  쥐구멍에도 볕들 날 있다.

④ Who let the cat out of the bag?  누가 비밀을 누설했니?
   = Who spilled the beans?

⑤ Talk turkey.  진지하게 말해 봐.

⑥ Talk[Speak] of the devil (and he will appear).  호랑이도 제 말 하면 온다더니.

〈기타〉

① Save your breath.  말도 꺼내지 마. 잠자코 있어.

② It will hit the spot.  더할 나위 없이 좋을 거야./ 딱 원하던 걸 거야.

③ His story hit the papers.  그 남자의 얘기가 신문에 났어.

④ I couldn't help it.  나도 어쩔 수가 없었어.

⑤ Did you report it to the police station?  경찰서에 신고했니?

⑥ What a coincidence!  우연의 일치구나!

⑦ It was a close call.  큰일 날 뻔했어.

⑧ You are a cut above me.  네가 나보다 한 수 위야.

⑨ Let bygones be bygones.  지난 일은 잊어버리자.

⑩ It's out of the question.  그것은 불가능해.

⑪ If I were in your shoes, I wouldn't go there.  내가 너라면, 거기 가지 않겠어.

⑫ I left no stone unturned.  저는 안 해 본 게 없어요./ 저는 모든 수단을 다 동원했어요.

⑬ You don't need to come in person.  직접 오지 않으셔도 됩니다.

⑭ Kneel down!  무릎 꿇어!

⑮ I'm (flat) broke.  나는 완전히 빈털터리야.

⑯ I'm speechless.  말문이 막히네요.

⑰ No harm done.  잘못된 것 없어, 괜찮아.

⑱ I didn't mean it.  일부러 그런 것 아니에요.

⑲ Don't jump to conclusions.  속단하지 마세요.

⑳ Today is one of those days.  오늘은 재수가 없다.

㉑ You deserve it.  너는 그럴 자격이 있어. (긍정적 의미)/ 너는 그래도 싸. (부정적 의미)

㉒ He cheated on his wife.  그는 (부인을 놔두고) 다른 여자랑 바람을 피웠어.

㉓ Chances are slim.  가능성이 거의 없어요.

㉔ It's not a big deal.  별일 아니야.

# Part II

예시 문제

M   Would it be possible for me to get a haircut?

W   Did you have an appointment?

M   No, I didn't make one.

W   _____

(a)  I think we can fit you in. Come this way.

(b)  In that case, you'd better do something.

(c)  Actually, my name is Betty Grayson.

(d)  You can wait until your hair grows back.

M   머리 좀 자를 수 있을까요?
W   예약하셨나요?
M   아니요, 안 했는데요.
W   _____

(a) 끼워 드릴 수 있을 것 같네요. 이쪽으로 오세요.
(b) 그런 경우라면, 무슨 조치를 취해야겠네요.
(c) 사실 제 이름은 베티 그레이슨이에요.
(d) 머리가 다시 자랄 때까지 기다리셔도 됩니다.

정답_(a)

Part II는 남녀가 A-B-A 식으로 대화를 주고받은 뒤, 뒤에 이어질 B의 적절한 응답을 고르는 문제입니다. 전반적으로 대화 내용이나 표현이 Part I과 유사합니다. 본 교재의 Part I의 도입에 설명된 전략을 거의 그대로 따르면 됩니다. 아래 1~3 항목은 Part I과 같은 내용을 요약한 것이고, 4번은 Part II에 해당하는 새로운 내용입니다.

1.  **한 번만 들려주며 빠르게 진행된다.**
    대화와 선택지 모두 한 번만 들려주며, 문제와 문제 사이의 간격이 2초 정도로 매우 짧습니다. 따라서 대화와 선택지를 듣는 즉시 맥락을 이해하고 답을 골라야 합니다.

    전략 소거법을 활용하고 모르는 문제는 과감히 찍자.
    소거법은 Part I부터 Part V까지 텝스 청해의 전 파트에서 쓰는 전략입니다. 네 개의 선택지를 들으면서 확실한 정답은 O, 확실한 오답은 X, 불확실한 것은 △로 표시한 뒤 재빨리 답안지에 답을 마킹합니다. 그래도 모르는 문제는 과감히 찍고 다음 문제를 풀 준비를 합니다.

2. 관용구와 숙어가 많이 나온다.

　전략 관용구와 숙어를 예문과 함께 외우자.

본 교재의 Part I의 '상황별 표현'과 Part II, III의 '구동사 1, 2'에서는 텝스 빈출 숙어와 관용 표현들이 정리되어 있습니다. 이 표현들을 예문과 함께 입으로 소리 내어 외워야 합니다.


3. 자주 나오는 오답 유형이 정해져 있다.

Part I과 마찬가지로 자주 나오는 오답 유형이 정해져 있기 때문에 앞서 설명한 소거법으로 오답을 제거해 나가면 정답을 맞힐 확률이 높아집니다.

　전략 1 제시 문장의 단어와 똑같거나 비슷한 단어가 쓰인 선택지는 오답일 확률이 높다.

　전략 2 비슷한 상황이 연상되는 단어가 쓰인 선택지는 오답일 확률이 높다.

　전략 3 시제가 틀린 오답에 주의한다.

　전략 4 간접적인 답이 오히려 정답일 확률이 높다.


4. Part I과 다른 Part II만의 전략

　전략 1 남녀가 할 말이 바뀌어 나오는 오답에 주의하자.

A-B-A 식으로 대화가 진행된 후 A가 할 만한 말이 오답 함정으로 나오는 경우가 많습니다.

| | |
|---|---|
| W　You should erase the wrong word. | W　잘못 쓴 단어는 지워야 해요. |
| M　But I don't have an eraser. | M　하지만 지우개가 없는 걸요. |
| W　Well, you can use mine. | W　제 것 쓰세요. |
| M　_____ | M　_____ |
| (a) I've brought plenty. | (a) 여러 개 가져왔거든요. |
| (b) That's very kind of you. | (b) 참 친절하시군요. |

여기서 (a)는 지우개를 빌려 주는 여자가 할 말이지 남자가 할 말이 아닙니다. 따라서 호의에 감사하다는 표현인 (b)가 정답입니다. 대화를 들을 때 남녀의 관계와 상황을 잘 파악해야 합니다.

선택지의 앞부분만 들으면 답인 것 같은데 끝까지 들으면 오답인 경우가 있습니다. 예를 들어, 위 문제에 대한 선택지로 Thank you, but I also have one.(고맙지만 저도 지우개 있어요.)이 오답 함정으로 제시될 수 있습니다. 앞부분 Thank you까지만 들으면 답인 것 같지만, 뒷부분으로 인해 오답임을 알 수 있습니다. 선택지의 문장을 끝까지 집중해서 다 들은 뒤 O, X, △ 표시를 해야 합니다. 선택지뿐만 아니라 대화도 끝까지 잘 들어야 합니다. 대화의 첫 두 문장은 들었는데 문제의 핵심인 세 번째 문장을 못 들으면 틀리기 쉽습니다.

Part II에는 '조동사 + have p.p.' 표현이 자주 나옵니다. 확실히 의미를 익혀두지 않으면 듣고 바로 이해하기가 어려울 수 있습니다. 전략 1에서 예로 든 문제에 대한 정답으로 Thanks, I should have brought one.(고마워요. 저도 지우개를 가져왔어야 했는데 안 가져왔네요.)이 제시될 수 있습니다. 'should have p.p.'의 의미를 모른다면 쉽게 맞힐 수 없습니다. 선택지뿐만 아니라 대화 내용 중에도 이 표현이 잘 나오니, 이번 기회에 예문과 함께 마스터해 둡시다.

- should + have p.p. (과거에) ~했어야 하는데 (하지 않았다)

  I **should have studied** harder in school.
  학생 때 공부를 더 열심히 했어야 하는데 (하지 않았다).

- must + have p.p. (과거에) ~했음에 틀림없다

  He **must have spent** a fortune on that sports car. It looks very expensive.
  그는 저 스포츠카를 사느라 돈을 엄청 많이 썼을 거야. 굉장히 비싸 보이잖아.

- could + have p.p. (과거에) ~할 수도 있었는데 (하지 않았다)

  You **could have helped** me clean the bathroom.
  너는 내가 화장실 청소하는 것을 도와줄 수 있었을 텐데 (돕지 않았다).

- would + have p.p. (과거에) ~했을 것이다

  I **would have responded** the same way she did.
  나라도 그녀와 똑같은 반응을 보였을 것이다.

- might + have p.p. (과거에) ~했을지도 모른다

  He left without saying goodbye. He **might have been** upset or **might have been** busy.
  그는 작별 인사도 하지 않고 떠났다. 화가 났었을 수도 있고 바빴을 수도 있다.

# Unit 03 의문문

Part I과 마찬가지로 의문사 의문문은 How, What, Which, Why가 Where, When, Who보다 자주 나오며, 일반 의문문은 요청의 의미를 지닌 Can(Could), 현재완료의 Have, 요청 및 제안의 Will(Would) 등으로 시작하는 문제가 잘 나옵니다.

### 1. 처음 두 문장에서 문맥을 잘 파악하자.

쉬운 문제는 마지막 세 번째 문장만 잘 들어도 풀 수 있는 경우가 있습니다. 하지만 처음 두 문장에서 두 사람의 대화의 맥락을 파악하지 못하면 마지막 문장을 잘 들어도 틀리게 되는 문제들이 많습니다. 마지막 문장만 들어도 된다면 Part II가 Part I과 비슷한 수준이 될 것이고 군이 파트를 나눌 이유가 없을 것입니다. 처음부터 집중해서 잘 듣고, 대화 전체의 맥락을 파악하도록 해야 합니다.

### 2. 간접 응답은 여전히 중요하다.

Part I보다는 비율이 낮지만 마지막 말에 직접적인 응답이 아닌 간접적인 응답이 정답이 되는 경우가 있습니다. Part I을 풀 때와 마찬가지로 Part II에서도 특정 문장 형태보다는 대화의 맥락과 의미를 기반으로 정답을 찾아야 합니다.

🎧

W   Where are my sausages?

M   Oh, I put them on my sandwich.

W   Did you use up all of them?

M   _____

(a) No, I ate them all yesterday.

(b) The recipe says otherwise.

(c) I don't really like red meat.

(d) There's some leftover here.

해석   W 내 소시지가 어디에 있지?
　　　 M 제 샌드위치에 넣었는데요.
　　　 W 전부 다 썼니?
　　　 M _____

(a) 아니요, 어제 제가 다 먹었어요.
(b) 조리법에는 다르게 나와 있는데요.
(c) 전 붉은 고기를 좋아하지 않아요.
(d) 여기 좀 남은 게 있어요.

어휘   **use up** ～을 다 쓰다   **recipe** 조리법   **otherwise** 다르게, 달리   **leftover** 남은 음식

해설   소시지를 전부 썼냐는 질문에 남은 게 있다고 답한 (d)가 적절하다. 의문문에 직접적으로 답하는 다소 쉬운 문제이지만 정답의 leftover 같은 단어를 모르면 놓칠 수도 있다. (a)는 No와 그 뒤의 말이 정반대의 내용이라 앞뒤가 맞지 않다. (b)는 요리와 관련된 표현을 이용한 함정이며, (c)는 소시지에서 연상되는 표현인 red meat을 이용한 함정이다.

정답   (d)

64

# PRACTICE TEST

♣  다음 순서에 따라 Practice Test를 학습합니다.

| Step 1 | 문제를 모두 푼다. |

| Step 2 | 바로 정답을 확인하지 말고, 확실하게 들리지 않았던 문제들을 다시 듣고 풀어 본다. |

| Step 3 | 정답을 확인한다. |

| Step 4-1 | 답이 맞았을 경우, 스크립트를 보며 단어와 표현을 학습한다. |
| Step 4-2 | 답이 틀렸을 경우, 스크립트를 보지 말고 받아쓰기 연습을 한다. |

| Step 5 | 스크립트를 보면서 전체를 들어 본다. |

| Step 6 | 스크립트를 보지 않고 전체를 들어 본다. |

**Choose the most appropriate response to complete the conversation.**

1.  (a)      (b)      (c)      (d)

2.  (a)      (b)      (c)      (d)

3.  (a)      (b)      (c)      (d)

4.  (a)      (b)      (c)      (d)

5.  (a)      (b)      (c)      (d)

6.  (a)      (b)      (c)      (d)

7.  (a)      (b)      (c)      (d)

8.  (a)      (b)      (c)      (d)

9.  (a)      (b)      (c)      (d)

10. (a)      (b)      (c)      (d)

1    M   Hello, Golden Dragon Chinese Food.

      W   I'm calling to _____ the food that was just delivered.

      M   What seems to be the problem?

      W

      (a)   I'll forward your _____.

      (b)   There is a hair in my soup.

      (c)   I have a _____ for noodles.

      (d)   We don't serve _____ dishes.


2    W   Hi, how can I help you?

      M   I'd like to buy some milk, please.

      W   Which one would you like, _____ or _____ ?

      M

      (a)   The milk has gone _____.

      (b)   I'll take whichever is cheaper.

      (c)   I _____ through the _____ first.

      (d)   I don't put milk in my tea.


3    M   We should go over these numbers together tomorrow.

      W   Tomorrow is fine for me. I'll be in my office.

      M   What time _____ best?

      W

(a) Let's make it at four.

(b) At any time of the year.

(c) _____ , at 3 p.m., please.

(d) This suit is the best.


4  M  Where were you today? I was worried about you.

   W  Sorry, something happened at work.

   M  Oh, is this going to be _____?

   W

(a) Yes, it happened lately.

(b) I don't really _____ it.

(c) Only for this month, I guess.

(d) I'm often _____ nothing.


5  W  Hello, Canadian _____. How can I help you?

   M  Hi, I'd like to _____ to Bangkok.

   W  When would you like to go?

   M

(a) I went there last year.

(b) On the eighth next month.

(c) I never fly economy class.

(d) After I check in my _____.

## Dictation

6    M  Have you received the sample I sent you?

       W  No. Why don't you check the _____?

       M  Oh, do you know where I can do that?

       W

(a) You can just _____ the sample.

(b) On the delivery company's homepage

(c) I should've sent it by _____.

(d) It is packaged up, ready to be sent.

7    W  Where are you going?

       M  To the monthly meeting. It's been _____ 2 p.m.

       W  What? Why didn't you tell me?

       M

(a) I didn't know you knew it.

(b) Because it's high on the _____.

(c) Oh, it _____.

(d) After all, we're one team.

8    M  I heard you got a job as a _____.

       W  Yes, I'm really excited about this new job.

       M  Wouldn't a desk job be better?

       W

(a) Yes, I see a big future here.

(b) Right, I _____ the office.

(c) No, I'll _____ the meeting myself.

(d) I want something more active.

9  W  How can I help you, sir?

   M  I'm looking for a gray sweater.

   W  Okay. How about this one?

   M

(a) Great. Is it still warm, _____?

(b) Oh, that perfectly _____ my pants.

(c) Not bad, but it's in the gray area.

(d) It comes in different colors.

10  W  Are you coming to Tony's party tonight?

    M  No, I'm not.

    W  Is there any problem between you and Tony?

    M

(a) We're not _____ these days.

(b) All I need is your honest _____.

(c) I can solve this math problem _____.

(d) Yes, he'll be missed a lot.

# Unit 04 평서문

Part I의 평서문 문제와 마찬가지로 감사 인사, 사과, 칭찬, 제안, 요청, 의견, 감정, 사실 확인, 정보 제공 등 폭넓게 출제됩니다.

1. **평서문 문제라고 특별히 부담을 갖지 말자.**

   Part I과 마찬가지로 Part II도 평서문 문제라고 해서 의문문 문제보다 어려운 것은 아닙니다. Part II는 Part I과 달리 어느 정도의 맥락이 있는 상태에서 답을 고르기 때문에 예상치 못한 응답이 정답으로 출제되는 비율이 상대적으로 적은 편입니다. 따라서 마지막 말에만 집중하지 말고 대화의 첫 번째 문장과 두 번째 문장을 잘 듣고 상황을 파악한 후, 마지막 문장에서 문제의 핵심을 파악할 수 있도록 끈질기게 집중해야 합니다.

2. **정형화된 답변만을 예상하면 안 된다.**

   Part II에서도 정형화되지 않은 답변은 여전히 출제됩니다. 특정 문장 형태에 따라 요령이 있는 것은 아니니 섣불리 예측하지 말고, 모든 가능성을 열어 두는 열린 마음으로 대화의 맥락과 의미를 바탕으로 정답을 찾아야 합니다.

🎧

W  I'd like to return this jacket.

M  What's the problem?

W  It's too small for me.

M  _____

(a) Right, it's a small amount.

(b) Do you have the receipt?

(c) It comes in different colors.

(d) Okay, you can return a favor.

해석  W 이 재킷 반품하고 싶은데요.
　　 M 뭐가 문제인가요?
　　 W 저한테 너무 작아요.
　　 M _____

(a) 맞아요, 양이 적네요.
(b) 영수증 있으신가요?
(c) 다른 색상도 있습니다.
(d) 좋아요. 호의에 보답하셔도 돼요.

어휘  **return** 반환하다  **receipt** 영수증  **return a favor** 호의에 보답하다

해설  상점에서 물건을 교환 또는 환불하는 상황으로, 직원인 여자가 영수증을 갖고 있는지 묻는 (b)가 가장 자연스럽다. 대화의 맥락을 듣지 못하고 마지막 문장 It's too small for me.만 들어서는 풀 수 없는 문제이다. (a)는 small이 반복 사용된 함정으로, 양이 적다는 것은 옷의 크기를 나타내는 말과 상관없다. (c)는 옷 등 제품이 여러 가지 색상으로 나온다는 뜻으로 옷을 구입하는 상황이 연상되는 오답 함정이다. (d)의 return a favor는 호의에 보답한다는 뜻으로, return이 반복해서 쓰였다.

정답  (b)

## PRACTICE TEST

정답
P.10

♣ 다음 순서에 따라 Practice Test를 학습합니다.

| Step 1 | 문제를 모두 푼다. |

| Step 2 | 바로 정답을 확인하지 말고, 확실하게 들리지 않았던 문제들을 다시 듣고 풀어 본다. |

| Step 3 | 정답을 확인한다. |

| Step 4-1 | 답이 맞았을 경우, 스크립트를 보며 단어와 표현을 학습한다. |
| Step 4-2 | 답이 틀렸을 경우, 스크립트를 보지 말고 받아쓰기 연습을 한다. |

| Step 5 | 스크립트를 보면서 전체를 들어 본다. |

| Step 6 | 스크립트를 보지 않고 전체를 들어 본다. |

**Choose the most appropriate response to complete the conversation.**

1. (a)     (b)     (c)     (d)

2. (a)     (b)     (c)     (d)

3. (a)     (b)     (c)     (d)

4. (a)     (b)     (c)     (d)

5. (a)     (b)     (c)     (d)

6. (a)     (b)     (c)     (d)

7. (a)     (b)     (c)     (d)

8. (a)     (b)     (c)     (d)

9. (a)     (b)     (c)     (d)

10. (a)     (b)     (c)     (d)

**1** W Wow, look at this _____ sports car!

M Thanks, I drive it to school.

W I didn't know you are into _____ cars.

M

(a) That's not what my report says.

(b) Could you lend it to me someday?

(c) Not really. It's my dad's old car.

(d) You're _____ too hard.


**2** W Do you have any plans for Thanksgiving Day?

M Yes, all my children are coming home from college.

W Oh, really? I want to see them. _____ with them.

M

(a) Yes, I'd love a Thanksgiving dinner with them.

(b) But they are now living in the _____.

(c) Of course. I'll make sure to do that.

(d) Sure, my place is too big for a family of four.


**3** M How can I _____ this data?

W Use the spreadsheet _____.

M But I don't know how to use it.

W

# Dictation

(a) Let me walk you _____ it.

(b) It takes time to sink in.

(c) It's _____ spread out.

(d) I really _____ your help.


4    M  I just came back from my vacation.

     W  How was it?

     M  I don't even want to talk about it.

     W

(a) On business or for _____?

(b) I understand. I feel bad, too.

(c) _____?

(d) How long was your vacation?


5    M  Sylvia has really big and pretty eyes.

     W  Yeah, she's very _____.

     M  Her sister has big eyes, too.

     W

(a) I guess it runs in their family.

(b) Oh, what a shame!

(c) I'll _____ it.

(d) Yes, they _____ me big time.

## Dictation

6    W  Yesterday was my birthday.

       M  Really? I _____ forgot.

       W  I'm so _____ you.

       M

      (a)  I'll try to be there next time.

      (b)  I'll make up for it. I promise.

      (c)  But we made an _____.

      (d)  It's better late than never.

7    M  The doctor said my mom has cancer.

       W  No way. Why don't you get a _____?

       M  I think I should. I'll talk to my mom.

       W

      (a)  Do you know anything about cancer?

      (b)  I _____ you go to Doctor Meredith.

      (c)  This is actually my second try.

      (d)  I'm sure you'll get better.

8    W  Do you remember the name of the _____ in the movie
          *Desperado*?

       M  His real name or the name in the movie?

       W  His real name.

       M

# Dictation

(a) Aargh, it's on the _____.

(b) You name it. He makes it.

(c) He's working _____.

(d) I didn't like the movie anyway.

9   M   You look very tired. What did you do last night?

W   I stayed up all night studying for my final.

M   You should get some sleep before the test.

W

(a) Okay, let me sleep on it.

(b) Then, _____ at two, please.

(c) No, I went to bed early yesterday.

(d) I guess you didn't _____.

10   M   People say I _____ my dad.

W   I have never seen your father.

M   I'll show you a picture of my dad. Here.

W

(a) You should look after your father.

(b) This picture really _____ you.

(c) You're _____ your father.

(d) You need to buy a new one.

# PART II 구동사 1

1

| **Break** | down | (차·컴퓨터가) 고장 나다 |
|---|---|---|
| | in[into] | 침입[난입]하다 |
| | off | (결혼 등을 파기하고) 헤어지다 |
| | out | (전쟁, 화재 등이) 발생하다 |
| | | (뽀루지, 두드러기 등이) 발진하다 |
| | through | (곤경을) 극복하다 |
| | up (with) | (~와의) 관계[교제]를 끊다 |

① **break down**

My car **broke down** again. 내 차가 또 고장이 났다.

② **break in[into]**

A burglar **broke into** his house. 그의 집에 강도가 들었다.

③ **break off**

They **broke off** their engagement. 그들은 파혼했다.

④ **break out**

The war **broke out** in 1954. 그 전쟁은 1954년에 일어났다.

It makes my skin **break out**. 그것은 내 피부에 두드러기가 나게 한다.

⑤ **break through**

You have to **break through** the problem. 너는 그 문제를 극복해야 한다.

⑥ **break up with**

I **broke up with** him. 나는 그와 헤어졌다.

✽ 구동사 외의 break 관련 청해 빈출 표현

❶ Don't **break your promise**. 약속을 어기지 마라.

❷ It's hard to **break an old habit**. 옛 습관을 버리는 것은 쉽지 않다.

❸ Can you **break** this $100 bill? 이 100달러 짜리를 잔돈으로 바꿔 주시겠어요?

❹ He **broke the news to** me. 그가 나에게 소식을 전해 주었다.

❺ He finally **broke the record**. 그는 마침내 기록을 깼다.

| **Call** | for | ～을 요구하다, ～을 데리러 가다 |
|---|---|---|
| | off | 취소하다 |
| | up | 전화를 걸다 |

① **call for**

I will **call for** you before ten. 10시 전에 데리러 가겠습니다.

② **call off**

We have to **call off** the trip. 여행을 취소해야 한다.

③ **call up**

**Call** me **up** any time. 아무 때나 전화하세요.

✳ 구동사 외의 call 관련 청해 빈출 표현

❶ Let's **call it a day[night]**. 여기까지 합시다.
= Let's **call it quits**./ Let's wrap things up.

❷ Don't **call me names**. 나를 욕하지 마.

| **Cut** | down (on) | (수량·활동 등을) 줄이다 |
|---|---|---|
| | in | (사람·자동차가) 끼어들다 |
| | off | (가스·수도·전기 등을) 끊다 |
| | out | (활동을) 마치다, 그만두다 |

① **cut down on**

**Cut down** on your smoking. 담배 좀 줄이세요.

② **cut in**

Don't **cut in** line. 끼어들지 마세요.

③ **cut off**

Our electricity will be **cut off**. 전기가 끊길 것이다.

④ **cut out**

**Cut** it[that] **out**. (싸움을 말릴 때) 그만해.

✳ 구동사 외의 cut 관련 청해 빈출 표현

❶ He **is cut out for** the job. 그는 그 일에 적임자이다.

❷ The freezing wind **cut me to the bone**. 찬바람이 뼛속까지 스몄다.

❸ The company tried to **cut costs** by massive lay-offs. 그 회사는 대량 감원으로 비용을 절감하려고 했다.

4

# Come

| | |
|---|---|
| along | 따라가다, 같이 가다 |
| by | 잠깐 들르다 |
| down | (값이) 내리다, 하락하다 |
| down with | (병에) 걸리다 |
| off | (단추·신발굽 등이) 떨어지다 |
| to | (합계가) ~가 되다 |
| up (with) | (해답을) 찾아내다, 생각해 내다 |

① **come along**

Can I **come along**? 나도 따라가도 돼?

② **come by**

**Come by** my office any time. 아무 때나 제 사무실에 들르세요.

③ **come down**

Can you **come down** a little? 조금만 깎아 주세요.

④ **come down with**

I think I'm **coming down with** the flu. 독감에 걸린 것 같다.

⑤ **come off**

A button **came off** my shirt. 셔츠에서 단추 하나가 떨어졌다.

⑥ **come to**

That **comes to** $25.20. 총 25달러 20센트입니다.

⑦ **come up with**

I cannot **come up with** a good idea. 좋은 생각이 떠오르지 않는다.

✻ 구동사 외의 come 관련 청해 빈출 표현

❶ It **comes in handy**. 이것은 편리하다.

❷ **First come, first served.** 선착순이다.

❸ **Come to think of it**, I forgot to bring my wallet. 생각해 보니, 지갑을 안 가지고 왔다.

❹ **Come (on) in,** please. 들어오세요.

❺ A good idea **came into my mind.** 좋은 생각이 떠올랐다.

❻ Your dreams will **come true.** 너의 꿈은 실현될 거야.

❼ **How come** you were late? 왜 늦었니?
= Why were you late?

**5**

## Do

| away with | ~을 없애다, 그만두다 |
| up | (단추·지퍼 등을) 잠그다 |
| without | ~ 없이 견디다[지내다] |

① **do away with**

We should **do away with** unnecessary paperwork.  불필요한 서류 작업을 없애야 한다.

② **do up**

The boy can't even **do** his jacket **up** properly.  소년은 재킷의 단추도 제대로 채울 줄 모른다.

③ **do without**

I can't **do without** a car.  나는 차 없이는 못 산다.

✻ 기타 do 관련 표현들

❶ **That does it!**  더 이상은 못 참아!

❷ **Dos and don'ts**  규칙, 해야 할 일과 하지 말아야 할 일

**6**

## Fall

| behind | ~보다 뒤떨어지다, 뒤처지다 |
| for | ~에 속아 넘어가다, ~에게 반하다 |
| through | 실패하다, 실현되지 못하다 |

① **fall behind**

He **fell behind** his classmates.  그는 같은 반 친구들보다 뒤처졌다.

② **fall for**

He **fell for** the trick.  그는 속임수에 속아 넘어갔다.

I **fell for** her at first sight.  나는 첫눈에 그녀에게 반했다.

③ **fall through**

Their plans **fell through** at the last minute.  그들의 계획은 막판에 수포로 돌아갔다.

✻ 기타 fall 관련 표현들

❶ **Night falls.**  밤이 되다.

❷ The score **fell short of our expectations**.  점수가 우리의 기대에 미치지 못했다.

# Fill

| | |
|---|---|
| in | (빈칸 · 서류의 빈 곳을) 메우다 |
| in for | ~ 대신 일하다 |
| out | (서류를) 작성하다 |
| up | (차에) 기름을 가득 넣다 |

① **fill in**

**Fill in** the blanks. 빈칸을 채우세요.

② **fill in for**

Can you **fill in for** me? 나 대신 일해 줄 수 있니?

③ **fill out**

Would you **fill out** this form? 이 서류 양식을 작성해 주시겠어요?

④ **fill up**

I need to **fill up** my car. 차에 기름을 가득 넣어야겠다.

✽ 구동사 외의 fill 관련 청해 빈출 표현

❶ He **filled the order** yesterday. 그는 어제 주문대로 납품했다.
↔ He **placed the order** yesterday. 그는 어제 주문을 했다.

❷ Would you **get this prescription filled**? 처방대로 약을 지어 주세요.

# Get

| | |
|---|---|
| across | ~을 이해시키다 |
| along (with) | (~와) 사이좋게 지내다 |
| around to | ~할 여유를 찾다, ~에 손이 미치다 |
| at | 암시하다, 말하고자 하다 |
| away | 떠나다, 제거하다 |
| away with | (못된 짓을) 벌받지 않고 해내다, (가벼운 벌로) 때우다 |
| by | 통과하다, 그럭저럭 해내다 |
| down to | 착수하다 |
| in | ~에 타다, 들어가다 |
| off | ~에서 내리다, 출발하다, 들어가지 않다 |
| out (of) | (~에서) 나가다, 도망치다 |
| over | (곤란·역경 등을) 이겨내다, (병에서) 회복하다 |
| over with | (귀찮은 일을) 끝마치다 |
| through | (전화로) 연락이 되다 |
| up | 일어나다, 기상하다 |
| up to | ~에 도달하다, ~을 따라잡다 |

① **get across**

She couldn't **get** her idea **across** to the audience. 그녀의 생각은 청중에게 전달되지 않았다.

② **get along with**

I **get along well with** Tom. 난 톰과 잘 지낸다.

③ **get around to**

I was so busy that I could not **get around to** it. 나는 너무 바빠서 그것까지 할 여유가 없었다.

④ **get at**

What are you trying to **get at**? 무슨 소리를 하려는 거니?

⑤ **get away**

I want to **get away** from my boring daily routine. 나는 지루한 일상에서 벗어나고 싶다.

⑥ **get away with**

He always **gets away with** it. 그는 그런 짓을 하고도 항상 무사하다.

⑦ **get by**

I can't **get by** on such a limited income. 이런 적은 수입으로는 도저히 꾸려 나갈 수가 없다.

⑧ **get down to**

Let's **get down to** work. 일에 착수하자.

⑨ **get in**

He **got in** the car. 그는 차에 탔다.

⑩ **get off**

I must **get off** now. 나는 지금 가 봐야 한다.

⑪ **get out of**

Let's **get out of** here! 여기서 나가자!

⑫ **get over**

She finally **got over** her cancer. 그녀는 마침내 암을 이겨냈다.

⑬ **get over with**

Let's **get** this **over with**. 이것을 다 끝내 버리자.

⑭ **get through**

I couldn't **get through** to him. 그 남자와 연락이 되지 않았다.

⑮ **get up**

**Get up** early in the morning. 아침에 일찍 일어나라.

⑯ **get up to**

We **got up to** page 10 last class. 지난 시간에 10페이지까지 했다.

✽ 구동사 외의 get 관련 청해 빈출 표현

❶ It's **getting dark**. 점점 어두워진다.

❷ Can you **get the door**? 문 좀 열어 줄래?

❸ **Get the phone.** 전화를 받아라.

❹ **Get well** soon. 빨리 회복하세요.

❺ Don't **get me wrong**. 오해하지 마세요.

❻ She really **gets on my nerves**. 그 여자는 정말 신경 거슬린다.

❼ Do you **get the picture**? 이해가 되니?

❽ **Get a move on.** 서둘러라.

❾ She **got cold feet**. 그녀는 겁먹었다.

❿ You will **get the hang[knack] of it**. 요령이 생길 것이다.

⓫ Your plan **got somewhere[nowhere]**. 너의 계획은 효과가 있었다[없었다].

⓬ Can I **get a raise**? 월급을 올려 주실 수 있나요?

| **Give** | away | 거저 주다, (기회를) 놓치다 |
| | in | (보고서 등을) 제출하다 |
| | in to | ~에 응하다, 굴복하다 |
| | off | (냄새·빛 등을) 내다 |
| | out | 나눠 주다 |
| | up | 포기하다 |

① **give away**

He **gave away** all the money to her. 그는 그녀에게 돈을 다 주었다.
You **gave away** a good chance. 너는 좋은 기회를 놓쳤다.

② **give in**

**Give[Hand] in** the report by tomorrow. 내일까지 리포트를 제출하세요.

③ **give in to**

I had to **give in to** the proposal. 나는 그 제안에 응해야 했다.

④ **give off**

This cheap perfume **gives off** a weird smell. 이 싸구려 향수에서 이상한 냄새가 난다.

⑤ **give out**

The teacher **gave out** the handouts to her students. 선생님은 학생들에게 자료를 나눠 주었다.

⑥ **give up**

Don't **give up** hope. 희망을 버리지 마.

✻ 구동사 외의 give 관련 청해 빈출 표현

❶ **Give me a break.** 그만 좀 해/ 한 번만 봐주세요.

❷ Don't **give me a hard time**. 나를 곤란하게 만들지 마.

❸ She **gave birth to** a son. 그녀는 아들을 낳았다.

❹ I'll **give it a try**. 한번 해 볼게요.
= I'll **give it a go**.

**10**

| Go | | |
|---|---|---|
| | about | 바삐 ~하다 |
| | around | (음식 등이) 모두에게 고루 돌아가다 |
| | at | ~에 덤벼들다 |
| | back on | (약속을) 깨다, 철회하다 |
| | by | 지나가다, 들르다, (시간이) 경과하다 |
| | for | ~을 선호하다, ~의 가치가 있다 |
| | off | (경보기·자명종 등이) 울리다 |
| | on | 나아가다, 계속하다[되다] |
| | out | (전기가) 나가다 |
| | over | ~을 검토하다, 복습하다 |
| | through | (고난·경험을) 겪다, 견디다 |
| | through with | ~을 완수하다 |
| | up | (물건값 등이) 오르다 |
| | without | ~없이 지내다 |

① **go about**

Employees are **going about** their business as usual. 직원들이 평소대로 바삐 일하고 있다.

② **go around**

We have enough food to **go around**. 모두에게 골고루 돌아갈 음식이 충분히 있다.

③ **go at**

A dog **went at** me all of a sudden. 개 한 마리가 갑자기 나에게 달려들었다.

④ **go back on**

Don't **go back on** your promise. 너의 약속을 깨지 마라.

⑤ **go by**

I **went by** his office. 나는 그의 사무실에 잠깐 들렀다.

⑥ **go for**

I don't **go for** his idea. 난 그의 생각이 마음에 들지 않는다.

The DVD **goes for** $50 these days. 그 DVD는 요즘 50달러에 팔린다.

⑦ **go off**

My alarm didn't **go off**. 자명종이 울리지 않았다.

⑧ **go on**

Don't stop! **Go on**. 멈추지 매 계속해.

⑨ **go out**

All the lights **went out** yesterday. 어제 모든 전기가 나갔다.

⑩ **go over**

Let's **go over** this chapter. 이 장을 복습합시다.

⑪ **go through**

He **went through** World War II when he was young. 그는 어렸을 때 제2차 세계 대전을 겪었다.

⑫ **go through with**

She tried to **go through with** the project. 그녀는 그 프로젝트를 해내려고 노력했다.

⑬ **go up**

Stock prices are **going up**. 주가가 올라가고 있다.

⑭ **go without**

It's hard to **go without** a cell phone. 휴대폰 없이 지내기는 어렵다.

✻ 구동사 외의 go 관련 청해 빈출 표현

❶ I **went to bed** early yesterday. 나는 어제 일찍 잤다.

❷ **How** did your job interview **go**? 면접은 어떻게 됐니?

❸ Let's **go Dutch**. 각자 내자.

❹ He **has gone for the day**. 그는 퇴근했다.

---

11

| **Hand** | down | ~을 물려주다 |
| | in | ~을 제출하다 |
| | out | ~을 나누어 주다, 돌리다 |
| | over | ~을 넘겨주다, 양도하다 |

① **hand down**

This vest was **handed down** to me by my mother. 이 조끼는 어머니께서 내게 물려주신 거다.

② **hand in**

**Hand in** your homework by next Wednesday. 다음 주 수요일까지 숙제를 제출하세요.

③ **hand out**

Would you **hand** these booklets **out**, please? 이 책자 좀 나눠 주시겠어요?

④ **hand over**

John **handed over** his position to Rebecca. 존은 레베카에게 자기 자리를 넘겨 주었다.

**12**

| Hang | around with | ～와 시간을 보내다, 사귀다 |
|------|-------------|------------------------|
|      | on          | (전화를) 끊지 않다, 끊지 않고 기다리다 |
|      |             | (어떤 일을) 붙잡고 늘어지다 |
|      | out         | (빨래 · 간판 등을) 내걸다 |
|      | over        | 숙취 상태에 있다 (수동태로) |
|      | up          | 전화를 끊다 |

① **hang around with**

I **hung around with** my friends. 나는 친구들과 시간을 보냈다.

② **hang on**

**Hang on**, please. 잠깐만 기다리세요.

③ **hang out**

Don't **hang out** the laundry outside. 밖에 빨래를 널지 마세요.

④ **be hung over**

I **am** still **hung over**. 아직도 숙취가 남아 있다.

⑤ **hang up**

Don't **hang up** on me. 내 전화 끊지 마.

✳ 구동사 외의 hang 관련 청해 빈출 표현

❶ **Hang in there.** 조금만 참고 견뎌라.

❷ **Let it all hang out.** 터놓고 말해 봐.

❸ I'm trying to **get the hang of** the new system. 나는 새로운 시스템의 사용법을 익히려고 노력 중이다.

**13**

| Hold | back | ～을 자제하다, 비밀로 하다 |
|------|------|------------------------|
|      | on   | (전화를) 끊지 않고 기다리다 |
|      | up   | ～을 방해하다, 지연시키다 |

① **hold back**

I just couldn't **hold back** my tears. 눈물을 참을 수가 없었다.

She seems to be **holding** something **back**. 그녀가 무언가를 말하지 않고 있는 것 같다.

② **hold on**

**Hold on** a moment and I'll put you through. 잠시 기다리시면 연결해 드리겠습니다.

③ **hold up**

Flood is **holding up** traffic. 홍수 때문에 통행이 지연되고 있다.

✱ 기타 hold 관련 표현들

❶ **It is widely held that** the company's new strategy will fail.
회사의 새로운 전략이 실패할 것이라는 생각이 널리 퍼져 있다.

❷ It's hard to know what **the future holds** for our region.  우리 지역의 미래가 어떨지 알기는 어렵다.

❸ **Don't hold your breath.** 너무 기대하지는 마.

---

**14**

| **Keep** | at | 꾸준히 힘쓰다 |
| | away | 가까이 오지 못하게 하다 |
| | down | (감정을) 억누르다 |
| | from | ~을 못하게 하다 |
| | off | 가까이하지 않다, 못 오게 하다 |
| | on | 계속 ~하다 |
| | out | 안에 들어오지 못하게 하다 |
| | to | (길·진로에서) 벗어나지 않다 |
| | up | (상태를) 유지하다 |
| | up with | 뒤떨어지지 않다 |

---

① **keep at**

**Keep at** it until you finish it. 그것을 끝낼 때까지 계속해라.

② **keep away**

**Keep** this insecticide **away** from children. 이 살충제를 아이들 손에 닿지 않는 곳에 두어라.

③ **keep down**

He **kept down** his anger. 그는 화가 나는 것을 참았다.

④ **keep from**

My mom **kept** me **from** going out. 엄마는 내가 밖에 나가지 못하게 했다.

⑤ **keep off**

**Keep** the dog **off** the bed. 개가 침대 위에 올라오지 못하게 해라.

⑥ **keep on**

He **kept on** smoking all morning. 그는 아침 내내 담배만 피워댔다.

⑦ **keep out**

Danger! **Keep out.** 위험! 들어오지 마시오.

⑧ **keep to**

**Keep to** the main road. 큰길로만 가세요.

⑨ **keep up**

If the weather **keeps up** like today, we can go on a picnic tomorrow.
날씨가 오늘 같기만 하다면, 내일 소풍 갈 수 있겠다.

⑩ **keep up with**

My child could not **keep up with** her class. 내 아이는 수업을 따라가지 못했다.

✳ 구동사 외의 keep 관련 청해 빈출 표현

❶ **Keep your chin up.** 기운 내.

❷ **I keep a diary** every day. 나는 매일 일기를 쓴다.

❸ **I always try to keep my promise.** 나는 항상 약속을 지키려고 노력한다.

❹ **Keep** me posted. 계속 소식 전해 주세요.

❺ **I'll keep[bear] that in mind.** 명심할게요.

예시 문제

Listen to a conversation between two friends.

M  Traffic is terrible in this area these days.

W  Yes, it's really frustrating. It wasn't like this before.

M  Maybe it's because of that new shopping center.

W  I think you're right. Traffic seems to have doubled since it opened.

M  We should do something about it.

W  But there's nothing much we can do.


Q  Which is the topic of the conversation?

(a)  The convenience of the shopping center

(b)  Heavy traffic due to bad weather

(c)  A recent increase in traffic accidents

(d)  The cause of the local traffic congestion

두 친구 간의 대화입니다.

M  요즘 이곳 교통은 정말 끔찍해.
W  응. 정말이지 절망적이야. 전에는 안 그랬는데.
M  새로 생긴 쇼핑센터 때문인 것 같아.
W  맞아. 쇼핑센터가 개장한 후에 교통량이 두 배는 늘은 것 같아.
M  뭔가 조치를 취해야 해.
W  하지만 우리가 뭘 할 수 있겠어.

Q  대화의 주제는 무엇인가?

(a) 쇼핑센터의 편리함
(b) 악천후로 인한 심각한 교통 정체
(c) 최근 교통사고의 증가
(d) 지역 교통 혼잡의 원인


정답_(d)

1. 대화, 질문, 선택지 모두 한 번만 들려준다.

**전략** 한 번만 듣고도 풀 수 있는 문제만 출제되니 당황하지 말자.

기존 텝스 Part III는 대화와 질문을 두 번 들려주고 선택지는 한 번만 들려주었습니다. 그래서 당시에 많은 수험자들이 청해에서 가장 쉬운 파트로 Part III를 꼽았습니다. 오히려 두 번 듣기 때문에 집중력을 유지하기가 어려운 파트로 여겨지기도 했습니다. 그러나 뉴텝스의 Part III는 완전히 다릅니다. 기존 텝스와 대화문의 길이나 난이도는 크게 달라진 것이 없는데, 대화, 질문, 선택지 모두 한 번만 들려주기 때문입니다. 많은 수험자들이 뉴텝스에서 체감 난이도가 가장 높아진 파트로 청해 Part III를 꼽습니다.

하지만 바꿔 생각해보면, 한 번만 듣고도 풀 수 있는 문제만 출제된다는 뜻입니다. 기존 텝스 Part III 중 고난도 문제는 한 번 듣고 풀기가 거의 불가능한 문제도 일부 있었습니다. 예를 들어, 세부 정보 파악 문제에서 많은 정보들이 나열되어 한번에 다 듣고 기억하거나 노트테이킹을 하기엔 지나치게 어려운 문제가 출제되기도 했습니다. 이제 뉴텝스에서 이런 문제는 나오지 않는다고 보면 됩니다. 문제가 어렵게 나올 수는 있지만 수험자가 풀기에 불가능한 문제는 나오지 않기 때문입니다. 결국 특별한 비법은 없습니다. 한 번 듣고 다 풀 수 있다는 자신감을 가지고 청해 연습에 더 많은 시간과 노력을 투자해야 합니다.

2. 대화 전 간략한 상황 설명이 나온다.

뉴텝스에서는 대화 및 질문 청취 횟수가 1회로 줄어드는 대신, 대화 전에 간략한 상황 설명(A short description of the situation)이 주어집니다. 상황 설명에는 다음과 같은 유형들이 있습니다.

(1) 남녀의 관계 소개

Listen to a conversation between two friends.
두 친구 간의 대화를 들으시오.

Listen to a conversation between two coworkers [colleagues].
두 직장동료 간의 대화를 들으시오.

Listen to a conversation between two students.
두 학생 간의 대화를 들으시오.

Listen to a conversation between two classmates.
두 급우 간의 대화를 들으시오.

Listen to a conversation between a sales clerk and a customer.
판매원과 손님 간의 대화를 들으시오.

Listen to a conversation between a couple.
커플 간의 대화를 들으시오.

Listen to a conversation between two acquaintances.
두 지인 간의 대화를 들으시오.

(2) 대화 장소 소개

**Listen to a conversation at an office.**
사무실에서의 대화를 들으시오.

**Listen to a conversation on a college campus.**
대학 캠퍼스에서의 대화를 들으시오.


(3)  대화 주제 소개

**Listen to two friends discuss the man's evening plans.**
두 친구가 남자의 저녁 계획에 대해 이야기하는 대화를 들으시오.

**Listen to two colleagues discuss ~.**
두 직장동료가 ~에 대해 이야기하는 대화를 들으시오.

**Listen to a conversation about ~.**
~에 대한 대화를 들으시오.

> 전략 상황 설명을 듣자.

문제에 따라서는 이 상황 설명이 유용할 때가 있습니다. 누가 어떤 상황에서 이야기하는 것인지 알면 대화 내용을 이해하는 데 큰 도움이 될 수 있기 때문입니다. 특히 '(3) 대화 주제 소개' 유형의 경우에 더 그렇습니다. 출제자 입장에서는 수험자가 대화의 주제를 이미 알고 있다는 전제 하에 문제를 출제하기 때문에, 이런 유형에서 주제를 미리 파악하고 있지 못하면 문제 풀이가 어려울 수밖에 없습니다. '(3) 대화 주제 소개' 형식은 Part III의 세 가지 유형(대의 파악 문제, 세부 정보 파악 문제, 추론 문제) 모두에 나올 수 있으며, 정확히 언제 나올지 모르므로 모든 상황설명을 잘 들어야 합니다.


3.  문제 유형과 순서가 정해져 있다.

> 전략 각 유형별로 대비하고 문제를 풀자.

텝스 청해 Part III는 대개 첫 번째 문제인 21번에서 23번까지의 세 문제는 대의 파악 문제이고, 24번에서 28번까지 다섯 문제는 세부 정보 파악 문제이며, 29번과 30번은 추론 문제로 구성되어 있습니다. 이 순서는 거의 변하지 않기 때문에 수험자는 다음에 어떤 유형의 문제를 풀지 미리 알고 마음의 준비를 할 수 있습니다. 또, 남녀가 번갈아 가며 약 6~7번 정도의 대화를 주고받기 때문에 대화가 끝나는 부분도 어느 정도 예측할 수 있습니다. 간혹 5번이나 8번 주고받는 경우도 있는데, 이런 경우는 한 사람이 한 번에 말을 많이 할 경우(5번)이거나, 두 사람이 주고받는 말이 짧을 경우(8번)입니다.

## (1) 대의 파악 문제

**전략** 세부 내용도 잘 들으면 오답을 거르는 데 도움이 된다.

대화의 전반적인 내용과 주제를 이해하면 맞힐 수 있는 문제가 많아 세 가지 유형 중 가장 쉬운 유형으로 볼 수 있습니다. 따라서 대의 파악 문제는 모두 맞히겠다는 자세로 임해야 합니다. 그렇다고 대의 파악 문제라고 해서 대충 듣겠다는 생각을 하면 안 됩니다. 대화의 세부적인 부분에서 오답이 나오기 때문에 세부 내용을 잘 들으면 오답을 제거하는 소거법을 활용할 때 정답을 맞힐 확률을 더 높일 수 있습니다.

## (2) 세부 정보 파악 문제

**전략** 핵심만 메모하는 노트테이킹을 하자.

대화의 세부 내용을 묻기 때문에 대의 파악 문제와 달리 들으면서 간단히 노트테이킹을 하는 것이 좋습니다. 대화 전체를 받아 적는 것은 가능하지도 않거니와 듣기에 집중하는 데 방해가 될 수 있습니다. 간단히 핵심 단어와 언급된 숫자, 시간, 요일 등만 적거나 자신만이 알아볼 수 있는 기호나 약자를 이용해야 합니다. 필자가 실제 노트테이킹 한 것을 각 Sample Question마다 실었으니 직접 보면서 참고하시기 바랍니다.

## (3) 추론 문제

**전략** 어디까지나 대화의 내용을 바탕으로 추론하자.

추론이라고 해서 지나치게 상상의 나래를 펼치는 것은 금물입니다. 정답은 어디까지나 대화의 내용을 바탕으로 한 상식선에서 나옵니다. 대화의 전반적인 내용뿐만 아니라 세부 내용에서 정답과 오답 함정이 모두 나오므로, 노트테이킹을 하면서 소거법을 이용해 문제를 풀어야 합니다.

## 4. 패러프레이징(Paraphrasing)이 정답을 고르는 핵심이다.

영어에서 어떤 단어나 표현, 문장을 같은 의미의 다른 말로 바꾸어 표현하는 것을 패러프레이징이라고 합니다. 텝스 청해 Part III, IV, V, 그리고 독해에서도 정답을 고르는 핵심이 바로 이 패러프레이징입니다. 대화에 나왔던 단어나 표현이 그대로 쓰인 것은 오답일 확률이 높으며, 패러프레이징된 선택지가 정답인 경우가 많습니다. 예를 들어, 대화 중에 offer a discount(할인해주다)라는 표현이 나왔고 이것이 정답이 되는 핵심 내용일 경우, offer나 discount 같은 단어가 그대로 나오는 선택지보다는 sell at a reduced price(할인된 가격에 팔다)처럼 다르게 표현한 선택지가 정답일 확률이 높습니다.

# Unit 05 대의 파악 문제

Part III의 첫 번째 유형으로 대개 21번에서 23번까지의 세 문제가 대의 파악 문제입니다. 대화의 주제나 요지를 묻는 문제가 많고, 때로 대화 속 상황이나 화자가 주로 하고 있는 일이 무엇인지를 묻기도 합니다.

1. 질문 유형

   **What are the man and woman mainly talking about?**
   남자와 여자는 주로 무엇에 대해 이야기하고 있는가?

   **What are the man and woman mainly discussing?**
   남자와 여자는 주로 무엇에 대해 논의하고 있는가?

   **What is the main topic of the conversation?**
   대화의 주제는 무엇인가?

   **What is the conversation mainly about?**
   대화는 주로 무엇에 관한 것인가?

   **What is mainly happening in the conversation?**
   대화에서 주로 일어나고 있는 일은 무엇인가?

   **What are the man and woman mainly doing in the conversation?**
   대화에서 남자와 여자는 주로 무엇을 하고 있는가?

   **What is the man[woman] mainly doing in the conversation?**
   대화에서 남자[여자]는 주로 무엇을 하고 있는가?

   **What is the man[woman] mainly trying to do?**
   남자[여자]는 주로 무엇을 하려는 것인가?

2. 중심 주제를 잘 파악해야 한다.

   당연한 말이지만 대화의 중심 주제를 잘 파악해야 합니다. 예를 들어, 친구의 승진에 대해 이야기하는 중에 그 친구의 취미가 한 번 언급됐다고 해서 취미가 대화의 주제일 수는 없습니다. 이런 내용은 오답으로 제시될 가능성이 큽니다.

3. 남녀를 잘 구분하여 듣자.

   What is the man[woman] mainly doing in the conversation?과 같이 남녀 중 어느 한쪽에 대해 묻는 문제에서는 선택지에 남자와 여자에 관한 내용을 반대로 제시하여 오답으로 출제되는 경우가 있습니다. 문제를 듣고 성별을 파악한 뒤, 두 번째 들을 때에는 해당 인물이 무슨 말을 하는지 유념하며 들어야 합니다.

### 4. 노트테이킹을 훈련하자.

이 유형은 노트테이킹을 하지 않고도 풀 수 있는 문제가 대부분입니다. 하지만 노트테이킹 연습을 위해 일부라도 들으며 메모하는 훈련을 하는 것이 좋습니다. 노트테이킹이 익숙해지면 실전에서 집중력을 잃지 않는데 도움이 됩니다.

### 노트테이킹 (note-taking)

사실상 노트테이킹을 하는 것보다 듣기 능력이 훨씬 더 중요합니다. Part I, II, III의 대화문이 잘 안 들리는 수험자는 노트테이킹을 연습하기보다는 우선 듣기 연습을 해야 합니다. Part I, II, III 대화문이 어느 정도 들리면, Part III, IV, V에서 높은 점수를 받기 위해 들으면서 노트테이킹을 하는 연습이 필요합니다.

노트테이킹을 할 때는 들리는 모든 것을 다 적으려 하지 말고, 문장의 핵심만을 간단히 적어야 합니다. 어디까지나 답을 찾는 데 이용하는 도구일 뿐이라는 것을 명심해야 합니다.

#### (1) 숫자

숫자는 개수, 금액, 날짜, 건물의 층수 등 다양하게 언급될 수 있습니다. 오답이든 정답이든 거의 항상 선택지에 출제되니 반드시 적어 두어야 합니다.

#### (2) 요일

요일은 일반적으로 쓰이는 약자를 쓸 수 있습니다.

| Monday | → | Mon |
|---|---|---|
| Tuesday | → | Tue |
| Wednesday | → | Wed |
| Thursday | → | Thur |
| Friday | → | Fri |
| Saturday | → | Sat |
| Sunday | → | Sun |

## (3) 기호 및 그림으로 나타내기

| | | | |
|---|---|---|---|
| 추가<br>(and, in addition) | + | 증가, 상승<br>(increase, rise) | ↗ |
| 그러나<br>(but, however, yet) | − | 감소, 하락<br>(decrease, fall) | ↘ |
| 그러므로<br>(so, therefore, thus, that's why) | ∴ | 급격한 증가와 상승 | ↗ |
| 이유<br>(because, that's because) | ∵ | 급격한 감소와 하락 | ↘ |
| 중요, 강조<br>(important) | ! 또는 ★ | 변동<br>(fluctuate) | ∿ |
| 긍정적<br>(good, nice, pleasant) | ⌣ 혹은 ♡ | 숫자<br>(number) | # |
| 나라<br>(country, nation) | □<br>한자 國 (나라 국) | 돈/ 비싼<br>(money, expensive) | $ |
| 회사<br>(company) | 田<br>빌딩 모양 | 비교급<br>(예: more expensive) | +<br>+ $ |
| 대학<br>(university, college) | 大<br>한자 大 (클 대) | 최상급<br>(예: most expensive) | + +<br>+ + $ |
| 사람<br>(person, people) | 人 | 성장<br>(grow, growth, growing) | g |
| 다수<br>(many, much) | 夕<br>한자 多 (많을 다) | ~을 통해<br>(through) | θ |
| 일<br>(day) | 日 | 월<br>(month) | 月 |

(4) 약자로 나타내기

| man | M | science | sci- |
|---|---|---|---|
| woman | W | psychology | psy- |
| computer | com | library | lib- |
| business | bz | school | sch- |
| language | lg | with | w/ |
| technology | tech 또는 tek | without | w/o |
| year | yr | | |

(5) 즉석에서 만드는 약자

앞서 제시한 기호나 약자를 군이 암기할 필요는 없습니다. 하나의 예시로 소개한 것이며, 수험자 각자 자기가 편한 대로 메모를 하면 됩니다. 그리고 약자를 만드는 데 치중할 필요가 전혀 없습니다. 미리 만들어놓은 약자가 없어도 시험을 볼 때 자기만 알아볼 수 있도록 즉석에서 만들 수 있기 때문입니다. 예를 들어, language=lg와 같은 약자를 미리 만들어놓지 않았어도 듣기 중에 키워드가 language이면 이를 그냥 L로 표시하면 됩니다. 같은 방법으로 library도 역시 L로 표시 가능하며, nutrition은 N으로 쓸 수 있습니다. 어차피 본인만 알아보면 됩니다.

(6) 빈출 질문 노트테이킹

Part III, IV, V는 질문 유형이 어느 정도 정해져 있기 때문에 비슷한 질문에 대한 노트 기호를 만들어 놓으면 편리합니다.

대의 파악 문제: m)

ex) What are the man and woman mainly talking about?          mt)
ex) What is the speaker's main point?          mp)

세부 정보 파악 문제: c)

ex 1) Which is correct according to the conversation?          c)
ex 2) Which is correct about the man according to the conversation?          cm)

추론 문제: f)

ex 1) What can be inferred from the lecture?          inf)
ex 2) What can be inferred about the woman from the conversation?          fw)

**SAMPLE QUESTION**

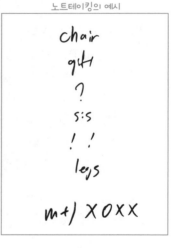

Listen to a conversation between two friends.

M   I really like your chair. Where did you get it?

W   Actually, I got it as a gift.

M   Really? Who gave it to you?

W   Well, it was a birthday gift from my sister.

M   Your sister does have an eye for things! It's really beautiful!

W   Yes, and it has very unique legs.

Q   What are the man and woman mainly talking about?

(a) Where to get a decent chair

(b) The woman's furniture

(c) The man's artistic ability

(d) The woman's sister

해석   두 친구간의 대화입니다.
  M 의자가 정말 마음에 드네요. 어디서 났어요?
  W 사실 선물로 받은 거예요.
  M 그래요? 누가 줬나요?
  W 언니가 생일 선물로 준 거예요.
  M 언니가 물건 보는 안목이 있네요. 정말 아름다워요.
  W 예, 그리고 의자 다리가 정말 독특하죠.

  Q 남자와 여자는 주로 무엇에 대해 이야기하고 있는가?
  (a) 괜찮은 의자를 구할 수 있는 곳
  (b) 여자의 가구
  (c) 남자의 예술적 재능
  (d) 여자의 언니

어휘   **have an eye for** ~을 보는 안목이 있다   **decent** 괜찮은, 제대로 된   **artistic** 예술적인

해설   두 사람은 여자의 의자에 대해 이야기하고 있으므로 '여자의 의자'를 paraphrase한 (b)가 주제로 알맞다. (a)는 chair가 반복해서 사용된 오답이다. (c)는 대화에 '선물'이라는 의미로 나오는 단어 gift의 다른 뜻 '재능'을 이용한 오답이다.

정답   (b)

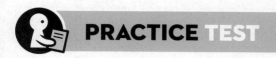
♣ 다음 순서에 따라 Practice Test를 학습합니다.

| Step 1 | 문제를 모두 푼다. |

| Step 2 | 바로 정답을 확인하지 말고, 확실하게 들리지 않았던 문제들을 다시 듣고 풀어 본다. |

| Step 3 | 정답을 확인한다. |

| Step 4-1 | 답이 맞았을 경우, 스크립트를 보며 단어와 표현을 학습한다. |
| Step 4-2 | 답이 틀렸을 경우, 스크립트를 보지 말고 받아쓰기 연습을 한다. |

| Step 5 | 스크립트를 보면서 전체를 들어 본다. |

| Step 6 | 스크립트를 보지 않고 전체를 들어 본다. |

🎧 Choose the option that best answers the question.

1.  (a)  (b)  (c)  (d)

2.  (a)  (b)  (c)  (d)

3.  (a)  (b)  (c)  (d)

4.  (a)  (b)  (c)  (d)

1   Listen to a conversation between a bank teller and a customer.

W   What can I do for you, sir?

M   Hi, I want to change my password for my _____,
    please.

W   Sure, just enter your current password here first.

M   I'm sorry, but I don't remember my _____ password. What
    should I do?

W   Well, in that case, you should _____ here. That's all.

M   Thanks. I really appreciate your help.

Q   **What is the man mainly doing in the conversation?**

(a)   Trying to _____ some money from his account

(b)   Filling out a form to change his phone number

(c)   Requesting assistance to update his _____

(d)   Attempting to change his bank information


2   Listen to a conversation between two friends.

M   Rachael, I got the job!

W   Really? That's wonderful.

M   Thanks. But I won't start until October. I guess they're not so _____
    have me.

W   No, I'm sure they have their reasons. Don't _____.

M   Yeah, you're right.

W   You never know. They might ask you to work _____.

Q   **What are the man and woman mainly discussing?**

(a)   The man's acceptance to a new position

(b)   The man's _____ to work sooner

(c)   The man's reasons for applying to a _____ job

(d)   The man's _____ concerning the new job

## Dictation

**3** Listen to a conversation between two colleagues.

**W** Hey, it looks like you have a lot of _____ to carry.

**M** Yeah, but I'm all right.

**W** Are you sure? Do you want me to get someone to help you?

**M** No, it's okay. I think I can _____. I'll just take some now and come back for the rest later.

**W** The _____ is too far away. It's going to take you forever! I'll just help you.

**M** Well, okay, _____.

**Q** **What is mainly happening in the conversation?**

(a) The woman is trying to have someone help the man.

(b) The man is _____ for the woman's help.

(c) The woman is _____ help the man.

(d) The man wants the woman to leave him alone.


**4** Listen to a conversation between two classmates.

**M** Jen, did you turn in your _____ report?

**W** No, not yet. I've had so many other things to do.

**M** Oh, no. Did you know that it is due tomorrow?

**W** Really? It's already due?

**M** Yeah, I think you should start right away.

**W** All right. Do you think you can help me to get me _____?

**Q** **What is mainly happening in the conversation?**

(a) The woman is asking the man to help her stand up.

(b) The woman is _____ the busy schedule she has.

(c) The man is advising the woman to begin her _____.

(d) The man is _____ the woman for not doing her work.

## Unit 06 세부 정보 파악 문제

대개 24번에서 28번까지 5문제가 대화의 세부 정보를 묻는 문제입니다. 대화와 내용이 일치하는 것을 고르는 문제가 많고, 때로는 더 구체적인 질문을 하는 경우도 있습니다.

### 1. 질문 유형

**Which is correct according to the conversation?**
대화에 의하면 다음 중 옳은 것은 무엇인가?

**Which is correct about the man[woman] according to the conversation?**
대화에 의하면 다음 중 남자[여자]에 대해 옳은 것은 무엇인가?

**Which is correct about ~ according to the conversation?**
대화에 의하면 다음 중 ~에 대해 옳은 것은 무엇인가?

**Why didn't the man go to work?**
남자는 왜 출근하지 않았는가?

**What does the man suggest the woman do?**
남자는 여자에게 무엇을 하라고 제안하는가?

### 2. 노트테이킹은 세부 정보 파악 문제에서 중요하다.

세부적인 내용을 묻기 때문에 대의 파악 문제와는 달리 노트테이킹이 필수적입니다. 하지만 전체 내용을 다 받아 적는 것은 가능하지도 않거니와 집중하는 데 방해가 될 수 있습니다. 따라서 간단히 핵심 단어와 숫자, 시간, 요일 등만 적고, 평소 연습한 자신만의 기호와 약자를 이용해야 합니다. 노트테이킹에서 가장 중요한 것 중 하나가 숫자입니다. 숫자는 오답이든 정답이든 거의 항상 문제로 출제되니 반드시 적어 두어야 합니다. 특히, 대화 중에 여러 개 언급되는 요일이나 날짜는 해당하는 행위나 사건, 그리고 그 주체(남자인지 여자인지)도 반드시 기억해 두어야 합니다. 날짜와 행동을 다르게 매치하거나, 성별과 행동을 다르게 매치하는 등의 함정이 오답 선택지에 출제됩니다.

# SAMPLE QUESTION

Listen to a conversation between a student and a librarian.

**M** Excuse me, could you help me find a book?

**W** Okay. Do you have the call number?

**M** Yes, it's MS-0324. It's titled *Black Swan*.

**W** Well, let's see... It should be in the arts section upstairs.

**M** Where is the arts section?

**W** Take the elevator to the fourth floor. It's right beside the computer lab.

**M** Thank you very much.

**Q** Which is correct according to the conversation?

(a) The man is standing next to the computer lab.

(b) The book is located on a different floor.

(c) The woman wants to find the book herself.

(d) The books on arts are in the computer lab.

노트테이킹의 예시

> book
> #
> MS0324 BS—
> art
> 4 com—
> c) XOXX

해석   학생과 사서 간의 대화입니다.

> **M** 실례합니다. 책 찾는 것 좀 도와주시겠어요?
> **W** 네. 도서 번호가 어떻게 되죠?
> **M** MS-0324예요. 제목은 〈블랙 스완〉이고요.
> **W** 음… 위층 예술 섹션에 있겠네요.
> **M** 예술 섹션은 어디 있나요?
> **W** 엘리베이터를 타고 4층으로 올라가세요. 컴퓨터실 바로 옆에 있어요.
> **M** 감사합니다.
> **Q** 대화에 의하면 다음 중 옳은 것은?
> (a) 남자는 컴퓨터실 옆에 서 있다.
> (b) 책은 다른 층에 있다.
> (c) 여자는 자신이 직접 책을 찾고 싶어 한다.
> (d) 예술 관련 책은 컴퓨터실에 있다.

어휘   **call number** 도서 정리 번호   **computer lab** 컴퓨터실

해설   대화 내용은 쉽지만 대화에 쓰인 어휘가 선택지에 그대로 반복되고 있기 때문에 선택지를 들을 때 집중하지 않으면 헷갈릴 수 있는 문제다. 답의 단서는 여자의 말에 두 번 나온다. 책이 '위층 예술 섹션에(in the arts section upstairs)' 있다고 했으며, 예술 섹션으로 가려면 엘리베이터를 타고 4층으로 올라가야 한다고 하므로 책은 남녀가 있는 곳과 다른 층에 있다는 것을 알 수 있다. 예술 섹션이 컴퓨터실 바로 옆이라고 하므로 (a)는 오답이며, 책을 찾고 싶어하는 사람은 남자이며, 여자는 책의 위치에 대한 정보를 주고 있으므로 (c)도 오답이다. 예술 섹션은 컴퓨터실 옆에 있지 그 안에 있는 것이 아니므로 (d) 또한 옳지 않다.

정답   (b)

**PRACTICE TEST**

정답 P.16

♣  다음 순서에 따라 Practice Test를 학습합니다.

| Step 1 | 문제를 모두 푼다. |

| Step 2 | 바로 정답을 확인하지 말고, 확실하게 들리지 않았던 문제들을 다시 듣고 풀어 본다. |

| Step 3 | 정답을 확인한다. |

| Step 4-1 | 답이 맞았을 경우, 스크립트를 보며 단어와 표현을 학습한다. |
| Step 4-2 | 답이 틀렸을 경우, 스크립트를 보지 말고 받아쓰기 연습을 한다. |

| Step 5 | 스크립트를 보면서 전체를 들어 본다. |

| Step 6 | 스크립트를 보지 않고 전체를 들어 본다. |

🎧  Choose the option that best answers the question.

1.  (a)        (b)        (c)        (d)

2.  (a)        (b)        (c)        (d)

3.  (a)        (b)        (c)        (d)

4.  (a)        (b)        (c)        (d)

# Dictation

**1**  Listen to two people asking for and giving directions.

M  I'm sorry to _____ you, but do you happen to know where the _____ bus stop is?

W  No problem. But I think it depends on where you're going.

M  Well, I'm trying to get to this park near the city hall.

W  Oh, I see. _____, you should go to the bus stop across the street.

M  Do you mind telling me which bus I should take?

W  Not at all. You need to take the blue bus.

Q  **Which is correct according to the conversation?**

(a)  The bus stop is near the city hall.

(b)  The woman cannot _____.

(c)  The woman can take any bus she wants.

(d)  The park _____ the city hall.


**2**  Listen to a conversation at a water park ticket counter.

M  I'm trying to buy a season pass for the water park, and I'm not sure what kinds you have.

W  We have a family season pass and an _____ season pass.

M  How much can I save from a family season pass?

W  Well, you can save about 200 dollars, which is about 50% _____ from the _____.

M  Wow, that's great! I'll get that then.

W  Okay, you just need to fill out this form here with your _____ information.

Q   Which is correct according to the conversation?

(a)  The regular price of a family pass is 400 dollars.

(b)  The man can only buy a family season pass now.

(c)  The family pass is _____ the individual pass.

(d)  The man doesn't think the family pass is a better _____.


3   Listen to two students discuss a dormitory policy change.

M   I heard that starting next year we are going to have to pay for our Internet _____.

W   Yeah, I heard that, too. I don't think it's _____, though.

M   Why? I mean, it's not like we're not using the Internet.

W   Yeah, but some people use it more than others.

M   So? What does that have to do with anything?

W   Well, I think it's _____ for people to pay the same amount no matter how much they use the Internet.

Q   Which is correct according to the conversation?

(a)  The man does not want to _____ the Internet.

(b)  The woman is unhappy with the _____.

(c)  The man does not use the Internet at all.

(d)  The woman is paying too much for the Internet.

## Dictation

4   Listen to a conversation between two friends.

W   I'm not happy with my job.

M   Me _____ .

W   Why, what's the matter? I thought you enjoyed your job.

M   Well, I like the work, but my new boss is just too _____ .

W   Hey, that's why I don't like my job either!

M   I totally understand how you feel. There's just nothing to learn from

_____ .

Q   **Which is correct according to the conversation?**

(a)   The woman does not think her boss is _____ .

(b)   The man thinks the woman's boss is better.

(c)   The woman and the man have the same boss.

(d)   The man plans to change his job soon.

**Unit 07** 추론 문제

대개 29번에서 30번까지 두 문제가 대화로부터 추론할 수 있는 것을 묻는 문제입니다. 대부분은 대화 내용 전체에서 추론할 수 있는 것을 묻고, 특정 인물에 관한 추론 문제와 대화 이후 남자 또는 여자가 할 일을 추론하는 문제도 출제됩니다.

## 1. 질문 유형

**What can be inferred from the conversation?**
대화로부터 추론할 수 있는 것은?

**What can be inferred about the man[woman] from the conversation?**
대화로부터 남자[여자]에 대해 추론할 수 있는 것은?

**What can be inferred about ~ from the conversation?**
대화로부터 ~에 대해 추론할 수 있는 것은?

**What will the man[woman] probably do next?**
이후 남자[여자]가 다음에 할 일로 알맞은 것은?

## 2. 추론의 근거는 반드시 대화에 나와 있다.

추론의 근거가 되는 내용은 반드시 대화 내용 속에 있으므로 지나친 상상을 해서 정답을 고르지 않도록 주의합니다. 지나친 논리적 비약이 있는 선택지, 대화 내용과 정반대의 추론을 한 선택지, 추론의 근거가 전혀 없는 엉뚱한 선택지가 오답으로 출제됩니다.

## 3. 노트테이킹

추론 문제는 대화의 세부 내용에서 정답과 오답이 나올 수 있으므로 노트테이킹을 하는 것이 좋습니다.

Listen to a conversation between two friends.

W   Mike, do you know what those people are doing over there?

M   Oh, they are preparing for tonight's concert.

W   We have a concert here tonight? Why haven't I heard about it?

M   Hmm… maybe because you've been busy working and studying?

W   Yeah, you're right. I've been so hectic these days. It's hard to keep track of things.

M   Anyway, are you coming to the concert?

Q   What can be inferred from the conversation?

(a) The man is planning to go to the concert with friends.

(b) The woman is unhappy with the people preparing for the concert.

(c) The man is aware of what the woman has been doing.

(d) The woman is too busy to go to the concert with the man.

노트테이킹의 예시

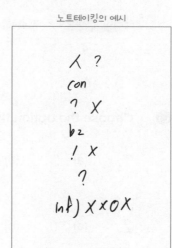

해석   두 친구 간의 대화입니다.
    W 마이크, 저 사람들 저기서 뭐 하고 있는 건지 알아요?
    M 오늘 밤 콘서트 준비 중이에요.
    W 오늘 밤에 여기서 콘서트가 열려요? 왜 저는 그런 얘기를 듣지 못한 거죠?
    M 음… 당신은 일하고 공부하느라 바빠서 그랬겠죠?
    W 당신 말이 맞네요. 요즘 정말 정신 없이 바빴어요. 일이 어떻게 돌아가는지 알기가 어려워요.
    M 그나저나, 콘서트에 올 거예요?

    Q 대화에서 추론할 수 있는 것은?

    (a) 남자는 친구들과 콘서트에 갈 계획이다.
    (b) 여자는 콘서트를 준비하는 사람들에게 불만을 갖고 있다.
    (c) 남자는 여자가 무엇을 해 왔는지 알고 있다.
    (d) 여자는 너무 바빠서 남자와 콘서트에 갈 수 없다.

어휘   **hectic** 정신 없이 바쁜   **keep track of** ~에 대해 계속 파악하고 있다

해설   콘서트가 열리는지도 모르는 여자에게 남자는 일하고 공부하느라 바빠서 모르고 있는 게 아니냐고 말하고 있다. 즉, 남자는 여자가 그동안 무엇을 하며 지내 왔는지 알고 있다는 것으로 유추할 수 있다. (a)와 (b)는 대화의 내용에 전혀 언급되지 않았으며, 여자가 그동안 바빴다고 했지만, 바빠서 오늘 밤 콘서트에도 갈 수 없다고 단정하는 것은 지나친 추론이므로 (d)는 오답이다.

정답   (c)

# PRACTICE TEST

♣ 다음 순서에 따라 Practice Test를 학습합니다.

| Step 1 | 문제를 모두 푼다. |

| Step 2 | 바로 정답을 확인하지 말고, 확실하게 들리지 않았던 문제들을 다시 듣고 풀어 본다. |

| Step 3 | 정답을 확인한다. |

| Step 4-1 | 답이 맞았을 경우, 스크립트를 보며 단어와 표현을 학습한다. |
| Step 4-2 | 답이 틀렸을 경우, 스크립트를 보지 말고 받아쓰기 연습을 한다. |

| Step 5 | 스크립트를 보면서 전체를 들어 본다. |

| Step 6 | 스크립트를 보지 않고 전체를 들어 본다. |

🎧 **Choose the option that best answers the question.**

1.  (a)    (b)    (c)    (d)

2.  (a)    (b)    (c)    (d)

3.  (a)    (b)    (c)    (d)

4.  (a)    (b)    (c)    (d)

1    Listen to a conversation between two students.

M   I really like your _____. I never realized how _____ you are.

W   Thanks, John. I really appreciate your _____.

M   You're welcome. So, do you plan to _____ art in the future?

W   I'm putting much thought to it. I'm still _____ my options.

M   I envy you. You have options to choose from.

W   Why? You're good at sports, science, and writing! You have many options as well!

Q   **What can be inferred from the conversation?**

(a)   The woman does not like the way the man talks.

(b)   The man can _____ as well as the woman.

(c)   The woman is good at _____ things.

(d)   The man has more options than the woman.


2    Listen to a conversation between two friends.

M   Sarah, how's business these days?

W   As you know, the economy is not doing so great, so we are _____.

M   I didn't think your company would be _____.

W   Our total _____ has dropped more than 40% over the last six months.

M   That's a huge drop! What is your company doing to make up for the loss?

W   Everything's a risk now, so we are just _____.

Q   **What can be inferred about the woman's company from the conversation?**

(a)   It is going _____.

(b)   It is spending less money.

(c)   It is now in the red.

(d)   It is _____ new businesses.

# Dictation

**3** Listen to a conversation between a student and a college clerk.

M   Hi, I was wondering if I could _____ from my History class.

W   Well, do you have a _____ excuse?

M   I think so. I've been sick for the past two months, so I couldn't attend the class _____.

W   Did you notify your professor of your conditions?

M   Not really. But, I'm certain he knew I was sick.

W   Hmm… I'm sorry, but I don't think I can do much for you here.

Q   **What can be inferred from the conversation?**

(a)  The man was not really sick the whole time.

(b)  The woman knows the man's professor _____.

(c)  The man should go _____ for _____.

(d)  The woman doubts what the man says.


**4** Listen to a conversation between two students.

W   Have you noticed that the school is now _____ money for parking?

M   Yeah, it's a new policy to encourage students to use public transportation.

W   Yeah, but what about students who live far away?

M   Well, I guess you _____ there.

W   It is close to impossible for me to get to school _____ _____ on time for my first class.

M   I think you should submit a _____ to the school.

Q   **What is the woman most likely to do next?**

(a)  Write a letter to the school

(b)  Skip her next class

(c)  Pay the parking ticket

(d)  Request a form for parking

# PART III 구동사 2

1

## Let

| down | ~을 실망시키다, 기대를 저버리다 |
|------|------|
| off | (가벼운 벌 등으로) ~을 봐주다 |
| up | 약해지다, 느슨해지다 |

① **let down** 실망시키다, 기대를 저버리다

I'll never **let** you **down**. 난 절대로 널 실망시키지 않을 거야.

② **let off** (가벼운 벌 등으로) 봐주다

The police officer **let** us **off** with a warning. 경찰관이 경고만 하고 우릴 봐주었다.

③ **let up** 약해지다, 느슨해지다

The snow showed no sign of **letting up**. 눈이 약해질 기미를 보이지 않았다.

✽ 기타 let 관련 표현들

❶ Sean, **let** your brother **be**! 션, 동생 좀 그만 괴롭혀라!

❷ **Let go of** me! That hurts. 놔 줘! 아프단 말이야.

2

## Look

| after | ~을 돌보다 |
|-------|------|
| at | ~을 보다 |
| around | 둘러보다 |
| away | 눈길을 돌리다 |
| back on | ~을 뒤돌아보다 |
| down on | ~을 무시하다 |
| for | ~을 찾다 |
| forward to | ~을 기대하다 |
| into | ~을 조사하다 |
| on A as B | A를 B로 보다 |
| out | 조심하다 |
| over | ~을 훑어보다 |
| through | ~을 훑어보다 |
| up | (사전 등으로) 찾아보다 |
| up and down | ~을 자세히 훑어보다 |
| up to | ~을 존경하다 |

① **look after**

I **look after** my brother after school. 나는 방과 후에 남동생을 돌본다.

② **look at**

What are you **looking at**? 무엇을 보고 있니?

③ **look around**

I'm just **looking around**. 그냥 구경하는 거예요.

④ **look away**

He **looked away** when I called his name. 내가 그의 이름을 불렀을 때 그는 눈길을 돌렸다.

⑤ **look back on**

You should **look back on** your life. 너는 너의 인생을 돌아볼 필요가 있다.

⑥ **look down on**

Don't **look down on** him. 그를 무시하지 마라.

⑦ **look for**

What are you **looking for**? 무엇을 찾고 있습니까?

⑧ **look forward to**

I am **looking forward to** getting a raise. 나는 월급 인상을 기대하고 있다.

⑨ **look into**

**Look into** this case. 이 사건을 조사해라.

⑩ **look on A as B**

People **look on** him **as** a genius. 사람들은 그를 천재로 여긴다.

⑪ **look out**

**Look[Watch] out**! 조심해!

⑫ **look over**

I **looked over** the menu. 나는 메뉴를 훑어봤다.

⑬ **look through**

I **looked through** the contract before I signed it. 나는 서명하기 전에 계약서를 쭉 훑어봤다.

⑭ **look up**

I always **look up** words in a dictionary. 나는 늘 사전에서 단어를 찾아본다.

⑮ **look up and down**

When he **looked** me **up and down**, I felt bad. 그가 나를 위아래로 훑어봤을 때, 기분이 나빴다.

⑯ **look up to**

I **look up to** my professor. 나는 우리 교수님을 존경한다.

※ 구동사 외의 look 관련 청해 빈출 표현

❶ **Look on the bright side.** 긍정적으로 생각해라.

❷ **Look who's here!** 이게 누구야!

❸ **Look who's talking!** 사돈 남 말 하네!

3

| **Make** | away | 급히 가버리다, 떠나다 |
| | for | ~ 쪽으로 가다 |
| | out | (문서를) 작성하다 |
| | up | (이야기를) 꾸며내다 |
| | up for | ~을 보상하다 |
| | up of | ~로 구성되다 (수동태로) |
| | up with | ~와 화해하다 |

① **make away**
The thief **made away** with our TV. 도둑은 우리 TV를 가지고 달아났다.

② **make for**
He **made for** his home after work. 그는 퇴근하고 집으로 향했다.

③ **make out**
Can I **make[write] out** a check to you? 수표를 써 드려도 되나요?

④ **make up**
He **made up** an excuse. 그는 변명을 꾸며냈다.

⑤ **make up for**
How can I **make up for** my mistake? 제 실수를 어떻게 보상할 수 있을까요?

⑥ **be made up of**
Our team **is made up of** three men and four women. 우리 팀은 남자 3명, 여자 4명으로 이루어져 있다.

⑦ **make up with**
I tried to **make up with** him. 나는 그와 화해하려고 노력했다.

※ 구동사 외의 make 관련 청해 빈출 표현

❶ That **makes sense.** 이해가 되네요.

❷ I **cannot make heads or tails of** it. 이해가 안 돼요.

❸ **Make** that two. 그걸로 2개 주세요.

❹ Are you **making fun of** me? 나 놀리는 거니?

**⑤** Please **make[take] a right**. 우회전해 주세요.
= Please turn right.

**⑥** Don't **make a fuss**. 호들갑 떨지 마.

**⑦** Can I **make a copy**? 복사해도 돼요?

**⑧** My wife couldn't **make it**. 아내는 오지 못했다.

---

4

| **Pass** | away | 죽다, 쇠퇴하다 |
| | by | ~ 옆을 지나가다 |
| | down | ~을 물려주다 |
| | for | ~로 통하다, ~으로 간주하다 |
| | on | ~을 넘겨주다, 전하다 |
| | out | 기절하다 |
| | up | (기회를) 놓치다, 무시하다 |

① **pass away**

Her father **passed away** yesterday. 그녀의 아버지는 어제 돌아가셨다.

② **pass by**

I **passed by** the jewelry shop. 나는 그 보석 가게를 지나갔다.

③ **pass down**

My father **passed down** this gold ring to me. 아버지는 나에게 이 금반지를 물려주셨다.

④ **pass for**

If Tom puts on make-up, he could **pass for** a girl. 톰이 화장을 하면 여자라고 해도 믿을 거야.

⑤ **pass on**

I will **pass on** this message to Mr. Kim tomorrow. 내일 김 씨에게 이 메시지를 전할게요.

⑥ **pass out**

She **passed out** at the news. 그녀는 그 소식을 듣고 기절했다.

⑦ **pass up**

Don't **pass up** this good chance. 이렇게 좋은 기회를 놓치지 말아라.

✱ 구동사 외의 pass 관련 청해 빈출 표현

**❶** Stop **passing the buck to** me. 나한테 책임을 돌리지 마.

**❷** Don't **make a pass at** me. 나한테 집적거리지 마.

**❸** She was **passing the day** pleasantly. 그녀는 유쾌한 하루를 보내고 있었다.

5

# Put

| | |
|---|---|
| aside | ∼을 치우다. (후일을 위해) 따로 떼어 두다 |
| back | 제자리로 되돌리다 |
| down | ∼을 기입하다 |
| off | ∼을 연기하다. 미루다 |
| on | (옷을) 입다. (체중이) 늘다 |
| out | (촛불 따위를) 끄다 |
| through | (전화를) 연결시키다 |
| up with | ∼을 참다 |

① **put aside**

I **put aside** some money for a trip. 여행을 위해서 약간의 돈을 따로 떼어 두었다.

② **put back**

**Put** it **back** where it was after use. 다 쓰고 제자리에 갖다 둬라.

③ **put down**

Did you **put down** your name? 이름을 쓰셨나요?

④ **put off**

I'd like to **put off** my appointment. 예약을 미루고 싶습니다.

⑤ **put on**

**Put on** your coat. 코트를 입어라.

I **put on[gained]** 3 pounds these days. 요즘 몸무게가 3 파운드 늘었다.

⑥ **put out**

She **put out** the candles on the cake. 그녀는 케이크에 있는 촛불을 껐다.

⑦ **put through**

Can you **put me through** to Mike? 마이크에게 전화 연결시켜 주시겠어요?

⑧ **put up with**

I cannot **put up with** this kind of insult. 이런 모욕은 참을 수 없다.

✻ 구동사 외의 put 관련 청해 빈출 표현

❶ Let me **put it this way.** 이런 식으로 다시 얘기해 볼게.

❷ Don't **put all your eggs in one basket.** 한 가지에 모든 것을 걸지 마라.

❸ He **put his foot in his mouth.** 그는 말실수를 했다.

❹ The lecture **put me to sleep.** 그 강의는 나를 지루하게 만들었다.

# Run

| across | ～을 우연히 만나다[찾아내다] |
|---|---|
| away | 달아나다 |
| into | ～을 우연히 만나다 |
| out of | ～을 다 써버리다 |
| over | (차로) 사람을 치다 |

① **run across**

I **ran across** some old photos. 우연히 오래된 사진들을 발견했다.

② **run away**

The suspect **ran away** this way. 용의자는 이쪽으로 도망갔다.

③ **run into**

I **ran into** my ex-boyfriend on the street. 길에서 옛 남자 친구를 우연히 만났다.

④ **run out of**

I'm **running out of** money. 돈이 점점 떨어지고 있다.

⑤ **run over**

He was **run over** by a car. 그는 차에 치었다.

✳ 구동사 외의 run 관련 청해 빈출 표현

❶ He **runs** a grocery store. 그는 식료품 가게를 운영한다.

❷ The movie **runs** for 2 hours. 그 영화는 2시간 동안 상영된다.

❸ You **have a run** in your stocking. 네 스타킹에 올이 나갔다.

❹ I'm **running a fever[temperature]**. 나는 열이 난다.

❺ **My nose is running.** 나는 콧물이 난다.
= I have a runny nose.

❻ It **runs in the family**. 그것은 유전이다.

❼ I **ran an errand**. 나는 심부름을 갔다.

❽ I **feel run-down** these days. 나는 요즘 피곤하다.

**7**

## See

| about | ~을 고려하다, ~을 준비[처리]하다 |
|---|---|
| off | ~을 배웅하다 |
| out | (집 밖까지) 배웅하다 |
| through | ~을 끝까지 해내다, ~을 간파하다 |

① **see about**

We'll have to **see about** that.  생각 좀 해 봐야 합니다. (지금 결정할 수 없습니다.)

I should go and **see about** dinner.  가서 저녁 식사를 준비해야 해요.

② **see off**

They went to the airport to **see** him **off**.  그들은 그를 배웅하러 공항까지 갔다.

③ **see out**

Don't **see** me **out**. (배웅하러) 나오지 마세요.

③ **see through**

I must **see** this job **through**.  나는 이 일을 끝까지 해내야 한다.

❋ 구동사 외의 see 관련 청해 빈출 표현

❶ **We'll see.** 두고 보면 알겠지.

❷ You should **see for yourself**. 너 스스로 확인해야 한다.

**8**

## Stand

| aside | 비켜서다, 방관하다 |
|---|---|
| by | ~을 대기하다, 지지하다 |
| for | ~을 상징[의미]하다, 지지하다 |
| in for | ~을 대신하다 |
| out | 두드러지다, 눈에 띄다 |
| up | ~을 바람맞히다 |

① **stand aside**

You should not **stand aside** and let your colleagues do all the work.
동료들이 모든 일을 다 하도록 방관해서는 안 됩니다.

② **stand by**

Emergency crews are **standing by**.  비상작업반이 대기 중이다.

She will **stand by** us no matter what happens.  무슨 일이 벌어지든 그녀는 우리의 곁을 지킬 것이다.

③ **stand for**

SSD **stands for** Solid State Drive. SSD는 'Solid State Drive'를 의미한다.

The organization **stands for** equal opportunity for all. 그 조직은 만인을 위한 기회의 평등을 지지한다.

④ **stand in for**

Diane will **stand in for** the CEO while he's away. CEO가 없는 동안 다이앤이 그를 대신할 것이다.

⑤ **stand out**

His height makes him **stand out** in a crowd. 그는 키가 커서 사람들 사이에서 눈에 잘 띈다.

⑥ **stand up**

She **stood** him **up**. 그녀가 그를 바람맞혔다.

✳ stand 기타 표현

❶ He didn't let anything **stand in the way of** his plans. 그는 어떤 것도 자신의 계획을 방해하지 못하게 했다.

❷ Megan is old enough to **stand on her own feet**. 메간은 이제 자립할 나이가 됐다.

9

| **Stay** | away | 떨어져 있다 |
| | back | 나서지 않다 |
| | up | 밤새우다 |

① **stay away**

**Stay away** from me. 나한테서 떨어져. 저리 가.

② **stay back**

**Stay back!** It's dangerous. 뒤로 물러나! 위험해.

③ **stay up**

I **stayed up** all night. 나는 밤새웠다.

✳ 구동사 외의 stay 관련 청해 빈출 표현

❶ **Stay tuned.** 채널 고정하세요.

❷ I'd rather **stay single** than get married. 결혼하기보다는 미혼으로 살겠다.

**10**

## Set

| aside | 따로 챙겨 두다 |
|---|---|
| off | (기계를) 작동시키다 |
| out | 출발하다 |
| up | 세우다, 준비하다 |

① **set aside**

I **set aside** money for my wedding. 나는 결혼을 위해 돈을 따로 떼어 두었다.

② **set off**

I **set off** an alarm. 내가 경보기를 울렸다

③ **set out**

Let's **set out** for home. 집을 향해 출발하자.

④ **set up**

Let's **set up** the table. The guests are coming in an hour. 테이블을 준비하자. 한 시간 후에 손님들이 와.

✲ 구동사 외의 set 관련 청해 빈출 표현

❶ The suspect was **set free**. 용의자는 석방되었다.

❷ On your mark, **get set**, go! 제자리에, 준비, 출발!

**11**

## Take

| after | ~을 닮다 |
|---|---|
| apart | (기계를) 분해하다 |
| away | ~을 가져가다 |
| off | (옷을) 벗다, (비행기가) 이륙하다 |
| on | ~을 고용하다 |
| up | (시간·장소 등을) 잡다, 차지하다 |

① **take after**

I **take after** my mother. 나는 엄마를 닮았다.

② **take apart**

Tom **took apart** his computer. 톰은 그의 컴퓨터를 분해했다.

③ **take away**

Not to be **taken away** (도서관에서) 책을 가지고 나갈 수 없음

④ **take off**

**Take off** your coat. 코트를 벗으세요.

The fight to New York **took off** ten minutes ago. 뉴욕행 비행기는 10분 전에 이륙했다.

⑤ **take on**

I need to **take on** a secretary. 저는 비서를 고용해야 합니다.

⑥ **take up**

This work **took up** three hours. 이 일은 3시간이 걸렸다.

✳ 구동사 외의 take 관련 청해 빈출 표현

❶ **Take my word for it.** 내 말을 믿어.

❷ **Take it or leave it.** 싫으면 그만 둬.

❸ **Take it easy.** 마음 편하게 가져.

❹ **Don't take it too seriously.** 너무 심각하게 생각하지 마.

❺ **Don't take it out on me.** 나한테 화풀이 하지 마.

❻ The accident **took place** two hours ago. 그 사건은 2시간 전에 일어났다.

❼ We have to **take action[steps/ measures].** 우리는 조치를 취해야 한다.

❽ Let's **take turns.** 교대하자.

❾ Can I **take** tomorrow **off**? 내일 쉬어도 되나요?

❿ Let me **take a look at** it. 내가 한번 볼게.

⓫ **Take your time.** 천천히 해라.

⓬ **Take a chance.** 한번 시도해 봐.

| 12 | | | |
|---|---|---|---|
| **Turn** | around | 회전하다, 돌아다보다 | |
| | away | 외면하다, ~을 쫓아 버리다 | |
| | down | ~을 거절하다 | |
| | in | ~을 제출하다 | |
| | into | ~로 변하다 | |
| | off | (라디오 · 전등을) 끄다 | |
| | on | (라디오 · 전등을) 켜다 | |
| | out | 결국 ~임이 드러나다 | |
| | up | (라디오 소리나 가스를) 밝게[세게] 하다 | |

① **turn around**

Please **turn around.** 돌아서세요.

② **turn away**

I **turned away** in disgust. 나는 혐오감을 느껴서 외면했다.

③ **turn down**

He proposed to me, but I **turned** him **down.** 그가 나에게 청혼했지만 거절했다.

④ **turn in**

**Turn in** your homework. 숙제를 제출해라.

⑤ **turn into**

Princess Fiona **turned into** an ugly woman. 피오나 공주는 못생긴 여자로 변했다.

⑥ **turn off**

**Turn off** the TV. TV를 꺼라.

⑦ **turn on**

**Turn on** the air conditioner. 에어컨을 켜라.

⑧ **turn out**

The rumor **turned out** to be true. 그 소문은 사실로 밝혀졌다.

⑨ **turn up**

Would you **turn up** the volume? 소리를 좀 크게 해 주겠니?

✻ 구동사 외의 turn 관련 청해 빈출 표현

❶ **Turn left.** 좌회전해라.
= Take[Make] a left.

❷ He **turned a deaf ear** to me. 그는 내 말을 전혀 듣지 않았다.

❸ The dish **turned sour.** 음식이 상했다.

❹ The leaves **turned yellow.** 잎이 노랗게 변했다.

# Part IV

예시 문제

I've tried a lot of the trendy weight loss programs and, although I did lose weight, I couldn't stay on them for a long period of time. They didn't offer much choice. In one, I ate mostly fruit and vegetables, very little protein, and almost no fat. In another, I only ate protein, but there was so much meat and so many eggs in it that I felt unhealthy eating it all. I'm the kind of person that needs more variety than these.

Q What is the speaker's main point?

(a) The speaker has difficulty losing weight.

(b) The speaker doesn't like going on strict diets.

(c) The speaker prefers diets with fruits and vegetables.

(d) The speaker thinks that weight-loss diets don't work.

저는 유행하는 많은 체중 감량 프로그램을 시도해 보았고, 비록 살을 빼기는 했지만 그런 프로그램을 장기간 지속할 수는 없었습니다. 그런 프로그램들은 선택권을 거의 주지 않습니다. 한 프로그램에서 저는 대부분 과일과 채소, 극소량의 단백질을 먹고 지방은 거의 먹지 않았습니다. 또 다른 프로그램에서는 단백질만 먹었는데, 고기와 달걀이 너무 많아서 그것들을 다 먹는 것이 건강에 좋지 않다는 느낌이 들었습니다. 저는 이런 것들보다는 더 다양한 변화가 필요한 부류입니다.

Q  화자의 요점은 무엇인가?

(a) 살을 빼는 데 어려움이 있다.

(b) 식단을 엄격히 제한하는 다이어트는 좋아하지 않는다.

(c) 과일과 야채 위주의 식단을 선호한다.

(d) 체중 감량 다이어트가 효과가 없다고 생각한다.

정답_(b)

많은 수험자들이 Part IV를 가장 어려운 파트 중 하나로 꼽습니다. 대화로 이루어진 Part I, II, III와 달리 Part IV에는 4~5문장으로 된 담화문이 나오는데, 문장의 길이가 긴 편입니다. 담화의 종류는 안내 방송, 광고, 전화 메시지, 뉴스, 강연, 회의 발췌 등이 있습니다. 소재 또한 인문학, 사회학, 역사, 의학, 과학, 자연환경 등 다양한 주제가 나오는데, 실용적인 내용과 학술적인 내용의 비율이 반반입니다.

1.  어려운 담화문이 많이 나온다.

    전략 독해 공부와 병행하자.

    어려운 문제는 스크립트를 보면서 원어민이 읽는 속도로 속독하며 풀어도 답을 맞히기가 쉽지
    않습니다. 단순히 '귀가 안 뚫려서'라기보다, 영어를 빠른 속도로 이해하는 이해력과 논리적 사고
    력, 어휘력 등이 부족하기 때문입니다. 이런 난관을 극복하기 위해서는 Part IV 문제를 푼 뒤 스
    크립트를 갖고 독해 공부를 한다는 생각으로 철저히 복습해야 합니다. 텝스 독해 파트와 유사한
    부분이 있기 때문에 독해 파트 공부와 병행해야 합니다. 당연한 말이지만, 빠른 속도로 눈으로
    읽어서 바로 이해가 가지 않는 글은 귀로 들어도 이해하지 못합니다. Part IV에서 높은 점수를
    내기 위해서는 듣기뿐만 아니라 전반적인 영어 실력을 쌓아야 합니다.

2.  담화와 질문은 두 번 들려주고 선택지는 한 번만 들려준다.

    전략 처음 들을 때는 전반적인 내용을, 두 번째에는 세부 내용을 파악한다.

    처음부터 잘 들리면 좋겠지만 그렇지 않을 때가 많습니다. 두 번 들려준다는 이점을 살려, 처음
    들을 때는 중심 소재와 전반적인 내용을 파악하고, 두 번째 들을 때에는 좀 더 세부적인 내용을
    듣기 위해 노력해야 합니다. 처음에 제대로 못 들어도 포기하거나 평상심을 잃지 말고 두 번째에
    조금이라도 더 알아들으려 애쓰는 자세가 필요합니다. 담화문은 남녀가 번갈아 가며 읽는데, 아
    무래도 남자와 여자의 발음이나 억양에 약간의 차이가 있기 때문에 처음에 잘 안 들려도 두 번째
    에는 들리는 경우가 있습니다. 노트테이킹도 처음 들을 때는 듣기에 방해가 되지 않을 정도로 한
    뒤, 두 번째에 조금씩 살을 붙이는 것이 좋습니다.

3.  문제 유형과 순서가 정해져 있다.

    전략 각 유형별로 대비하고 문제를 풀자.

    뉴텝스 청해 Part IV는 대개 첫 번째 문제인 31번에서 32번은 대의 파악 문제이고, 33번에서 35
    번까지 세 문제는 세부 정보 파악 문제이며, 36번 문제는 추론 문제로 구성되어 있습니다. 이 순
    서는 거의 변하지 않기 때문에 수험자는 다음에 어떤 유형의 문제가 나올지 미리 알고 마음의 준
    비를 할 수 있습니다.

(1) 대의 파악 문제

    전략 세부 내용도 잘 들으면 오답을 거르는 데 도움이 된다.

    대의 파악 문제라고 해서 결코 쉽지 않습니다. 담화 자체가 어렵고 선택지도 헷갈리는 문제들이
    빈번하게 나오므로 결코 방심해서는 안 됩니다. Part III와 마찬가지로 담화의 세부 내용에서

오답이 나오기 때문에 세부 내용을 잘 들으면 오답을 제거하는 소거법을 활용해 정답을 맞힐 확률을 더 높일 수 있습니다. 특히, Part IV는 난이도가 높기 때문에 들으면서 노트테이킹을 하는 것이 좋습니다.

### (2) 세부 정보 파악 문제

> **전략** 핵심만 메모하는 노트테이킹을 하자.

담화의 세부 내용을 묻기 때문에 노트테이킹은 필수적입니다. Part III와 마찬가지로 핵심 단어와 중요 내용, 숫자 등을 자신이 알아볼 수 있는 기호나 약자를 이용해서 씁니다. 노트테이킹에 대한 자세한 내용은 Part III의 도입부에 정리되어 있으니 참고하도록 합니다.

### (3) 추론 문제

> **전략** 어디까지나 담화의 내용을 바탕으로 추론하자.

Part III와 마찬가지로 지나친 상상이나 논리적 비약은 금물입니다. 자신이 갖고 있는 배경 지식을 섣불리 동원하는 것도 위험합니다. 담화에서는 상식에서 벗어난 내용을 말하고 있는데, 상식적인 오답 함정이 종종 나오기 때문입니다. 어디까지나 담화 내용 안에서 답을 찾아야 합니다.

담화의 전반적인 내용뿐만 아니라 세부 내용에서 정답과 오답 함정이 모두 나오므로, 노트테이킹을 하면서 소거법을 이용해 문제를 풀어야 합니다. 소거법은 특히 헷갈리는 오답이 종종 나오는 추론 문제에서 특히 중요합니다.

## 4. 패러프레이징이 정답을 고르는 핵심이다.

Part IV에서도 패러프레이징은 중요합니다. 담화문에 나왔던 단어나 표현이 그대로 쓰인 선택지는 오답일 확률이 높으며, 패러프레이징된 선택지가 정답인 경우가 많습니다.

Unit

# 08 대의 파악 문제

Part IV의 첫 번째 유형으로 대개 31번에서 32번까지 두 문제가 대의 파악 문제입니다. 담화의 주제를 묻는 문제와 함께 담화의 목적, 화자의 요점, 광고되고 있는 것을 묻습니다.

## 1. 질문 유형

**What is the talk[announcement/ lecture/ report] mainly about?**
담화[안내/ 강의/ 보도]의 주제는?

**What is the main topic of the talk[announcement/ lecture/ report]?**
담화[안내/ 강의/ 보도]의 주제는?

**What is the main purpose of the talk[announcement/ lecture/ report]?**
담화[안내/ 강의/ 보도]의 주된 목적은?

**What is the speaker's main point?**
화자의 요점은 무엇인가?

**What is mainly being advertised?**
주로 광고되고 있는 것은?

## 2. 주제가 제시되는 부분에 주의한다.

대개 영어는 두괄식으로 말을 하기 때문에 주제를 묻는 문제의 핵심 단서는 앞부분에 나오는 경우가 종종 있습니다. 하지만 첫 문장만 제대로 들으면 답을 고를 수 있다는 뜻은 아닙니다. 주장이 담긴 담화는 so, therefore 등 결론을 내리는 연결어 뒤에, 또는 but, however, yet 등 역접을 나타내는 표현 뒤에 핵심 단어가 오는 경우가 많습니다. 이러한 단어가 들리면 그다음에 귀를 쫑긋 세우고 주의해서 들어야 합니다.

## 3. 노트테이킹

글로는 그다지 길지 않아 보이는데도 귀로만 들으면 훨씬 더 길고 어렵게 느껴집니다. 게다가 Part IV의 담화는 Part III의 대화보다 소재 면에서 훨씬 더 어렵기 때문에 기억에만 의존해 문제를 풀기가 어렵습니다. 따라서 대의 파악 문제라도 노트테이킹을 하며 들을 것을 권장합니다. 특히 위에 언급된 연결어 so, therefore와 but, however, yet이 나오면 반드시 표시를 해야 합니다.

Stuntmen double for the stars of television shows and films. They take the place of the stars in dangerous action scenes. As stunting is risky, stuntmen are supposed to do a stunt with careful planning. However, accidents do happen even when enough planning is done. For instance, stuntman Elijah Olson was severely burned during the shooting of the movie *The Golden Terror*. While filming a scene in which a yacht was set on fire and was to crash into a large ship, the fire spread quickly out of control.

Q. What is the speaker's main point?

(a) Why actors use stuntmen

(b) A stunt accident is preventable.

(c) Fire is the leading cause of injury for stuntmen.

(d) Performing a stunt often involves a risk.

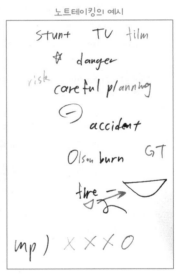

노트테이킹의 예시

해석   스턴트맨은 TV 프로그램이나 영화에서 스타의 대역을 합니다. 그들은 위험한 액션 장면에서 스타의 역할을 대신하죠. 스턴트는 위험하기 때문에 스턴트맨은 치밀한 계획을 세워야 합니다. 그러나 충분히 계획을 잘 세워도 사고는 발생합니다. 예를 들어, 일라이저 올슨이라는 스턴트맨은 영화 〈골든 테러〉를 촬영하는 중에 심한 화상을 입었습니다. 요트가 불길에 휩싸여 커다란 배와 충돌하는 장면을 촬영하는 동안 불길이 걷잡을 수 없이 빠르게 번졌던 것입니다.

Q 화자의 요점은 무엇인가?

(a) 연기자들이 스턴트맨을 쓰는 이유
(b) 스턴트 사고는 방지할 수 있다.
(c) 화재는 스턴트맨 부상의 주요 원인이다.
(d) 스턴트를 하는 것은 종종 위험을 동반한다.

어휘   **double for** ~의 대역을 하다   **take the place for** ~을 대신하다   **yacht** 요트   **crash into** ~에 부딪히다   **out of control** 통제할 수 없는

해설   영화에서 스턴트를 하는 것은 위험하기 때문에 치밀한 계획이 뒤따라야 하며, 그럼에도 불구하고 일라이저 올슨이라는 스턴트맨이 입었던 화상처럼 사고는 종종 발생한다는 내용이다. 따라서 스턴트의 위험성이 담화의 요점이 된다.

정답   (d)

# PRACTICE TEST

♣ 다음 순서에 따라 Practice Test를 학습합니다.

| Step 1 | 문제를 모두 푼다. |

| Step 2 | 바로 정답을 확인하지 말고, 확실하게 들리지 않았던 문제들을 다시 듣고 풀어 본다. |

| Step 3 | 정답을 확인한다. |

| Step 4-1 | 답이 맞았을 경우, 스크립트를 보며 단어와 표현을 학습한다. |
| Step 4-2 | 답이 틀렸을 경우, 스크립트를 보지 말고 받아쓰기 연습을 한다. |

| Step 5 | 스크립트를 보면서 전체를 들어 본다. |

| Step 6 | 스크립트를 보지 않고 전체를 들어 본다. |

🎧 **Choose the option that best answers the question.**

1.  (a)        (b)        (c)        (d)

2.  (a)        (b)        (c)        (d)

3.  (a)        (b)        (c)        (d)

4.  (a)        (b)        (c)        (d)

1     This is a special announcement for all the _____ of Springfield. Today, we will be _____ a routine inspection of the gas pipes in the apartment complex, so the gas will be shut down for the entire day. It will be back on at 9 p.m., but that's if the inspection is complete. We apologize for the _____, but we need to prepare for the _____ winter when gas will be used much for heating. Please contact us at the _____ office if you have any questions. Thank you.

Q   **What is the speaker mainly talking about?**

(a) The repair of broken gas pipes

(b) A replacement of _____ pipes

(c) The _____ of not having gas

(d) The plan to check the gas pipes

2     The roots of jazz go back to the early 1500s in West Africa. During that time, it was through oral tradition like telling stories or singing songs that most of the African cultures were _____. And when the West Africans were _____ and sent to America, they brought their _____ traditions with them. It served as a means of educating others of their cultures and communicating with one another.

Q   **What is the speaker mainly talking about?**

(a) The _____ of African Americans

(b) The history of African language

(c) The _____ of a type of music

(d) The oral tradition in American culture

3    Many _____ separate memory into different parts, each
     of which is responsible for a specific function in the memory formation
     and _____. In the _____ stage of memory formation,
     there are two types of memories that are mainly involved – the short-term
     memory and the working memory. While a short-term memory refers to a
     _____ for holding a small amount of information, working
     memory refers to the active process of holding and _____
     information. In other words, while _____ memory is inactive,
     working memory is the active use of information at a particular time.

     Q    **What is the main topic of the talk?**

     (a)  The _____ between short-term and working memory

     (b)  The definition of working memory and its function

     (c)  The two distinct stages of memory formation and _____

     (d)  The storing of information for a short _____ of time

4    It is my pleasure to announce the _____ of our new
     _____ with Capital Circle. We, as a leading company in the
     US finance market, have decided to _____ the opportunity in
     the growing Asian market by setting up a _____ firm in
     Singapore next year. We are planning to hold five investor meetings both
     in the United States and Europe to raise _____ funds for
     our venture. I am confident to say that with our years of experience and
     strategy, our venture will be more than successful.

     Q    **What is mainly being announced?**

     (a)  The status of the financial market in Asia

     (b)  The plan to move into a new market

     (c)  The five _____ in the US

     (d)  The new venture into Europe

# 세부 정보 파악 문제

대개 33번에서 35번까지 세 문제가 세부 정보를 묻는 문제입니다. 담화의 내용과 일치하는 것을 고르는 문제가 많고, 때로 담화의 구체적인 사항에 대해 질문하는 경우도 있습니다.

## 1. 질문 유형

**Which is correct according to the talk[announcement /lecture /report]?**
담화[안내/ 강의/ 보도]에 의하면 옳은 것은?

**Which is correct about ~ according to the talk[announcement /lecture /report]?**
담화[안내/ 강의/ 보도]에 의하면 ~에 대해 옳은 것은?

**What should a person do to apply for the position advertised?**
공고된 직책에 지원하기 위해서는 무엇을 해야 하나?

## 2. 노트테이킹은 세부 정보 파악 문제에서 중요하다.

세부적인 내용을 묻기 때문에 노트테이킹이 필수적입니다. 듣기에 방해가 되지 않는 범위 내에서 기호와 약자를 이용해 핵심 사항을 적어야 합니다. Part III에서는 시간과 요일 같은 단순한 내용을 적었다면, Part IV에서는 담화의 키워드를 메모하면서 흐름을 따라갈 수 있어야 합니다.

Mars is the fourth planet from the Sun. A year on Mars is equal to 687 days, with each day lasting for twenty four and a half hours. And it's often called the "red planet" because of the rust in its soil. Many people believe that there may have been intelligent life on Mars. A recent report tells that a scientist found a meteorite which contains signs of life.

Q. What is correct about Mars according to the lecture?

(a) It is the biggest planet in the solar system.

(b) A year on Mars is longer than that of the Earth.

(c) It is called the "red planet" as it is hotter than the Earth.

(d) A scientist has found intelligent life on Mars.

노트테이킹의 예시

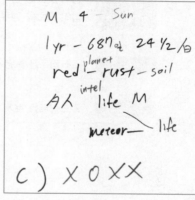

해석  화성은 태양으로부터 4번째에 위치한 행성입니다. 화성의 1년은 687일이며, 하루는 24시간 30분입니다. 그리고 토양에 녹이 있어 화성은 종종 '붉은 행성'이라고 불립니다. 많은 사람들은 화성에 지적 생명체가 살고 있을지 모른다고 생각합니다. 최근 보고에 의하면 한 과학자가 생명체의 흔적을 담고 있는 운석을 발견했다고 합니다.

Q 강연에 의하면 화성에 대한 이야기로 옳은 것은?

(a) 태양계에서 가장 큰 행성이다.
(b) 화성의 1년은 지구의 1년보다 더 길다.
(c) 지구보다 더 뜨겁기 때문에 '붉은 행성'이라고 불린다.
(d) 한 과학자가 화성에서 지적 생명체를 발견했다.

어휘  **be equal to** ~와 같다   **rust** 녹   **intelligent life** 지적 생명체   **meteorite** 운석

해설  강연의 앞 부분에서 화성의 1년은 687일이며 하루는 24시간 30분이라고 했으므로 화성의 1년은 지구의 1년보다 더 길다는 것을 알 수 있다. 과학자들이 발견한 것은 지적 생명체가 아니라 그런 생명체의 흔적을 담고 있는 운석이므로 (d)는 알맞지 않다.

정답  (b)

## PRACTICE TEST

♣   다음 순서에 따라 Practice Test를 학습합니다.

| Step 1 | 문제를 모두 푼다. |

| Step 2 | 바로 정답을 확인하지 말고, 확실하게 들리지 않았던 문제들을 다시 듣고 풀어 본다. |

| Step 3 | 정답을 확인한다. |

| Step 4-1 | 답이 맞았을 경우, 스크립트를 보며 단어와 표현을 학습한다. |
| Step 4-2 | 답이 틀렸을 경우, 스크립트를 보지 말고 받아쓰기 연습을 한다. |

| Step 5 | 스크립트를 보면서 전체를 들어 본다. |

| Step 6 | 스크립트를 보지 않고 전체를 들어 본다. |

## Choose the option that best answers the question.

1.   (a)         (b)         (c)         (d)

2.   (a)         (b)         (c)         (d)

3.   (a)         (b)         (c)         (d)

4.   (a)         (b)         (c)         (d)

1    Cony Fan is one of the most _____ fans you can
purchase in the market. Now that the price of energy is higher than ever
before, we need to save energy, and Cony Fan is the right choice. It will
save you a _____ amount of money. Cony Fan's
_____ fan design and motor allow you to save more than
30% of _____ every month. So, it's time to change your fan
to Cony Fan.

Q   **Which is correct about Cony Fan according to the advertisement?**

(a)  It has been _____ its design.

(b)  It requires a fan _____ to install it.

(c)  It runs on a small amount of power.

(d)  It is less expensive than most _____ fans.


2    At first, the Native Americans taught the European _____ how
to plant corn, make canoes and smoke tobacco. In return, the Europeans
introduced horses, guns, _____ and alcohol. However,
as the settlers _____ towns and cities, they pushed the
native people out. Sometimes the settlers bought land from the natives
at a _____ price. For example, the Dutch bought Manhattan
Island for twenty four dollars' worth of kettles, axes and cloth.

Q   **Which is correct according to the lecture?**

(a)  European settlers taught the natives how to _____.

(b)  The natives received twenty four dollars for selling Manhattan Island.

(c)  The Native Americans and Europeans helped each other at first.

(d)  European settlers took the _____ many Native Americans.

## Dictation

3    Thank you for calling the Compmaster customer service. Our hours of

_____ is from 9 a.m. to 5 p.m. from Monday through Friday.

We are currently _____ to answer your call. If this is for

_____ technical service, please visit our customer service

website at www.compserve.com and use our online _____

tech service. If you have a question regarding our latest products, you

may want to visit our main homepage at www.compmaster.com. For other

matters, please call us back during our _____. Thank you.

Q   **Which is correct according to the recording?**

(a)  Customers can only receive help through the Internet.

(b)  Customers are able to receive technical help at night.

(c)  Customer service is not available on weekends.

(d)  Customer service _____ technical service only.


4    In the eye, there is a _____ called the retina. It is where the

light that enters the eye is processed. The retina contains many cones and

_____, which help us see. The cones are responsible for the

_____ of color and very bright light. On the other hand, the

rods help us _____ poor light. So, the cones are the only ones

that allow us to see color. The rods have no play in helping us see color

but are highly _____, allowing us to see in the dark.

Q   **Which is correct about rods in the retina?**

(a)  They help us to see light and color.

(b)  They are less sensitive than cones.

(c)  They are more _____ than cones.

(d)  They allow us to see with little light.

# Unit 10 추론 문제

대개 36번 문제는 담화에서 추론할 수 있는 것을 묻는 문제입니다. 대부분은 대화 내용 전체에서 추론할 수 있는 것을 묻고, 화자가 동의할 것 같은 의견이나 화자가 다음에 할 일을 묻기도 합니다.

## 1. 질문 유형

**What can be inferred from the talk[announcement/ lecture /report]?**
담화[안내/ 강의/ 보도]에서 추론할 수 있는 것은?

**What can be inferred about ~ from the talk[announcement/ lecture/ report]?**
담화[안내/ 강의/ 보도]에서 ~에 대해 추론할 수 있는 것은?

**Which statement will the speaker mostly likely agree with?**
화자가 가장 동의할 것 같은 내용은?

**What will the speaker most likely do next?**
화자는 다음에 할 일로 알맞은 것은?

**Where would this talk likely be heard?**
이러한 담화가 일어날 것 같은 장소는?

## 2. 추론의 근거는 반드시 담화문에 나와 있다.

추론의 근거가 되는 내용은 반드시 담화 내용 속에 있으므로 지나친 비약으로 정답을 고르지 않도록 주의합니다. 가끔 일반 상식과 반대가 되는 내용이나 주장이 나오기도 하므로, 섣불리 배경 지식을 동원하지 말고 담화의 내용을 바탕으로 추론해야 합니다.

## 3. 노트테이킹

추론 문제는 담화 자체가 길고 어려운 경우가 많으며, 세부 내용이 정답과 오답으로 나올 수 있으므로 노트테이킹을 하는 것이 좋습니다.

I'd like to give you some tips on giving a presentation. First, do not read from a script. When doing this, you tend to deliver too much information too fast. Instead, prepare notes and bullet points and have the confidence to speak from these and your memory. Second, practice! Rehearse with all the visual aids you are going to use. Revise as necessary. Practice with a timer so that you can allow time for any surprises. Third, avoid drinking caffeinated beverage before the presentation.

Q. What can be inferred from the speech?

(a) Having some coffee can be helpful for some people.

(b) Using visual aids helps the effectiveness of a presentation.

(c) Unplanned things could happen during a presentation.

(d) A presenter should decide on the final plan before rehearsal.

노트테이킹의 예시

```
pt
1 — X script
too↗ info - fast
note  bullet
    confi  memory

2 — practice
    visual —
        revise
    timer - surpri

3 — X caf

inf) X ? OX
```

해석   프레젠테이션을 위한 몇 가지 조언을 드리고 싶습니다. 첫째, 대본을 읽지 마세요. 그렇게 하면 너무 많은 양의 정보를 너무 빨리 전달하려는 경향이 생깁니다. 대신, 메모나 주요 항목들을 준비하고, 자신감을 갖고 이것들과 기억으로 발표하세요. 둘째, 연습입니다! 여러분이 사용하게 될 모든 시청각 보조 기구들을 가지고 예행연습을 해 보세요. 필요하다면 수정하세요. 어떠한 돌발 상황에도 대처할 수 있도록 타이머를 가지고 연습하세요. 셋째, 프레젠테이션 전에는 카페인이 함유된 음료는 삼가세요.

Q 연설을 통해 유추할 수 있는 것은?

(a) 어떤 사람들에게는 커피를 마시는 것이 도움이 될 수 있다.
(b) 시청각 보조 기구는 프레젠테이션의 유효성을 높이는 데 도움이 된다.
(c) 프레젠테이션 중에는 계획하지 않은 일들이 발생할 수 있다.
(d) 발표자는 리허설 전에 최종 계획을 정해야 한다.

어휘   **deliver** 전하다   **bullet point** 주요 항목   **rehearse** 예행연습하다   **visual aid** 시청각 보조 기구   **revise** 수정하다   **caffeinated** 카페인을 함유한   **effectiveness** 유효(성)   **unplanned** 계획되지 않은

해설   프레젠테이션을 위한 두 번째 조언으로 예행연습을 하라고 하면서 돌발 상황에 대처할 수 있도록 타이머로 연습하라고 하는 것으로 보아 프레젠테이션 중에 계획되지 않은 일들이 발생할 수 있음을 추론할 수 있다. 담화의 for any surprises가 (c)에서 unplanned things로 패러프레이징 되었다. 나머지 선택지들은 담화에 언급된 단어를 이용한 오답 함정으로, 담화의 내용과 반대되거나 언급되지 않은 내용이다.

정답   (c)

♣ 다음 순서에 따라 Practice Test를 학습합니다.

> **Step 1**  문제를 모두 푼다.

> **Step 2**  바로 정답을 확인하지 말고, 확실하게 들리지 않았던 문제들을 다시 듣고 풀어 본다.

> **Step 3**  정답을 확인한다.

> **Step 4-1**  답이 맞았을 경우, 스크립트를 보며 단어와 표현을 학습한다.
> **Step 4-2**  답이 틀렸을 경우, 스크립트를 보지 말고 받아쓰기 연습을 한다.

> **Step 5**  스크립트를 보면서 전체를 들어 본다.

> **Step 6**  스크립트를 보지 않고 전체를 들어 본다.


🎧 **Choose the option that best answers the question.**

1.  (a)      (b)      (c)      (d)

2.  (a)      (b)      (c)      (d)

3.  (a)      (b)      (c)      (d)

4.  (a)      (b)      (c)      (d)

# Dictation

정답 P. 24

1    It is _____ to check a patient's blood type before blood _____.
     There are four main blood types: A, B, AB and O. Each is _____
     according to an antigen, a special _____ on the surface of blood cells.
     Another _____ that is considered before _____ is the Rh
     factor. It further classifies the blood into positive and _____ Rh
     factors. This process of separating blood into different types and factors
     is important because if a patient somehow receives an _____
     blood, he or she may suffer from serious health problems.

     Q   **What can be inferred from the talk?**

     (a)  People often receive the wrong Rh factors during blood transfusions.

     (b)  Receiving the wrong blood type means certain death.

     (c)  Checking the blood type is _____ before blood transfusions.

     (d)  It is important to check the blood type first before Rh factors.


2    The US government has decided to _____ more financial
     institutions with more of tax-payers' money. It is _____ that
     an extra 200 billion dollars will be spent on banks and insurance
     companies to pay off their _____ losses as part of the new
     _____ package. Against strong opposition by both parties of
     Congress, the President and the Secretary of Treasury have made their
     decision and announced that it will be carried out this fall. So, what are
     some of the _____ of this decision? Let's find out.

     Q   **What will the speaker most likely do next?**

     (a)  Talk about the _____ arguments by members of Congress

     (b)  Explain the reason behind the decision to spend more money

     (c)  Finish talking about where the money will be used in detail

     (d)  Discuss the effects of spending extra money on US economy

## Dictation

3    People were at times _____ the developing science
during the 1800s. Many writers would mirror this _____
discomfort towards science by writing science horrors and
_____ the dangers of science. This is how the famous novel
*Frankenstein* was born. Back then, people believed that by _____
dead people to high amounts of electricity, they could be _____
_____ to life. There was even a term for this method, called galvanism,
which shows how much people believed such a thing could be possible.

Q    What can be inferred about galvanism from the talk?

(a) It was how people _____ in the past.

(b) It was considered dangerous by scientists.

(c) It _____ the fear in science during the 1800s.

(d) It is now thought to be a _____ by most people.

4    Venus is probably the hottest planet in our solar system even though
Mercury is closer to the Sun. This is because unlike Mercury, Venus has
_____ of greenhouse gasses that _____
from the Sun. So, life as we know it cannot exist on the _____ of
this planet because of the _____ heat. However, up in the
clouds, the heat is much milder where the temperature is closer to that of
the Earth, and there is an _____ source of organic
_____ and liquid water needed for life.

Q    Which statement would the speaker most likely agree with?

(a) There is _____ life in the clouds of Venus.

(b) Atmosphere is what is needed for a planet to _____ life.

(c) Life may be _____ in the atmosphere of Mercury.

(d) Venus is too hot for any life to exist on the planet.

# Part V

❖ NEW TEPS 신유형 문제

Part V는 뉴텝스 청해영역에서 새로 도입된 유형입니다. 하지만 완전히 새로운 유형이라기보다는 Part IV의 확장형이라 할 수 있습니다. 대략 6~11문장으로 된 긴 담화문이 나오며, 한 담화문에 두 문제가 출제됩니다. 담화의 종류, 문체, 문장의 길이, 소재 등 여러 특징이 Part IV와 흡사합니다.

담화문이 Part IV에 비해 거의 두 배 가까이 길지만, 그렇다고 해서 너무 겁먹을 필요는 없습니다. 실제로 텝스 고득점자들은 오히려 Part V가 Part IV보다 심리적 압박이 덜하다고 말합니다. 밀도가 높은 내용의 담화문이 나올 경우 Part IV는 압축된 내용이 너무 짧은 시간 안에 금방 지나가 수험자들을 당황시키는 경우가 있는 반면, Part V는 좀더 길게 설명하기 때문에 흐름을 좇아 내용 파악하기가 더 수월할 수도 있기 때문입니다.

1. 대체로 두 문항의 풀이가 서로 독립적이다.

   전략 한 문항을 놓쳤어도 다른 문항까지 포기하지 말자.

   기존 텝스에서는 청해와 독해 모두 1지문 1문항 원칙을 고수했습니다. 한 문제로 다음 문제의 답을 추측할 수 있는 가능성을 배제함으로써 편법이 없는 시험을 만들기 위해서였습니다. 그런데 뉴텝스에서는 청해와 독해 모두 1지문 2문항의 신유형이 도입되었습니다. 그렇다고 해서 편법이 불가능한 시험을 만들려는 의도까지 포기했다고 보기는 어렵습니다. 출제자들은 분명 한 문항의 풀이가 다른 문항의 풀이에 영향을 주지 않도록 문제를 설계합니다. 예를 들어 한 문항이 전체적인 내용을 이해해야 풀 수 있는 문제라면, 다른 한 문항은 담화의 일부분에서 지엽적인 내용에 대해 묻는 식입니다. 그리고 경우에 따라 다르긴 하지만, 두 문제 중 하나가 매우 어려울 경우 다른 하나는 상대적으로 조금 쉬운 경향도 있습니다. 그렇기 때문에 한 문제를 못 풀었더라도 다른 한 문제까지 포기해서는 절대 안 됩니다.

2. 어려운 담화문이 많이 나온다.

   전략 독해 공부와 병행하자.

   Part IV와 똑같은 전략입니다. Part IV, V 모두 텝스 독해 파트와 유사한 부분이 있기 때문에 독해 파트 공부와 병행해야 합니다. 다시 말씀 드리지만, 텝스 청해가 어려운 것은 단순히 '귀가 안 뚫려서'라기보다, 영어를 빠른 속도로 이해하는 이해력과 논리적 사고력, 어휘력 등이 부족하기 때문입니다. 문제를 푼 뒤엔 반드시 독해 공부를 하듯 철저히 복습한 뒤 반복해서 들어야 합니다.

3. 담화와 질문은 두 번 들려주고 선택지는 한 번만 들려준다.

전략 처음 들을 때는 전반적인 내용을, 두 번째에는 세부 내용을 파악한다.

역시 Part IV와 똑같은 전략입니다. 남녀 성우가 번갈아 가며 담화문을 읽기 때문에, 처음에 잘 못 들었어도 두 번째에 들리는 경우가 있습니다. 노트테이킹도 처음 들을 때는 듣기에 방해가 되지 않을 정도로 한 뒤, 두 번째에 조금씩 살을 붙이는 것이 좋습니다.

4. 문제 유형은 정해져 있는 반면, 순서는 정해져 있지 않다.

전략 처음 질문 두 개를 들려줄 때 잘 듣고, 두 번째 담화를 들을 때 '노려 듣기'를 한다.

Part V도 Part III, Part IV와 마찬가지로 "대의 파악 문제 : 세부 정보 파악 문제 : 추론 문제"의 비율이 정해져 있습니다. 비율은 바로 '1 : 2 : 1'입니다. 단, Part V는 이 세 가지 유형의 문제들의 배치가 정해져 있지 않기 때문에, 문항 순서까지 미리 완벽히 알고 듣기는 어렵습니다. 따라서 처음 들려줄 때 질문 두 개를 잘 들은 뒤, 다시 담화를 들을 때 정답이 되는 부분을 노려 들어야 합니다. 이 전략은 특히 세부 정보 파악 문제에 유용합니다.

# Unit 11 세부 정보 파악 중심 문제

Part V의 첫 번째 담화(37번+38번)로 잘 출제되는 유형입니다. 하지만 두 번째 담화(39번+40번)로 출제되는 경우도 있습니다. 첫 번째 담화로 출제될 경우, '37번 대의 파악 문제 + 38번 세부 정보 파악 문제'의 순서이거나, '37번 세부 정보 파악 문제 + 38번 세부 정보 파악 문제'의 형태가 될 가능성이 높습니다. 물론 문제 순서는 다소 유동적입니다.

## 1. 질문 유형

대의 파악 문제의 유형은 127페이지에 나와있는 Part IV와 같습니다. 단, 세부 정보 파악 문제는 문제 유형에 약간 차이가 있습니다. Part IV에서는 132페이지에 나와 있듯, "Which is correct according to the talk? (담화에 의하면 옳은 것은?)"와 같은 문제가 많고, 때로 좀더 구체적인 사항에 대해 묻는 문항도 있는 반면, Part V는 구체적인 사항에 대해 묻는 유형이 자주 출제되는 편입니다. 때로는 굉장히 지엽적인 내용을 묻기도 합니다. 따라서 앞서 언급한 '집중해서 듣기' 전략이 매우 중요합니다.

## 2. 노트테이킹

Part IV와 마찬가지로, 처음 들을 때는 듣기에 방해가 되지 않을 정도로 노트테이킹을 한 뒤, 두 번째에 중요한 부분이나 집중해서 들어야 하는 부분에서 조금만 살을 붙이면 됩니다. 숫자, 요일, 날짜 등 정답 또는 오답으로 출제되기 좋은 세부 정보는 반드시 적어야 합니다.

Ladies and Gentlemen, I am very pleased to be here with you at this very first Annual Immigrant Contributions Awards Banquet. This evening is dedicated to recognizing the achievements of local individuals who have immigrated to Canada and have made a significant contribution to their community. The contribution of immigrants to Canada's prosperity is important and undeniable. Immigrants have significantly contributed to this country's pool of human capital and the size of the Canadian economy. I'd like to take this opportunity to ask you to do two things. First, preserve the cultural tradition of your mother country. It will broaden Canada's cultural richness. Second, make sure to participate in all elections. It is not simply your right to vote, it is your responsibility. Whether it is on a local, provincial, or national level, you can make a difference by becoming involved.

Q1. What is the main purpose of the talk?

(a) To introduce a new immigration program

(b) To celebrate immigrants' contribution to the nation

(c) To recognize the importance of preserving local culture

(d) To emphasize the right to vote in elections

Q2. What does the speaker encourage the audience to do?

(a) Run for candidacy in elections

(b) Stay active in political debates

(c) Respect other immigrants' culture

(d) Cast a ballot in all elections

노트테이킹의 예시

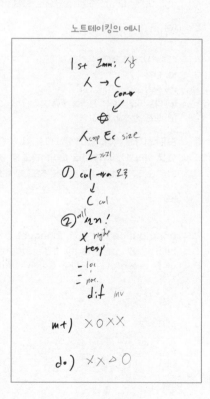

해석  신사 숙녀 여러분, 제1회 연례 이민자 공헌 대상 만찬에 여러분과 함께 하게 되어 큰 기쁨으로 생각합니다. 오늘밤 이 자리는 캐나다로 이주해 지역사회에 큰 공헌을 한 개개인의 성과를 치하하기 위한 자리입니다. 이민자들이 캐나다의 번영에 이바지한 것은 중요하며 부인할 수 없는 사실입니다. 이주민들은 캐나다의 인적 자본과 경제 규모에 막대한 공헌을 했습니다. 저는 이 기회를 빌어 여러분께 두 가지를 당부 드리고 싶습니다. 첫째, 여러분 모국의 문화 전통을 보존하십시오. 이것은 캐나다의 문화를 더욱 풍요롭게 할 것입니다. 둘째, 반드시 모든 선거에 참여하십시오. 투표는 여러분의 권리일 뿐만 아니라 의무이기도 합니다. 지방 선거든, 주(州) 선거든, 전국 선거든, 여러분의 참여는 변화를 만들어낼 수 있습니다.

Q1 담화의 주목적은?

(a) 신규 이민프로그램 소개
(b) 이민자들의 국가에 대한 공헌 축하
(c) 지역 문화 보존의 중요성을 인정
(d) 선거에서 투표할 권리를 강조

해설  연설 초반부터 지역사회에 공헌을 한 이민자들의 성과를 치하하기 위한 자리임을 설명했으며 관련 내용이 이어지고 있으므로 (b)가 정답이다. (a)는 전혀 언급되지 않은 내용이다. 모국의 문화 전통을 보존해달라는 부탁은 했지만, 지역 문화 보존의 중요성을 인정하는 것이 연설의 주목적이라 보기는 어려우므로 (c)는 오답이다. (d)도 내용의 일부일 뿐이며, 투표는 단순히 권리가 아니라 의무라고 했으므로 정답으로 보기 어렵다.

정답  (b)

Q2 화자가 청중에게 독려한 것은?
(a) 선거에 입후보
(b) 정치 논쟁에 적극 참여
(c) 다른 이민자들의 문화를 존중
(d) 모든 선거에서 투표하기

해설  모든 선거에 참여하라고 했으므로 (d)가 정답이다. 'vote'가 'cast a ballot'으로 패러프레이징된 것에 유의한다. 선거에서 투표를 하라고 했지 후보로 출마하라고 한 것은 아니므로 (a)는 오답이다. 동사 'run'처럼 여러 가지 뜻이 있는 단어들은 단어만 따로 외우지 말고 구문 또는 문장을 같이 외워야 한다. (b)와 (c)는 언급되지 않은 내용이다.

정답  (d)

어휘  **contribution** 기여, 공헌  **banquet** 연회, 만찬  **dedicate** 바치다, 헌신[전념]하다  **immigrate** 이민 오다  **immigrant** 이민자, 이주민  **prosperity** 번영  **undeniable** 부인할 수 없는, 명백한  **human capital** 인적 자본  **preserve** 보호하다, 보존하다  **celebrate** 기념하다, 축하하다  **run** (선거에) 출마[입후보]하다  **candidacy** 입후보, 출마  **ballot** 투표, 투표용지

♣  다음 순서에 따라 Practice Test를 학습합니다.

> **Step 1**  문제를 모두 푼다.

> **Step 2**  바로 정답을 확인하지 말고, 확실하게 들리지 않았던 문제들을 다시 듣고 풀어 본다.

> **Step 3**  정답을 확인한다.

> **Step 4-1**  답이 맞았을 경우, 스크립트를 보며 단어와 표현을 학습한다.
> **Step 4-2**  답이 틀렸을 경우, 스크립트를 보지 말고 받아쓰기 연습을 한다.

> **Step 5**  스크립트를 보면서 전체를 들어 본다.

> **Step 6**  스크립트를 보지 않고 전체를 들어 본다.

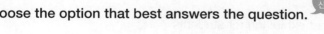

**Choose the option that best answers the question.**

1.  (a)  (b)  (c)  (d)

2.  (a)  (b)  (c)  (d)

3.  (a)  (b)  (c)  (d)

4.  (a)  (b)  (c)  (d)

**1~2** Let me _____ Professor Stacy O'Brien. Dr. O'Brien is a
distinguished biologist who won the McDougal Award for her thesis on the
_____ of whales. Interestingly, she is also somewhat of an artist. She
has a strong passion for drawing and painting, and three years ago, she
even held her own _____ with her works. Now just a couple
of years ahead of her retirement, she started to devote her life to science
education by _____ her two different talents. Recently, she has
been publishing cartoons to help teenagers learn science in a fun way.
Parents are _____ about her cartoon books as they see their children
who were not particularly interested in science _____ in her
books. Today, she will be mainly discussing how science should be taught
in a high school classroom environment. Please welcome Professor
O'Brien with a big hand.

**Q1 What is mainly being said about Dr. O'Brien?**

(a) She hosted an art exhibition for students.

(b) She is more of an artist than a scientist.

(c) She has _____ her entire life to education.

(d) She uses comics for _____ purposes.

**Q2 Which is correct about Dr. O'Brien's books from the talk?**

(a) They consist mainly of stories about whales.

(b) They are received _____ by parents.

(c) They earned O'Brien a distinguished award.

(d) They are _____ among science teachers.

## Dictation

**3~4** Attention, employees. The _____ carpet cleaning is scheduled at the Melbourne head office for this coming Saturday. Please put your chair on your desk before you leave the office on Friday afternoon. If you have placed any of your _____ on the office floor or in a communal space such as a meeting room, please also remove them. Your personal belongings could be damaged during the cleaning, so store any valuables or breakables _____ . The cleaning will start at 9 a.m. and will take approximately five hours. Please _____ from entering the office this weekend because the carpet takes time to dry. For those of you who originally planned to come to work on Saturday, we strongly recommend working from _____ , so make sure to take your laptop on Friday. Feel free to contact me at 9036 if you have any questions. Thank you.

**Q3** How often is the carpet cleaned at the head office?

(a) Once a week

(b) Once a month

(c) Once _____ two months

(d) Once every three _____

**Q4** What are all head office employees advised to do?

(a) Work from home this Saturday

(b) _____ their chair from the floor

(c) Leave their valuables at work

(d) _____ the carpet in the office

# 추론 중심 문제

Part V의 두 번째 담화(39번+40번)로 잘 출제되는 유형입니다. 하지만 첫 번째 담화(37번+38번)로 출제되는 경우도 있습니다. 두 번째 담화로 출제될 경우, '39번 세부 정보 파악 문제 + 40번 추론 문제'의 순서이거나, '39번 대의 파악 문제 + 40번 추론 문제'의 형태가 될 가능성이 높습니다. 물론 문제 순서는 다소 유동적입니다. 예를 들어, 첫 번째 담화의 첫 문제인 37번 문항으로 추론 문제가 나올 수도 있습니다.

## 1. 질문 유형

추론 문제의 유형은 137페이지에 나와있는 Part IV와 같습니다. 세부 정보 파악 문제는 Unit 11에 설명돼 있듯, Part IV에 비해 더 구체적인 사항에 대해 묻는 유형이 자주 출제되는 편입니다.

## 2. 문제의 유형을 예측할 수 있다.

Part V의 "대의 파악 문제 : 세부 정보 파악 문제 : 추론 문제'의 비율은 '1 : 2 : 1'로 정해져 있습니다. 따라서 37번과 38번 문제의 유형을 보면 39번과 40번 문제의 유형을 예상할 수 있습니다. 세 가지 유형의 네 문제 중 37, 38번에 나온 두 문제를 제외한 나머지 문제들이 39, 40번에 나옵니다.

## 3. 추론의 근거는 반드시 담화문에 나와 있다

Part IV와 마찬가지로 추론의 근거가 되는 내용은 반드시 담화 내용 속에 있으므로, 지나치게 비약하거나 섣불리 배경 지식을 동원하지 말고 어디까지나 담화의 내용만을 바탕으로 추론해야 합니다.

## 4. 노트테이킹

Part IV 및 Part V의 첫 담화문과 마찬가지로, 듣기에 방해가 되지 않는 범위 내에서 기호와 약자를 이용해 핵심 사항을 적어야 합니다. 두 번째 들을 때 중요한 부분이나 집중해서 들어야 하는 부분을 중심으로 조금만 살을 붙입니다.

Coffeebucks started as a small coffee shop in San Diego in 1988, but only a few years after I started to franchise the business, it became one of the biggest coffee chains in the US. As a young and successful businessman then, I was eager to test whether the same business model would work in a completely different culture. We didn't have any international business experience, so we hired the best consulting firm before opening the first Coffeebucks store in Osaka in the late 1990's. After months of analysis, the consultants told us that we would never be successful in Japan. They said most Japanese consumers would rather drink coffee while smoking in a local coffee shop than sitting in our non-smoking store or taking out espresso. But I just followed my instinct and opened our first store in Osaka. On day one, hundreds of young Japanese lined up in front of the store, and Coffeebucks soon became the coffee chain with the largest number of stores throughout the country.

Q1. What is the main topic of the talk?

(a) Secret to Coffeebucks' growth in Japan

(b) Early days of Coffeebucks in America

(c) Coffeebucks' first overseas business

(d) How Coffeebucks overcame cultural barriers

Q2. What can be inferred from the talk?

(a) The Japanese used to enjoy coffee with cigarettes.

(b) Coffeebucks is now the largest coffee chain in the US.

(c) The speaker disapproved of the Japanese consultants.

(d) Coffeebucks slightly changed its business model overseas.

노트테이킹의 예시

해석 1988년 샌디에이고의 작은 커피숍으로 시작한 커피벅스는, 제가 사업 프랜차이즈를 시작한지 채 몇 년이 되지 않아 미국에서 가장 큰 규모의 커피 체인 중 하나가 되었습니다. 당시 젊고 성공한 사업가였던 저는, 동일한 비즈니스 모델이 완전히 다른 문화에서도 성공할 수 있을지 시험해보고 싶었습니다. 저희에게는 국제 비즈니스 경험이 전혀 없었기 때문에, 1990년대 후반 오사카에 첫 번째 커피벅스 매장을 열기에 앞서 최고의 컨설팅 회사를 고용했습니다. 컨설턴트들은 수개월에 걸친 분석 끝에, 우리가 일본에서 절대 성공할 수 없을 것이라고 말했습니다. 대다수 일본 소비자들은 우리의 금연매장에 앉거나 에스프레소를 테이크아웃 하기보다, 현지 커피숍에서 담배를 피우며 커피를 마시는 것을 선택할 것이라는 것이 컨설턴트들의 주장이었습니다. 하지만 저는 제 본능을 따라 오사카에서 첫 번째 매장을 열었습니다. 오픈 당일, 수백 명의 일본 젊은이들이 매장 앞에 줄을 늘어섰고, 커피벅스는 곧 일본 전역에서 가장 많은 매장을 보유한 커피체인이 되었습니다.

Q1 담화의 핵심 주제는?

(a) 일본에서 커피벅스 성장의 비결

(b) 미국의 커피벅스 초창기 시절

(c) 커피벅스의 첫 번째 해외 사업

(d) 커피벅스는 어떻게 문화적 장애물을 극복했는가

해설 커피벅스의 첫 해외진출인 일본 진출에 대한 내용을 주로 다루고 있으므로 (c)가 정답이다. 일본에서 성장한 비결에 대한 내용은 없으므로 (a)는 오답이다. (b)는 첫 문장에 간단히 언급되었으므로 핵심 주제라고 보기는 어렵다. (d)는 언급되지 않았다.

정답 (c)

Q2 담화에서 추론할 수 있는 것은?

(a) 일본인들은 담배와 함께 커피를 즐기곤 했다.

(b) 커피벅스는 현재 미국에서 가장 큰 커피체인이다.

(c) 화자는 일본인 컨설턴트들을 못마땅해한다.

(d) 커피벅스는 해외에서 사업모델을 약간 변경했다.

해설 컨설턴트들이 일본 소비자 대다수는 담배를 피우며 커피를 마실 것이라며 90년대말 커피벅스 일본 진출을 어렵게 보았으므로 (a)를 유추할 수 있다. (b)는 두 가지 이유에서 답이 될 수 없다. 우선 '미국에서 가장 큰 커피 체인 중 하나 (one of the biggest coffee chains in the US)'가 되었다고 했지 '미국에서 가장 큰 커피 체인'이 되었다고 하지 않았다. 그리고 'it became'이라고 과거시제를 썼으므로 현재 상태는 알 수 없다. 만약 'it has become the biggest coffee chain in the US'라고 현재완료 시제를 썼으면 (b)도 정답이 될 수 있다. 컨설턴트들이 일본인인지 여부는 언급되지 않았으므로 (c)는 답이 될 수 없다. (d)는 담화와 정반대 내용이다.

정답 (a)

어휘 **franchise** 체인점, 프랜차이즈, 프랜차이즈화하다　**analysis** 분석　**take out** 테이크 아웃하다, (음식을) 사가지고 가다
**instinct** 본능　**barrier** 장벽　**disapprove of** ~을 못마땅해 하다　**slightly** 약간

# PRACTICE TEST

♣ 다음 순서에 따라 Practice Test를 학습합니다.

| Step 1 | 문제를 모두 푼다. |

| Step 2 | 바로 정답을 확인하지 말고, 확실하게 들리지 않았던 문제들을 다시 듣고 풀어 본다. |

| Step 3 | 정답을 확인한다. |

| Step 4-1 | 답이 맞았을 경우, 스크립트를 보며 단어와 표현을 학습한다. |
| Step 4-2 | 답이 틀렸을 경우, 스크립트를 보지 말고 받아쓰기 연습을 한다. |

| Step 5 | 스크립트를 보면서 전체를 들어 본다. |

| Step 6 | 스크립트를 보지 않고 전체를 들어 본다. |

Choose the option that best answers the question.

1.　(a)　　(b)　　(c)　　(d)

2.　(a)　　(b)　　(c)　　(d)

3.　(a)　　(b)　　(c)　　(d)

4.　(a)　　(b)　　(c)　　(d)

1~2 As we _____ our three day sales training workshop for new hires, I'd like to introduce a model called 70:20:10. _____ _____ learning to improve job performance, people learn 70% of their knowledge from the actual _____ experience, 20% from interactions with other people such as feedback and coaching, and only 10% from _____ such as classroom lectures, reading assignments, and e-learning modules. It may not sound very inspiring now as all of you have been very actively participating in this course. But I don't intend to discourage you. I just want to highlight that you must _____ what you've learned from this training. Otherwise, you will forget almost everything you learned. Try to use the skills you've learned for every _____ and negotiation. Continue to seek feedback from your coworkers and managers. That's how aspiring sales representatives like you can grow.

Q1 **Which one would constitute 10% of learning?**

(a) Getting advice from colleagues

(b) Taking _____

(c) Delivering a formal lecture

(d) Gaining _____ experience

Q2 **What can be inferred from the talk?**

(a) The talk is intended for aspiring sales trainers.

(b) The speaker _____ the formal training.

(c) The training session is _____ soon.

(d) The audience is being encouraged to ask questions.

## ✎ Dictation

**3~4** Are you excited about the _____ baseball season? As baseball is a national obsession in our country, we are surrounded by so-called experts like _____ . However, we know that, when watching the match, opinions of fans like you are just as valid as anyone else's. But there has been no way for you to be heard. The official _____ of the National Baseball League and the nations' number one selling sports drink, Teraraid is just about to change that. Teraraid invites you to 'Coach Your Team' by selecting the players who will be _____ during preseason games between the East League teams and the West League teams. Votes are cast _____ using special codes found under the bottle caps of Teraraid available in stores nationwide. The players given the largest number of codes will be selected to play. _____ and Coach Your Team with Teraraid!

**Q3  What is mainly being advertised?**

(a)  A _____ to select a coach by vote

(b)  An opportunity for fans to play in preseason games

(c)  A new way to buy sports beverages on mobile

(d)  A _____ allowing fans to choose which players will play

**Q4  What can be inferred from the advertisement?**

(a)  Consumers can vote more by buying more _____ .

(b)  Sports experts are not allowed to participate.

(c)  Votes will be cast via mobile during the games.

(d)  Products with _____ are sold in selected stores.

## 1. 여행/ 공항

| | |
|---|---|
| itinerary 여행 일정표 | window seat 창가 쪽 자리 |
| excursion 소풍, 짧은 여행 | aisle seat 통로 쪽 자리 |
| boarding pass 탑승권 | runway 활주로 |
| baggage claim area 수화물[짐] 찾는 곳 | lavatory 화장실 |
| customs 세관 | take off 이륙하다 |
| declare 세관신고하다 | land 착륙하다 |
| detector 탐지기 | taxi (비행기가) 활주로까지 운전해서 가다 |
| quarantine 검역소 | air sickness bag 위생[구토] 봉투 |
| immigration 출입국 관리소 | overhead compartment 기내 좌석 위 선반 |
| frisk (옷 위로) 몸수색하다 | flight attendant 승무원 |
| layover/ stopover 경유, 도중하차(지) | carry-on 기내 휴대용 가방 |
| jet-lag 시차 때문에 느끼는 피로 | cockpit 조종석 |

## 2. 호텔/ 숙박

| | |
|---|---|
| book/ make a reservation 예약하다 | lodging 숙박 |
| vacancy 빈방 | amenities 편의 시설 |
| room rate 숙박료 | concierge desk 접수받는 곳 |
| restroom/ ladies'[men's] room 화장실 | suite 스위트룸 (침실 외에 거실, 응접실 따위가 붙은 방) |
| valet parking 대리 주차 | complimentary 무료의 |
| valuables 귀중품 | courtesy 무료의, 서비스의 |
| bellboy 벨보이(짐 들어주거나 간단한 심부름을 하는 사람) | housekeeper 청소하는 직원 |

## 3. 언어/ 문학

| | |
|---|---|
| narrative 이야기, 서술 | prolific 다작의 |
| legible 읽을 수 있는, 알아볼 수 있는 | jargon (전문 · 특수) 용어 |
| metaphor 은유, 비유 | gist 요점, 요지 |
| satire 풍자 | plagiarize 표절하다 |
| myth 신화 | decipher 해독[판독]하다 |
| memoir 회고록, 자서전 | convey 전달하다 |
| protagonist 주인공 | consistent 일관된, 일관성 있는 |
| antagonist (주인공에 대립하는) 적 | succinct 간결한, 간단명료한 |
| classic 고전, 명작 | coherent 일관성 있는 |
| cognitive 인지[인식]의 | impromptu 즉흥적인, 즉석에서의 |

## 4. 교육/ 학교

| | |
|---|---|
| required course 필수 과목 | discipline 학과, 학문 분야 |
| elective course 선택 과목 | faculty 교수진 |
| tuition fee 등록금 | transcript 성적 증명서 |
| register/ sign up/ enroll 등록하다 | flunk 낙제하다 |
| undergraduate 대학 학부생 | circulation desk (도서실) 대출대 |
| graduate student 대학원생 | return 책 반납하는 곳 |
| certificate program (비학위) 자격증 과정 | late fee 연체료 |
| prestigious 일류의, 명문의 | periodical 정기 간행물 |
| affirmative action 사회적 약자 우대 정책 | prodigy 영재, 신동 |
| audit 청강하다 | suspend 정학시키다 |
| dorm/ dormitory 기숙사 | tardy 늦은, 지각한 |

## 5. 감정/ 심리

| | |
|---|---|
| indifferent 무관심한 | relieved 안심한, 안도한 |
| detached 무심한, 거리를 두는 | vulnerable 취약한, 연약한 |
| sympathy 동정심 | undermine 약화시키다 |
| antipathy 반감 | console 위로하다 |
| sarcastic 빈정거리는 | temper 기질, 성질 |
| cynical 냉소적인 | depression 우울증 |
| enthusiastic 열정적인 | pathetic 불쌍한, 한심한 |
| empathy 감정 이입, 공감 | obsessive 사로잡혀 있는, 강박적인 |
| compassion 연민, 동정심 | fury 분노, 격분 |

## 6. 인문 · 사회/ 종교

| | |
|---|---|
| bias 편견, 편향 | doctrine 교리, 교의, 신조, 주의 |
| convention 관습, 관례, 전통 | convert 개종하다, 전향하다 |
| conform to ~에 따르다, 순응하다 | secular 비종교적인, 세속적인 |
| embrace 포옹하다, 받아들이다 | persecute 박해하다 |
| advocate 지지[옹호]하다 | sacred 성스러운, 종교적인 |
| assimilate 동화되다, 동질화하다 | outcast 쫓겨난, 버림받은 |
| abstract 추상적인, 관념적인 | social mobility 사회적 유동성 |
| segregation 분리, 차별 | staunch 확고한, 충실한, 독실한 |
| the less privileged 소외 계층 (사회) | tolerant 관대한, 아량 있는 |

158

## 7. 쇼핑

| | |
|---|---|
| return 반품 | affordable (가격이) 알맞은, 저렴한 |
| refund 환불 | regular price 정가 |
| receipt 영수증 | clearance sale 재고 정리 세일 |
| voucher 교환권, 할인권 | going-out-of-business sale 점포 정리 세일 |
| gift certificate 상품권 | out of stock 품절[매진]된 |
| freebie 경품 | exclusive 독점적인 |
| giveaway 경품, 무료 견본 | durable 내구성이 있는, 오래가는 |
| on sale 세일 중인 | versatile 다용도의, 다목적의 |
| for sale 판매용 | defective 결함이 있는 |
| try on 입어 보다 | warranty 품질 보증(서) |
| browse 구경하다 | haggle 값을 흥정하다 |

## 8. 건강/ 의학

| | |
|---|---|
| physician 내과 의사 | chills 오한 |
| surgeon 외과 의사 | nauseous 메스꺼운 |
| pediatrician 소아과 의사 | swollen 부어 오른 |
| psychiatrist 정신과 의사 | sprain 삐다 |
| first-aid kit 구급 약품 상자 | dislocate 탈구시키다 |
| diagnose (병) 진단 내리다 | vomit/ throw up 토하다 |
| dose/ dosage 약 복용량 | itchy 가려운 |
| prescription 처방전, 처방된 약 | choke 질식시키다 |
| panacea 만병통치약 | sneeze 재채기하다 |
| immune 면역의 | burp 트림하다 |

| | |
|---|---|
| delivery 분만 | bruise 멍, 타박상 |
| maternity leave 출산 휴가 | stiff neck 뻣뻣한 목 |
| maternity ward 산부인과 병동 | rash 발진, 두드러기 |
| antibiotic 항생제 | blister 물집 |
| antidote 해독제 | athlete's foot 무좀 |
| malignant 악성의 | acne/ pimple 여드름 |
| mutation 돌연변이 | hiccups 딸꾹질 |
| transfusion 수혈 | skinny/ thin 마른, 피골이 상접한 |
| vegetable 식물인간 | slim/ slender 날씬한 |
| anesthesia 마취 | chubby 통통한 |
| euthanasia 안락사 | fat 뚱뚱한 |
| abortion 낙태 | obesity 비만 |

## 9. 질병

| | |
|---|---|
| indigestion 소화 불량 | acute 급성의 |
| food poisoning 식중독 | chronic 만성의 |
| diarrhea 설사 | epidemic 유행병 |
| constipation 변비 | ailment 병 |
| insomnia 불면증 | side effects 부작용 |
| nasal congestion 코 막힘 | after effects 후유증 |
| ulcer 궤양 | flu shot 독감 예방 주사 |
| eating disorder 섭식 장애, 식이 장애 | rabies shot 광견병 주사 |
| malnutrition 영양실조 | high blood pressure/ hypertension 고혈압 |
| diabetes 당뇨병 | leukemia 백혈병 |

| | |
|---|---|
| mental disorder 정신병 | paralysis 마비 |
| amnesia 기억 상실증 | asthma 천식 |
| stroke 뇌졸중 | chicken pox 수두 |
| migraine 편두통 | ear infection 중이염 |
| pneumonia 폐렴 | complication 합병증 |
| measles 홍역 | arthritis 관절염 |
| cramp 경련, 쥐 | vaccinate/ inoculate 예방 접종을 하다 |
| fracture 골절 | dyslexia 난독증 (독서장애증) |
| osteoporosis 골다공증 | CPR 인공호흡(Cardiopulmonary Resuscitation) |
| AIDS 후천성 면역 결핍증 (Acquired Immune Deficiency Syndrome) | SARS 중증 급성 호흡기 질환 (Severe Acute Respiratory Syndrome) |

## 10. 신체 부위

| | |
|---|---|
| artery 동맥 | palm 손바닥 |
| vein 정맥 | knuckle 손가락 관절[마디] |
| cardiovascular 심혈관의 | pupil 동공, 눈동자 |
| organ 장기 | cornea 각막 |
| kidney 신장 | iris 홍채 |
| liver 간 | gums 잇몸 |
| lung 폐 | esophagus 식도 |
| pancreas 췌장 | abdomen 복부 |
| bladder 방광 | thigh 허벅지 |
| large intestine 대장 | calf 종아리 |
| small intestine 소장 | shin 정강이 |

## 11. 은행/ 금융

| | |
|---|---|
| deposit 예금(하다) | savings account 입금, 출금만 되는 보통 예금 계좌 |
| withdraw 출금하다(withdrawal 출금) | checking account 수표(check)까지 이용할 수 있는 당좌 예금 계좌 |
| transfer/ remit 송금(하다) | account No. 계좌번호 |
| transaction 거래, 매매 | balance 잔고 |
| currency 통화, 화폐 | asset 재산, 자산 |
| endorsement 이서 | interest rate 이자율 |
| security guard 청원 경찰 | principal 원금 |
| teller 은행 창구 직원 | collateral 담보, 담보물 |
| slip 은행 업무를 볼 때 쓰는 용지, 전표 | loan 대부, 빌려주다 |
| PIN 비밀번호(Personal Identification Number) | mortgage 주택 담보 대출, 융자(금) |
| ATM 현금 인출기(Automated Teller Machine) | counterfeit 위조의, 위조하다 |

| | | | | |
|---|---|---|---|---|
| penny 1센트 | nickel 5센트 | dime 10센트 | quarter 25센트 | half dollar 50센트 |

## 12. 예술

| | |
|---|---|
| compose 작곡[작문]하다 | embody 상징[구현]하다 |
| aesthetic 미의, 미학적인 | profound 심오한, 뜻깊은 |
| contemporary 동시대의, 현대의 | showcase 공개 행사, 진열장 |
| underlying 근본적인, 근원적인 | trailer (영화) 예고편 |
| inventive 창의적인, 독창적인 | preview 시사회 |
| preoccupied 몰두한, 여념이 없는 | premiere (영화의) 개봉; (연극의) 초연 |
| dismal 형편없는, 솜씨 없는 | flashback 회상 장면 |
| render 표현하다, 연기하다 | endowments 재능, 타고난 자질 |
| distort 왜곡하다, 비틀다 | forthcoming 다가오는, 곧 있을 |

## 13. 날씨/ 기후

| | |
|---|---|
| weather forecast 일기 예보 | hazy/ misty 안개가 낀 |
| overcast 잔뜩 흐린 | humid 습기 있는 |
| drizzle 이슬비, 가랑비 | scorching/ sizzling/ sultry 푹푹 찌는 |
| sprinkle 가랑비 | muggy 후덥지근한 |
| scattered shower 산발적인 소나기 | breeze 산들바람 |
| downpour/ torrential rain 폭우, 호우 | chilly 쌀쌀한, 추운 |
| tsunami 해일 | bleak 음산한 |
| landslide 산사태 | sleet 진눈깨비 |
| gale/ gust 강풍 | blizzard 강한 눈보라 |
| inclement 악천후의 | snow flurries (소량의) 소나기눈 |
| precipitation 강우량 | hail 싸락눈, 우박 |
| Centigrade 섭씨 | avalanche 눈사태 |
| Fahrenheit 화씨 | meteorologist 기상학자 |
| thermometer 온도계 | turbulence 난기류 |

## 14. 환경

| | |
|---|---|
| contaminant 오염 물질 | global warming 지구 온난화 |
| pollutant 오염 물질 | greenhouse effect 온실 효과 |
| disposable 일회용의, 쓰고 버리는 | submerge (물에) 담그다, 잠기다 |
| emission 배출, 배기가스 | glacier 빙하 |
| ecosystem 생태계 | Arctic 북극의 |
| endangered 멸종위기에 처한 | Antarctic 남극의 |
| extinct 멸종된 | fossil fuel 화석 연료 |

| | |
|---|---|
| exploit (자원을) 개발하다, 활용하다 | landfill 쓰레기 매립지 |
| habitat 서식지, 자생지 | sustainable 지속 가능한 |
| depletion 고갈, 소모 | replenish 다시 채우다, 보충하다 |
| extract 추출하다/ 추출물 | mitigate 완화하다, 경감시키다 |

## 15. 교통

| | |
|---|---|
| detour 우회도로 | yield 양보하다 |
| shortcut 지름길 | pull over 차를 길가에 대다 |
| intersection/ crossroad 사거리 | drop off 도중에 내려 주다 |
| crosswalk 횡단보도 | hail a taxi 택시를 불러 세우다 |
| jaywalk 무단 횡단 | circumvent 피해 가다, 우회하다 |
| tollbooth 요금 징수소 | fender-bender (가벼운) 접촉 사고 |
| entrance ramp 진입로 | head-on collision 정면 충돌 |
| exit (ramp) 출구 | towaway 강제 견인 |
| interstate (highway) 주와 주를 잇는 고속도로 | pedestrian 보행자 |
| merging traffic 합류로 | reckless driver 난폭 운전자 |
| mileage 자동차 주행 거리 | speeding ticket 과속 딱지 |
| accelerator/ gas pedal 가속 페달 | handicapped parking only 장애인 주차 전용 |
| licence plate 번호판 | parallel parking 평행 주차 |

## 16. 과학/ 기술

| | |
|---|---|
| advent 도래, 출현 | act up 말썽이다, 제 기능을 못하다 |
| feasible/ viable 실현 가능한, 실행 가능한 | glitch 사소한 결함, 고장 |
| hypothesis 가설, 추정 | obsolete 한물간, 구식의 |
| sort out 분류[정리]하다 | tangible 유형의, 만질 수 있는 |
| retrieve (정보를) 검색하다 | susceptible 영향받기 쉬운, 감염되기 쉬운 |
| encode 암호화하다, 부호화하다 | watershed 분수령 |
| terrain 지형, 지역 | indigenous 토착의, 원산의 |
| terrestrial 지구의, 육지의 | erode 침식하다, 풍화[부식]시키다 |

## 17. 법/ 죄

| | |
|---|---|
| suspect 용의자 | trial 재판 |
| fugitive 도망자 | jury 배심원 |
| felony 중죄 | defendant 피고 |
| accuse/ sue 고발하다 | plaintiff 원고 |
| fraud 사기 | prosecutor 검사 |
| shoplifting (가게에서) 물건 훔치는 것 | attorney 변호사 |
| misdemeanor 경범죄 | testimony 증언 |
| pickpocket 소매치기 | verdict (배심원의) 평결 |
| kidnap/ abduct 납치하다 | fine 벌금 |
| ransom 몸값 | bail 보석금 |
| hostage 인질 | guilty 유죄 (not guilty 무죄) |
| smuggle 밀수하다 | probation 집행 유예 |
| custody 양육권, 구금 | petition 청원, 탄원 |
| breach 위반(하다) | infringe 위반[침해]하다 |
| outlaw 불법화하다, 무법자 | impeach 탄핵하다 |

## 18. 뉴스/ 언론

| | |
|---|---|
| **anonymity** 익명(성) | **prominent** 중요한, 유명한 |
| **cover** 취재하다, 보도하다 | **correspondent** 기자, 특파원 |
| **uncover** 밝히다, 폭로하다 | **critique** 비평(하다) |
| **outspoken** 솔직한, 노골적인 | **acclaim** 호평(하다) |
| **censorship** 검열 (제도) | **rave** 격찬[극찬]하다 |
| **blackout** (정부에 의한) 보도 통제[정지] | **propaganda** (허위 · 과장된) 선전 |
| **viewership** 시청률 | **allegedly** 전하는 바에 의하면 |
| **manipulate** 조작[조종]하다 | **by word of mouth** 입에서 입으로 |

# II

# NEW TEPS
## 실전 모의고사

# Actual Test

1

# Listening
## Comprehension

### DIRECTIONS

1. In the Listening Comprehension section, all content will be presented orally rather than in written form.

2. This section contains five parts. For each part, you will receive separate instructions. Listen to the instructions carefully, and choose the best answer from the options for each item.

MP3 바로 듣기
받아쓰기 테스트
모바일 단어장

**L**

---

**Part I**  **Questions 1~10**

You will now hear ten individual spoken questions or statements, each followed by four spoken responses. Choose the most appropriate response for each item.

---

---

**Part II**  **Questions 11~20**

You will now hear ten short conversation fragments, each followed by four spoken responses. Choose the most appropriate response to complete each conversation.

---

➜ Answer Sheet P. 112
➜ 정답 P. 31

You will now hear ten complete conversations. For each conversation, you will be asked to answer a question. Before each conversation, you will hear a short description of the situation. After listening to the description and conversation once, you will hear a question and four options. Based on the given information, choose the option that best answers the question.

**Part IV** Questions 31~36

You will now hear six short talks. After each talk, you will be asked to answer a question. Each talk and its corresponding question will be read twice. Then you will hear four options which will be read only once. Based on the given information, choose the option that best answers the question.

You will now hear two longer talks. After each talk, you will be asked to answer two questions. Each talk and its corresponding questions will be read twice. However, the four options for each question will be read only once. Based on the given information, choose the option that best answers each question.

# Actual Test

## 2

# Listening
## Comprehension

### DIRECTIONS

1.  In the Listening Comprehension section, all content will be presented orally rather than in written form.

2.  This section contains five parts. For each part, you will receive separate instructions. Listen to the instructions carefully, and choose the best answer from the options for each item.

MP3 바로 듣기
받아쓰기 테스트
모바일 단어장

**Part I** **Questions 1~10**

You will now hear ten individual spoken questions or statements, each followed by four spoken responses. Choose the most appropriate response for each item.

**Part II** **Questions 11~20**

You will now hear ten short conversation fragments, each followed by four spoken responses. Choose the most appropriate response to complete each conversation.

➔ Answer Sheet P. 112
➔ 정답 P. 47

You will now hear ten complete conversations. For each conversation, you will be asked to answer a question. Before each conversation, you will hear a short description of the situation. After listening to the description and conversation once, you will hear a question and four options. Based on the given information, choose the option that best answers the question.

## Part IV   Questions 31~36

You will now hear six short talks. After each talk, you will be asked to answer a question. Each talk and its corresponding question will be read twice. Then you will hear four options which will be read only once. Based on the given information, choose the option that best answers the question.

**Part V**  **Questions 37~40**

You will now hear two longer talks. After each talk, you will be asked to answer two questions. Each talk and its corresponding questions will be read twice. However, the four options for each question will be read only once. Based on the given information, choose the option that best answers each question.

# Actual Test

## 3

# Listening
## Comprehension

**DIRECTIONS**

1. In the Listening Comprehension section, all content will be presented orally rather than in written form.

2. This section contains five parts. For each part, you will receive separate instructions. Listen to the instructions carefully, and choose the best answer from the options for each item.

MP3 바로 듣기
받아쓰기 테스트
모바일 단어장

**L**

**Part I** **Questions 1~10**

You will now hear ten individual spoken questions or statements, each followed by four spoken responses. Choose the most appropriate response for each item.

**Part II** **Questions 11~20**

You will now hear ten short conversation fragments, each followed by four spoken responses. Choose the most appropriate response to complete each conversation.

➔ Answer Sheet  P. 112
➔ 정답  P. 63

You will now hear ten complete conversations. For each conversation, you will be asked to answer a question. Before each conversation, you will hear a short description of the situation. After listening to the description and conversation once, you will hear a question and four options. Based on the given information, choose the option that best answers the question.

**Part IV** Questions 31~36

You will now hear six short talks. After each talk, you will be asked to answer a question. Each talk and its corresponding question will be read twice. Then you will hear four options which will be read only once. Based on the given information, choose the option that best answers the question.

You will now hear two longer talks. After each talk, you will be asked to answer two questions. Each talk and its corresponding questions will be read twice. However, the four options for each question will be read only once. Based on the given information, choose the option that best answers each question.

L

# Actual Test

4

# Listening
## Comprehension

MP3 바로 듣기
받아쓰기 테스트
모바일 단어장

TEPS

**L**

You will now hear ten individual spoken questions or statements, each followed by four spoken responses. Choose the most appropriate response for each item.

**Part II** **Questions 11~20**

You will now hear ten short conversation fragments, each followed by four spoken responses. Choose the most appropriate response to complete each conversation.

➔ Answer Sheet P.112
➔ 정답 P. 79

## Part III  Questions 21~30

You will now hear ten complete conversations. For each conversation, you will be asked to answer a question. Before each conversation, you will hear a short description of the situation. After listening to the description and conversation once, you will hear a question and four options. Based on the given information, choose the option that best answers the question.

**Part IV** Questions 31~36

You will now hear six short talks. After each talk, you will be asked to answer a question. Each talk and its corresponding question will be read twice. Then you will hear four options which will be read only once. Based on the given information, choose the option that best answers the question.

You will now hear two longer talks. After each talk, you will be asked to answer two questions. Each talk and its corresponding questions will be read twice. However, the four options for each question will be read only once. Based on the given information, choose the option that best answers each question.

L

# Actual Test

5

# Listening
## Comprehension

TEPS

MP3 바로 듣기
받아쓰기 테스트
모바일 단어장

**Part I** **Questions 1~10**

You will now hear ten individual spoken questions or statements, each followed by four spoken responses. Choose the most appropriate response for each item.

**Part II** **Questions 11~20**

You will now hear ten short conversation fragments, each followed by four spoken responses. Choose the most appropriate response to complete each conversation.

➲ Answer Sheet P. 112
➲ 정답 P. 95

**Part III** **Questions 21~30**

You will now hear ten complete conversations. For each conversation, you will be asked to answer a question. Before each conversation, you will hear a short description of the situation. After listening to the description and conversation once, you will hear a question and four options. Based on the given information, choose the option that best answers the question.

**Part IV** Questions 31~36

You will now hear six short talks. After each talk, you will be asked to answer a question. Each talk and its corresponding question will be read twice. Then you will hear four options which will be read only once. Based on the given information, choose the option that best answers the question.

**Part V**  **Questions 37~40**

You will now hear two longer talks. After each talk, you will be asked to answer two questions. Each talk and its corresponding questions will be read twice. However, the four options for each question will be read only once. Based on the given information, choose the option that best answers each question.

L

# III

# NEW TEPS
## 실전 모의고사

## Dictation Workbook

Actual Test **1**

Actual Test **2**

Actual Test **3**

Actual Test **4**

Actual Test **5**

MP3 바로 듣기
받아쓰기 테스트
모바일 단어장

# ACTUAL TEST 1

## Part I

1   M   Glad to see everyone again in the office.

    W

    (a) It's great to have you back.

    (b) You will be _____ me.

    (c) I hope to join you someday.

    (d) _____, don't be _____.

2   M   How do you like the food at your company's _____?

    W

    (a) Good for a home-cooked lunch.

    (b) Well, not bad _____.

    (c) It's worse than my company's _____.

    (d) Yes, my mother _____ for me.

3   W   Excuse me. Is there _____ around here?

    M

    (a) I advise you not to _____.

    (b) I'm a stranger here myself.

    (c) I never get around to it.

    (d) I have a _____ and a _____.

4   M   Maybe I should _____.

    W

    (a) I've had the same style for too long.

    (b) I said I like your hair long.

    (c) I think it looks good _____.

    (d) I'm sure it will eventually _____.

**5**  W  I heard that the CEO's son will _____ soon!

 M

   (a)  I'm sure it was a luxurious event.

   (b)  It has been _____ the Internet already.

   (c)  Yes, he has finally _____.

   (d)  The CEO _____ the proposal.

**6**  W  Thank you for giving me that concert ticket.

 M

   (a)  We're _____ at the moment.

   (b)  You can start whenever you are ready.

   (c)  Sorry, I'm not _____ on that day.

   (d)  I'm glad the ticket _____.

**7**  W  Shouldn't we promote Gabriella to _____?

 M

   (a)  Right. She wants an entry level position.

   (b)  Yes, it's about time she was promoted.

   (c)  She sure left the _____ to find a job.

   (d)  Let's do _____ of her product.

**8**  M  What seems to be the problem with my _____?

 W

   (a)  I think the motor has a _____ in it.

   (b)  I guess you should _____.

   (c)  They have no problem solving skills.

   (d)  It's really difficult to maintain order.

9    W  Do you _____ any baseball teams?

       M

      (a)  I'm not _____ sports.

      (b)  They _____ American culture.

      (c)  I can give you a _____.

      (d)  Thanks but I don't play baseball.


10    M  Could you clean the bathroom this evening?

       W

      (a)  I'll do that _____.

      (b)  Yeah, you can _____ first.

      (c)  I'll never forget your kindness.

      (d)  I would, but I have to work late hours.


# Part II

11    W  Why were you late this morning?

       M  I _____ my train.

       W  Again? What happened?

       M

      (a)  I forgot to _____.

      (b)  Stop _____.

      (c)  The train station is very close.

      (d)  Please have your ticket ready.

**12**    M   Did you _____, ma'am?

        W   I did. My _____ is Gupta, G-U-P-T-A.

        M   I see. By the way, is it an Indian name?

        W

       (a)   No, you don't have _____.

       (b)   Check the _____ book.

       (c)   It's quite easy to _____.

       (d)   No, my family is from Pakistan.


**13**    M   Do you know when this _____ ends?

        W   The last week of June. Do you have any plans?

        M   I have to take a summer course because I _____.

        W

       (a)   _____. So did I.

       (b)   At least you _____.

       (c)   Right, the economy is bad now.

       (d)   _____! You're so smart.


**14**    W   Do you have any brothers or sisters?

        M   Yes, one brother and two sisters.

        W   Are you _____?

        M

       (a)   Yes, I'm _____ a baby.

       (b)   Well, I should ask my parents.

       (c)   I was a baby twenty years ago.

       (d)   I'm actually the _____.

**15**

W    Is this your new _____?

M    Actually, it's my smart phone.

W    Wow, the display is as big as a _____!

M

(a)   Yes, I'll _____.

(b)   _____. It sure is.

(c)   Do you want it _____?

(d)   I'll call you back later.


**16**

W    How about going to the movies today?

M    I'm _____ and I had a bad day at work.

W    Alright. We can always _____ on Saturday.

M

(a)   Yes, it's the best place to sit.

(b)   I have _____ to work.

(c)   I like that better than going tonight.

(d)   But I _____ yesterday.


**17**

M    Nice to meet you, Ms. Kim. I'm Jim Smith.

W    Oh, you're Jim from _____, right?

M    Yes. _____. Do you need any help today?

W

(a)   No thanks, I'm already _____ the ship.

(b)   I'm really excited about my new job, too.

(c)   Yes, I'll finish it as soon as possible.

(d)   Thanks, but everything _____.

**18**

W  Are you trying to call your son again?

M  Yes, but he has not _____ my call yet.

W  Do you have _____?

M

(a) How about sending _____?

(b) That's what really _____ to me.

(c) Actually, today is his 20th birthday!

(d) Maybe he's studying in the library.

**19**

M  How long does it take to the airport _____?

W  About two hours, if the _____ is not bad.

M  How often does the bus _____?

W

(a) _____ you have time.

(b) _____.

(c) I'll _____ to you.

(d) You can _____ to the subway.

**20**

M  Monica, I'd like to go on a vacation in the first week of October.

W  Sorry, but could you _____ it until things _____?

M  Okay, if you really want me to.

W

(a) Yes, you could use some _____.

(b) Thanks. I hope you have a safe trip.

(c) I do. We are in an _____.

(d) _____ makes Jack a _____ boy.

# Part III

21    Listen to a conversation between two classmates.

M   Anna, you went to _____ today, didn't you?

W   Of course I did. Why?

M   Could you _____ me your notes, please?

W   You were _____ again?

M   Yeah. Sorry to bother you but I need them to write the report.

W   Okay. See you _____ at five thirty.

Q   **What is the man mainly trying to do?**

(a) Apologize for being _____

(b) _____ borrow the woman's notes

(c) Ask the woman to write a report for him

(d) _____ notes the woman _____ him


22    Listen to two colleagues discuss a new office layout.

W   I can't _____ work these days.

M   Is it about the new _____ office _____ ?

W   Yes, it's very _____ .

M   Yeah, it's hard to focus when you hear all the _____ .

W   People are working longer to do the same _____ work.

M   I should talk to the CEO.

Q   **What are the man and woman mainly discussing?**

(a) How to stay focused _____

(b) Why employees _____ an open plan _____

(c) How a new office layout _____

(d) How to _____ the CEO to change his plan


206

**23** Listen to a conversation between two coworkers.

W Are you _____ again tomorrow?

M Yes, I could use some rest.

W Wouldn't you rather save your vacation days for summer?

M No, I prefer _____ my _____.

W Are you sure you _____ regret it in summer?

M Yes. I don't like going on a long vacation.

Q **What are the man and woman mainly talking about?**

(a) The man's plan for the next summer vacation

(b) Whether the man _____ enough for vacation

(c) The man's _____ for several _____ vacations

(d) Where the man wants to go for his _____ tomorrow


**24** Listen to a conversation at an office.

M Hi, I have an interview here today.

W Did you apply for an engineer job?

M No, for a _____ position.

W Oh, hi, you _____ for another fifty minutes.

M Sorry. I _____ take an early train.

W It's okay. Please have a seat. I'll call the manager.

Q **Which is correct according to the conversation?**

(a) The manager is _____ at the moment.

(b) The man has arrived _____ than expected.

(c) The woman did not expect the man to come.

(d) The man hopes to work as an engineer.

**25**  Listen to a conversation between two friends.

W  Did you hear that Sylvia's house _____ last night?

M  Yes, and _____ her family was not there.

W  Thank _____ no one was hurt.

M  The _____ just got away with a few hundred _____.

W  I'm worried that the police may not have _____ who did it.

M  Right. There've been similar cases in the _____ recently.

Q  **Which is correct according to the conversation?**

(a)  The _____ fled the scene with nothing but a few boxes.

(b)  The _____ who broke in Sylvia's house is _____.

(c)  Recent break-ins in town _____ the same person.

(d)  Some of Sylvia's family members were at the scene of the break-in.


**26**  Listen to a conversation on a college campus.

M  Excuse me, I can't log into my _____.

W  The college website is now _____.

M  What? But I'm supposed to upload my _____ homework by today.

W  You know, the service _____ was announced last week.

M  Uh-oh, I was _____ all week due to volunteer work. What should I do?

W  Well, the service will _____.

Q  **Which is correct according to the conversation?**

(a)  The website _____ is taking longer than expected.

(b)  The man has asked his professor to move the _____.

(c)  The man was not _____ of the _____ service _____.

(d)  The man will be able to access the website in two hours.

208

27    Listen to a conversation between two friends.

W   I'm _____ my new job.

M   But you said you're _____ the work.

W   I am. But it's my _____. They're friendly but we hardly ever
    _____.

M   That's _____ with back office jobs.

W   Yeah... I miss my old job. It was all about teamwork.

M   Try spending time together _____ like we did when we worked
    together.

Q   **Which is correct about the woman according to the conversation?**

(a) She _____ the work she used to do.

(b) She is spending much time with the man after work.

(c) She is _____ by _____ interaction with coworkers.

(d) She expected more _____ working _____.


28    Listen to a conversation between a waitress and a customer.

M   Excuse me. Are these walnuts in my dessert?

W   Yes, sir. They're _____ walnuts.

M   But there's no mention of walnuts in the menu.

W   Well, not all the _____ are listed on the menu.

M   You know what? I'm _____ walnuts.

W   Oh, I'm terribly sorry, sir. I'll get you another one without them right away.

Q   **What can be inferred from the conversation?**

(a) The man's dessert was not made to order.

(b) The restaurant does not use _____ ingredients.

(c) The man _____ order a dessert without walnuts.

(d) The restaurant does not prepare a _____ dish for diners.

**29**  Listen to two friends discuss a recent protest by environmentalists.

M  The _____ in Stanley Square committed a serious _____.

W  Yeah, they left the park in an _____.

M  That's not how _____ are supposed to act.

W  Mountains and lakes aren't the only things that _____ their attention.

M  Right. Their _____ behavior is now _____ the headlines.

W  They lost the support of our local community.

Q  **What can be inferred about the protesters from the conversation?**

(a)  Their _____ the square was a _____ strategy.

(b)  The media focused on their environmental cause.

(c)  They _____ for cleaner mountains and lakes.

(d)  Their environmental message _____ their behavior.

**30**  Listen to two coworkers discuss a company policy change.

W  Did you hear the company will _____?

M  Yes. I think it's _____.

W  I agree. Now we'll have to work evening hours without getting paid.

M  And our base salary is not enough to _____.

W  Management said _____ working hours will _____ _____ reduced income.

M  The _____ should do something about this.

Q  **Why are the man and woman upset about the company's new policy?**

(a)  It will _____.

(b)  It will will decrease their _____.

(c)  It will abolish payment for working extra hours.

(d)  It will undermine _____.

# Part IV

31    Hello, Mr. Stevenson, I'm calling from the Crown Bank. We _____

your _____ for a new credit card, but I'm afraid that we need more

information about your _____ . Please call me back _____

_____ and provide me with more _____ about your job.

You can reach me at 301-554-0782 between 10 a.m. and 6 p.m., Monday

_____ Friday.

Q   **What is the purpose of the phone call?**

(a) To _____ of Mr. Stevenson about his personal data

(b) To provide _____ information about the bank

(c) To _____ a phone call to the bank in the morning

(d) To tell Mr. Stevenson the _____ of his credit card


32    As some of you already know, Washington D.C. was built with _____

_____ . It is located in the middle between North and South, providing

an image of balance. However, it was once mostly a _____ area with

most parts _____ with _____ . Actually, many _____

were against the plan to build the _____ of the US in such a _____

environment, and many people tried to stay out of the area. Yet, _____

_____ , it is now one of the most important cities in the world.

Q   **What is mainly being discussed?**

(a) Why people tried to _____ Washington D.C.

(b) The difficulty of _____ Washington D.C.

(c) The area where Washington D.C. is _____

(d) How Washington D.C. became a powerful city

**33**   Ladies and gentlemen, our flight to Canberra will be _____ in twenty

minutes, and we will begin the boarding process. We ask that passengers with

children and those who are _____ to board the plane first.

After that, passengers with tickets _____ A to D will board next.

Due to a technical problem with the _____, we kindly ask business

and first-class passengers to wait until everyone has boarded the plane. Thank you.

**Q  Who should board the flight last?**

(a)  Passengers with family members

(b)  Passengers who _____

(c)  Passengers with _____ tickets

(d)  Passengers who are _____


**34**   Some people believe that taking a cold shower will help them _____

when they are drunk. This is just one of many _____

people use without asking any questions. Let's look at another example. Some

people drink _____ when they have an upset stomach,

but there's no evidence of it actually helping people. Although most of these

_____ lack logical basis, many people still practice them

nonetheless.

**Q  Which is correct according to the talk?**

(a)  People should take warm showers to _____.

(b)  Most _____ are dangerous to people's health.

(c)  _____ do not help ease an upset stomach.

(d)  Water is better than _____ to _____.

**35**

Today's lecture is about John D. Rockefeller, an American _____ and probably the richest man to ever walk on Earth, who _____ selling oil. Many people know him by his _____ and support for education by establishing schools such as the Chicago University. However, what most people fail to see is that he was one of the most _____ businessmen to dominate the oil industry. Rockefeller crushed his competitors with _____ and took _____ to keep his workforce under control.

**Q   Which is correct according to the lecture?**

(a)  Rockefeller was a cruel businessman despite his _____ .

(b)  Chicago University _____ educate Rockefeller's employees.

(c)  Rockefeller had less interest in supporting education than making money.

(d)  Competition in the oil industry was _____ because there were too many companies.

**36**

In 1939, a famous baseball player Lou Gehrig was _____ with a disease called amyotrophic lateral sclerosis, or simply ALS. It's _____ that prevents the _____ between the brain and the _____ . Two years later, Lou Gehrig died of the disease, and now the disease is also called Lou Gehrig's disease. Most people die within five years of getting the disease, but some people _____ longer. The best example of a long-term ALS is the _____ astrophysicist, Dr. Hawking.

**Q   What can be inferred about Dr. Hawking?**

(a)  He is the only _____ of long-term ALS.

(b)  He only has a few years left before he _____ .

(c)  He _____ ALS from Lou Gehrig.

(d)  He has had ALS for more than five years.

# Part V

**37~38** Everyone, we are nearing the last part of our _____. Our bus will soon

stop _____ the West Façade of the Saint Walter Church. Upon looking

at the Façade, some of you may think it's _____ what you expected or

what you saw on the Internet. _____ the most iconic Façade of the

church is the East Façade on the opposite side. _____ the four façades, the

East Façade was the first one to be completed as the symbol of the whole church.

I will give you plenty of time to _____ of all of the facades except the

North Façade, which is currently closed because of _____. But we will

later enter the building from the South Façade, which has recently been _____

after lengthy repairs.

**Q37　What is the main topic of the talk?**

(a) The _____ of Saint Walter Church

(b) The _____ inside the church building

(c) The _____ for a tour of the church

(d) The _____ of taking photos at church

**Q38　Which attraction is currently off limits to visitors?**

(a) The _____ Façade

(b) The _____ Façade

(c) The _____ Façade

(d) The _____ Façade

**39~40**  Class, let me clarify the difference between _____ interpretation and

_____ interpretation. During _____ interpretation, the speaker

and the interpreter _____. The speaker has to pause after several sentences

to allow the interpreter to translate. _____ interpretation is commonly used

in interviews, small _____ meetings, or summit meetings. In _____

interpretation, _____, the interpreter translates at the same time as

the speaker is talking. The interpreter sits in a sound-proof booth and speaks into

a microphone _____ listening to the speaker via a headset. Then, members

of the audience listen to the interpretation through earphones. _____

interpretation is ideal for conferences, lectures, or presentations that _____ a

lot of information. Most importantly, _____ interpreting always requires

at least two interpreters. The reason is that a _____ interpreter can only

focus for fifteen to twenty minutes at a time before having to _____ as the

level of concentration required is insanely high. _____, you must hire a pair of

interpreters, who will alternate every _____ minutes or so.

**Q39   Which is correct about simultaneous interpretation according to the lecture?**

(a)  It is hardly ever used for _____ meetings.

(b)  Interpreters should _____ to translate.

(c)  The speaker should pause after a few sentences.

(d)  _____ can work for only twenty minutes a day.

**Q40   What can be inferred from the lecture?**

(a)  A _____ interpreter is paid more than a _____ interpreter.

(b)  _____ interpreters tend to choose to work by themselves.

(c)  Certain equipment is needed to use _____ interpretation.

(d)  _____ interpreters are mostly good at delivering a lecture.

## Part I

1   M   You remembered our _____!

    W

    (a) How can I forget?

    (b) _____. I'm fine.

    (c) Perhaps some other time.

    (d) Today is okay with me.


2   W   Make sure to take an umbrella _____.

    M

    (a) Right, I should address _____.

    (b) But I couldn't find it in the case.

    (c) It's _____ for many types of raincoats.

    (d) Thanks for _____ me. I almost forgot.


3   W   What should I do to _____?

    M

    (a) Turn on the speaker first.

    (b) Enter your student number.

    (c) It comes _____.

    (d) You can _____ it online.


4   M   Excuse me, is there a _____ nearby?

    W

    (a) They sell pens, pencils, and notes.

    (b) You can ride a _____ there.

(c) It's one block away from here.

(d) Stay here and it will _____.

5    W   Who do you think should _____?

     M

     (a) I'll _____ with my old friend.

     (b) It was already _____ last week.

     (c) But he didn't cause the problem.

     (d) Whoever is _____, I think.

6    W   You sure know where you can get the _____!

     M

     (a) Yup, I always look for good _____.

     (b) Right, I learned how to _____.

     (c) To know is one thing, to teach is another.

     (d) Yes, it'll be _____ indeed.

7    M   I think Jenny is coming down _____.

     W

     (a) Her hair comes down to her shoulders.

     (b) She will _____ a good idea.

     (c) Maybe she _____ in the office.

     (d) I don't think she _____.

8    W   Have you _____ your _____ topic?

     M

     (a) I _____ with a newspaper.

     (b) No, I submitted mine yesterday.

     (c) It was _____.

     (d) I'm _____ between two subjects.

9    M  Could you look through this _____ , please?

     W

     (a) I'm _____ with other work.

     (b) Sorry, but we're _____ .

     (c) Only after I _____ go through it.

     (d) I would but I have nothing to do now.


10   W  Do you mind if I _____ you to the _____ ?

     M

     (a) As long as you are ready by noon.

     (b) Then bring me along with you.

     (c) I'd love to _____ .

     (d) It is _____ .


# Part II

11   W  These roses look so pretty.

     M  Yes, roses are my favorite flowers.

     W  How much were these?

     M

     (a) Twenty percent _____

     (b) Very much like sunflowers

     (c) I don't know. They were a _____ .

     (d) I went to the flower shop alone.

**12**    M   Hey, looks like _____.

W   I'm glad you _____.

M   Are you on a diet or something?

W

(a)   I _____ these days.

(b)   Yes, I'm _____ today.

(c)   Thank you for your advice.

(d)   I wish I were _____.


**13**    M   Nicole, are you leaving now?

W   Uh-huh. Do you want me to drive you home?

M   Yes, please, _____.

W

(a)   Never mind. I'm leaving anyway.

(b)   Thanks. I really _____.

(c)   Okay, let's get going.

(d)   Right. See you tomorrow then.


**14**    W   Oh my God! Garry, are you okay?

M   Ouch. I think I _____.

W   You should _____.

M

(a)   But I cannot _____.

(b)   You are going to be alright.

(c)   _____ every day.

(d)   Please accept my _____.

**15**

W    Are you really _____ a bike ride?

M    Yes, it's to _____ for our _____ partner.

W    Great. But be careful not to get hurt.

M

(a)   Okay, I'll make sure to tell him about it.

(b)   It's to help _____.

(c)   Thanks. I'm training twice a week.

(d)   Yes, I _____ doing so.


**16**

W    Have you decided on your honeymoon _____?

M    No. Mari wants to _____ but I'm not sure.

W    What? Isn't _____ usually for older people?

M

(a)   Her older sister _____, too.

(b)   Right. I'll invite only a few friends.

(c)   Not only that, _____.

(d)   Yes, and it's _____.


**17**

M    Gosh! How could I get a D in _____?

W    _____, but I kind of _____.

M    What? What are you trying to say?

W

(a)   You deserve a _____.

(b)   You often _____.

(c)   I know you worked hard.

(d)   Your grade is higher than mine.

**18**  W  Are you still looking for _____?

M  Yes, but I haven't found one yet.

W  Have you tried the student _____ service center?

M

(a)  I will, as soon as I find a housemate.

(b)  But I'm searching for _____.

(c)  I have, but I prefer _____.

(d)  I didn't even know there was one.


**19**  M  Hi. I'd like to buy some cold medicine, please.

W  Can you tell me what _____ you are _____?

M  Um, can I just have some _____?

W

(a)  Serious _____ are not common.

(b)  It's better to cure _____.

(c)  Do not trust _____ too much.

(d)  It's okay. There is a flu going around.


**20**  W  Why don't you try on this sports jacket, sir?

M  Well, isn't the color _____?

W  But I think it goes well with your _____.

M

(a)  I agree. It will _____.

(b)  I'll show you something in a different color.

(c)  I'd prefer something _____.

(d)  It is probably too early to tell.

# Part III

21    Listen to a conversation between a waitress and a customer.

M   Excuse me, waitress.

W   Yes, sir.

M   My _____ is eating but my order hasn't come yet.

W   You ordered a special dish that usually _____ to cook.

M   I know what you mean but it's been twenty minutes already.

W   I'm sorry, sir. I'll go and check the kitchen _____.

Q   What is the man mainly doing in the conversation?

(a)  Asking to _____

(b)  _____ at a restaurant

(c)  Making a complaint about late service

(d)  Ordering a special dish for himself

22    Listen to a conversation between two college teachers.

M   Hey, the number of students in your class has _____ this summer.

W   Yes, more students than ever _____ summer courses.

M   How about teaching more classes?

W   I can't. I'm already teaching six hours every day.

M   Then the college should hire more teachers.

W   They're trying to, but _____ teachers are _____ _____ in summer.

Q   What are the man and woman mainly discussing?

(a)  Why the college has let in more students _____

(b)  Why it is hard to employ teachers _____

(c)  Why summer courses are popular among students

(d)  Why the woman has to teach big classes this summer

**23** Listen to two friends discuss the Governor's recent political move.

**W** The Governor now _____ the Labor Party's health care bill.

**M** Didn't she introduce a similar bill when she was _____?

**W** Yes. It's one of those _____ for the next election.

**M** She shouldn't change her political line just to _____.

**W** Right. She should continue to _____ of liberal values.

**M** Tell me about it.

**Q** **What are the man and woman mainly doing in the conversation?**

(a) _____ the Governor for introducing a health care bill

(b) _____ the Labor Party for changing their policy _____

(c) _____ the Governor's political _____

(d) Discussing the Governor's chance of winning the next election

**24** Listen to two friends discuss their evening plans.

**M** Did you _____ for our dinner?

**W** Yes, last evening. I'll see you there at five thirty.

**M** I'm terribly sorry but I have _____ until six thirty.

**W** Okay, then I'll call the restaurant to change it to seven thirty.

**M** Great. Are you okay with eating late?

**W** That's what I normally do.

**Q** **Which is correct according to the conversation?**

(a) The man _____ when he can meet the woman.

(b) The woman has a habit of _____.

(c) The woman _____ made a seven thirty _____.

(d) The man has _____ starting at five thirty.

**25**   Listen to a conversation between a couple.

W   Lyn had a baby last Thursday.

M   Really? I had no idea she _____.

W   Oh, I forgot to tell you. She actually told me just last month.

M   What's the baby's name?

W   Arnold. It was Lyn's _____ name.

M   I like it. Why don't we call them now and _____ them?

Q   **Which is correct according to the conversation?**

(a)   Lyn _____ a baby last month.

(b)   The man was not informed of Lyn's _____.

(c)   Lyn's _____ named the baby.

(d)   The woman has told the man about the _____ before.


**26**   Listen to a conversation between two friends.

M   You look sad. What happened?

W   My grandmother _____ yesterday.

M   Oh, I'm sorry. Was she ill?

W   Yes, she had been in the hospital for two years.

M   It must be really hard for you.

W   But I also have very _____ her. We always spent Christmas together.

Q   **Which is correct about the woman according to the conversation?**

(a)   She _____ yesterday in the hospital.

(b)   Her grandmother _____.

(c)   She met her grandmother at least once a year.

(d)   Her grandmother was healthy _____.

**27**    Listen to a conversation between a car mechanic and a customer.

W   Hello, I'm calling from Glendale Body Shop about your _____.

M   Hi, have you finished _____? I was told to pick up my _____ today.

W   Sorry but we need two more days.

M   Why? Is the damage that bad?

W   No, we just ran out of this particular part.

M   Well, it's okay. My _____ car rental.

Q   **Which is correct about the man according to the conversation?**

(a) The garage will be done _____ tomorrow.

(b) His _____ the cost of having his car fixed.

(c) Repairing his _____ requires _____.

(d) He was not notified of _____ for the repair.

**28**    Listen to a conversation between two friends.

M   Nora, you look great these days.

W   Yup, my _____ is gone now.

M   Are you on _____ or something?

W   Yes, I'm taking a new medicine released just two weeks ago.

M   Is it an _____?

W   Mine is not, but a lower _____ version is.

Q   **Which is correct about the woman according to the conversation?**

(a) She used to suffer from _____ condition.

(b) She had to have her _____ filled to get her drug.

(c) The drug she is taking has been around _____.

(d) She is _____ version of a new medicine.

**29**    Listen to a conversation between two friends.

W   Thank you for _____.

M   No sweat. Home repair is _____.

W   The list of things to fix never goes away.

M   A lot of work comes with _____.

W   It's hard to _____ not having _____ to call.

M   I understand.

Q   **What can be inferred about the woman from the conversation?**

(a)  She is not interested in home _____.

(b)  This is her first time to own a house.

(c)  Her _____ refused to _____.

(d)  She wants to sell her house to the man.


**30**    Listen to a conversation between a husband and wife.

M   I just saw an ad for free puppies.

W   Shh, Frank should not know about this.

M   Why not? He can learn _____ by caring for a pet.

W   I'm not so sure about that.

M   Come on. It could be a good birthday present for him.

W   Why don't we wait _____?

Q   **What can be inferred from the conversation?**

(a)  The man feels that their son is not _____.

(b)  The man is not sure whether their son likes a dog.

(c)  The woman doubts their son can look after a dog.

(d)  The woman thinks that raising a dog can cost a lot.

# Part IV

31    Good morning, I'm calling from Dr. Unger's office to _____ you that you

_____ on the 19th of February at 4 p.m. This is the second

time calling, but we haven't received any _____ back from you,

so we are wondering if you are still coming on that day. Please call us back

_____. Thank you and have a great day.

Q   **What is the speaker mainly doing?**

(a)  _____ a doctor's appointment

(b)  Making an appointment for a second visit

(c)  _____ a doctor's appointment

(d)  Giving _____ after the visit


32    All forms of cancer are serious and difficult to treat. But one of the _____

cancers is _____ cancer. The pancreas is an organ located slightly below

the stomach, and it is responsible for the production of _____, including

insulin. Pancreatic cancer has a very _____ because it is extremely

difficult to diagnose it until it is in its _____. People usually do not

_____ any problems as symptoms are not _____.

Q   **What is the main topic of the talk?**

(a)  The _____ of pancreas

(b)  How pancreatic cancer can be treated

(c)  Efforts to treat _____

(d)  The difficulty of detecting pancreatic cancer

**33**   More and more people are looking for _____ animals for pets. And

one of the most popular animals is the fox. They are small, cute and easy to take

care of. Raising _____ is similar to raising a cat. You can even feed

them cat food sold in any nearby supermarket or a pet shop. Also, you don't have to

wash them every day, because foxes tend to keep themselves clean like cats.

Q   **Which is correct about owning a fox according to the talk?**

(a)  It is easy to _____ them for a cat.

(b)  It is only _____ larger than a cat.

(c)  It doesn't require daily cleaning.

(d)  It can eat any kind of pet food.

**34**   Some people think that the Internet offers _____ information that can

help children develop and grow. There are some that think _____.

_____ of using the Internet as an educational tool for children are

arguing that it gives children access to information that may have the potential to

harm them, especially when children are in their _____.

They argue that parents need to _____ what their children

are accessing on the Internet.

Q   **Which is correct about the Internet according to the talk?**

(a)  Its _____ for children are _____.

(b)  It is a bad influence on _____.

(c)  Its information is difficult for children to access.

(d)  It helps parents know more about their children.

**35**   An _____ watchdog agency issued a statement last Monday

_____ that the North and the South Poles are releasing a

_____ amount of greenhouse gases _____.

Traditionally, these poles were _____ of greenhouse gases, but as the ice

melts, the _____ carbon dioxide and methane are released. According to

some scientists, the amount of greenhouse gases _____ inside the ice is

capable of increasing the Earth's temperature by several degrees.

Q   Which is correct according to the news report?

(a)  The North and South Poles are the leading cause of global warming.

(b)  The melting of _____ will increase _____ global warming.

(c)  More greenhouse gases _____ the North Pole.

(d)  Human health is sensitive to the amount of polar ice.

**36**   Robert Frost is known for his modern poems, including *The Road Not Taken*. In

his short poem, he _____ our perception of life through the choices

we make. The character in the poem comes across a fork in the road, where he

must decide between a _____ new road and a well-traveled old road.

The new road _____ uncertainty in life, and Frost's character chooses

this road, which _____ the meaning that life is full of _____,

opportunities, and adventures.

Q   What can be inferred from the lecture?

(a)  Robert Frost knows much about _____.

(b)  Robert Frost thinks people should avoid clear roads.

(c)  Robert Frost thinks that _____ is a part of life.

(d)  *The Road Not Taken* is the shortest poem by Robert Frost.

# Part V

**37~38**  It is with mixed feelings that I announce that Mike Oliver, Director of Mobile

Communication _____ the company at the end of November to

pursue a new opportunity. Mike has made great _____ to our business.

He led the development of mid-range smartphones to _____ to

emerging markets. His team also developed tablet PCs that can replace laptops.

Mike also helped _____ our high-end smartphones _____

_____ with software firms. Please join me in wishing him all the best in his

new _____. His position will _____ by Wendy Kim. As Director

of Innovation, Wendy drove the launch of the world's first virtual reality game

console, attracting huge media attention. Her team also developed _____

_____ peripherals like wireless earphones and foldable keyboards. Her recent

project successfully optimized the software for our artificial intelligence speaker.

In her new role, Wendy is expected to bring her _____ touch to our main

business of _____.

**Q37   Which is one of Mike Oliver's achievements?**

(a) _____ of affordable phones

(b) _____ of high-end software

(c) _____ wide press coverage

(d) _____ export of peripherals

**Q38   What kind of business area will Wendy Kim take charge of?**

(a) Small but _____ equipment

(b) _____ communication devices

(c) Tablet PCs for _____ markets

(d) Next generation laptop computers

**39~40** We often use the term 'the Chinese stock market' but mainland China actually has

two _____ stock markets. The oldest one is the Shanghai Stock Exchange or

SSE. The SSE _____ mainly of big corporations, many of which _____

_____ the Chinese government. Infrastructure, real estate, and _____

are the main industries of the Shanghai market. The SSE is the world's _____

largest and Asia's _____ largest stock market. _____ stock market of

China is the Shenzhen Stock Exchange, or SZSE. Many of the companies _____

_____ the SZSE are small and medium-sized enterprises in the industries such as

information technology, healthcare, and media. The SZSE is the _____ largest

stock exchange in the world, and the _____ largest in Asia. As the Shenzhen

market lists more technology-oriented firms, it is often _____ the

NASDAQ, which is America's _____ biggest stock market.

**Q39   Which is likely to be listed on the Shenzhen Stock Exchange?**

(a)  A large state-owned company

(b)  A _____ company

(c)  A _____ development company

(d)  An American _____ company

**Q40   What can be inferred from the talk?**

(a)  The NASDAQ is the world's _____ biggest stock market.

(b)  Technology companies are _____ the government control.

(c)  The Shanghai market is _____ the Shenzhen market.

(d)  The Shenzhen market lists more tech firms than the NASDAQ.

# Part I

1    W   Have you seen Peter's new tie?

    M

    (a)  He _____ the house.

    (b)  I found it very _____ .

    (c)  Do you really buy that?

    (d)  It _____ .


2    M   You _____ how to play tennis.

    W

    (a)  Thanks but that's _____ .

    (b)  We're not a match _____ .

    (c)  You can _____ about tennis.

    (d)  I've played _____ since high school.


3    M   I appreciate your advice on my _____ job interview.

    W

    (a)  I just hope the interview _____ .

    (b)  It is my pleasure to help you.

    (c)  I have _____ .

    (d)  It is not just that _____ .

**4**    W   Has Clare finished her _____?

        M

        (a) As far as I know, she isn't.

        (b) That's where she's _____.

        (c) No, _____.

        (d) She's never been there before.


**5**    M   I'm _____ you making _____ all the time.

        W

        (a) I'm not going to _____ you again.

        (b) But I was late for a good reason today.

        (c) Sorry, I promise I'll _____.

        (d) That's _____ not doing my part.


**6**    W   Maybe we should go to the movies with mom sometime.

        M

        (a) Yes, she did already.

        (b) No one has told me yet.

        (c) I _____.

        (d) It _____ now.


**7**    M   The _____ just said there will be _____ next
            Friday.

        W

        (a) And I forgot to wear _____ today.

        (b) Perfect. We'll see mostly sunny skies.

        (c) Well, there goes our camping trip.

        (d) Okay, _____.

**8**   W   Is it possible to _____ library books online?

   M

   (a)  You can do that on the homepage.

   (b)  A novel like this is _____ .

   (c)  Sure. You can _____ them to the library.

   (d)  It is closed on _____ .


**9**   W   I can _____ at school tomorrow morning.

   M

   (a)  Thanks, but I don't want to bother you.

   (b)  I'm not going to _____ school.

   (c)  But you can still take the subway.

   (d)  Let's _____ when we come to it.


**10**   W   How is the online advertising plan going?

   M

   (a)  It is unlikely to _____ .

   (b)  I _____ the manager.

   (c)  It is _____ from the office.

   (d)  I already _____ them _____ online.


# Part II

**11**   W   Hi. Did you _____ ?

   M   No, but do you have any tables _____ ?

   W   We only have one table right by the _____ .

   M

   (a)  That is _____ .

(b) It's hard to enter anyway.

(c) Sorry, this _____.

(d) Well, anything will do.

12   M   Are you available _____ tomorrow?

W   Yes, I'm not busy these days.

M   How about four o'clock?

W

(a) That'll _____ for me.

(b) I _____ drink coffee.

(c) It would be better at four.

(d) Green tea sounds better.

13   W   What are you going to do tomorrow?

M   I'm going to study for _____.

W   Hey, it's the _____. Let's have some fun.

M

(a) Oh, come on! _____!

(b) I don't have a _____.

(c) I want to _____ all the exams.

(d) All work and no play.

14   M   Are you still looking for the _____?

W   Actually, I've found it in the _____ section.

M   Where do you want to read it?

W

(a) I think this _____ is a real _____.

(b) Here. _____ cannot be checked out.

(c) Perhaps I should read it some other time.

(d) Yes, but it's not allowed out of the library.

15 M Is the new sales guy doing well?

  W You mean Jeremy? He _____ the Best Sales Rep of the

    _____!

  M Wow, you sure _____.

  W

  (a) Right, you're the one who _____ him.

  (b) Yep, I saw his _____ during the job interview.

  (c) You know what they say-_____.

  (d) Thank you. I appreciate your _____.


16 W I'll probably _____ this test.

  M _____! I know you're very smart.

  W Seriously, _____ math is twice as hard as high school math.

  M

  (a) Right, it's not going to _____.

  (b) Hey, that's an _____.

  (c) You can enter _____ then.

  (d) No, it's just over your head.


17 W I _____ to Yale University!

  M _____! I'm so proud of you.

  W Thank you. I've studied really hard for the last three years.

  M

  (a) You're right. No one saw it coming.

  (b) See? Hard work always _____.

  (c) You can _____ the test if you want to.

  (d) I wish your teacher _____.

**18**   M   I read _____ in this week's magazine.

     W   Thank you. Actually, it took me forever to write it.

     M   Hmm. So are you going to do it again?

     W

     (a)   You can take either one.

     (b)   Yes, but only in this _____.

     (c)   No, it's just too _____.

     (d)   Yes, it's not _____.

**19**   W   Hi, I'd like to _____. My name is Mary Farlow.

     M   Good afternoon, Ms. Farlow. You _____ for five nights, right?

     W   Um, right but can I have a double room instead?

     M

     (a)   OK, your room number, please?

     (b)   You can do that when you check out.

     (c)   No problem. We are not _____ now.

     (d)   Don't worry. I already _____.

**20**   W   Could you _____ my _____, please?

     M   No problem. Let me get my red pen.

     W   Don't you find it easier _____?

     M

     (a)   No, a digital version is more _____.

     (b)   Yes, but I'm very _____.

     (c)   _____ is easier on the eyes.

     (d)   You can do it on paper if you want to.

# Part III

21    Listen to a conversation between two friends.

M    Gloria, I didn't know you're a fan of rock music.

W    I am. I always listen to it. I even play the guitar.

M    Really? Who is your _____ band?

W    Coldplay. I like modern rock.

M    I prefer old rock music from the eighties and nineties.

W    I also listen to old school rock songs sometimes.

Q    **What are the man and the woman mainly doing in the conversation?**

(a)  Learning how to play the guitar

(b)  Talking about their _____ in music

(c)  Selecting a rock album for their _____

(d)  Remembering their good old days


22    Listen to a conversation between two classmates.

W    Do you think the _____ of this course is _____?

M    Yeah, I guess so. Why?

W    I think the professor is placing too much importance on group presentation

     _____.

M    But it's the same for other business courses.

W    It's not fair because there are too many _____.

M    Well, it's what happens in the real business world, too.

Q    **What are the man and the woman mainly discussing?**

(a)  Importance of real business experience

(b)  How students _____ class

(c)  Difficulty in getting good grades

(d)  How to _____ teamwork in class

23 Listen to a conversation between two coworkers.

M Do you know Rick had his _____ red?

W Yes, he sent his new photo to my cell phone. It's _____!

M I think he's gone too far. He is _____.

W Oh, well. I thought it's kind of cool.

M Cool? No. He meets our customers every day.

W We also have a lot of young customers. They will like his new hairstyle.

Q **What are the man and woman mainly discussing?**

(a) The company's _____ for salesmen

(b) Why salesmen should look _____

(c) Their _____ on Rick's new _____

(d) How Rick _____ younger clients

24 Listen to a conversation between a waitress and a customer.

W Would you like to sample our new _____ yogurt with fruit flavor?

M What kind of fruits does it _____?

W Blueberry, kiwi, and orange.

M I'm _____ to kiwi. No thanks.

W Why don't you try other flavors then?

M If you insist, I'd like to taste chocolate yogurt.

Q **Which is correct according to the conversation?**

(a) The man is _____ to yogurt.

(b) The new _____ contains chocolate.

(c) The samples are _____ today.

(d) The man cannot eat _____.

**25**    Listen to a conversation between two friends.

W  What are you going to do after _____?

M  I'm going to spend some time with my parents back in my hometown.

W  And you will do _____ after coming back?

M  Yes. But I'll _____ first.

W  What are your plans for the six month break?

M  _____ high schoolers in math.

Q  **Which is correct about the man according to the conversation?**

(a)  He _____ mathematics.

(b)  He has graduated from college.

(c)  He plans to make a trip after graduation.

(d)  He will _____ in teaching.


**26**    Listen to a conversation between two students.

M  Hey, you have _____. What's up?

W  I _____ the midnight oil writing a _____ report.

M  What? The deadline was delayed to next week.

W  No way! I didn't know that.

M  The _____ told us in class last Wednesday.

W  Oh, gosh. I was absent that day because I had a _____.

Q  **Which is correct about the woman according to the conversation?**

(a)  The man forgot to tell her about the _____.

(b)  She wrote a report last night which is due next week.

(c)  Her professor allowed her to _____ her report late.

(d)  She was absent from her _____ for two weeks.

**27**    Listen to a conversation at an office.

W    Hey, do you happen to know Terry, the _____ translator?

M    Yeah, he's the one who translated my financial report.

W    Really? Is he good? Do you think he deserves a _____ position?

M    Definitely. Terry is one of the best I've ever worked with.

W    Great. I was planning on hiring him as a _____.

M    Sounds good. I'm sure you will not regret your decision.

Q    **Which is correct about Terry according to the conversation?**

(a)    The woman would like to lay him off soon.

(b)    The man thinks _____ of his performance.

(c)    He's been working on a permanent basis.

(d)    The man has not _____ his work yet.


**28**    Listen to a conversation between two friends.

M    Yes, I won again!

W    Oh, no. You're a chess _____.

M    Well, I first learned chess when I was eight, and I've played
_____ for twelve years.

W    I know. But I've also been playing chess for five years.

M    Your skills _____ a lot better than five years ago.

W    Thanks. But maybe I should give up on entering the _____.

M    Hey, cheer up. You'll be way better than most _____.

Q    **Which is correct according to the conversation?**

(a)    The woman is happy about her _____.

(b)    The woman has never won at chess for five years.

(c)    The man first learned how to play chess _____ twelve.

(d)    The man _____ the woman on her _____.

29    Listen to two friends talk about their mutual friend.

M   I wonder what Jordan is up to lately. I haven't seen him _____.

W   I have. He's searching for a job.

M   So he's already _____ law school.

W   Yes, but law firms aren't hiring.

M   I hope he'll find a job before summer.

W   He said it's unlikely but he hopes to join a law firm within this year.

Q   What can be inferred from the conversation?

(a)  The man is now working for a law firm.

(b)  The woman sees Jordan more often than the man does.

(c)  Jordan will get a job _____.

(d)  The woman is helping Jordan find _____.


30    Listen to a conversation between two old classmates.

W   Danny? Hey, do you remember me? I'm Jessica.

M   Oh, Jessica! We took an _____ science class in Tenafly High School.

W   Right. It was already ten years ago.

M   _____. By the way, are you wearing _____ now?

W   No. I had _____ to correct my vision.

M   Really? I'm also thinking about _____, actually.

Q   What can be inferred from the conversation?

(a)  The man wants to become an eye doctor.

(b)  The man and the woman _____ science.

(c)  The woman used to wear glasses in high school.

(d)  The man's _____ has improved a lot.

# Part IV

31     Today's _____ is Dr. John Medina. He is the author of numerous _____ best-selling books about brains. Just like everyone here, Dr. Medina began as a young student who _____ the working of the brain. But now, his _____ has led him to dig deeper and consolidate different fields of brain science and publish a very powerful book, *Brain Rules*. As a professor and a writer, he will give you a _____ overview of the brain. Please welcome Dr. John Medina.

Q   **What is the main purpose of the announcement?**

(a)  To inform the _____ of how a human brain works

(b)  To give background information about the _____

(c)  To encourage the _____ to purchase the speaker's book

(d)  To explain how difficult it was to have him speak for the event

32     Every day people die of _____ and starvation in third-world countries. What's more shocking is that most of these deaths are of children _____ _____ two. And it is possible to prevent these deaths by simply providing more food for them. I am sure that if the government deals with the problem head on and _____ the necessary _____ for children, the problem will be solved.

Q   **What is the main topic of the talk?**

(a)  The possibility of eliminating famine in poor countries

(b)  The _____ of governments in third-world countries

(c)  The death of people by _____ and _____ diseases

(d)  The _____ medical funds for people in need

**33**   I am greatly _____ stand in front of you today to introduce the employee of the year. John Gomez has been with us since 1998, and since then he has been a great addition to our company. He is particularly _____ his exceptional drive for excellence in whatever he does. Last year, he has led his team to develop our best-selling G4 computer. Please welcome John Gomez.

Q   Which is correct about John Gomez according to the talk?

(a)  He is _____ an employee.

(b)  He is giving an award.

(c)  He is the best worker this year.

(d)  He is the _____ of the company.

**34**   Hello. You have reached the Solomon Hospital. Please choose from the following options. If this is a medical _____, please press 1. If you wish to make an appointment or change or _____ an appointment, please press 2. If this is about _____, please press 3. If you want to talk to an _____, please press 0 or stay on the line.

Q   Which is correct according to the recording?

(a)  People can talk to the doctors by pressing 0.

(b)  People with emergencies need to _____ and dial again.

(c)  People who want to check their appointments should press 2.

(d)  People can make appointments by speaking to _____.

**35**    Aphra Behn is the first _____ female writer. Some of her famous

books include *Oroonoko*, *The Rover*, and *The Lucky Chance*. Now, what's interesting

about her writing is that she has strong female characters in her stories. These

characters were not only _____ and _____ but also rebellious,

standing up to men who _____ women. This is similar to what she was

trying to do in real life. She struggled to make herself known in a _____

society.

Q   Which is correct about Aphra Behn according to the talk?

(a)  She is known for her _____ way of describing her characters.

(b)  Her most famous book is *The Lucky Chance*.

(c)  Most of her books were bought by women similar to her.

(d)  She resembles most of her characters in her novels.


**36**    When a disease passes from animals to humans, it is called zoonosis. For most

diseases, especially viruses, it is uncommon to move from their _____ animals,

which aren't _____ the diseases, to humans. However, in some

instances, when humans come into contact with the infected animals, they make the

jump and infect humans. In 1994, in Australia, a type of virus from bats started to

infect horses and then humans. It was later given the name Hendra virus, and it is a

_____ case of zoonosis.

Q   What can be inferred about the Hendra virus?

(a)  It _____ more horses than humans.

(b)  It mutated when making a _____ to humans.

(c)  It does not make the bats sick.

(d)  It rarely moves to other animals.

# Part V

**37~38**  You may assume _____ companies always have an edge over local

companies, but it's not _____. Big global companies also have their

own _____. One example is their tendency to deploy a uniform

marketing strategy _____ different markets. Do you remember

the failure of Nougatia in Asia? For those who don't know, Nougatia is a premium

candy bar that _____ dark chocolate and organically grown nuts. After its

huge success in the U.S., the headquarters in New York told branch offices in Asia

to prepare _____ of the product with advertising _____

the health benefits of dark chocolate and organic nuts. Many of the branch offices

strongly opposed the plan but were forced to launch the product anyway. And _____

_____. It actually failed for _____ in different markets.

In China, its price was prohibitive. _____, in Korea, health-conscious

consumers simply don't eat any candy bar whatsoever. And Japanese people

_____ candy bars covered with milky and creamy chocolate.

**Q37   What is the talk mainly about?**

(a)  Some of the _____ of global and local companies

(b)  Different consumer needs in different markets

(c)  One of the _____ of international corporations

(d)  _____ of American companies in the Asian market

**Q38   Why did Nougatia fail in the Chinese market?**

(a)  Its consumption was prohibited in China.

(b)  It was _____ for most consumers.

(c)  Its health benefits were irrelevant to people.

(d)  The branch office _____ the pricing policy.

**39~40** Most parents dress their boys in blue and get them toys like robots and building

blocks _____ girls are dressed in pink and get dolls, stuffed animals, and

kitchen toys. At school, teachers expect male students to _____ math

and science, and females _____ at languages. Many activists have long

claimed that, if male and female children _____ in the exactly same way,

we would have a sexually neutral society where men and women share _____

_____ . A kibbutz, a collective community in Israel,

provides an interesting perspective in this regard. In kibbutzim, all the children wore

_____ colors. Boys were motivated to play house, and girls _____

_____ play ball sports. All the students _____ select

their preferred school subjects. The result? Boys still fought with each other, formed

hierarchies, and opted for physics and sports. Girls _____ with

each other, avoided conflicts, and later pursued careers in teaching and counseling.

**Q39** **Which is correct about collective communities called kibbutzim according to the talk?**

(a) They were established in Israel for _____ studies.

(b) Boys there were banned from forming hierarchies.

(c) They tried to provide a _____ environment.

(d) Children there chose clothes in their _____ color.

**Q40** **What can be inferred from the talk?**

(a) Women may be naturally more empathetic than men are.

(b) Science proved men and women are _____ different.

(c) Gender _____ is the main cause of gender differences.

(d) Teachers influence _____ more than parents do.

## Part I

1   M   Which one do you _____, the blue or the red one?

    W

    (a)   _____ will be fine.

    (b)   The colors are flying.

    (c)   I'll pay by credit card.

    (d)   _____. I like the red one.


2   M   When did you _____ the flowers last time?

    W

    (a)   I _____ the flowers in March.

    (b)   That's why I hired a _____.

    (c)   Sorry, I just forgot about that.

    (d)   That was the last time I did it.


3   W   Do you mind if I ask you a _____ question?

    M

    (a)   Actually, I may be.

    (b)   No, _____.

    (c)   Yes, thanks for answering.

    (d)   No, _____.


4   M   Are you too tired to _____?

    W

    (a)   No, I can just take a bus instead.

    (b)   Don't stop even if you are tired.

(c) Um, why don't I _____ for you?

(d) You can always _____.


5    W   Don't forget to put on protective clothing before _____.

     M

(a) I'm saying this for your safety.

(b) You're right. I'll _____ now.

(c) Yeah, I'll put it on after I finish _____.

(d) It's OK. I'll take care so I don't get hurt.


6    M   Have you had your hair _____?

     W

(a) I don't like men with long hair.

(b) I just _____ some wax.

(c) My hairdresser said otherwise.

(d) I _____ home after work.


7    W   I always have _____ on the boat.

     M

(a) That disease spreads easily.

(b) _____ is a bad habit.

(c) I often get _____, too.

(d) We will _____ in Singapore.


8    M   Why don't you _____ the company tennis team?

     W

(a) The game was exciting indeed.

(b) I didn't realize you had _____.

(c) I will invite my _____.

(d) I think I'm _____ for that.

9    W  I don't think he is an _____ for this position.

M

(a) I agree. He's very _____ for the job.

(b) You should _____ then.

(c) What makes you say so?

(d) He'll announce his _____ for President.

10    M  Still trying to use up _____ holiday cookies?

W

(a) I think my kids just finished them up.

(b) Yes, take a left turn at the _____.

(c) I'm tired of _____ products.

(d) I have a few extra kilos to lose.

# Part II

11    M  Good afternoon. Where are you flying to, ma'am?

W  To Vancouver.

M  Are you _____ to another flight there?

W

(a) An _____ seat, please.

(b) Yes, it's a nonstop flight.

(c) Victoria is my _____.

(d) To the _____.

**12**

M  The TV in the meeting room is not _____.

W  Did you press the power button on the TV?

M  Yes, but it's not working.

W

(a) But it works well for older people.

(b) Why don't you turn it on first?

(c) Have you tried the remote control?

(d) You can turn it off by _____ it.

**13**

W  Peter, can I park here?

M  Sorry, that's for _____ only.

W  But I just need ten minutes to _____.

M

(a) Rules are rules.

(b) I promise I'll be quick.

(c) The business is _____.

(d) Let's park that issue for now.

**14**

M  Excuse me. Which train should I take to go downtown?

W  Oh, Henry! What a _____!

M  I'm sorry. Do I know you?

W

(a) Of course, you do, but I don't.

(b) We went to high school together.

(c) Yes, you should take the yellow train.

(d) Your schedule doesn't _____.

15  M  I _____ as an English teacher.

W  Didn't you always say you wanted to be a _____?

M  I know, but the job market is really _____ these days.

W

(a) I'll continue the job search while working.

(b) Finally, your dreams have come true.

(c) Yeah, we're working on a _____.

(d) How about trying an _____?


16  M  Thank God, it's winter vacation!

W  Do you have any plans?

M  I'm going to work at a winter camp. How about you?

W

(a) I hope your winter camp went well.

(b) I worked as _____.

(c) I may _____ the spring semester.

(d) I'm doing an _____.


17  M  When will our taxi get here?

W  _____ come at three. Why?

M  We may have to go home _____.

W

(a) I'll see what I can do.

(b) That's why we should go home.

(c) But then we will be late.

(d) OK. I'll have it arrive _____.

18  W  They're holding a _____ concert this Saturday.

　　M  Yes, I'm going there.

　　W  Oh, really? My friend just gave me a ticket.

　　M

　　(a) I should've bought a ticket, too.

　　(b) I really thank him for my ticket.

　　(c) They may sell tickets _____ .

　　(d) I may _____ you there, then.


19  W  Have you received all the _____ your home?

　　M  No, there was a problem, actually.

　　W  Are you serious? What happened?

　　M

　　(a) I'm still _____ it.

　　(b) Two packages went _____ .

　　(c) _____ items should be protected.

　　(d) I prefer to have them _____ .


20  W  Were you born and raised in the US?

　　M  My family _____ Mexico when I was five.

　　W  Really? Then do you speak Spanish?

　　M

　　(a) Yes, but it was _____ .

　　(b) I'm always _____ .

　　(c) I only have a _____ of it.

　　(d) Spanish is a lingua franca.

# Part III

21    Listen to a conversation between a husband and wife.

    W  The news said there will be a lot of snow tomorrow.

    M  Good. Now it feels more like Christmas Eve.

    W  I mean it's going to be a _____!

    M  It's okay. I'll stay home tomorrow.

    W  But we might _____.

    M  Well, I always take the subway to work.

    Q  **What is the main topic of the conversation?**

    (a)  The damage brought by a _____

    (b)  Snow _____ for tomorrow

    (c)  The man's worrying about the weather

    (d)  Getting ready for a heavy snow


22    Listen to two friends discuss their investment.

    W  I heard some news about our _____.

    M  Has its value _____?

    W  Actually, no. But things will be different next year.

    M  But what about right now? Has it decreased?

    W  Just a little. But we should be more _____.

    M  Well, you're an _____, so I trust what you say.

    Q  **What is the main topic of the conversation?**

    (a)  The best investment tool for them

    (b)  How much _____ they will enjoy

    (c)  How their investments are doing

    (d)  Their long-term _____

**23**    Listen to a conversation between a husband and wife.

M  Which hotel should we choose? The Douglas Hotel has better _____ .

W  But it's more expensive. We should stay at the Panda Hotel instead.

M  The Douglas Hotel has a night club and a spa.

W  We'll spend most of our time _____ .

M  Well, the Douglas is just fifteen dollars more expensive _____ .

W  A penny saved is a penny _____ .

Q  **What is the woman mainly doing in the conversation?**

(a) _____ doing outdoor activities

(b) Explaining how much they can save

(c) Trying to economize on _____

(d) Canceling a hotel reservation

**24**    Listen to a conversation at a post office.

M  Do you want to send this item by express mail or _____ ?

W  How much are they?

M  Express is ten dollars and seventy-five cents, and registered is six-fifty.

W  It's kind of _____ , so I want express.

M  It'll take one or two working days.

W  That's great. Thank you very much.

Q  **Which is correct about the mail service according to the conversation?**

(a) Registered mail could sometimes _____ .

(b) Express mail takes less than three _____ .

(c) _____ _____ registered mail.

(d) Express mail costs six dollars and fifty cents.

25    Listen to a conversation between two friends.

W   Hey, why the _____?

M   My manager didn't like my proposal for the new project.

W   Oh, I remember you said he's really _____.

M   Right, but I put a lot of effort into this project. I was so _____.

W   Maybe the problem is not the _____ but the _____.

M   _____! I'll present it differently tomorrow.

Q   Which is correct about the man according to the conversation?

(a)  He regrets not having made enough efforts.

(b)  He plans to present a new idea tomorrow.

(c)  His manager was _____ his proposal.

(d)  He told the woman his manager is hard to _____.


26    Listen to a conversation between two coworkers.

M   Do you have breakfast every day?

W   Yes, except when I sleep in _____. How about you?

M   Usually but not this morning. What do you usually eat?

W   Always the same—_____ and some orange with tomato juice.

M   Always? It sounds boring.

W   Not really. They are my favorite.

Q   Which is correct according to the conversation?

(a)  The woman feels _____ her _____ breakfast.

(b)  The woman drinks orange juice at breakfast.

(c)  The man _____ breakfast at times.

(d)  The man ate breakfast today.

**27** Listen to two friends discuss the city government's new policy.

W  I just heard that the city will now ban large size sodas.

M  I know. I can't believe the _____ passed the bill.

W  The government believes that sugary drinks contribute to _____.

M  But they shouldn't _____ how much soda I drink.

W  Why not? They control tobacco consumption.

M  It's different. Soda doesn't harm other people.

W  Well, if the _____ increases, everyone will have to pay more health care tax.

Q  **Which is correct according to the conversation?**

(a) The woman argues tobacco is a more serious issue.

(b) The woman _____ the social impact of soft drink consumption.

(c) The man believes soda and tobacco share _____.

(d) The man doubts the soda ban will _____.

**28** Listen to a conversation between two friends.

M  Sally, any news on your law school _____?

W  Not yet. But I'm confident because I have a high LSAT score.

M  What about _____? They could be more important than an exam score.

W  I got one from my old professor of philosophy.

M  Good. But I think you need one from someone who _____ law.

W  That's a good idea. Thanks for the advice.

Q  **Which is correct according to the conversation?**

(a) The woman's _____ is from someone in the _____.

(b) The man recommends a different law school.

(c) The woman thinks her test score isn't good enough.

(d) The man suggests getting a reference from a lawyer.

**29**    Listen to a conversation between two friends in a car.

M    I feel tired. I think _____ quite a long distance.

W    Right. It's time to _____. You could use some rest.

M    I'm also hungry. Maybe we should _____.

W    I agree. Let's stop at the next rest area.

M    Good. I feel like having some noodles.

W    I also need to drink some coffee before driving.

Q    **What can be inferred from the conversation?**

(a)  The woman will _____ driving soon.

(b)  The man is an _____ driver.

(c)  The woman does not like noodles.

(d)  The man will take a right turn at the corner.

**30**    Listen to a conversation at an office.

M    Ms. Nora Pelosi? Hi, I'm Ander from _____.

W    Oh, you are Ander. It's great to finally meet _____.

M    Right. We only know each other's voices.

W    Thank you for organizing the training session for new employees last time.

M    No problem. It's my job.

W    We may hire more employees next month.

M    I see. Please email me _____ so that I can prepare.

Q    **What can be inferred from the conversation?**

(a)  The woman joined the company before the man did.

(b)  The man may soon organize another training session.

(c)  The two people have never talked to each other before.

(d)  The woman is _____ new to the company.

# Part IV

**31**    Good afternoon, everyone. As most of you are already aware, our company is

planning to _____ our Product Design Department to the east side of the

building. However, before making that decision, we want to know what our staff

members think about the relocation. So what we have here is a short

_____ for you to fill out. Please take a moment to complete it. By

the way, this is all going to be _____, so you don't have to write your

name or anything that _____ you.

**Q    What is the main purpose of the announcement?**

(a)  To check employees' opinion about a department relocation

(b)  To explain that the questionnaire is simple and easy to complete

(c)  To explain that relocation is for the best interest of the workers

(d)  To give _____ about filling out questionnaires


**32**    Aleksandr Pushkin was one of the most _____ writers of Russian language.

Although he was _____ in French and wrote some early works in

French, he would later write _____ in Russian. Because the Russian

language wasn't a well-developed language back then, he had to _____ new

words while writing, which would later contribute to the development of the Russian

language and literature. Not only that, his stories _____ real Russian

_____ that later had great influence on other Russian writers like Gogol

and Tolstoy.

**Q    What is the main idea of the talk?**

(a)  The Russian literature was developed by many important writers.

(b)  Pushkin had a great influence on Russian literature.

(c)  Gogol and Tolstoy _____ Pushkin's writings.

(d)  Pushkin wrote his works in both French and Russian.

**33**    The duty-free industry was exclusively for the _____ individuals who could

afford the high cost of flying. However, this all changed when Boeing introduced a

new _____ of commercial airplanes, the 747 jumbo jets, in 1970. Boeing 747

has a _____ up to 660 passengers. And with its introduction,

travelling by air became more _____. As a result, the duty-free industry

_____ as more people began to travel by plane.

Q  **Which is correct according to the report?**

(a)  Duty-free products _____ because of Boeing 747.

(b)  Duty-free products began to be sold _____ after 1970.

(c)  Boeing 747 is much safer than other airplane models.

(d)  The cost of air travel _____ because of Boeing 747.

**34**    With _____ dropping at an _____ rate, Creek has decided to

change its strategy of developing and promoting luxury brands. The CEO, John

Raffel, announced that the company will continue to invest its _____ in

traditional brands such as Soapbell and Mills, which always had _____

followers, but will also change its _____ from making Amo and Cada

luxurious brands to making them more _____. He hopes

that the changes will turn the current situation around by attracting a _____

customer base.

Q  **Which is correct according to the talk?**

(a)  Creek has _____ a new CEO.

(b)  Many people _____ Creek's products.

(c)  Creek will try to change its luxury brand image.

(d)  Some of Creek's brands are cheap and easy to use.

**35**   Unlike the English language, the Chinese language uses characters with meaning, instead of an alphabet. The Chinese characters _____ characters. For example, the word for "tree" is in the shape of a tree. However, it was impossible to express complex ideas with simple pictures. So, Chinese people began to _____ two or more picture words to create a word for an idea. For instance, as people often rest under a tree, the Chinese created a letter meaning "rest" by _____ the word for "human" and the word for "tree."

Q   **Which is correct about Chinese characters?**

(a)  All of them are picture words.

(b)  They grew out of _____ of things.

(c)  Most of them _____ two parts.

(d)  They cannot express _____ ideas.

**36**   Are you not satisfied with the _____ packaged tours? Are you up for some adventure and excitement? Then you need to sign up for the Outback Australia for a two-week vacation that you will never forget! You'll take a tour on the _____ outback of Australia with a small group of adventure _____ just like yourself and experience the natural wonders and beauty of millions-of-years-old _____ formations. You'll have a taste of our popular outback delights and enjoy all sorts of activities, such as whitewater rafting and bungee jumping.

Q   **What can be inferred from the advertisement?**

(a)  Only _____ people will go on a tour together.

(b)  This is the first time introducing the tour to customers.

(c)  People are encouraged to sign up quickly on the tour.

(d)  The tour will help people to become more _____.

# Part V

**37~38**  A country is labeled an "_____ society" when more than _____ of its total

population is _____. When people _____ make up

_____ of the population, it becomes an "_____ society." If the population

_____ reaches the _____ mark, it is classified as a "_____

society." Population aging is a common problem dragging down the economies

of many nations, but some countries are aging particularly fast. While it took more

than a century for France and _____ for the U.S. to transition from an aging

society to an aged society, it took only _____ and _____ for Japan

and Korea, respectively. And it is expected to take only _____ for Vietnam

whose economy is now booming thanks partially to its youthful population.

**Q37  How long did it take Japan to move from an aging to an aged society?**

(a) _____ years

(b) _____ years

(c) _____ years

(d) _____ years

**Q38  According to the talk, when does a country become an aged society?**

(a) When _____ of the population is 65 and older

(b) When _____ of the population is 65 and older

(c) When _____ of the population is 65 and older

(d) When _____ of the population is 65 and older

**39~40** Most conventional automobiles run on gasoline or diesel that emits a lot of

_____. These days, we are seeing an increasing number of _____

_____ cars on the road. The most common type is _____ that

runs both on gas and electricity. _____ use both a gasoline engine and an

electric motor, thereby improving fuel efficiency and reducing emissions. Recently, __

_____ are also gaining popularity.

_____ used to be used only for limited purposes, such as golf carts

or amusement park shuttles. But nowadays, automakers are launching various

_____ such as sedans, SUVs, and even sports cars for those who

_____ the luxury. However, some critics point out that, _____

electric cars themselves _____ air pollutants, they are not a perfect

solution for the environment. Electricity is commonly made from burning fossil fuels

like coal or natural gas. So _____ an electric car runs on electricity produced

by _____ energy, it still contributes to CO2 emissions.

**Q39  What is the talk mainly about?**

(a) Environmental _____ by hybrid vehicles

(b) Demerits of fossil-fuel vehicles

(c) _____ automobiles

(d) Diverse types of electric vehicles

**Q40  What can be inferred from the talk?**

(a) Electric sports cars are priced lower than gasoline sports cars.

(b) The eco-friendliness of electric cars depends on their _____.

(c) _____ are more fuel efficient than electric cars.

(d) Diesel vehicles emit _____ gases than gasoline cars.

# ACTUAL TEST 5

정답
P.95

## Part I

1  M  I _____ the _____ exam.

   W

   (a)  I'm so happy for you.

   (b)  I _____ harder.

   (c)  Oh, I'm sorry to hear that.

   (d)  _____ is my favorite _____.

2  M  Why don't we go to Europe for summer vacation?

   W

   (a)  Because it's cold in winter.

   (b)  I can't think of a better idea.

   (c)  I'm suffering from _____.

   (d)  We don't have any _____.

3  W  I can't _____ the smell of coffee.

   M

   (a)  The taste is a little _____ for me, too.

   (b)  But you have already had four cups today.

   (c)  It depends on who _____.

   (d)  This is designed to _____.

4  M  Can I help you find something?

   W

   (a)  Yes, it is located in _____.

   (b)  I'm _____ the file.

   (c)  No thanks. I'm just _____.

   (d)  That's twenty five _____.

5    W   I'm thinking of _____ this pair of pants.

      M

      (a)   You should. They look _____ on you.

      (b)   I also think they are too loose.

      (c)   It's time to _____.

      (d)   Your hard work will _____.


6    M   I wouldn't leave in this weather if I were you.

      W

      (a)   I don't mind _____ in the rain.

      (b)   _____ is difficult to forecast.

      (c)   Be careful. The road looks icy.

      (d)   Right, we are _____ with applications.


7    M   Would you mind opening the window?

      W

      (a)   How kind of you to do that!

      (b)   But it is _____' to _____.

      (c)   Sure, you can do me a favor.

      (d)   It will open a window of _____.


8    W   I'm so _____ my job interview tomorrow.

      M

      (a)   It's not your job to do it.

      (b)   Don't worry. You'll do fine next time.

      (c)   It's time you _____.

      (d)   Just relax and _____ tonight.

9  M I found the lecture _____. How about you?

   W

   (a) The _____ totally lost me.

   (b) The college was _____ 1938.

   (c) I think I'm _____ teaching.

   (d) The lighting was not bright enough.


10  M Excuse me. Ms. Meredith is calling about the _____ project.

   W

   (a) Okay, please _____.

   (b) Can I take a message, please?

   (c) All right, _____ now.

   (d) She's on the phone, so _____ later.


# Part II

11  M I want to buy some cookies before _____ the bus.

   W But the bus _____ soon. We might be late.

   M I'll hurry up. Do you need anything?

   W

   (a) _____.

   (b) Thanks, but _____.

   (c) It won't take long.

   (d) Wow, that was fast!

**12**

W    You are all _____. Are you going somewhere?

M    I'm meeting my girlfriend's mother.

W    Have you been introduced before?

M

(a)   Yes, so this is the first time seeing her.

(b)   We have, but I still feel _____.

(c)   I'm not sure whether she will like me.

(d)   No, but she seemed _____ last time.


**13**

M    Did you see Roy's hair?

W    No, what happened?

M    He _____!

W

(a)   _____ is a good habit.

(b)   He does that in the summer.

(c)   He _____ in the morning.

(d)   So it should be longer now.


**14**

W    This chemistry course is so _____.

M    _____. The workload is too heavy.

W    What do you say to making a study group?

M

(a)   Good. Two heads are better than one.

(b)   Great. You are _____ now.

(c)   But we just don't have any _____.

(d)   OK. Let's start with _____.

**15**   W   Does your school offer evening classes?

W   M   No, but we have online courses.

W   Great! How do I _____ ?

M

(a) Then I can study at night.

(b) That's before the _____ .

(c) Through the homepage.

(d) It's _____ 101.


**16**   M   How was your job interview yesterday?

W   It went quite well. The _____ were friendly.

M   You should call them today to _____ .

W

(a) Yes, I wish you good luck.

(b) I'd call them if I were you.

(c) I _____ that yesterday.

(d) Yeah, I was _____ .


**17**   W   What do you want for dinner?

M   Anything is fine by me.

W   You don't seem to have much of _____ .

M

(a) _____ .

(b) It's served as an _____ .

(c) I'm still _____ .

(d) Dinner is cooking.

**18**

W  Where is my favorite red skirt?

M  Margaret wore it to school this morning.

W  Again? She is _____ me mad!

M

(a)  You should ask _____ first.

(b)  You have _____ other _____.

(c)  Don't drive if you're mad.

(d)  I'll give it back to you now.


**19**

M  I heard you went _____ last week. How was it?

W  Not good. I saw a big _____ on the road.

M  Oh, were the bikers seriously _____?

W

(a)  The news actually added _____.

(b)  _____, but it was very _____.

(c)  I'd like to know the cause of the accident.

(d)  It takes some time for the _____ to heal.


**20**

W  I was told there is a _____ in that mountain.

M  Yes, but it's for experienced hikers.

W  What are you trying to say?

M

(a)  The slope is too _____ for the _____.

(b)  Even young children can access the _____.

(c)  You should plan your _____ wisely.

(d)  It does not _____.

# Part III

21      Listen to a conversation between two friends.

W   I often have trouble with my stomach these days.

M   When does the _____?

W   Mostly during the late morning hours.

M   What do you usually have for breakfast?

W   Lots of cereal with milk.

M   Too much milk could cause stomach trouble. Try to reduce your milk

_____.

W   Okay. Maybe I should just drink soy milk instead.

Q   **What are the man and the woman mainly discussing?**

(a)   A _____ of the woman's health problem

(b)   Why soy milk is better than _____ milk

(c)   How milk causes stomach troubles for some people

(d)   Why milk is not _____ for breakfast


22      Listen to a conversation at an office.

M   Matthew's _____ needs another _____, so
I recommended you.

W   Oh, you're talking about the _____.

M   Right. He needs more accountants to review some financial _____.

W   Okay, but I have to finish writing my report due this week.

M   Don't worry. You can join the team next week.

W   Great. I'll talk to Matthew then.

Q   **What is mainly happening in the conversation?**

(a)   The man is interviewing the woman for a new job.

(b)   They are _____ some _____.

(c)   The man is introducing the woman to Matthew.

(d)   The woman is being given a new _____.

**23**    Listen to two friends discuss investment.

M   Where do you think I should invest?

W   How about biotechnology or _____ businesses?

M   What? But their stock prices have been falling for over a year.

W   That's exactly why you should buy their stocks now. Their _____ will only grow with time.

M   I see. Which companies do you recommend?

W   Those who have business partners _____ are safer choices.

Q   **What is the woman mainly doing in the conversation?**

(a)  Recommending _____ companies to invest in

(b)  Offering the man advice on investment decisions

(c)  Advising the man to invest in businesses overseas

(d)  _____ the man to make _____


**24**    Listen to a conversation between two friends in a restaurant.

W   Have you decided what to order for lunch?

M   I'm _____ between pasta and steak.

W   So am I. Hey, why don't we get the pasta and we can _____.

M   That's a great idea. How about some ice cream for dessert?

W   There is a well-known ice cream _____ nearby. Let's go there after lunch.

M   Good. Let's order now.

Q   **Which is correct according to the conversation?**

(a)  They will order ice cream here after lunch.

(b)  They are eating in a well-known restaurant.

(c)  The man _____ steak _____ pasta.

(d)  The woman wants to share some food.

**25**　Listen to a conversation at an airport.

M　Welcome to Heathrow International Airport. How may I help you, ma'am?

W　I've just arrived in from Singapore, and need _____.

M　Where would you like to stay?

W　Near the Expo Center, please. I'll be _____ the science

_____.

M　Then I would recommend the Crimson Hotel.

W　That sounds great. Could you book me a reservation, please?

M　_____, ma'am.

Q　Which is correct about the woman according to the conversation?

(a)　She wants to stay near the airport.

(b)　She _____ the man's recommendation.

(c)　She is traveling alone on a holiday here.

(d)　She _____ Singapore.


**26**　Listen to a conversation between a call center agent and a customer.

M　Hello, this is Visit Card service center. How may I help you?

W　Hi, I lost my credit card.

M　I see. Could you tell me your card number?

W　Gosh, I don't know.

M　It's okay. Do you know your _____?

W　Yes, it's 9401-1891-1007. And my name is Jennifer Walsh.

M　Let me check… Okay, Ms. Walsh, your card _____.

W　Thank you very much!

Q　Which is correct according to the conversation?

(a)　The woman's card has been used by someone else.

(b)　The man successfully _____ her bank account.

(c)　The woman does not know her card number.

(d)　The woman _____ her credit card _____.

**27**　Listen to a conversation between two friends.

W　I've never seen this DVD. Its cover is _____.

M　It's an Indian movie _____ *Bombay Biking Tour*.

W　You have a very _____ in movies.

M　Yes, I like to _____ all kinds of films.

W　Great. It's a pity that most people watch only Hollywood blockbusters.

M　Right. Even some movies you don't like at first often _____.

W　Exactly. Maybe we should go to the movies together some day.

Q　**Which is correct according to the conversation?**

(a)　The man thinks people can _____ their taste in movies.

(b)　The woman likes the DVD because of its cover.

(c)　The man never watches blockbuster movies.

(d)　The woman usually watches a movie on DVD.


**28**　Listen to a conversation between two friends.

W　So you like that audition program on TV, huh?

M　No, I was just _____ the channels.

W　Ha, you've been watching that show for twenty minutes.

M　Okay, I _____. Just don't tell anyone.

W　It's okay. I like that show too, but I never tell anyone about it.

M　It's a _____. I like it but I'm _____ admit it.

Q　**Which is correct about the man and woman according to the conversation?**

(a)　The man _____ for a TV program secretly.

(b)　The woman is annoyed by the man's channel-surfing.

(c)　They share a _____ in a particular TV show.

(d)　The man feels guilty about watching TV alone.

**29**    Listen to a conversation between two college teachers.

M    What courses are you teaching this semester?

W    Only basic French classes. I'm so lucky.

M    You are! _____ basic classes too.

W    How about your schedule?

M    I have one _____ French _____ and two writing courses.

W    Wow, you must have a lot to prepare!

M    Right. I just hope I'll get a better schedule next semester.

Q    **What can be inferred from the conversation?**

(a)    The woman taught grammar last semester.

(b)    The woman's French is not _____.

(c)    The man is not very happy about his schedule.

(d)    The man will teach basic classes next semester.


**30**    Listen to a conversation between two friends.

M    Do you know how much it costs to _____ a new van?

W    I guess it's quite expensive.

M    I'm trying to _____ on insurance.

W    Do you remember Duane from college? He works at an _____.

M    He does? I didn't know that.

W    Yeah, you should call him and ask.

M    I will. Thanks a lot.

Q    **What can be inferred from the conversation?**

(a)    The man does not remember Duane well.

(b)    The man _____ a new _____ lately.

(c)    Duane's company is known for a _____.

(d)    The man's new van _____ now.

# Part IV

**31**   Nowadays, anger management has become a hot issue. What are some of the ways

people can deal with their _____ anger? Successful management of anger

starts with _____ the fact that you have an anger management

problem. However, for most people, they are _____ or _____

_____ others. Such _____ can make the problem even worse.

**Q   What is the main idea of the talk?**

(a)  The _____ of anger management programs

(b)  Numerous ways to manage one's anger

(c)  Health issues associated with anger management

(d)  The importance of _____ one's anger issues


**32**   Not everyone living in Levant is a Muslim. Levant is the region _____

modern-day Lebanon, Israel, and parts of Turkey and Syria. There are Muslim Arabs,

Christian Arabs, and of course, Jews, _____.

However, the _____ between these groups has been on-going for centuries.

And one of the _____ outcomes has been the _____ number

of Christian Arabs in the region. Many of them are leaving their homes for a better

life in Western countries, but they are often unwelcomed there because people

_____ associate them with terrorists.

**Q   What is mainly being discussed?**

(a)  The declining Arab population in Levant

(b)  The _____ faced by Christian Arabs

(c)  The religious assimilation of Christian immigrants

(d)  The _____ between terrorism and Arabs

**33**    Today, we'll be discussing the two _____ in the oceans: the

great white shark and the killer whale. There are clear differences in the way they

hunt their prey. The great white shark hunts alone, while the killer whale hunts _____

_____ three or four. But what is really interesting is that while the great white

shark hunts _____, the killer whales are taught how to hunt by their

parents for years.

Q  **Which is correct according to the talk?**

(a)  Killer whales learn how to catch their prey.

(b)  Killer whales are more _____ hunting.

(c)  The great white sharks hunt _____.

(d)  The great white sharks _____ killer whales.

**34**    What I want to talk about for today's lecture is urban heat island. Urban heat island is

the rise in _____ in cities more than their _____ areas due

to buildings and other concrete structures. These structures _____ short-

wave _____ from the sun that heats up the area. There are several problems

_____ urban heat islands. One is the change in weather and the

_____ change in climate, causing more _____ thunderstorms.

Q  **Which is correct about urban heat island according to the lecture?**

(a)  It causes the climate to change in the countryside.

(b)  It can _____ the weather in urban areas for the worse.

(c)  It is the direct result of air pollution in the cities.

(d)  It changes the temperature to move up and down.

**35**    Good afternoon. First, I would like to thank everyone for coming here on a short

notice. Our company is currently preparing for a _____ legal battle against our

top _____ for a key patent for our newest model of cell phones. Because

of the _____ and _____ of the matter, we had no choice

but to call everyone here on short notice. As the chief of legal matters, I would like

everyone to _____ about the issue until it is _____.

Q   **Which is correct according to the announcement?**

(a) The competitor is using the company's patent in its products.

(b) Employees should not talk to others about the company's status.

(c) Employees should _____ the legal process in the future.

(d) The company is suffering from a significant _____.

**36**    Good afternoon, everyone. We are going to be looking at the miniature portrait

paintings, which began to be made in Europe in the 16th century. Although these

paintings _____ because they had to be made by

_____ artists, they were very _____ among people. They

were especially _____ by _____ long and

_____ journeys, who wanted portraits of their loved ones.

Q   **What can be inferred from the lecture?**

(a) People paid a lot of money to learn miniature portrait painting.

(b) Many _____ lived outside Europe.

(c) Sailors made a lot of money to _____ miniature portraits.

(d) Miniature portraits were _____ people.

# Part V

**37~38** Diabetes is a disease in which patients have _____ resulting from the body's inability to produce or use insulin. Traditionally, diabetes has been _____ two types. Type 1 diabetes is a genetic condition and is often called early onset diabetes as it typically occurs _____. People with Type 1 diabetes produce almost no insulin. _____, Type 2 diabetes mostly _____ in older people who are overweight or obese. Although Type 2 diabetes has various causes, this classification has remained unchanged for decades. Recently, a group of European scientists suggested that diabetes _____ categorized into five clusters, not just two types. _____ their research, Cluster 3 diabetes is defined _____ classical Type 1 diabetes, while the other four clusters are subtypes of Type 2 diabetes. The researchers said that the new classification may not be perfect but will definitely help find more precise and more personalized _____ for the disease.

**Q37   What is mainly being discussed?**

(a) _____ and symptoms of diabetes

(b) More accurate treatment for diabetes

(c) Variable aspects of type 2 diabetes

(d) _____ of grouping diabetes

**Q38   Which is more likely to develop in young people?**

(a) Cluster 1 diabetes

(b) Cluster 2 diabetes

(c) Cluster 3 diabetes

(d) Cluster 4 diabetes

**39~40** Attention, employees. Let me remind you of the importance of reporting

_____ behaviors in our company. If you _____ something that does

not reflect our corporate ethical values, or could be a potential violation of the

regulations, you _____ silent. By raising your concerns early, you can

enable us to conduct investigation into a potential issue _____ it may get out of

our control. Please feel free to go and talk to your supervisor or our internal lawyer,

or _____ via phone or email. We understand some of you are hesitant to

_____ out of fear of retaliation. If you _____ remain anonymous,

you can choose to do so by using the Compliance Online Service. The Compliance

Online Service is a secure channel operated _____ by a third party. This

means you can _____ on the service provider's website. Remember,

_____ is not which reporting method you use but your willingness to

come forward.

**Q39    Which is correct about the Compliance Online Service from the talk?**

(a)  Employees can use it to raise a concern to their manager.

(b)  It is _____ managed by the company's headquarters.

(c)  It can be used to report potential breaches _____ .

(d)  Some workers hesitate to use it _____ security issues.

**Q40    What can be inferred from the talk?**

(a)  Some people _____ when reporting compliance issues.

(b)  It is recommended to hide one's identity when _____ .

(c)  Most employees prefer email communication to face-to-face talk.

(d)  The company has been enforcing a strong non-retaliation policy.

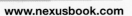

출제 원리와 해법, 정답이 보이는 뉴텝스 청해

# NEW
# TEPS
## 기본편 실전 300+ 청해

Listening

이기헌 지음

정답 및 해설

**NEXUS Edu**

# NEW TEPS

기본편
실전 300+

# 청해

## Listening

정답 및 해설

NEXUS Edu

# Part I

## Unit 01 의문문

1. (a)  2. (d)  3. (b)  4. (d)  5. (c)  6. (b)
7. (c)  8. (a)  9. (a)  10. (c)

### 1

W  Can I stop by your office today?
M  _____

(a) Sure, you can drop by anytime.
(b) I'm sorry about the short notice.
(c) Yes, just tell me where it is.
(d) At the bus stop.

해석  W  오늘 당신 사무실에 잠시 들러도 되나요?
　　　M  _____

(a) 물론이죠, 언제든 들르세요.
(b) 갑작스럽게 알려 드려서 죄송해요.
(c) 네, 어디인지만 말씀해 주세요.
(d) 버스 정류장에서요.

해설  가능성을 묻는 Can 의문문에 가장 자연스러운 응답은
can으로 답하고 여자의 말 stop by가 drop by로 바뀌
어 표현된 (a)이다. 이미 사무실이라는 장소가 언급되었으
므로 (c)는 적절하지 않다.

어휘  stop by 잠시 들르다  drop by 들르다
short notice 갑작스러운 통보

정답  (a)

### 2

M  Have you brought my dictionary back?
W  _____

(a) Yes, I will bring it soon.
(b) It'll be paid by the due date.
(c) We don't agree with each other.
(d) I have it with me right now.

해석  M  내 사전 돌려줬니?
　　　W  _____

(a) 응, 곧 가지고 올게.
(b) 만기일까지는 지불될 거야.
(c) 우리는 서로 뜻이 많지 않아.
(d) 지금 바로 가지고 있어.

해설  사전을 돌려줬었는지 여부를 묻는 말에 지금 갖고 있으니
돌려주겠다는 의미의 (d)가 가장 자연스럽다. (a)는 곧 가
지고 오겠다고 하므로 앞의 Yes가 No로 바뀐다면 적절
한 응답이 될 수 있다.

어휘  bring back 돌려주다  dictionary 사전  pay
지불하다  due date 만기일  agree with each
other 서로 뜻이 맞다  right now 지금 바로

정답  (d)

### 3

M  Has the train left already?
W  _____

(a) Well, you just missed the deadline.
(b) Not according to the timetable here
(c) It's OK. You can pay the late fee.
(d) I think you are on the right track.

해석  M  기차가 이미 떠났나요?
　　　W  _____

(a) 그게, 마감을 지키지 못하셨어요.
(b) 여기 시간표에 의하면 아닌데요.
(c) 괜찮아요. 연체 요금을 내면 돼요.
(d) 당신은 제대로 가고 있는 것 같아요.

해설  기차가 이미 떠났는지를 묻는 말에 기차 시간표대로라면
아직 떠나지 않았다고 하는 (b)가 가장 적절하다. (a)의
miss는 탈것을 '놓치다'라는 의미가 아닌 날짜에 '맞추지
못하다'라는 의미로 쓰였다.

어휘  already 이미  miss the deadline 마감을 못 맞추다
according to ~에 의하면  late fee 연체 요금
on the right track 올바른 방향으로 나아가는

정답  (b)

### 4

W  Do all rooms include breakfast?
M  _____

(a) I still have room for dessert.
(b) It's an all-you-can-eat buffet.
(c) You are supposed to leave a tip.
(d) The standard rooms don't.

해석  W  모든 객실에 아침 식사가 포함되나요?
　　　M  _____

(a) 아직 디저트를 먹을 배는 있어요.
(b) 양껏 먹을 수 있는 뷔페예요.

(c) 팁을 놓아 두어야 해요.
(d) 스탠더드 룸은 아니에요.

해설 모든 룸에 아침 식사가 제공되는지 묻는 말에 스탠더드 룸에는 제공되지 않는다는 의미의 (d)가 가장 자연스럽다. (a)의 room은 '방'이 아닌 '여지, 여유'를 뜻하는 말로 쓰였다.

어휘 include 포함하다 room for ~를 위한 여지 dessert 디저트 all-you-can-eat 양껏 먹을 수 있는 be supposed to ~하기로 되어 있다 leave a tip 팁을 놓아두다

정답 (d)

## 5

M Is everything OK with the project? Any problem?
W _____

(a) Thanks for solving the problem.
(b) I don't mind if I do.
(c) So far so good
(d) Anything will be fine.

해석 M 프로젝트가 다 잘되고 있나? 문제없어?
W _____

(a) 문제를 해결해 줘서 고마워.
(b) 그거 좋죠.
(c) 아직까지는 순조로워.
(d) 뭐든 괜찮을 거야.

해설 (c)의 So far so good은 어떤 일이나 상황이 '지금까지는 문제없다, 순조롭다'라는 의미로, 프로젝트의 진행 상황을 묻는 말에 대한 응답으로 적절하다. (d)는 선택을 요청받을 때 '아무 거나 괜찮다'는 의미로 쓰일 수 있다.

어휘 solve (문제를) 해결하다 mind 싫어하다

정답 (c)

## 6

M Would you double-check these figures for me, please?
W _____

(a) But I already went there twice.
(b) Sorry, but my hands are tied now.
(c) Sure, I'd love to have a double helping.
(d) Yes, you have a really good figure.

해석 M 제 대신 이 수치들 좀 다시 확인해 줄래요?
W _____

(a) 하지만 전 이미 거기 두 번 간걸요.
(b) 미안하지만, 지금 제가 너무 바빠서요.
(c) 물론이죠, 전 곱빼기로 먹고 싶어요.
(d) 네, 몸매가 진짜 좋으세요.

해설 (b)의 my hands are tied now는 '지금 너무 바쁘다'라는 의미로, 자기 대신 수치를 확인해 줄 것을 부탁하는 남자의 말에 대해 거절하는 응답으로 적절하다. (d)의 figure는 '형태, 모습'을 의미한다.

어휘 double-check 재확인하다 figure 숫자, 액수, 형태 double helping (음식의) 곱빼기 have a good figure 몸매가 좋다

정답 (b)

## 7

M What are you going to do this Sunday?
W _____

(a) Don't tell me you are serious.
(b) I'll probably be self-employed.
(c) I want to catch up on some reading.
(d) It's my home away from home.

해석 M 이번 주 일요일에 뭐할 거야?
W _____

(a) 설마 진담은 아니겠지.
(b) 난 자영업을 할 것 같아.
(c) 밀린 독서 좀 하고 싶어.
(d) 마치 내 집처럼 편안한 곳이야.

해설 일요일에 무엇을 할 것인지 묻는 말에 독서를 만회하는 것 즉, 밀린 독서를 하고 싶다며 계획을 밝히는 (c)가 가장 자연스럽다. (a)는 믿을 수 없는 말에 대한 응답으로 적절하다.

어휘 serious 진지한 self-employed 자영업을 하는 catch up on ~을 만회하다 home away from home 내 집처럼 편안한 곳

정답 (c)

## 8

W How do you get a seat on the bus every morning?

M _____

(a) My bus stop is the first on the route.
(b) Because I usually take a cab to work.
(c) I find the morning commute tiring.
(d) I always yield a seat to senior citizens.

해석 W 매일 아침 버스에서 어떻게 자리에 앉니?

M _____

(a) 우리 버스 정류장이 노선 출발하는 곳이거든.
(b) 난 대개 택시를 타고 출근하거든.
(c) 아침 출근길은 피곤해.
(d) 난 늘 노인들에게 자리를 양보해.

해설 버스의 자리를 잡을 수 있는 이유를 묻는 말에 자신이 타는 버스 정류장이 출발지이기 때문이라는 (a)가 가장 적절하다. 나머지 선택지들도 교통과 연관된 표현이지만 대화의 맥락에 맞지 않다.

어휘 get a seat 자리에 앉다   route 노선, 경로   take a cab 택시를 타다   commute 통근하다   tiring 피로하게 하는   yield 양보하다   senior citizen 노인

정답 (a)

## 9

W How did you put all of your stuff into one backpack?

M _____

(a) I managed to jam everything in.
(b) That's because I tend to overpack.
(c) I stuffed my hands in my pockets.
(d) I don't let my assistant pack for me.

해석 W 네 물건들을 어떻게 배낭 하나에 다 넣었니?

M _____

(a) 어떻게 해서 전부 쑤셔 넣을 수 있었어요.
(b) 제가 너무 많이 싸는 경향이 있어서요.
(c) 주머니에 손을 쑤셔 넣었어요.
(d) 조수에게 나 대신 싸 달라고 하진 않아요.

해설 남자가 가방 하나에 모든 물건을 다 넣은 것을 보고 여자가 그 방법을 묻자 남자가 겨우 다 쑤셔 넣었다고 답하는 상황이 자연스럽다. stuff는 명사로 '물건'이라는 뜻 외에 동사로 '~을 채우다, 집어넣다'라는 의미가 있고 jam이 유사한 의미로 쓰였다.

어휘 manage to 겨우 ~을 해내다   jam 쑤셔 넣다   overpack 너무 많이 싸다   assistant 조수

정답 (a)

## 10

W Where did you go to college?

M _____

(a) Once upon a time in Canada
(b) In a very crowded place
(c) I went to Cambridge University.
(d) It was before high school, actually.

해석 W 어느 학교 졸업하셨어요?

M _____

(a) 옛날 옛적 캐나다에서요.
(b) 아주 붐비는 곳에서요.
(c) 케임브리지 대학을 나왔어요.
(d) 실은 그게 고등학교 전이었어요.

해설 질문은 장소를 묻는 것이 아니라 어느 대학을 다녔냐는 구어체 표현이므로 출신 대학을 말해 주는 (c)가 가장 자연스럽다. 질문을 직역해 (a)나 (b) 같은 함정을 고르지 않도록 주의해야 한다.

어휘 college (단과) 대학   once upon a time 옛날 옛적에   crowded 붐비는

정답 (c)

## Unit 02 평서문
p.41

1. (c)   2. (c)   3. (b)   4. (b)   5. (b)   6. (b)
7. (a)   8. (a)   9. (a)   10. (d)

## 1

M It looks like my blue jacket is gone.

W _____

(a) Then put it in the washing machine yourself.
(b) I got all dressed up for the party.
(c) I'm sure it will turn up somewhere.
(d) She's already been gone for two weeks.

해석 M 내 파란 재킷이 없어진 것 같아.

W _____

(a) 그럼 네가 직접 세탁기에 넣어.
(b) 난 파티를 위해 쫙 빼입었어.

(c) 분명 어디선가 나타날 거야.

(d) 그녀는 이미 2주 전에 떠났어.

해설 옷이 없어진 것 같다는 말에 지금은 안 보이지만 어디선 가 나타날 것이라고 하는 (c)가 가장 적절하다. (a)와 (b) 는 옷과 관련된 표현으로 나온 함정이며, (d)는 '~가 없어 지다'라는 뜻의 be gone을 반복해서 쓴 함정이지만 대 화의 맥락에 알맞지 않다.

어휘 **be gone** 없어지다  **washing machine** 세탁기  **dressed up** 잘 차려 입은  **turn up** 나타나다

정답 (c)

## 2

W  My neck is killing me.

M  _____

(a) But my doctor said otherwise.

(b) Do you think it really helps?

(c) Have you tried physical therapy?

(d) They are neck and neck.

해석 W  나 목이 아파 죽겠어.

M  _____

(a) 하지만 내 의사 선생님은 다르게 말했는데.

(b) 그거 정말 도움이 될까?

(c) 물리 치료를 받아 봤니?

(d) 그들은 막상막하야.

해설 목이 아프다는 말에 그 증상을 치료할 수 있는 방법으로 물리 치료를 받아 봤는지 묻는 (c)가 가장 자연스럽다.

어휘 **physical therapy** 물리 치료  **neck and neck** 막상막하의, 접전하는

정답 (c)

## 3

W  I'd like to change my reservation to Wednesday.

M  _____

(a) You can reserve it for another use, then.

(b) Okay, tell me your name and phone number.

(c) I'll make sure to have it delivered to you.

(d) We cannot extend the deadline now.

해석 W  수요일로 예약을 변경하고 싶은데요.

M  _____

(a) 그럼 다른 용도로 따로 남겨 둘 수 있으세요.

(b) 네. 성함과 전화번호를 말씀해 주세요.

(c) 확실하게 배송되도록 하겠습니다.

(d) 지금 마감 기한을 연장할 수 없습니다.

해설 여자는 식당 등에 전화해 예약 날짜를 변경하고 싶다는 요청을 하고 있다. 이에 예약 변경을 위해 필요한 이름 과 전화번호를 알려 달라는 (b)가 가장 적절하다. (a)의 reserve는 '예약하다'의 의미가 아닌 '남겨 두다'의 의미 로 쓰였다.

어휘 **reservation** 예약  **reserve** 남겨 두다  **use** 용도  **deliver** 배달하다  **extend** 연장하다  **deadline** 마감 기한

정답 (b)

## 4

W  Excuse me, I think you overcharged me for the beer.

M  _____

(a) Don't worry. It's complimentary.

(b) Just a moment. Let me check.

(c) It's a discounted price.

(d) You can't drink alcohol here.

해석 W  저기요, 맥주 값을 과다 청구하신 것 같은데요.

M  _____

(a) 걱정 마세요. 무료예요.

(b) 잠시만요, 확인해 볼게요.

(c) 할인된 가격입니다.

(d) 여기서는 술을 마실 수 없으세요.

해설 맥주 값을 과다 청구한 것 같다는 말에 확인을 해 보겠다 는 (b)가 가장 자연스럽다. 더 많이 청구한 것 같다고 하 므로 (a)와 (c)는 적절하지 않다.

어휘 **overcharge** 과다 청구하다  **complimentary** 무료의  **discounted price** 할인된 가격  **alcohol** 술, 알코올

정답 (b)

## 5

M  Thank you for the cake.

W  _____

(a) I'll pay for it.

(b) Don't mention it.

(c) Put some sauce, then.

(d) There's nothing much.

해석 M  케이크 고마워요.

W  _____

(a) 제가 낼게요.
(b) 별말씀을요.
(c) 그럼 소스를 좀 뿌려 주세요.
(d) 별로 없어요.

해석 감사를 표하는 말에 대한 응답으로 가장 적절한 것은 (b)이다. (d)는 양이나 가치가 '별로 없다'는 의미로 쓰인다.

어휘 **pay** 지불하다   **nothing much** 별로 없는, 별것 없는

정답 (b)

# 6

W  Department store customers can park in Lot D free of charge.

M  _____

(a) I know. How much is it?
(b) Really? Which way is it?
(c) Yes, the traffic is terrible.
(d) I'm not going to the park.

해석 W  백화점 고객들은 D 구역에 무료로 주차하실 수 있습니다.

M  _____

(a) 알아요, 얼마죠?
(b) 정말이요? 어느 쪽이죠?
(c) 그래요. 교통이 꽉 막혔어요.
(d) 전 공원에 가지 않을 거예요.

해설 주차장을 무료로 이용할 수 있다는 안내에 반색하며 어느 쪽으로 가면 되는지 방향을 묻는 (b)가 가장 자연스럽다. 무료라고 하므로 (a)는 알맞지 않고 (d)는 여자의 말에서 '주차하다'로 쓰인 park가 '공원'이라는 의미로 쓰인 오답 함정이다.

어휘 **department store** 백화점   **customer** 고객   **park** 주차하다, 공원   **lot** 구역   **free of charge** 무료로   **traffic** 교통(량)   **terrible** 심한, 지독한

정답 (b)

# 7

M  Don't break your promise again.

W  _____

(a) I swear I won't.
(b) I'm glad you think so.
(c) You have a promising future.
(d) Sorry, it's not breakable.

해석 M  다시는 약속 어기지 마.

W  _____

(a) 안 그런다고 맹세해.
(b) 그렇게 생각한다니 기쁘다.
(c) 너의 미래는 전도유망해.
(d) 미안, 그건 잘 깨지지 않아.

해설 다시는 약속을 어기지 말라고 하는 말에 앞으로는 그렇지 않겠다는 맹세를 나타내는 (a)가 가장 자연스럽다. (c)와 (d)는 남자의 말에서 각각 promise와 break를 이용해 변형한 오답 함정으로 대화의 맥락과 전혀 관련이 없다.

어휘 **break one's promise** 약속을 깨다   **swear** 맹세하다   **promising** 전도유망한   **breakable** 깨지기 쉬운

정답 (a)

# 8

M  I'm glad to finally meet you in person, ma'am.

W  _____

(a) The pleasure is mine.
(b) I met her in person, too.
(c) That's what I want to do.
(d) Not so fast, young man.

해석 M  드디어 직접 뵙게 되어 반갑습니다.

W  _____

(a) 저도요.
(b) 저도 그녀를 직접 만났어요.
(c) 그게 바로 제가 하고 싶은 거예요.
(d) 잠깐, 젊은이.

해설 만나서 반갑다는 말에 함께 반가움을 표시하는 (a)가 가장 자연스럽다. (c)의 do가 say로 바뀐다면 동감을 표시하는 표현으로 정답이 될 수 있다.

어휘 **finally** 마침내   **in person** 직접, 실물로   **Not so fast** 잠깐, 기다려

정답 (a)

## 9

M Uh-oh, my stomach feels funny.

W _____

(a) Maybe it's the fish you had for lunch.
(b) You have a good sense of humor.
(c) Oh, that's why you're smiling.
(d) But I'm not hungry at all.

해석 M 이런, 뱃속이 안 좋네.

W _____

(a) 점심에 먹었던 생선 때문인가 봐.
(b) 넌 유머 감각이 뛰어나.
(c) 오, 그래서 네가 웃고 있구나.
(d) 하지만 난 전혀 배고프지 않아.

해설 feel funny는 몸이나 기분이 '좋지 않다'는 의미로, 속이 좋지 않다는 말에 점심에 먹은 생선에 문제가 있었던 것이 아닌지 의심하는 (a)가 가장 자연스럽다. funny만 들었다면 (b)나 (c)의 함정에 빠질 수 있다.

어휘 stomach 위, 뱃속  feel funny (몸, 기분 등이) 좋지 않은  sense of humor 유머 감각

정답 (a)

## 10

W There is no smoking here, sir.

M _____

(a) What? I thought this is a smoke-free area.
(b) Sorry, I'll turn it up now.
(c) Then give me a cigar instead.
(d) Oh, where can I smoke then?

해석 W 여기는 금연 구역입니다.

M _____

(a) 뭐라고요? 여기는 금연 구역이라고 생각했는데요.
(b) 죄송해요, 바로 소리를 크게 할게요.
(c) 그럼 대신 시가를 주세요.
(d) 그럼 어디서 피울 수 있죠?

해설 담배를 피우려는 남자에게 여자가 이곳이 금연 구역이라고 알려 주는 상황이다. 그러면 어디에서 담배를 피울 수 있을지를 묻는 (d)가 가장 자연스럽다. (a)는 반문하면서도 금연 구역이라고 생각했다고 하므로 앞뒤 맥락에 맞지 않다.

어휘 smoke-free 금연의  turn it up 소리를 올리다  cigar 시가  instead 대신에

정답 (d)

## Part II

### Unit 03 의문문

p.65

| 1. (b) | 2. (b) | 3. (a) | 4. (c) | 5. (b) | 6. (b) |
|--------|--------|--------|--------|--------|--------|
| 7. (c) | 8. (d) | 9. (b) | 10. (a) | | |

## 1

M Hello, Golden Dragon Chinese Food.
W I'm calling to complain about the food that was just delivered.
M What seems to be the problem?

W _____

(a) I'll forward your complaint.
(b) There is a hair in my soup.
(c) I have a craving for noodles.
(d) We don't serve vegetarian dishes.

해석 M 안녕하세요, 골든 드래곤 중화요리입니다.
W 방금 배달된 음식에 관해 항의하고 싶습니다.
M 무슨 문제가 있으시죠?

W _____

(a) 당신의 불만을 전달할게요.
(b) 제 수프에 머리카락 한 올이 있어요.
(c) 전 국수가 정말 먹고 싶어요.
(d) 저희는 채식 요리는 제공하지 않아요.

해설 배달 음식에 대해 항의 전화를 건 여자가 할 말로 가장 적절한 것은 수프에 머리카락이 있다고 문제점을 이야기하는 (b)이다. (a)는 여자의 항의를 듣고 남자가 할 수 있는 말이다.

어휘 complain about ~에 대해 항의하다  forward 보내다, 전달하다  have a craving for ~을 열망하다  noodle 국수  vegetarian dishes 채식 요리

정답 (b)

## 2

W Hi, how can I help you?
M I'd like to buy some milk, please.
W Which one would you like, skim milk or whole milk?
M _____

(a) The milk has gone sour.
(b) I'll take whichever is cheaper.
(c) I skimmed through the article first.
(d) I don't put milk in my tea.

해석 W 안녕하세요, 어떻게 도와 드릴까요?
　　 M 우유를 좀 사려고요.
　　 W 어떤 우유가 필요하신지요? 무지방 우유인가요, 아니면 일반 우유인가요?
　　 M _____

　　 (a) 우유가 상했어요.
　　 (b) 뭐든 더 저렴한 걸로 할게요.
　　 (c) 우선 기사를 대강 읽었어요.
　　 (d) 전 차에 우유를 넣지 않는답니다.

해설 남자는 우유를 구입하기를 원하고, 여자가 무지방 우유 또는 일반 우유 중에 어느 것이 필요한지 물었으므로 남자의 다음 말로 적절한 것은 (b)이다. (a)와 (d)는 milk를 사용해 만든 함정이며, (c) 역시 skim이라는 단어를 이용한 오답이다.

어휘 **skim milk** 무지방 우유 　**whole milk** (지방을 빼지 않은) 전유 　**go sour** (음식이) 상하다 　**whichever** 어느 쪽이든 　**skim though** ~을 대충 읽다 　**article** 기사

정답 (b)

## 3

M We should go over these numbers together tomorrow.
W Tomorrow is fine for me. I'll be in my office.
M What time suits you best?
W _____

(a) Let's make it at four.
(b) At any time of the year.
(c) Suite room, at 3 p.m., please.
(d) This suit is the best.

해석 M 내일 이 숫자들을 같이 검토해야 해요.
　　 W 저는 내일 좋아요. 사무실에 있을 거예요.
　　 M 시간은 언제가 제일 좋으세요?
　　 W _____

　　 (a) 4시로 합시다.
　　 (b) 올해 아무 때나요.
　　 (c) 오후 3시에 스위트 룸 부탁해요.
　　 (d) 이 정장이 제일 좋네요.

해설 검토 작업을 함께 하기 위해 내일 중 언제가 제일 좋은지 묻는 말에 원하는 시간을 정해서 이야기하는 (a)가 적절하다. 내일에 한정하는 질문이므로 (b)는 적절하지 않으며, (c)는 suit와 suite의 발음 혼동을 이용한 오답이다. (d)의 suit는 '수트, 정장'을 의미하는 말로, best라는 말과 함께 쓰여 혼란을 주는 함정이다.

어휘 **go over** 검토하다 　**suit** ~에 알맞다, 정장

정답 (a)

## 4

M Where were you today? I was worried about you.
W Sorry, something happened at work.
M Oh, is this going to be usual?
W _____

(a) Yes, it happened lately.
(b) I don't really recall it.
(c) Only for this month, I guess.
(d) I'm often concerned about nothing.

해석 M 오늘 어디 있었니? 걱정했잖아.
　　 W 미안, 직장에 일이 좀 있었어.
　　 M 앞으로도 있는 일이니?
　　 W _____

　　 (a) 응, 최근에 그랬어.
　　 (b) 정말 기억이 안 나.
　　 (c) 아마 이번 달 만 그럴 거야.
　　 (d) 난 종종 아무것도 아닌 일로 걱정해.

해설 직장에 일이 있었다는 여자에게 남자는 그런 일이 흔히 있게 될지를 묻고 있다. 앞으로의 일에 대해 이번 달에만 그럴 것 같다고 대답하는 (c)가 가장 자연스럽다. (a)의 Yes만 듣고 정답으로 고르지 않도록 유의한다.

어휘 **recall** 기억해 내다 　**concerned about** ~을 염려하는

정답 (c)

## 5

W  Hello, Canadian Airlines. How can I help you?

M  Hi, I'd like to book a flight to Bangkok.

W  When would you like to go?

M  _____

(a) I went there last year.

(b) On the eighth next month.

(c) I never fly economy class.

(d) After I check in my luggage.

해석 W 안녕하세요, 캐나다 항공입니다. 무엇을 도와 드릴까요?
　　 M 안녕하세요, 방콕행 비행기를 예약하고 싶은데요.
　　 W 언제 가시는 거죠?
　　 M _____
　　 (a) 거기는 작년에 갔었어요.
　　 (b) 다음 달 8일에요.
　　 (c) 전 일반석은 타지 않아요.
　　 (d) 제 짐을 체크인한 뒤에요.

해설 비행기 예약을 하려는 남자에게 출발 날짜를 묻고 있다. 따라서 예약할 날짜로 이야기하는 (b)가 가장 자연스럽다. (a)는 시제상 과거의 이야기를 하기 때문에 정답에서 제외한다. 또, 좌석을 고르는 것이 아니므로 (c)는 알맞지 않으며, 탑승 절차가 아니므로 (d)도 적절하지 않다.

어휘 **book** 예약하다　**flight** 항공편　**economy class** 일반석　**check in** 탑승 수속하다　**luggage** 짐, 수화물

정답 (b)

## 6

M  Have you received the sample I sent you?

W  No. Why don't you check the tracking number?

M  Oh, do you know where I can do that?

W  _____

(a) You can just reorder the sample.

(b) On the delivery company's homepage

(c) I should've sent it by registered mail.

(d) It is packaged up, ready to be sent.

해석 M 제가 보낸 샘플 받았나요?
　　 W 아뇨. 송장 번호를 확인해 보지 그래요?
　　 M 아, 어디서 확인할 수 있는지 아세요?
　　 W _____

(a) 그냥 샘플을 재주문할 수 있어요.

(b) 택배 회사 홈페이지에서요.

(c) 등기 우편으로 보냈어야 했어요.

(d) 포장해서 보낼 준비가 됐어요.

해설 택배의 송장 번호를 어디서 확인해야 할지 묻는 남자의 질문에 대해 택배 회사의 홈페이지에서 확인하라고 알려주는 (b)가 가장 자연스럽다. 여자의 말 check를 듣지 못했다면 남자의 말에서 do가 무슨 뜻인지 모를 수 있으므로 대화를 집중해서 듣도록 한다.

어휘 **receive** 받다　**tracking number** 추적 번호, 송장 번호　**reorder** 다시 주문하다　**delivery company** 택배 회사　**registered mail** 등기 우편　**package** 포장하다

정답 (b)

## 7

W  Where are you going?

M  To the monthly meeting. It's been put forward to 2 p.m.

W  What? Why didn't you tell me?

M  _____

(a) I didn't know you knew it.

(b) Because it's high on the agenda.

(c) Oh, it slipped my mind.

(d) After all, we're one team.

해석 W 어디 가세요?
　　 M 월례 회의예요. 오후 2시로 앞당겨졌어요.
　　 W 네? 왜 저한테 말 안 하셨어요?
　　 M _____

(a) 알고 있는지 몰랐어요.

(b) 중요한 안건이거든요.

(c) 아, 깜빡 잊어버렸어요.

(d) 어쨌든 우리는 한 팀이잖아요.

해설 여자가 월례 회의가 앞당겨진 사실을 왜 얘기하지 않았는지 묻는 말에 말하는 걸 깜빡 잊었다고 하는 (c)가 가장 자연스럽다. slip one's mind '깜빡하다'라는 관용 표현을 모르면 맞힐 수 없는 문제이다. 여자는 월례 회의가 앞당겨진 사실을 몰랐으므로 (a)는 적절하지 않다.

어휘 **monthly** 매월의　**put forward** 앞당기다　**high on the agenda** 중요한 안건인　**after all** 어쨌든

정답 (c)

## 8

M  I heard you got a job as a tour guide.
W  Yes, I'm really excited about this new job.
M  Wouldn't a desk job be better?
W  _____

(a) Yes, I see a big future here.
(b) Right, I was stuck in the office.
(c) No, I'll chair the meeting myself.
(d) I want something more active.

해석  M  여행 가이드로 취직했다며?
　　　W  응, 새로운 일로 정말 마음이 들뜬다.
　　　M  사무직이 더 낫지 않아?
　　　W  _____

　　　(a) 응, 여기가 전망이 밝아.
　　　(b) 맞아, 난 사무실에 박혀 있었어.
　　　(c) 아니. 내가 직접 의장을 맡을 거야.
　　　(d) 난 뭔가 더 활동적인 걸 원해.

해설  여행 가이드로 취직해서 들뜬 여자에게 사무직이 더 낫지
　　　않냐고 묻고 있다. 이에 대해 늘 앉아 있는 사무직보다 더
　　　활동적인 것을 원한다는 (d)가 가장 적절하다. (a)의 Yes
　　　가 No로 바뀐다면 자연스러운 응답이 될 수 있다.

어휘  get a job 취직하다   tour guide 여행 가이드
　　　desk job 사무인 일   future 장래성
　　　be stuck in ~에 갇혀 있다   chair 의장을 맡다

정답  (d)

## 9

W  How can I help you, sir?
M  I'm looking for a gray sweater.
W  Okay. How about this one?
M  _____

(a) Great. Is it still warm, though?
(b) Oh, that perfectly matches my pants.
(c) Not bad, but it's in the gray area.
(d) It comes in different colors.

해석  W  무엇을 도와드릴까요?
　　　M  회색 스웨터를 찾고 있는데요.
　　　W  네. 이 스웨터는 어떠세요?
　　　M  _____

　　　(a) 좋네요. 그런데 아직 따뜻한가요?
　　　(b) 제 바지와 딱 어울리네요.
　　　(c) 나쁘지는 않지만 애매한 상황이네요.
　　　(d) 여러 가지 색깔이 있어요.

해설  회색 스웨터 중 하나를 권하는 직원에게 만족한다는 의미
　　　의 (b)가 가장 적절하다. (a)와 (c)는 처음부터 기호를 표
　　　현하는 글의 맥락을 파악하지 못했다면 쉽게 고를 수 있
　　　는 함정이다.

어휘  perfectly 완벽하게   match 어울리다   gray area
　　　이도 저도 아닌 애매한 부분[상황]   come in (상품 등이)
　　　들어오다

정답  (b)

## 10

W  Are you coming to Tony's party tonight?
M  No, I'm not.
W  Is there any problem between you and Tony?
M  _____

(a) We're not on speaking terms these days.
(b) All I need is your honest feedback.
(c) I can solve this math problem by myself.
(d) Yes, he'll be missed a lot.

해석  W  오늘 밤 토니의 파티에 올 거니?
　　　M  아니. 난 안 가.
　　　W  너 토니랑 무슨 문제 있니?
　　　M  _____

　　　(a) 우리 요즘 말도 안 하고 있어.
　　　(b) 내가 필요한 건 너의 솔직한 피드백이야.
　　　(c) 이 수학 문제는 나 혼자 풀 수 있어.
　　　(d) 응. 그가 많이 그리워질 거야.

해설  파티에 오지 않겠다는 남자에게 여자는 토니와 무슨 문제
　　　가 있는지 묻고 있다. be not on speaking terms는
　　　'만나도 말을 안 하다, 사이가 좋지 않다'를 뜻하는 표현으
　　　로, 둘 사이에 문제가 있다는 의미의 (a)가 가장 적절하다.

어휘  feedback 피드백   miss 그리워하다

정답  (a)

---

**Unit 04  평서문**　　　p.72

| 1. (c) | 2. (c) | 3. (a) | 4. (c) | 5. (a) | 6. (b) |
|--------|--------|--------|--------|--------|--------|
| 7. (b) | 8. (a) | 9. (b) | 10. (c) | | |

## 1

W  Wow, look at this fancy sports car!
M  Thanks, I drive it to school.
W  I didn't know you are into luxurious cars.
M  _____

(a) That's not what my report says.
(b) Could you lend it to me someday?
(c) Not really. It's my dad's old car.
(d) You're driving yourself too hard.

해석 W  와, 이 고급 스포츠카 좀 봐!
　　 M  고마워. 학교에 몰고 가는 거야.
　　 W  네가 고급 자동차를 좋아하는 줄 몰랐는데.
　　 M  _____

　　 (a) 내 리포트의 내용과는 다른데.
　　 (b) 언제 나한테 좀 빌려줄 수 있니?
　　 (c) 그렇지는 않아. 이건 아빠의 오래된 차야.
　　 (d) 넌 네 자신을 너무 혹사시키고 있어.

해설 남자의 고급 스포츠카를 보고 취향인지 몰랐다고 하는 여
　　 자의 말에 자기 취향이 아니라 아빠 소유의 차를 모는 것
　　 이라고 답하는 (c)가 대화의 맥락에 가장 자연스럽다. (d)
　　 는 대화의 drive를 중복 사용한 오답 함정으로, 차를 운
　　 전하는 것과 거리가 먼 표현이다.

어휘 **fancy** 고급의  **be into** ～에 빠져 있다  **luxurious**
　　 고급스러운, 호화로운  **lend** 빌려 주다  **drive oneself
　　 too hard** 자신을 심하게 몰아붙이다

정답 (c)

## 2

W  Do you have any plans for Thanksgiving Day?
M  Yes, all my children are coming home from college.
W  Oh, really? I want to see them. Stop by with them.
M  _____

(a) Yes, I'd love a Thanksgiving dinner with them.
(b) But they are now living in the dormitories.
(c) Of course. I'll make sure to do that.
(d) Sure, my place is too big for a family of four.

해석 W  추수 감사절에 계획 있으세요?
　　 M  네. 아이들이 모두 대학에서 집으로 올 거예요.
　　 W  정말이요? 그 애들이 보고 싶네요. 데리고 잠깐 들르
　　 　 세요.
　　 M  _____

(a) 네. 애들과 추수 감사절의 저녁을 함께하면 좋겠네요.
(b) 하지만 애들은 지금 기숙사에 살고 있어요.
(c) 물론이죠. 꼭 그렇게 할게요.
(d) 그래요. 우리 집은 4인 가족에게는 너무 커요.

해설 추수 감사절에 남자의 집에 대학에 갔던 아이들이 온다고
　　 한다. 아이들이 보고 싶으니 함께 들러 달라는 여자의 말
　　 에 꼭 그렇게 하겠다고 말하는 (c)가 가장 자연스럽다. 아
　　 이들이 오기로 되어 있으므로 (a)는 적절하지 않고, 집이
　　 4인 가족에는 너무 크기 때문에 들르겠다는 말은 맥락에
　　 맞지 않으므로 (d) 또한 알맞지 않다. 항상 선택지를 끝까
　　 지 듣고 말의 앞뒤를 따져서 정답을 고르도록 한다.

어휘 **stop by** 잠시 들르다  **dormitory** 기숙사  **make
　　 sure to** 꼭 ～하다  **place** (개인의) 집  **family of
　　 four** 4인 가족

정답 (c)

## 3

M  How can I sort out this data?
W  Use the spreadsheet application.
M  But I don't know how to use it.
W  _____

(a) Let me walk you through it.
(b) It takes time to sink in.
(c) It's evenly spread out.
(d) I really appreciate your help.

해석 M  이 데이터를 어떻게 정리할까요?
　　 W  스프레드시트 응용 프로그램을 이용해 봐요.
　　 M  하지만 어떻게 사용하는지 모르는데요.
　　 W  _____

　　 (a) 내가 설명해 줄게요.
　　 (b) 이해가 되려면 시간이 걸려요.
　　 (c) 고르게 퍼졌네요.
　　 (d) 도움에 정말 감사드려요.

해설 데이터 정리에 필요한 스프레드시트 응용 프로그램을 이
　　 용하는 방법을 모르는 남자에게 사용법을 설명해 주겠
　　 다고 말하는 (a)가 가장 적절하다. walk somebody
　　 through something '～에게 …을 설명해 주다'라는 관
　　 용적인 표현을 모른다면 맞히기 힘든 문제다.

어휘 **sort out** 분류[선별]하다  **application** 응용 프로그램
　　 **sink in** 완전히 이해되다  **evenly** 고르게  **spread
　　 out** 활짝 퍼지다  **appreciate** 고마워하다

정답 (a)

## 4

M  I just came back from my vacation.
W  How was it?
M  I don't even want to talk about it.
W  _____

(a) On business or for pleasure?
(b) I understand. I feel bad, too.
(c) What on earth happened?
(d) How long was your vacation?

해석  M  나 방금 휴가에서 돌아왔어.
　　　W  어땠어?
　　　M  말도 하기 싫어.
　　　W  _____

　　　(a) 업무상으로, 아니면 놀러 간 거야?
　　　(b) 이해해. 나도 기분이 나빠.
　　　(c) 대체 무슨 일이 있었는데?
　　　(d) 휴가를 얼마나 갔지?

해설  휴가에서 돌아온 남자가 휴가에 대해서는 말도 하기 싫다
　　　며 좋지 않은 일이 있었음을 암시하고 있다. 따라서 그 이
　　　유를 궁금해 하며 무슨 일이 있었는지 묻는 (c)가 가장 자
　　　연스럽다. 여자는 남자에게 무슨 일이 있었는지 모르므로
　　　(b)는 적절하지 않다.

어휘  on business 업무상으로   for pleasure 놀러, 재미로
　　　on earth 도대체

정답  (c)

## 5

M  Sylvia has really big and pretty eyes.
W  Yeah, she's very attractive.
M  Her sister has big eyes, too.
W  _____

(a) I guess it runs in their family.
(b) Oh, what a shame!
(c) I'll keep an eye on it.
(d) Yes, they owe me big time.

해석  M  실비아 눈은 정말 크고 예뻐.
　　　W  맞아. 정말 매력적이지.
　　　M  그녀의 언니도 눈이 크더라고.
　　　W  _____

　　　(a) 그들 집안의 유전인가 봐.
　　　(b) 어머, 정말 안타깝다!
　　　(c) 내가 계속 지켜볼 거야.
　　　(d) 응. 그들은 나한테 크게 신세 진 거야.

해설  실비아가 눈이 크고 예쁜데 언니도 눈이 크다는 대화에서
　　　가장 적절한 말은 눈이 큰 게 실비아의 집안 내력인 것 같
　　　다는 (a)가 가장 적절하다. run in one's family는 어떤
　　　자질이나 특징이 '집안의 유전이다'라는 의미이다.

어휘  attractive 매력적인   shame 부끄러움   keep an
　　　eye on ~을 계속 지켜보다   owe ~ big time ~에게
　　　크게 신세를 지다

정답  (a)

## 6

W  Yesterday was my birthday.
M  Really? I completely forgot.
W  I'm so disappointed in you.
M  _____

(a) I'll try to be there next time.
(b) I'll make up for it. I promise.
(c) But we made an appointment.
(d) It's better late than never.

해석  W  어제 내 생일이었는데.
　　　M  정말? 완전히 깜빡했다.
　　　W  너한테 정말 실망이야.
　　　M  _____

　　　(a) 다음에는 거기로 가도록 애써 볼게.
　　　(b) 대신 다른 걸로 보상할게. 약속해.
　　　(c) 하지만 우린 약속했었잖아.
　　　(d) 늦더라도 안 하는 것보다 낫지.

해설  자신의 생일을 잊어버려 완전히 실망한 여자에게 할 남자
　　　의 응답으로 자신의 잘못에 대해 보상하겠다고 약속하는
　　　(b)가 가장 적절하다. (d)는 늦었지만 여자의 생일을 챙겼
　　　을 때 할 수 있는 말이다.

어휘  completely 완전히   disappointed 실망한   make
　　　up for ~을 보상[만회]하다   make an appointment
　　　약속하다

정답  (b)

## 7

M The doctor said my mom has cancer.
W No way. Why don't you get a second opinion?
M I think I should. I'll talk to my mom.
W _____

(a) Do you know anything about cancer?
(b) I recommend you go to Doctor Meredith.
(c) This is actually my second try.
(d) I'm sure you'll get better.

해석 M 의사 선생님이 우리 엄마가 암에 걸리셨대.
　　 W 말도 안 돼. 다른 의사 진단도 받아 보지 그래?
　　 M 그래야 할 것 같아. 엄마한테 말해 볼게.
　　 W _____

　　 (a) 암에 대해서 아는 게 있니?
　　 (b) 메러디스 선생님께 가 봐.
　　 (c) 사실 이게 내 두 번째 시도야.
　　 (d) 넌 꼭 좋아질 거야.

해설 다른 의사의 진단도 받아볼 것을 권하는 여자가 남자에게 할 말로, 구체적으로 의사 이름을 언급한 (b)가 가장 자연스럽다. 대화 속 여자의 말 get a second opinion의 의미를 모른다면 쉽게 풀 수 없는 문제로, 관용 표현을 많이 알아 두도록 한다. 남자가 아픈 것은 아니므로 (d)는 적절하지 않다.

어휘 cancer 암　second opinion 다른 의사의 진단
　　 try 시도　get better 좋아지다, 호전되다

정답 (b)

## 8

W Do you remember the name of the main actor in the movie *Desperado*?
M His real name or the name in the movie?
W His real name.
M _____

(a) Aargh, it's on the tip of my tongue.
(b) You name it. He makes it.
(c) He's working under an alias.
(d) I didn't like the movie anyway.

해석 W 영화 〈데스페라도〉의 주인공 이름 기억하니?
　　 M 실제 이름, 아니면 영화 속 이름?
　　 W 실제 이름 말이야.
　　 M _____

　　 (a) 윽, 기억날 듯 말 듯하네.
　　 (b) 말만 해. 그가 다 만들 거야.
　　 (c) 그는 가명으로 일하고 있어.
　　 (d) 난 어쨌든 그 영화 별로였어.

해설 It's on the tip of one's tongue.은 '혀끝에 맴돌다, 기억이 날 듯 말 듯하다'라는 의미로, 두 사람이 어떤 영화에 나왔던 주연 배우의 실제 이름을 기억하려 애쓰고 있으므로 가장 자연스러운 것은 (a)이다.

어휘 main actor 주연 배우　You name it 무엇이든 말해 봐
　　 under an alias 가명으로

정답 (a)

## 9

M You look very tired. What did you do last night?
W I stayed up all night studying for my final.
M You should get some sleep before the test.
W _____

(a) Okay, let me sleep on it.
(b) Then, wake me up at two, please.
(c) No, I went to bed early yesterday.
(d) I guess you didn't sleep a wink.

해석 M 너 무척 피곤해 보인다. 어젯밤에 뭐했니?
　　 W 기말시험 공부하느라 밤을 꼬박 샜어.
　　 M 너 시험 전에 좀 자야겠다.
　　 W _____

　　 (a) 좋아. 좀 더 생각해 볼게.
　　 (b) 그럼 2시에 좀 깨워 줘.
　　 (c) 아냐. 난 어제 일찍 잤는걸.
　　 (d) 너 한숨도 안 잔 것 같은데.

해설 밤새 시험 공부를 하느라 피곤한 여자에게 시험 전에 좀 자라고 하는 남자의 말에 수긍하면서 2시에 깨워 달라고 하는 (b)가 가장 자연스럽다. (a)와 (d)에 쓰인 sleep을 이용한 관용 표현도 꼭 알아 두도록 한다.

어휘 stay up all night 밤을 꼬박 새다　final 기말시험
　　 sleep on ~을 하룻밤 자며 신중히 생각해 보다　wake
　　 up 깨우다　not sleep a wink 한숨도 자지 않다

정답 (b)

## 10

M People say I take after my dad.
W I have never seen your father.
M I'll show you a picture of my dad. Here.
W _____

(a) You should look after your father.
(b) This picture really flatters you.
(c) You're a carbon copy of your father.
(d) You need to buy a new one.

해석 M 사람들이 난 아빠 닮았대.
　　 W 넌 너희 아빠 뵌 적 없어서.
　　 M 우리 아빠 사진 보여 줄게. 여기.
　　 W _____

　　 (a) 넌 아빠를 돌봐 드려야 해.
　　 (b) 이 사진이 진짜 실물보다 나은데.
　　 (c) 넌 정말 너희 아빠 판박이구나.
　　 (d) 넌 새로 하나 사야 해.

해설 대화 속 '~을 닮다'를 뜻하는 take after를 모른다면 대화의 맥락을 파악하기 어려운 문제다. 사람들이 자신이 아빠와 닮았다고 한다며 사진을 보여 주는 남자에게 사진을 본 여자의 응답으로 닮았음을 인정하는 (c)가 가장 자연스럽다.

어휘 **look after** 돌보다　**flatter** (사진 등이) ~을 돋보이게 하다　**carbon copy** 판박이, 꼭 같은

정답 (c)

---

# Part III

p.99

Unit 05 대의 파악 문제

1. (d)　2. (a)　3. (c)　4. (c)

## 1

Listen to a conversation between a bank teller and a customer.
W What can I do for you, sir?
M Hi, I want to change my password for my savings account, please.
W Sure, just enter your current password here first.
M I'm sorry, but I don't remember my current password. What should I do?
W Well, in that case, you should fill out this form here. That's all.
M Thanks. I really appreciate your help.
Q What is the man mainly doing in the conversation?
(a) Trying to withdraw some money from his account
(b) Filling out a form to change his phone number
(c) Requesting assistance to update his account
(d) Attempting to change his bank information

해석 은행 직원과 손님간의 대화입니다.
　　 W 무엇을 도와드릴까요?
　　 M 안녕하세요? 제 예금 계좌의 비밀번호를 바꾸고 싶은데요.
　　 W 네. 먼저 여기에 현재 비밀번호를 입력해 주세요.
　　 M 죄송하지만, 현재 비밀번호가 기억나지 않아서요. 어떻게 해야 하죠?
　　 W 그런 경우라면, 이 양식을 작성하세요. 그러면 됩니다.
　　 M 감사합니다. 도와주셔서 정말 감사해요.
　　 Q 대화에서 남자가 주로 하고 있는 일은 무엇인가?
　　 (a) 계좌에서 돈을 조금 찾으려 한다.
　　 (b) 전화번호를 바꾸기 위해 양식을 작성한다.
　　 (c) 계좌 갱신을 위해 도움을 요청한다.
　　 (d) 자신의 은행 정보를 변경하고자 한다.

해설 계좌의 비밀번호를 바꾸기 위해 도움을 요청하고 있으므로 남자가 주로 하고 있는 행동으로 가장 적절한 것은 (d)이다.

어휘 **password** 비밀번호　**savings account** 저축 계좌

enter 입력하다   current 현재의   fill out a from
양식을 작성하다   withdraw 인출하다   request
요청하다   update 갱신하다   attempt 시도하다

정답 (d)

## 2

Listen to a conversation between two friends.
M Rachael, I got the job!
W Really? That's wonderful.
M Thanks. But I won't start until October.
  I guess they're not so eager to have me.
W No, I'm sure they have their reasons. Don't
  pull yourself down.
M Yeah, you're right.
W You never know. They might ask you to work
  sooner.
Q What are the man and woman mainly
  discussing?
(a) The man's acceptance to a new position
(b) The man's eagerness to work sooner
(c) The man's reasons for applying to a certain
  job
(d) The man's dissatisfaction concerning the
  new job

해석 두 친구 간의 대화입니다.
  M 레이첼, 나 취직했어!
  W 정말? 잘됐다.
  M 고마워. 근데 10월이 돼서야 출근이야. 내가 간절히
    필요하지는 않은가 봐.
  W 아니야. 나름대로 이유가 있겠지. 좌절하지 마.
  M 그래, 네 말이 맞아.
  W 누가 아니? 곧 일하러 오라고 할 수도 있잖아.
  Q 남자와 여자가 주로 논의하는 것은 무엇인가?
  (a) 남자가 새 일자리에 합격한 것
  (b) 더 빨리 일하고 싶은 남자의 열망
  (c) 남자가 특정 일자리에 지원한 이유
  (d) 새 일자리에 관한 남자의 불만

해설 남자가 취직이 되어 10월에는 일을 할 거라고 한다. 당분
  간 일을 하지 않는 것에 대해 남자가 아쉬워하고 있지만
  여자는 더 빨리 일을 시작할 수도 있을 거라며 용기를 주
  고 있다. 따라서 전반적으로 남자의 취직에 관해 이야기하
  고 있음을 알 수 있다.

어휘 be eager to 간절히 ~하다   pull oneself down
  좌절하다, 무너지다   acceptance 합격, 수락
  position 일자리   eagerness 열의, 열망

apply to ~에 지원하다   dissatisfaction 불만
concerning ~에 관한

정답 (a)

## 3

Listen to a conversation between two
colleagues.
W Hey, it looks like you have a lot of stuff to
  carry.
M Yeah, but I'm all right.
W Are you sure? Do you want me to get
  someone to help you?
M No, it's okay. I think I can manage it. I'll just
  take some now and come back for the rest
  later.
W The storage room is too far away. It's going
  to take you forever! I'll just help you.
M Well, okay, if you insist.
Q What is mainly happening in the conversation?
(a) The woman is trying to have someone help
  the man.
(b) The man is requesting for the woman's help.
(c) The woman is attempting to help the man.
(d) The man wants the woman to leave him alone.

해석 두 직장동료 간의 대화입니다.
  W 야, 너 옮길 게 아주 많아 보이는데.
  M 그래도 괜찮아요.
  W 정말이야? 내가 도와줄 사람 데려올까?
  M 아뇨. 괜찮아요. 제가 할 수 있을 것 같아요. 그냥 지금
    몇 개 가져가고 나중에 나머지 가지러 올 거예요.
  W 창고가 너무 멀잖아. 시간이 엄청 오래 걸릴 텐데! 그
    냥 내가 도와줄게.
  M 그래요. 정 그러시다면요.
  Q 대화에서 주로 일어나고 있는 일은 무엇인가?
  (a) 여자가 남자를 도울 누군가를 구하고 있다.
  (b) 남자가 여자의 도움을 요청하고 있다.
  (c) 여자가 남자를 도와주려 하고 있다.
  (d) 남자는 여자가 그를 혼자 내버려 두기를 원한다.

해설 여자가 남자에게 계속 도움을 주겠다고 하고 있으므로
  (c)가 적절하다. 남자가 처음에는 혼자서 하겠다고 했지
  만 결국 도움을 받기로 하므로 (d)는 알맞지 않다.

어휘 manage ~을 해내다   the rest 나머지   storage
  room 창고   leave ~ alone ~을 혼자 있게 내버려두다

정답 (c)

**4**

Listen to a conversation between two classmates.

M　Jen, did you turn in your biology report?

W　No, not yet. I've had so many other things to do.

M　Oh, no. Did you know that it is due tomorrow?

W　Really? It's already due?

M　Yeah, I think you should start right away.

W　All right. Do you think you can help me to get me on my feet?

Q　What is mainly happening in the conversation?

(a) The woman is asking the man to help her stand up.

(b) The woman is complaining about the busy schedule she has.

(c) The man is advising the woman to begin her assignment.

(d) The man is chastising the woman for not doing her work.

해석　두 급우 간의 대화입니다.

M　젠, 너 생물학 리포트 제출했니?

W　아니. 아직. 다른 할 일이 너무 많았거든.

M　안 돼. 마감이 내일이라는 거 알고 있었니?

W　정말? 벌써 마감이야?

M　그래. 너 바로 시작해야 할 것 같은데.

W　알았어. 내가 다시 기운 내서 하도록 도와줄 수 있니?

Q　대화의 주된 상황은 무엇인가?

(a) 여자가 일어서는 것을 도와 달라고 남자에게 부탁하고 있다.

(b) 여자가 자신의 바쁜 일정에 대해 불평하고 있다.

(c) 남자가 여자에게 과제를 시작하도록 조언하고 있다.

(d) 남자가 일하지 않은 것에 대해 여자를 꾸짖고 있다.

해설　다른 일이 많아서 리포트 제출 마감이 내일인 것을 잊고 있던 여자에게 남자가 바로 시작하라고 조언하고 있으므로 대화의 주된 상황은 (c)로 볼 수 있다. (a)는 on one's feet의 다른 의미, 즉 말 그대로 '일어서서'라는 뜻을 이용한 함정이다.

어휘　turn in ~을 제출하다　biology 생물학　due 마감 기한인　get back on one's feet ~을 다시 회복시키다　stand up 일어서다　complain about ~에 대해 불평하다　assignment 과제　chastise 벌하다. 꾸짖다

정답　(c)

---

1. (d)　2. (a)　3. (b)　4. (a)

**1**

Listen to two people asking for and giving directions.

M　I'm sorry to bother you, but do you happen to know where the nearest bus stop is?

W　No problem. But I think it depends on where you're going.

M　Well, I'm trying to get to this park near the city hall.

W　Oh, I see. In that case, you should go to the bus stop across the street.

M　Do you mind telling me which bus I should take?

W　Not at all. You need to take the blue bus.

Q　Which is correct according to the conversation?

(a) The bus stop is near the city hall.

(b) The woman cannot go across the street.

(c) The woman can take any bus she wants.

(d) The park is close to the city hall.

해석　두 사람이 길을 묻고 답하는 대화입니다.

M　죄송하지만, 혹시 가장 가까운 버스 정거장이 어딘지 아시나요?

W　그럼요. 근데 어디로 가시는지에 따라 다를 거예요.

M　시청 가까이에 있는 공원에 가려고 하는데요.

W　알겠어요. 그러면, 길 건너에 있는 버스 정류장으로 가셔야 해요.

M　어떤 버스를 타야 할지 알려 주시겠어요?

W　물론이죠. 파란색 버스를 타셔야 해요.

Q　대화에 의하면 다음 중 옳은 것은?

(a) 버스 정류장은 시청 가까이 있다.

(b) 여자는 길을 건너갈 수 없다.

(c) 여자는 원하는 버스를 아무거나 탈 수 있다.

(d) 공원은 시청 가까이에 있다.

해설　남자는 시청 근처에 있는 공원으로 가는 버스를 타려고 여자에게 정류장을 묻고 있다. 대화의 near이 close to로 바뀌어 표현된 (d)가 옳다. (b)와 (c)는 길을 안내해 주는 사람이 여자라는 것을 파악하면 쉽게 정답에서 제거할 수 있다. Part III에서는 남자와 여자의 역할 관계에 조심하도록 한다.

**어휘** bother 귀찮게 하다   depend on ~에 따라 다르다
get to ~에 이르다   across the street 길 건너에

**정답** (d)

## 2

Listen to a conversation at a water park ticket
counter.
M  I'm trying to buy a season pass for the water
park, and I'm not sure what kinds you have.
W  We have a family season pass and an
individual season pass.
M  How much can I save from a family season
pass?
W  Well, you can save about 200 dollars, which
is about 50% discount from the regular price.
M  Wow, that's great! I'll get that then.
W  Okay, you just need to fill out this form here
with your personal information.
Q  Which is correct according to the
conversation?
(a) The regular price of a family pass is 400
dollars.
(b) The man can only buy a family season pass
now.
(c) The family pass is cheaper than the individual
pass.
(d) The man doesn't think the family pass is a
better deal.

**해석** 워터파크 티켓 카운터에서의 대화입니다.
M  워터파크 정기권을 사려고 하는데요. 어떤 종류가 있
는지 모르겠네요.
W  가족용 정기권과 개인용 정기권이 있습니다.
M  가족용은 얼마를 절약할 수 있나요?
W  200달러 정도 절약하실 수 있어요. 정가에서 50%정
도 할인된 금액이에요.
M  와, 그거 좋네요! 그걸로 살게요.
W  네. 이 양식에 개인 정보만 기입하시면 돼요.
Q  대화에 의하면 다음 중 옳은 것은?
(a) 가족용 정기권의 정가는 400달러이다.
(b) 남자는 지금 가족용 정기권만 살 수 있다.
(c) 가족용 정기권이 개인용 정기권보다 더 저렴하다.
(d) 남자는 가족용 정기권이 더 이익이라고 생각하지 않는다.

**해설** 여자의 말에 의하면 가족용 정기권을 사면 200달러를 절
약할 수 있는데, 이것은 정가에서 50%가 할인된 금액이
라고 하므로 가족용 정기권의 정가는 그 두 배인 400달

러라는 것을 알 수 있다. 반면에 개인용 정기권의 가격은
알 수 없는 상황이다.

**어휘** season pass 정기권   individual 개인의
discount 할인하다   regular price 정가
personal information 개인 정보   deal 거래

**정답** (a)

## 3

Listen to two students discuss a dormitory
policy change.
M  I heard that starting next year we are going
to have to pay for our Internet access.
W  Yeah, I heard that, too. I don't think it's fair,
though.
M  Why? I mean, it's not like we're not using the
Internet.
W  Yeah, but some people use it more than
others.
M  So? What does that have to do with
anything?
W  Well, I think it's unfair for people to pay the
same amount no matter how much they use
the Internet.
Q  Which is correct according to the
conversation?
(a) The man does not want to pay for the
Internet.
(b) The woman is unhappy with the new policy.
(c) The man does not use the Internet at all.
(d) The woman is paying too much for the
Internet.

**해석** 기숙사 정책 변화에 대한 두 학생의 대화입니다
M  내년부터 인터넷 사용료를 내야 할 거예요.
W  그래요, 저도 들었어요. 하지만 그건 공평하지 않다고
생각해요.
M  왜요? 우리가 인터넷을 안 쓰는 건 아니잖아요.
W  그렇지만 어떤 사람들은 남들보다 인터넷을 더 많이
사용하잖아요.
M  그래서요? 그게 무슨 상관이죠?
W  그러니까, 인터넷 사용량에 상관없이 같은 금액을 내
야 한다는 게 불공평하다는 거죠.
Q  대화에 의하면 다음 중 옳은 것은?
(a) 남자는 인터넷 사용료를 내고 싶어 하지 않는다.
(b) 여자는 새로운 정책에 불만이 있다.
(c) 남자는 인터넷을 전혀 사용하지 않는다.
(d) 여자는 인터넷 사용료를 너무 많이 내고 있다.

해설 내년부터 인터넷 사용료를 내야 한다는 소식에 사용량에
상관없이 같은 금액을 내는 것은 불공평하다는 여자의 말
로 볼 때, 여자는 새로운 정책이 마음에 들지 않음을 알
수 있으므로 옳은 것은 (b)이다.

어휘 pay for (대금을) 지불하다   Internet access 인터넷
접속   fair 공평한   have to do with ~와 관계가 있다
unfair 불공평한   no matter ~에 상관없이
be unhappy with ~이 불만이다   policy 정책

정답 (b)

# 4

Listen to a conversation between two friends.
W  I'm not happy with my job.
M  Me neither.
W  Why, what's the matter? I thought you enjoyed your job.
M  Well, I like the work, but my new boss is just too incompetent.
W  Hey, that's why I don't like my job either!
M  I totally understand how you feel. There's just nothing to learn from inept supervisors.
Q  Which is correct according to the conversation?
(a) The woman does not think her boss is qualified.
(b) The man thinks the woman's boss is better.
(c) The woman and the man have the same boss.
(d) The man plans to change his job soon.

해석 두 친구 간의 대화입니다.
W  내 직장이 맘에 안 들어.
M  나도 그래.
W  왜? 뭐가 문제인데? 네 일을 즐기는 줄 알았는데.
M  일은 좋은데, 새 상사가 너무 무능하거든.
W  야, 나도 그래서 내 일이 싫은 건데!
M  네 기분 충분히 이해해. 무능한 관리자들한테는 배울 게 없다니까.
Q  대화에 의하면 다음 중 옳은 것은?
(a) 여자는 자신의 상사가 자질이 있다고 생각하지 않는다.
(b) 남자는 여자의 상사가 더 낫다고 생각한다.
(c) 여자와 남자는 상사가 같다.
(d) 남자는 곧 직업을 바꿀 계획이다.

해설 일은 좋지만 새로 온 상사가 무능해 직장이 맘에 들지 않
다는 남자의 말에 여자도 맞장구치며 같은 이유로 일이
싫다고 말하고 있으므로 옳은 것은 (a)이다. 두 사람 모두
상사가 무능해서 싫다고 하지만, 같은 상사를 두고 있는
것은 아니므로 (c)는 적절하지 않다.

어휘 incompetent 무능한   totally 전적으로   inept
서투른   supervisor 무능한   qualified 자격 있는

정답 (a)

## Unit 07  추론 문제
p.110

1. (c)   2. (b)   3. (c)   4. (a)

# 1

Listen to a conversation between two students.
M  I really like your drawing. I never realized how talented you are.
W  Thanks, John. I really appreciate your compliment.
M  You're welcome. So, do you plan to pursue art in the future?
W  I'm putting much thought to it. I'm still weighing my options.
M  I envy you. You have options to choose from.
W  Why? You're good at sports, science, and writing! You have many options as well!
Q  What can be inferred from the conversation?
(a) The woman does not like the way the man talks.
(b) The man can draw as well as the woman.
(c) The woman is good at several things.
(d) The man has more options than the woman.

해석 두 학생 간의 대화입니다.
M  네 그림이 정말 마음에 들어. 네가 이렇게 재능이 있는 지 미처 몰랐어.
W  고마워, 존. 칭찬 정말 감사해.
M  천만에. 그럼 넌 앞으로 미술 쪽으로 나갈 계획이야?
W  많이 생각 중이야. 아직 저울질하고 있어.
M  네가 부러워. 고를 수 있는 것들이 있으니까.
W  왜? 넌 스포츠와 과학, 글쓰기를 잘하잖아! 너도 선택 할 게 많지!
Q  대화로부터 유추할 수 있는 것은 무엇인가?
(a) 여자는 남자가 말하는 방식을 좋아하지 않는다.
(b) 남자는 여자만큼 그림을 잘 그린다.
(c) 여자는 여러 가지 것들을 잘한다.
(d) 남자는 여자보다 고를 수 있는 것이 더 많다.

해설 여자는 그림에 소질이 있지만 미래에 할 일로 선택할 수
있는 것들을 저울질하고 있다고 하므로 유추할 수 있는

내용은 (c)이다. 대화를 통해 두 사람이 각각 선택할 수 있는 것들의 개수를 비교할 수 있는 근거는 없으므로 (d)는 알맞지 않다.

어휘 draw 그리다 talented 재능 있는 compliment 칭찬 pursue 추구하다 thought 생각 weigh 저울질하다, 심사숙고하다 option 선택 as well ~도

정답 (c)

## 2

Listen to a conversation between two friends.

M Sarah, how's business these days?

W As you know, the economy is not doing so great, so we are struggling.

M I didn't think your company would be affected.

W Our total revenue has dropped more than 40% over the last six months.

M That's a huge drop! What is your company doing to make up for the loss?

W Everything's a risk now, so we are just cutting costs.

Q What can be inferred about the woman's company from the conversation?

(a) It is going bankrupt.

(b) It is spending less money.

(c) It is now in the red.

(d) It is pursuing new businesses.

해석 두 친구 간의 대화입니다.

M 사라, 요즘 사업은 어떠세요?

W 아시다시피, 경기가 그렇게 좋지 않은 상황이라, 저희도 고전하고 있어요.

M 당신 회사가 영향을 받을 줄은 몰랐네요.

W 지난 6개월간 총수익이 40% 이상 떨어졌어요.

M 크게 떨어졌네요! 손실을 메꾸기 위해 회사에서는 뭘 하고 있나요?

W 지금은 모든 게 다 위험해서, 저희는 그냥 비용을 줄이고 있어요.

Q 대화로부터 여자의 회사에 관해 유추할 수 있는 것은 무엇인가?

(a) 파산할 예정이다.

(b) 돈을 더 적게 쓰고 있다.

(c) 지금 적자 상태이다.

(d) 새로운 사업들을 해 나가고 있다.

해설 불경기로 인해 여자의 회사도 총수익이 크게 떨어져서 그 손실을 메우기 위해 비용을 줄이고 있다고 한다. 따라서 여자의 회사에 관해 유추할 수 있는 내용으로 (b)가 적절

하다. 수익이 하락했다는 것이 적자를 본 것은 아니므로 (c)는 알맞지 않다.

어휘 struggle 발버둥치다 revenue 수입, 수익 drop 떨어지다, 하락 huge 막대한 make up for ~을 만회하다 loss 손실 risk 위험 cut costs 비용을 절감하다 go bankrupt 파산하다 be in the red 적자이다

정답 (b)

## 3

Listen to a conversation between a student and a college clerk.

M Hi, I was wondering if I could withdraw from my History class.

W Well, do you have a legitimate excuse?

M I think so. I've been sick for the past two months, so I couldn't attend the class regularly.

W Did you notify your professor of your conditions?

M Not really. But, I'm certain he knew I was sick.

W Hmm… I'm sorry, but I don't think I can do much for you here.

Q What can be inferred from the conversation?

(a) The man was not really sick the whole time.

(b) The woman knows the man's professor personally.

(c) The man should go elsewhere for assistance.

(d) The woman doubts what the man says.

해석 학생과 대학교 직원 간의 대화입니다.

M 안녕하세요, 제 역사 수업을 취소할 수 있는지 궁금해서요.

W 타당한 이유라도 있나요?

M 네. 제가 지난 두 달 동안 아파서 수업에 정기적으로 출석하지 못했거든요.

W 교수님께 상태를 알려 드렸나요?

M 그건 아니지만, 제가 아팠다는 건 확실히 알고 계실 거예요.

W 흠… 미안하지만, 여기서는 제가 딱히 해 줄 수 있는 게 없네요.

Q 대화로부터 유추할 수 있는 것은 무엇인가?

(a) 남자는 실제로 내내 아프지 않았다.

(b) 여자는 남자의 교수를 개인적으로 알고 있다.

(c) 남자는 도움을 청하러 다른 곳으로 가야 한다.

(d) 여자는 남자가 하는 말을 의심한다.

해설 아파서 제대로 출석을 못한 관계로 역사 수업을 취소하고자 한다는 남자에게 여자가 딱히 해 줄 수 있는 것이 없다고 하므로 유추할 수 있는 내용으로 가장 적절한 것은 (c)이다.

어휘 **withdraw** 철회하다  **legitimate** 정당한, 타당한  **excuse** 이유, 변명  **regularly** 정기적으로  **notify** 알리다  **the whole time** 내내, 시종  **personally** 개인적으로  **elsewhere** 다른 곳으로  **doubt** 의심하다

정답 (c)

## 4

Listen to a conversation between two students.

W Have you noticed that the school is now charging money for parking?

M Yeah, it's a new policy to encourage students to use public transportation.

W Yeah, but what about students who live far away?

M Well, I guess you have a point there.

W It is close to impossible for me to get to school via public transportation on time for my first class.

M I think you should submit a petition to the school.

Q What is the woman most likely to do next?

(a) Write a letter to the school

(b) Skip her next class

(c) Pay the parking ticket

(d) Request a form for parking

해석 두 학생 간의 대화입니다.

W 학교에서 이제 주차 요금을 부과한다는 거 알고 있었니?

M 응, 학생들에게 대중교통 이용을 장려하려는 새로운 정책이래.

W 그래, 하지만 멀리 사는 학생들은 어떡하니?

M 네 말이 맞는 것 같네.

W 난 대중교통을 타고 첫 수업에 맞춰 제시간에 오는 건 불가능에 가까운데 말이야.

M 네가 학교에 청원서를 내야 할 것 같은데.

Q 여자가 다음에 가장 할 법한 행동은 무엇인가?

(a) 학교에 편지를 쓴다.

(b) 다음 수업에 빠진다.

(c) 주차 위반 요금을 낸다.

(d) 주차 신청서를 요청한다.

해설 학교에서 학생들의 대중교통 이용 장려를 위해 주차 요금을 부과하기로 했다는 소식에 여자는 자기처럼 집이 먼 학생들은 불가능한 얘기라고 한다. 대화의 마지막에 학교에 청원서를 내라고 하므로 여자가 다음에 할 행동으로 가장 적절한 것은 (a)이다. 남자의 말 submit a petition이 write a letter로 바뀌어 표현되었다.

어휘 **notice** 알다  **charge** (요금·값을) 부과하다  **public transportation** 대중교통  **have a point** 일리가 있다  **via** ~을 통해  **on time** 정시에  **submit** 제출하다  **petition** 청원서, 탄원서  **skip** 건너뛰다  **parking ticket** 주차 위반 딱지

정답 (a)

# Part IV

**08** 대의 파악 문제 p.129

1. (d)  2. (c)  3. (a)  4. (b)

## 1

This is a special announcement for all the residents of Springfield. Today, we will be conducting a routine inspection of the gas pipes in the apartment complex, so the gas will be shut down for the entire day. It will be back on at 9 p.m., but that's if the inspection is complete. We apologize for the inconvenience, but we need to prepare for the upcoming winter when gas will be used much for heating. Please contact us at the maintenance office if you have any questions. Thank you.

Q What is the speaker mainly talking about?

(a) The repair of broken gas pipes

(b) A replacement of damaged pipes

(c) The inconvenience of not having gas

(d) The plan to check the gas pipes

해석 스프링필드 주민 여러분, 특별 안내 방송입니다. 오늘 우리는 아파트 단지 내의 가스관 정기 점검을 실시할 예정이므로 하루 종일 가스 공급이 중단될 것입니다. 밤 9시에 다시 정상 가동될 것이지만, 이는 점검이 완료되었을 경우입니다. 불편을 끼쳐 드려 죄송합니다. 하지만 난방을 위해 훨씬 많은 가스가 사용될 이번 겨울철을 준비해야 합니다. 문의 사항이 있으시면 관리 사무소로 연락 주시기 바랍니다. 감사합니다.

Q 화자가 주로 하고 있는 이야기는 무엇인가?

(a) 고장 난 가스관 수리

(b) 손상된 파이프 교체

(c) 가스 공급 중단으로 인한 불편

(d) 가스관 점검 계획

해설 겨울철 가스 사용에 대비하기 위해 오늘 아파트 단지 내 가스관을 정기 점검하겠다는 안내를 하고 있으므로 (d)가 적절하다. 고장 나거나 손상된 파이프를 고치는 것이 아니라 정기 점검이므로 (a)와 (b)는 적절하지 않으며, (c)는 안내하면서 지엽적으로 언급된 내용이다.

어휘 conduct 수행하다  routine inspection 정기 점검  shut down 폐쇄하다  maintenance office 관리 사무실  replacement 대체, 교체

정답 (d)

## 2

The roots of jazz go back to the early 1500s in West Africa. During that time, it was through oral tradition like telling stories or singing songs that most of the African cultures were passed down. And when the West Africans were captured and sent to America, they brought their oral traditions with them. It served as a means of educating others of their cultures and communicating with one another.

Q What is the speaker mainly talking about?

(a) The roots of African Americans

(b) The history of African language

(c) The origin of a type of music

(d) The oral tradition in American culture

해석 재즈의 기원은 서아프리카 지역의 1500년대 초로 거슬러 올라간다. 그 당시 아프리카 문화는 대부분 설화나 노래 등 구전을 통해서 전승되었다. 서아프리카 사람들은 붙잡혀서 미국으로 보내졌을 때, 자신들의 구전들을 가지고 갔다. 이는 그들 문화를 다른 이들에게 교육시키고 서로 의사소통하는 수단이 되었다.

Q 화자가 주로 하고 있는 이야기는 무엇인가?

(a) 아프리카계 미국인의 뿌리

(b) 아프리카어의 역사

(c) 어떤 음악의 기원

(d) 미국 문화 속 구전

해설 재즈의 기원을 이야기하면서 서아프리카에서 구전으로 시작되어 어떻게 미국으로 전해졌는지 이야기하고 있으므로 jazz가 a type of music으로 표현된 (c)가 적절하다.

어휘 roots 기원, 뿌리  oral tradition 구전

pass down 전달하다  capture 붙잡다  
as a means of ~의 수단으로

정답 (c)

## 3

Many psychologists separate memory into different parts, each of which is responsible for a specific function in the memory formation and retrieval. In the initial stage of memory formation, there are two types of memories that are mainly involved—the short-term memory and the working memory. While a short-term memory refers to a capacity for holding a small amount of information, working memory refers to the active process of holding and manipulating information. In other words, while short-term memory is inactive, working memory is the active use of information at a particular time.

Q What is the main topic of the talk?

(a) The comparison between short-term and working memory

(b) The definition of working memory and its function

(c) The two distinct stages of memory formation and retrieval

(d) The storing of information for a short period of time

해석 많은 심리학자들이 기억을 다른 부분들로 나누는데, 각 부분은 기억 형성이나 기억 복구 면에서 특정한 기능을 맡고 있다. 기억 형성의 초기 단계에 주로 관련 있는 기억에는 단기 기억과 작동 기억 두 종류가 있다. 단기 기억이 적은 양의 정보를 유지하는 능력을 의미한다면, 작동 기억은 정보를 유지하고 조작하는 능동적인 과정을 의미한다. 다시 말해, 단기 기억이 능동적이지 않은 반면 작동 기억은 특정한 때에 정보를 활동적으로 사용하는 것이다.

Q 글의 주제로 알맞은 것은?

(a) 단기 기억과 작동 기억의 비교

(b) 작동 기억의 정의와 기능

(c) 기억 형성과 복구의 뚜렷한 2단계

(d) 단기간 동안의 정보 저장

해설 기억 형성의 초기 단계에 해당되는 단기 기억과 작동 기억의 정의와 두 기억의 역할을 비교하고 있으므로 (a)가 적절하다.

어휘 psychologist 심리학자  separate 구분 짓다  specific 특정한  formation 형성  retrieval 복구  refer to ~을 언급하다  capacity 능력, 수용력

manipulate 조종[조작]하다   inactive 활동하지 않는
comparison 비교   definition 정의   distinct
명확한, 뚜렷한

정답 (a)

## 4

It is my pleasure to announce the launching of our new venture with Capital Circle. We, as a leading company in the US finance market, have decided to seize the opportunity in the growing Asian market by setting up a co-venture firm in Singapore next year. We are planning to hold five investor meetings both in the United States and Europe to raise sufficient funds for our venture. I am confident to say that with our years of experience and strategy, our venture will be more than successful.

Q   What is mainly being announced?
(a) The status of the financial market in Asia
(b) The plan to move into a new market
(c) The five investor meetings in the US
(d) The new venture into Europe

해석  캐피털 서클과의 새 벤처 사업의 시작을 알리게 되어 매우 기쁩니다. 미국 금융 시장의 선도 업체로서 우리 회사는 내년 싱가포르에 공동 벤처 회사를 설립하여 성장하고 있는 아시아 시장에서 기회를 잡기로 했습니다. 이 사업을 위한 충분한 자금을 모으기 위해 미국과 유럽에서 5번의 투자자 회의를 열 계획입니다. 수년간의 경험과 전략을 바탕으로 우리 회사의 벤처 사업이 성공 이상의 결과를 얻을 것임을 확신합니다.

　Q  발표의 주된 내용은?
　(a) 아시아 금융 시장의 상황
　(b) 새로운 시장에 진출하려는 계획
　(c) 미국에서 열리는 5번의 투자자 회의
　(d) 유럽으로의 새로운 모험

해설  회사의 새로운 벤처 사업을 시작하면서 성장하고 있는 아시아 시장에 진출하려 한다는 결정을 알리고 있으므로 (b)가 적절하다. 미국과 유럽에서 투자자 회의를 개최하는 것은 새 시장에 진출하기 위한 과정으로 언급되고 있으므로 (c)는 알맞지 않다.

어휘  launch 시작[개시]하다   leading company 선도 기업
seize 붙잡다   raise fund 자금을 모으다   sufficient
충분한   strategy 전략   status 상태   venture 모험,
모험적인 사업

정답 (b)

1. (c)    2. (c)    3. (b)    4. (d)

## 1

Cony Fan is one of the most energy-efficient fans you can purchase in the market. Now that the price of energy is higher than ever before, we need to save energy, and Cony Fan is the right choice. It will save you a significant amount of money. Cony Fan's patented fan design and motor allow you to save more than 30% of electricity every month. So, it's time to change your fan to Cony Fan.

Q   Which is correct about Cony Fan according to the advertisement?
(a) It has been awarded for its design.
(b) It requires a fan specialist to install it.
(c) It runs on a small amount of power.
(d) It is less expensive than most conventional fans.

해석  코니 선풍기는 여러분이 시중에서 구입할 수 있는 가장 에너지 효율적인 선풍기입니다. 에너지 가격이 유례없이 높기 때문에 에너지를 절약해야 합니다. 바로 코니 선풍기가 현명한 선택입니다. 여러분이 엄청난 돈을 절약할 수 있도록 해 줄 것입니다. 특허받은 코니 선풍기의 날개 디자인과 모터는 매달 30% 이상의 전기를 절약해 줄 것입니다. 자, 이제 코니 선풍기로 바꿀 때입니다.

　Q  광고에 의하면 코니 선풍기에 대해 옳은 것은?
　(a) 디자인으로 상을 받았다.
　(b) 설치하려면 선풍기 전문가가 필요하다.
　(c) 적은 양의 전기로 사용할 수 있다.
　(d) 대부분의 일반 선풍기보다 싸다.

해설  에너지 효율적인 상품인 코니 선풍기가 매달 30% 이상의 전기를 절약해 줄 것이라고 하므로 일반 선풍기보다 적은 양의 전기로 선풍기를 사용할 수 있다는 것을 알 수 있다. 상이 아닌 특허를 받은 디자인이라는 언급이 있으므로 (a)는 알맞지 않다.

어휘  energy-efficient 에너지 효율적인   significant
상당한, 많은   patented 특허받은   be awarded for
~으로 상을 받다   specialist 전문가   install 설치하다
run 돌아가다, 움직이다   conventional 평범한

정답 (c)

## 2

At first, the Native Americans taught the European settlers how to plant corn, make canoes and smoke tobacco. In return, the Europeans introduced horses, guns, gunpowder and alcohol. However, as the settlers established towns and cities, they pushed the native people out. Sometimes the settlers bought land from the natives at a ridiculous price. For example, the Dutch bought Manhattan Island for twenty four dollars' worth of kettles, axes and cloth.

Q  Which is correct according to the lecture?

(a) European settlers taught the natives how to plant corn.

(b) The natives received twenty four dollars for selling Manhattan Island.

(c) The Native Americans and Europeans helped each other at first.

(d) European settlers took the lives of many Native Americans.

해석 처음에는 미국 원주민들이 유럽 정착민들에게 옥수수 심는 법, 카누 만드는 법, 담배 피우는 법을 가르쳤습니다. 그 보답으로 유럽인들은 말과 총, 화약, 알코올을 소개했지요. 그러나 정착민이 마을과 도시를 세우면서 원주민들을 몰아냈습니다. 때로 정착민들은 원주민들에게 말도 안 되는 가격에 땅을 샀습니다. 예를 들어, 네덜란드인들은 24달러어치의 주전자와 도끼, 옷감을 주고 맨해튼을 샀습니다.

Q  강연의 내용으로 옳은 것은?

(a) 유럽 정착민은 원주민에게 옥수수 심는 방법을 가르쳤다.

(b) 원주민들은 맨해튼을 파는 대가로 24달러를 받았다.

(c) 처음에 미국 원주민과 유럽 정착민은 서로 도왔다.

(d) 유럽 정착민은 많은 미국 원주민을 죽였다.

해설 담화의 도입부에 미국 원주민이 유럽 정착민에게 옥수수 심는 법과 카누 만드는 법, 담배 피우는 법을 가르쳤고, 반대로 유럽인들은 총과 화약, 알코올을 소개시켰다고 했으므로 처음에는 서로를 도왔다는 것을 알 수 있다. 24달러를 받고 판 것이 아니라 24달러어치의 하찮은 물건들을 받고 판 것이므로 (b)는 알맞지 않다.

어휘 native 원주민, 원주민의  settler 정착민  canoe 카누  in return 답례로  gunpowder 화약  establish 설립하다  ridiculous 터무니없는  kettle 주전자  axe 도끼  cloth 옷감

정답 (c)

## 3

Thank you for calling the Compmaster customer service. Our hours of operation is from 9 a.m. to 5 p.m. from Monday through Friday. We are currently unavailable to answer your call. If this is for emergency technical service, please visit our customer service website at www.compserve.com and use our online one-on-one tech service. If you have a question regarding our latest products, you may want to visit our main homepage at www.compmaster.com. For other matters, please call us back during our office hours. Thank you.

Q  Which is correct according to the recording?

(a) Customers can only receive help through the Internet.

(b) Customers are able to receive technical help at night.

(c) Customer service is not available on weekends.

(d) Customer service is limited to technical service only.

해석 감사합니다, 콤프마스터 고객 센터입니다. 영업 시간은 월요일부터 금요일까지, 오전 9시에서 오후 5시 사이입니다. 현재는 전화를 받을 수 없습니다. 긴급 기술 서비스를 요청하시려면, 고객 지원 센터 웹 사이트 www.compserve.com을 방문하셔서 1대1 기술 서비스를 이용해 주십시오. 저희 회사의 최신 상품에 관한 질문은 메인 홈페이지 www.compmaster.com을 방문해 주십시오. 기타 다른 문의는 영업 시간에 다시 전화해 주시기 바랍니다. 감사합니다.

Q  녹음의 내용에 관한 사항으로 옳은 것은?

(a) 고객은 인터넷을 통해서만 도움을 받을 수 있다.

(b) 고객은 야간에 기술적인 도움을 받을 수 있다.

(c) 고객 센터는 주말에는 이용할 수 없다.

(d) 고객 센터는 오직 기술적인 서비스로 제한되어 있다.

해설 영업 시간 이외의 급한 기술 서비스는 고객 지원 센터 웹 사이트를 방문하여 1대1 서비스를 이용할 수 있다고 했으므로 고객은 야간에도 기술적인 도움을 받을 수 있다.

어휘 customer service 고객 지원 센터  operation 영업, 운용  unavailable 이용할 수 없는, 부재의  technical 기술적인  one-on-one 1대1의  regarding ～에 관해서  office hours 영업 시간

정답 (b)

## 4

In the eye, there is a structure called the retina. It is where the light that enters the eye is processed. The retina contains many cones and rods, which help us see. The cones are responsible for the perception of color and very bright light. On the other hand, the rods help us perceive poor light. So, the cones are the only ones that allow us to see color. The rods have no play in helping us see color but are highly sensitive, allowing us to see in the dark.

Q Which is correct about rods in the retina?
(a) They help us to see light and color.
(b) They are less sensitive than cones.
(c) They are more prevalent than cones.
(d) They allow us to see with little light.

해석 눈에는 망막이라 불리는 부분이 있습니다. 눈으로 들어오는 빛이 처리되는 곳이지요. 망막에는 많은 원추 세포와 간상세포가 있어 우리가 볼 수 있게 해 줍니다. 원추 세포는 색깔과 아주 밝은 빛을 인지하는 역할을 합니다. 반면에 간상세포는 약한 빛을 인지하도록 돕습니다. 그러므로 우리가 색을 볼 수 있게 하는 유일한 세포는 원추 세포인 것입니다. 간상세포는 색을 보는 데 아무런 역할을 하지는 않지만 매우 민감해서, 어두운 곳에서도 볼 수 있도록 하는 역할을 합니다.

Q 망막의 간상세포에 대한 설명으로 옳은 것은?
(a) 우리가 빛과 색을 볼 수 있도록 돕는다.
(b) 원추 세포보다 덜 민감하다.
(c) 원추 세포보다 더 널리 퍼져 있다.
(d) 빛이 거의 없는 곳에서도 볼 수 있게 한다.

해설 간상세포는 약한 빛을 인지하도록 돕는다고 했으며, 담화의 마지막에 간상세포는 매우 민감해서 어두운 곳에서도 볼 수 있도록 하는 역할을 한다고 했으므로 정답은 (d)이다. (a)는 원추 세포에 해당하는 내용이다.

어휘 retina 망막  cone 원추 세포  rod 간상세포  perception 인지, 지각  prevalent 널리 퍼져 있는  sensitive 민감한

정답 (d)

1. (c)  2. (d)  3. (d)  4. (a)

## 1

It is vital to check a patient's blood type before blood transfusion. There are four main blood types: A, B, AB and O. Each is designated according to an antigen, a special protein on the surface of blood cells. Another aspect that is considered before transfusion is the Rh factor. It further classifies the blood into positive and negative Rh factors. This process of separating blood into different types and factors is important because if a patient somehow receives an incompatible blood, he or she may suffer from serious health problems.

Q What can be inferred from the talk?
(a) People often receive the wrong Rh factors during blood transfusions.
(b) Receiving the wrong blood type means certain death.
(c) Checking the blood type is not enough before blood transfusions.
(d) It is important to check the blood type first before Rh factors.

해석 수혈 전에 환자의 혈액형을 확인하는 것은 필수입니다. 혈액형에는 A형, B형, AB형, O형의 네 가지가 있습니다. 각 혈액형은 혈구의 표면에 있는 특별한 단백질인 항원에 따라 결정됩니다. 수혈 전에 고려해야 할 또 다른 측면은 Rh인자입니다. Rh인자는 다시 혈액을 Rh양성과 Rh음성으로 나눕니다. 환자가 부적합한 혈액을 수혈받는다면 환자는 심각한 건강상의 문제를 겪을 수 있기 때문에 혈액을 혈액형별과 인자별로 분리하는 과정이 중요합니다.

Q 담화로부터 유추할 수 있는 것은?
(a) 사람들은 종종 잘못된 Rh인자를 수혈받는다.
(b) 다른 혈액형을 수혈 받으면 반드시 사망한다.
(c) 수혈 전에 혈액형을 확인하는 것만으로는 충분하지 않다.
(d) Rh인자를 확인하기 전에 혈액형을 먼저 확인하는 것이 중요하다.

해설 담화에서 수혈받을 환자의 혈액형을 확인하는 것 외에 Rh인자도 구별해야 한다고 하므로 수혈 전에 혈액형을 확인하는 것만으로는 충분하지 않다는 것을 알 수 있다.

어휘 vital 필수적인  blood transfusion 수혈

antigen 항원　blood cell 혈구　aspect 면
classify 분류하다　Rh factor Rh인자
incompatible 부적합한

정답 (c)

막대한　stimulus package (경기) 부양책
opposition 반대　Secretary of Treasury 재무장관
carry out 실행하다　implications 영향, 함축

정답 (d)

## 2

The US government has decided to bail out more financial institutions with more of tax-payers' money. It is estimated that an extra 200 billion dollars will be spent on banks and insurance companies to pay off their enormous losses as part of the new stimulus package. Against strong opposition by both parties of Congress, the President and the Secretary of Treasury have made their decision and announced that it will be carried out this fall. So, what are some of the implications of this decision? Let's find out.

Q　What will the speaker most likely do next?
(a) Talk about the opposing arguments by members of Congress
(b) Explain the reason behind the decision to spend more money
(c) Finish talking about where the money will be used in detail
(d) Discuss the effects of spending extra money on US economy

## 3

People were at times frightened by the developing science during the 1800s. Many writers would mirror this heightened discomfort towards science by writing science horrors and exaggerating the dangers of science. This is how the famous novel *Frankenstein* was born. Back then, people believed that by subjecting dead people to high amounts of electricity, they could be brought back to life. There was even a term for this method, called galvanism, which shows how much people believed such a thing could be possible.

Q　What can be inferred about galvanism from the talk?
(a) It was how people came back to life in the past.
(b) It was considered dangerous by scientists.
(c) It fueled the fear in science during the 1800s.
(d) It is now thought to be a myth by most people.

해석 미국 정부는 납세자들의 더 많은 돈으로 더 많은 금융 기관들을 구제하기로 결정했습니다. 새로운 경기 부양책의 한 방편으로 2천억 달러의 추가 자금이 은행과 보험 회사의 거대한 손실을 갚기 위해 쓰여질 것으로 추정됩니다. 의회 내 양당의 강력한 반대에도 대통령과 재무장관은 결정을 내렸고 이번 가을부터 실행될 것임을 발표했습니다. 그러면 이러한 결정이 어떠한 영향을 가져올지 한번 알아봅시다.

　Q　화자가 다음에 할 일로 알맞은 것은?
　(a) 국회의원들의 반대 주장에 대해 이야기하기
　(b) 더 많은 돈을 쓰는 결정의 숨은 이유 설명하기
　(c) 돈이 어디에 쓰일지 상세한 설명 마무리하기
　(d) 추가 자금을 쓰는 것이 미국 경제에 가져다주는 영향 논의하기

해설 마지막에 부분에 미국 정부의 추가 지원 방침이 가져올 영향을 알아보자고 했으므로 다음에 이어질 이야기로는 (d)의 보기가 가장 타당하다.

어휘 bail out 구조하다　tax-payer 납세자　estimate 어림하다　pay off 빚을 갚다, 청산하다　enormous

해석 1800년대 사람들은 때로 과학의 발전에 겁을 먹기도 했습니다. 많은 작가들이 과학 공포물을 쓴다거나 과학의 위험성을 과장함으로써 과학을 향한 고조된 불안함을 표현했습니다. 이렇게 해서 〈프랑켄슈타인〉이라는 유명한 소설이 탄생하게 됩니다. 그 당시에 사람들은 죽은 사람을 고압의 전기에 쬐면 다시 살려 낼 수 있다고 믿었습니다. 심지어 이러한 방법을 일컬어 직류 전기 요법이라는 용어도 있었는데, 얼마나 많은 사람들이 그것이 가능할 수 있다고 믿었는지 보여 줍니다.

　Q　담화로부터 직류 전기 요법에 관해 유추할 수 있는 것은?
　(a) 과거에 사람들이 다시 살아나는 방법이었다.
　(b) 과학자들은 이 요법을 위험하게 여겼다.
　(c) 1800년대의 과학에 대한 공포심을 부채질했다.
　(d) 이제 대부분의 사람들은 이 요법을 근거 없는 이야기로 생각한다.

해설 1800년대 과학의 발전에 대한 막연한 두려움으로 과학 공포물을 쓰거나 과학의 위험성을 과장하기도 했다고 한다. 〈프랑켄슈타인〉 같은 소설도 그러한 배경에서 나왔는데, 이 소설과 관련 있는 직류 전기 요법이라는 용어까지 있는 것을 보면 당시 사람들은 그런 것이 가능하리라 믿

었다는 것을 알 수 있다고 한다. 따라서 이 요법은 과거 과학에 대한 과장된 공포로 생겨난 근거 없는 이야기이며, 현재에는 받아들여지지 않는 허구로 생각한다는 것을 유추할 수 있다.

어휘 mirror 반영하다  heightened 고조된  discomfort 불안, 불쾌  horror 공포  exaggerate 과장하다  subject A to B A를 B에 쐬다  term 용어  galvanism 직류 전기 요법  come back to life 되살아나다  fuel 부채질하다  myth 근거 없는 이야기

정답 (d)

## 4

Venus is probably the hottest planet in our solar system even though Mercury is closer to the Sun. This is because unlike Mercury, Venus has a thick atmosphere of greenhouse gasses that trap heat from the Sun. So, life as we know it cannot exist on the surface of this planet because of the extreme heat. However, up in the clouds, the heat is much milder where the temperature is closer to that of the Earth, and there is an abundant source of organic compounds and liquid water needed for life.

Q  Which statement would the speaker most likely agree with?

(a) There is a possibility of life in the clouds of Venus.
(b) Atmosphere is what is needed for a planet to sustain life.
(c) Life may be present in the atmosphere of Mercury.
(d) Venus is too hot for any life to exist on the planet.

해석 비록 태양과 더 가까운 것은 수성이지만 태양계에서 가장 뜨거운 행성은 금성일 것입니다. 수성과 달리 금성은 태양에서 받은 열을 가두고 있는 온실 가스의 대기층이 두껍기 때문입니다. 따라서 극한의 열 때문에 금성의 표면에는 우리가 알고 있는 생명체가 살 수 없습니다. 하지만 구름 위쪽은 지구의 온도와 비슷할 정도로 훨씬 온화해서, 생명에 필요한 유기 화합물과 액체 상태의 물이 풍부합니다.

Q  다음 중 화자가 동의할 것 같은 의견은?
(a) 금성의 구름에는 생명이 존재할 가능성이 있다.
(b) 대기는 행성의 생명을 유지하기 위해 필요한 것이다.
(c) 수성의 대기에 생명이 존재할지도 모른다.
(d) 금성은 너무 뜨거워서 어떤 생명체도 존재할 수 없다.

해설 금성은 태양계에서 가장 뜨거운 행성이기 때문에 생명체

가 살 수 없지만 구름 위쪽은 지구의 온도와 비슷할 정도로 온화한 기후이고 유기물과 액체 상태의 물이 풍부하다고 한다. 따라서 구름 위쪽에는 생명이 존재할 가능성이 있다고 추론할 수 있으므로 (a)가 적절하다. (b)와 (c)는 담화에 언급되지 않은 내용이며, 금성이 뜨거운 것은 맞지만 구름 위쪽은 온화하여 생명이 존재할 가능성이 있으므로 (d)는 적절하지 않다.

어휘 Venus 금성  solar system 태양계  Mercury 수성  atmosphere 대기(권)  greenhouse gas 온실가스  trap ~을 잡아 가두다  extreme 극도의  abundant 풍부한  organic compound 유기 화합물  liquid water 액체 상태의 물  sustain (생명을) 유지하다

정답 (a)

# Part V

Unit
11  세부 정보 파악 중심 문제                    p.147

1. (d)   2. (b)   3. (d)   4. (b)

## 1~2

Let me introduce Professor Stacy O'Brien. Dr. O'Brien is a distinguished biologist who won the McDougal Award for her thesis on the evolution of whales. Interestingly, she is also somewhat of an artist. She has a strong passion for drawing and painting, and three years ago, she even held her own art exhibition with her works. Now just a couple of years ahead of her retirement, she started to devote her life to science education by combining her two different talents. Recently, she has been publishing cartoons to help teenagers learn science in a fun way. Parents are raving about her cartoon books as they see their children who were not particularly interested in science immersed in her books. Today, she will be mainly discussing how science should be taught in a high school classroom environment. Please welcome Professor O'Brien with a big hand.

Q1 What is mainly being said about Dr. O'Brien?

(a) She hosted an art exhibition for students.

(b) She is more of an artist than a scientist.

(c) She has devoted her entire life to education.

(d) She uses comics for educational purposes.

Q2 Which is correct about Dr. O'Brien's books from the talk?

(a) They consist mainly of stories about whales.

(b) They are received favorably by parents.

(c) They earned O'Brien a distinguished award.

(d) They are popular among science teachers.

해석 스테이시 오브라이언 교수님을 소개해 드리겠습니다. 오브라이언 박사님은 고래의 진화에 대한 논문으로 맥두걸 상을 수상한 바 있는 저명한 생물학자입니다. 흥미롭게도 교수님은 예술가로서의 면모도 가지고 계십니다. 그림 그리기에 깊은 열정을 가지고 있으며, 3년 전에는 본인의 작품으로 전시회도 개최한 바 있습니다. 이제 은퇴를 몇 년 앞둔 시점에서, 교수님은 자신의 두 가지 각기 다른 재능을 활용해 자신의 인생을 과학 교육에 헌신하기 시작했습니다. 최근에는 10대들이 과학을 재미있게 배울 수 있도록 만화를 발간해 오셨습니다. 과학에 별다른 흥미를 느끼지 못했던 아이들이 교수님의 만화책에 흠뻑 빠져드는 모습을 지켜본 학부모들은 극찬을 아끼지 않고 있습니다. 오늘 교수님은 고등학교 교실환경에서 과학을 어떻게 가르쳐야 할지에 대해 주로 말씀해 주시겠습니다. 오브라이언 교수님을 큰 박수로 맞아주십시오.

Q1 오브라이언 박사에 대해 주로 언급된 것은?

(a) 학생들을 위한 예술 전시회를 개최했다.

(b) 과학자라기보다 예술가에 가깝다.

(c) 자신의 일생을 교육에 바쳤다.

(d) 교육적인 목적으로 만화를 활용한다.

해설 과학교육을 위해 만화를 발간해왔다고 했으므로 (d)가 정답이다. 전시회를 개최한 적은 있지만 학생들을 위한 전시회라는 말은 없으므로 (a)는 오답이다. 저명한 과학자이면서 예술가로서의 면모도 갖고 있다고 했지, 과학자라기보다 예술가에 가깝다고 한 것은 아니므로 (b)도 오답이다. 과학 교육에 헌신하기 시작한 것은 은퇴를 몇 년 앞둔 근래이며 평생을 교육에 헌신한 것은 아니므로 (c)도 답이 될 수 없다.

정답 (d)

Q2 담화에 따르면 오브라이언 박사의 책들에 대한 올바른 설명은?

(a) 주로 고래에 관한 이야기로 구성되어 있다.

(b) 학부모들에게 긍정적인 반응을 얻었다.

(c) 이 책들로 권위 있는 상을 받았다.

(d) 과학교사들 사이에서 인기가 높다.

해설 학부모들이 극찬(rave)한다고 했으므로 (b)가 정답이다. 과학교사들 사이에 인기가 있다는 언급은 없으므로 (d)는 답이 될 수 없다. 고래는 상을 받은 논문의 주제였으며 만화책의 주제라고 하지는 않았으므로 (a)는 오답이며, 만화책으로 상을 받은 것이 아니므로 (c)도 역시 오답이다.

정답 (b)

어휘 distinguished 저명한, 뛰어난, 기품 있는  biologist 생물학자  thesis 논문  evolution 진화  somewhat of 상당한, 다소  exhibition 전시회  retirement 은퇴  devote 바치다, 헌신하다  cartoon 만화  rave 극찬, 극찬하다  immerse 몰두하게 만들다  big hand 박수  more of A than B B라기 보다는 오히려 A  comics 만화  consist of ~로 이루어지다  be received favorably 평이 좋다

# 3~4

Attention, employees. The quarterly carpet cleaning is scheduled at the Melbourne head office for this coming Saturday. Please put your chair on your desk before you leave the office on Friday afternoon. If you have placed any of your belongings on the office floor or in a communal space such as a meeting room, please also remove them. Your personal belongings could be damaged during the cleaning, so store any valuables or breakables separately. The cleaning will start at 9 a.m. and will take approximately five hours. Please refrain from entering the office this weekend because the carpet takes time to dry. For those of you who originally planned to come to work on Saturday, we strongly recommend working from home, so make sure to take your laptop on Friday. Feel free to contact me at 9036 if you have any questions. Thank you.

Q3 How often is the carpet cleaned at the head office?

(a) Once a week

(b) Once a month

(c) Once every two months

(d) Once every three months

Q4 What are all head office employees advised to do?

(a) Work from home this Saturday

(b) Remove their chair from the floor

(c) Leave their valuables at work

(d) Dry-clean the carpet in the office

해석 직원 여러분께 알려드립니다. 이번 분기 카펫 청소가 오는 토요일 멜버른 본사에서 실시될 예정입니다. 금요일 오후 퇴근 시 자신의 의자를 책상 위에 올려주시기 바랍니다. 개인 소지품을 사무실 바닥 또는 회의실과 같은 공용 공간에 비치해 놓은 경우, 이 역시 치워주시기 바랍니다. 청소가 진행되는 동안 개인 소지품이 훼손될 가능성이 있으니, 귀중품이나 깨지기 쉬운 물품은 별도로 보관해 주십시오. 청소는 오전 9시에 시작되며 약 5시간 동안 진행됩니다. 카펫이 마르는 데 시간이 소요되기 때문에, 이번 주말에는 사무실 출입을 자제해 주시기 바랍니다. 토요일에 출근을 계획했던 직원 분들은 재택근무를 강력히 권장하며, 금요일 퇴근 시 노트북을 챙겨가시길 바랍니다. 질문이 있으시면 9036으로 언제든 연락 주십시오. 감사합니다.

Q3 본사의 카펫 청소가 이루어지는 빈도는?

(a) 주 1회

(b) 월 1회

(c) 2개월에 1회

(d) 3개월에 1회

해석 앞 부분에서 분기(quarterly) 카펫 청소라고 했으므로 (d)가 정답이다.

정답 (d)

Q4 본사 직원 전원에게 권고되는 것은?

(a) 토요일에 재택근무

(b) 바닥에 있는 의자 치우기

(c) 회사에 귀중품 남겨두기

(d) 본사 카펫 드라이클리닝하기

해석 금요일 퇴근 시 자신의 의자를 책상 위에 올려놓으라고 했으므로 이를 다르게 표현한 (b)가 정답이다. 원래 토요일에 출근하려 했던 직원들에게 재택근무를 권장한 것이지 모든 직원들에게 재택근무를 하라고 한 것은 아니므로 (a)는 오답이다. 귀중품과 깨지기 쉬운 물건은 별도로 보관하라고 했으므로 (c)는 답이 될 수 없다. (d)는 언급되지 않은 내용이다.

정답 (b)

어휘 quarterly 분기별의  head office 본사
belongings 소지품  communal 공동의, 공용의
valuables 귀중품  breakables 깨지기 쉬운 것
approximately 대략  refrain from ~을 삼가다
work from home 재택근무를 하다  dry-clean 드라이클리닝하다

28

---

1. (b)    2. (c)    3. (d)    4. (a)

## 1~2

As we wrap up our three day sales training workshop for new hires, I'd like to introduce a model called 70:20:10. When it comes to learning to improve job performance, people learn 70% of their knowledge from the actual on-the-job experience, 20% from interactions with other people such as feedback and coaching, and only 10% from formal structured education such as classroom lectures, reading assignments, and e-learning modules. It may not sound very inspiring now as all of you have been very actively participating in this course. But I don't intend to discourage you. I just want to highlight that you must put into practice what you've learned from this training. Otherwise, you will forget almost everything you learned. Try to use the skills you've learned for every sales pitch and negotiation. Continue to seek feedback from your coworkers and managers. That's how aspiring sales representatives like you can grow.

Q1 Which one would constitute 10% of learning?

(a) Getting advice from colleagues

(b) Taking online courses

(c) Delivering a formal lecture

(d) Gaining hands-on experience

Q2 What can be inferred from the talk?

(a) The talk is intended for aspiring sales trainers.

(b) The speaker downplays the formal training.

(c) The training session is about to end soon.

(d) The audience is being encouraged to ask questions.

해석 3일간 진행된 신입사원 영업교육 워크숍을 마무리하면서, 70:20:10이라고 불리는 모델을 소개해드리고자 합니다. 직무 성과 향상을 위한 배움에 있어서, 사람들은 지식의 70%를 실제 업무 경험에서 습득하고, 20%는 피드백, 코칭 등과 같이 다른 사람들과의 교류를 통해 배우며, 오직 10%만을 교실 수업, 독서 과제, e-러닝 모듈 등과 같은 체계적인 공식 교육을 통해 배웁니다. 지금까지 이 코스에 열정적으로 참여하신 여러분들께 고무적으로 들리지 않을 수도 있겠습니다. 하지만, 여러분의 의욕을 꺾으

려고 드린 말씀은 아닙니다. 다만 여러분이 이번 교육에서 배운 내용을 반드시 실행에 옮겨야 한다는 점을 강조 드리고 싶습니다. 그렇지 않으면, 여러분이 배운 내용을 거의 다 잊어버리게 될 것입니다. 영업 프레젠테이션, 협상을 할 때마다 여러분이 배운 기술을 사용해보도록 노력하세요. 여러분의 동료와 관리자에게 끊임없이 피드백을 구하십시오. 이것이 바로 여러분처럼 영업직원으로 성공을 꿈꾸는 분들이 성장할 수 있는 방법입니다.

**Q1** 학습의 10%를 구성하는 것은?
(a) 동료에게 조언 구하기
(b) 온라인 과정 이수하기
(c) 공식적인 강의하기
(d) 직접 경험하기

해설 학습의 10%는 강의, 읽기과제, e-러닝 등 체계적인 공식 교육이라고 했으므로, 'e-learning modules'를 'online courses'로 패러프레이징한 (b)가 정답이다. (c)는 '강의를 하다'라는 뜻이므로 학습을 구성하는 요소로 보기는 어렵다. (a)는 20%, (d)는 70%에 해당하는 내용이다.

정답 (b)

**Q2** 담화에서 추론할 수 있는 것은?
(a) 이 담화는 성공을 꿈꾸는 영업 교육담당자들을 위한 것이다.
(b) 화자는 공식 교육 프로그램을 무시한다.
(c) 이 교육 과정이 거의 끝날 때가 되었다.
(d) 청중은 질문을 하도록 독려 받고 있다.

해설 첫 문장에 워크숍을 마무리(wrap up)한다고 했으므로 (c)가 정답이다. (a)의 trainer는 남을 교육/훈련시키는 사람을 가리키는 말로, 이 담화의 화자가 이에 해당된다. 교육을 받는 사람은 'trainee'라고 한다. 담화 첫 문장에 신입사원들(new hires)을 위한 영업교육이라 했으며, 마지막 문장에 청자들을 '영업직원으로 성공을 꿈꾸는 사람들(aspiring sales representatives)'이라 칭한 것으로 봐서 (a)는 오답임을 알 수 있다. 참고로 'aspiring'은 주로 어떤 분야의 지망생이나 경력이 짧은 사람들을 수식하는 말로, '~를 지망하는', '성공적인 ~를 꿈꾸는'이라는 뜻이다. 'sales trainers' 대신 'sales representatives'나 'sales people' 등이 왔으면 (a)가 정답이 될 수 있다. 공식 교육이 학습의 10%밖에 차지하지 않지만, 이는 실천의 중요성을 강조하기 위한 말이므로 (b)는 답이 될 수 없다. (d)는 언급되지 않았다.

정답 (c)

어휘 **wrap up** 마무리하다 **new hire** 신입사원 **when it comes to** ~에 관한 한 **job performance** 직무성과 **on-the-job** 근무 중의, 실습으로 배우는 **interaction** 상호작용 **assignment** 과제, 임무 **inspiring** 영감을 주는, 고무하는 **discourage** 의욕을 꺾다, 좌절시키다 **put into practice** 실행하다 **pitch** 발표, 홍보

**aspiring** ~를 지망하는, 성공적인 ~를 꿈꾸는 **sales representative** 영업사원 **hands-on** 직접 해 보는 **trainer** 교육담당자, 강사 **downplay** 경시하다

## 3~4

Are you excited about the upcoming baseball season? As baseball is a national obsession in our country, we are surrounded by so-called experts like sports commentators. However, we know that, when watching the match, opinions of fans like you are just as valid as anyone else's. But there has been no way for you to be heard. The official sponsor of the National Baseball League and the nations' number one selling sports drink, Teraraid is just about to change that. Teraraid invites you to 'Coach Your Team' by selecting the players who will be fielded during preseason games between the East League teams and the West League teams. Votes are cast via mobile using special codes found under the bottle caps of Teraraid available in stores nationwide. The players given the largest number of codes will be selected to play. Quench your thirst and Coach Your Team with Teraraid!

**Q3** What is mainly being advertised?
(a) A special event to select a coach by vote
(b) An opportunity for fans to play in preseason games
(c) A new way to buy sports beverages on mobile
(d) A promotion allowing fans to choose which players will play

**Q4** What can be inferred from the advertisement?
(a) Consumers can vote more by buying more drinks.
(b) Sports experts are not allowed to participate.
(c) Votes will be cast via mobile during the games.
(d) Products with special codes are sold in selected stores.

해석 다가오는 야구 시즌 기대되시나요? 야구가 우리나라의 국민스포츠이다 보니, 우리 주변에는 스포츠 해설가와 같은 이른바 전문가들로 북적입니다. 하지만 경기를 관전할 때, 여러분과 같은 야구팬들의 의견도 그 누구의 의견 못

지않게 중요하다는 사실을 우리 모두가 알고 있죠. 그런데 그 동안은 여러분이 목소리를 낼 수 있는 방법이 없었습니다. 전국야구리그의 공식 스폰서이자 우리나라 판매 1위의 스포츠 드링크 테라레이드가 바로 이것을 바꾸고자 합니다. 동부리그와 서부리그 팀 간의 프리시즌 경기에 출전할 선수를 선택하게 될 〈당신 팀의 코치가 되세요〉로 테라레이드가 여러분을 초대합니다. 전국 매장에서 판매되는 테라레이드의 병뚜껑 밑에 숨어 있는 특별 코드를 이용해 모바일로 투표하세요. 가장 많은 표를 받은 선수들이 경기에 출전하게 됩니다. 테라레이드로 갈증을 날리고 당신 팀의 코치가 되세요!

Q3 광고되고 있는 주 내용은?

(a) 투표로 코치를 선발하는 특별 이벤트

(b) 팬들이 프리시즌 경기에 출전할 수 있는 기회

(c) 모바일로 스포츠 음료를 구매할 수 있는 새로운 방법

(d) 팬들이 출전 선수를 선택할 수 있는 프로모션

해설 팬들이 음료 병뚜껑에 적힌 코드를 입력해 프리시즌 경기에 출전할 선수를 모바일 투표로 뽑는 프로모션에 대한 광고이므로 (d)가 정답이다. 선수를 뽑는 것이지 코치를 뽑는 게 아니기 때문에 (a)는 오답이다. 팬들이 직접 경기에 출전하는 게 아니므로 (b)도 답이 될 수 없으며, (c)는 언급되지 않은 내용이다.

정답 (d)

Q4 광고로부터 추론 가능한 것은?

(a) 음료를 많이 구매할수록 더 많이 투표할 수 있다.

(b) 스포츠 전문가는 참여할 수 없다.

(c) 투표는 경기 중에 모바일로 참여할 수 있다.

(d) 특별 코드가 들어있는 제품은 지정 매장에서만 판매한다.

해설 가장 많은 코드를 받은 선수들이 출전하므로 소비자들이 음료를 많이 구입하여 코드를 많이 입력하는 것이 투표수를 늘리는 방법임을 유추할 수 있다. 따라서 정답은 (a)이다. (b)와 (d)는 언급되지 않은 내용이다. 모바일 투표를 경기 도중에 하는 것이 아니므로 (c)는 오답이다.

정답 (a)

어휘 upcoming 다가오는   national obsession 전국민이 열광하는 것   commentator 해설가 valid 유효한, 타당한   field (선수 등을) 내보내다 cast 던지다, 표를 던지다   quench 갈증을 풀다 thirst 갈증   by vote 투표로 promotion 프로모션, 홍보

**ACTUAL TEST 1**  p.170

Part I

| 1 (a) | 2 (b) | 3 (b) | 4 (c) | 5 (b) | 6 (d) |
| 7 (b) | 8 (a) | 9 (a) | 10 (d) | | |

Part II

| 11 (a) | 12 (d) | 13 (a) | 14 (d) | 15 (b) | 16 (c) |
| 17 (d) | 18 (c) | 19 (b) | 20 (c) | | |

Part III

| 21 (b) | 22 (c) | 23 (c) | 24 (b) | 25 (b) | 26 (c) |
| 27 (d) | 28 (c) | 29 (d) | 30 (c) | | |

Part IV

| 31 (a) | 32 (c) | 33 (c) | 34 (c) | 35 (a) | 36 (d) |

Part V

| 37 (c) | 38 (a) | 39 (b) | 40 (c) |

Part I

**1**

M  Glad to see everyone again in the office.
W  _____

(a) It's great to have you back.
(b) You will be missing me.
(c) I hope to join you someday.
(d) Relax, don't be nervous.

해석  M  사무실에서 모두 다시 만나니 기뻐요.
W  _____

(a) 돌아오시니 너무 좋습니다.
(b) 제가 그리우실 거예요.
(c) 언젠가 함께했으면 합니다.
(d) 진정해요, 초조해하지 마세요.

해설  잠시 떠나 있다가 사무실로 돌아와서 반가움을 표하는 말에 반가움으로 맞아 주는 (a)가 가장 자연스럽다.

어휘  miss 그리워하다  nervous 초조해 하는

정답  (a)

**2**

M  How do you like the food at your company's canteen?
W  _____

(a) Good for a home-cooked lunch.
(b) Well, not bad for the price.
(c) It's worse than my company's canteen food.
(d) Yes, my mother packed a lunch for me.

해석  M  회사 구내식당 음식은 어때?
W  _____

(a) 집에서 만든 점심 치고는 좋아요.
(b) 가격에 비해선 나쁘지 않아요.
(c) 회사 구내식당보다 더 안 좋아요.
(d) 네, 엄마가 점심을 싸 주셨어요.

해설  회사 구내식당의 음식에 대해 묻고 있으므로 자신의 의견을 말하는 (b)가 가장 적절한 응답이다. (c)는 다른 식당을 구내식당과 비교하는 말이므로 질문과 같은 표현을 중복 사용한 함정에 빠지면 안 된다.

어휘  canteen 구내식당  home-cooked 집에서 요리한  pack 포장하다

정답  (b)

**3**

W  Excuse me. Is there a drugstore around here?
M  _____

(a) I advise you not to apply the cream.
(b) I'm a stranger here myself.
(c) I never get around to it.
(d) I have a sore throat and a cough.

해석  W  실례합니다. 근처에 약국이 있나요
M  _____

(a) 그 크림은 바르지 않도록 하세요.
(b) 저도 여기 처음이라 잘 모르겠네요.
(c) 아직 그럴 시간이 없어요.
(d) 목이 따갑고 기침이 나네요.

해설  길을 묻는 질문에 꼭 위치를 알려 주는 대답만 하는 것이 아니라 모른다고 대답하는 경우도 있다는 것을 알아 둔다. 여기서는 길을 모르는 이유를 설명하는 (b)가 가장 적절하다.

어휘  drugstore 약국  apply 바르다  get around to ~할 시간을 내다  sore throat 인후염  cough 기침

정답  (b)

**4**

M Maybe I should have my hair dyed.
W _____

(a) I've had the same style for too long.
(b) I said I like your hair long.
(c) I think it looks good just as it is.
(d) I'm sure it will eventually die down.

해석 M 머리를 염색해야겠어요.
　　W _____

　　(a) 전 너무 오랫동안 같은 스타일이었어요.
　　(b) 제가 당신 머리카락이 긴 게 좋다고 했잖아요.
　　(c) 지금 그대로가 좋은 것 같은데요.
　　(d) 결국 희미해질 거예요.

해설 자신의 머리카락을 염색해야겠다는 남자의 말을 듣고 여
　　자는 자신의 의견을 말할 수 있다. 염색을 하지 않은 지금
　　상태도 좋다는 의견을 내는 (c)가 가장 적절하다. (b)는
　　지문의 hair를 반복 사용한 함정이며, (d)는 발음이 비슷
　　한 dyed와 die를 이용한 함정이다.

어휘 dye 염색하다　just as it is 있는 그대로　eventually
　　결국　die down 차차 약해지다

정답 (c)

**5**

W I heard that the CEO's son will get married
soon!
M _____

(a) I'm sure it was a luxurious event.
(b) It has been all over the Internet already.
(c) Yes, he has finally tied the knot.
(d) The CEO turned down the proposal.

해석 W 사장님의 아들이 곧 결혼한대!
　　M _____

　　(a) 분명 호화로운 행사였을 거예요.
　　(b) 벌써 인터넷 여기저기에 떴어요.
　　(c) 네, 그가 드디어 결혼했네요.
　　(d) 사장님이 그 제안을 거절했어요.

해설 회사 대표의 아들이 결혼할 것이라는 미래의 이야기를 하
　　고 있으므로 인터넷에 그 소식이 올라왔다는 (b)가 가장
　　적절하다. (a)와 (c)는 과거 시제이므로 알맞지 않다.

어휘 CEO (Chief Executive Officer) 최고경영자　get
　　married 결혼하다　luxurious 호화로운, 사치스러운
　　tie the knot 결혼하다　turn down 거절하다
　　proposal 제안

정답 (b)

32

**6**

W Thank you for giving me that concert ticket.
M _____

(a) We're out of stock at the moment.
(b) You can start whenever you are ready.
(c) Sorry, I'm not available on that day.
(d) I'm glad the ticket was not wasted.

해석 W 콘서트 티켓 고마워요.
　　M _____

　　(a) 지금은 재고가 없어요.
　　(b) 준비되면 언제든 시작하세요.
　　(c) 죄송해요, 전 그날 시간이 안 돼요.
　　(d) 티켓이 잘 쓰여서 다행이죠.

해설 콘서트 티켓을 줘서 고맙다는 말에 티켓을 쓸 수 있는 사
　　람에게 줄 수 있어서 다행이라는 뉘앙스의 (d)가 가장 자
　　연스럽다.

어휘 out of stock 재고가 없는　available 시간이 있는
　　waste 헛되이 쓰다

정답 (d)

**7**

W Shouldn't we promote Gabriella to regional
manager?
M _____

(a) Right. She wants an entry level position.
(b) Yes, it's about time she was promoted.
(c) She sure left the region to find a job.
(d) Let's do a special promotion of her product.

해석 W 가브리엘라를 지부장으로 승진시켜야 하지 않나요?
　　M _____

　　(a) 맞아요. 그녀는 말단직을 원해요.
　　(b) 네, 승진할 때가 됐어요.
　　(c) 분명 그녀는 일자리를 구하러 그 지역을 떠났어요.
　　(d) 그녀의 제품에 대해 특별 판촉 활동을 하죠.

해설 어떤 사람을 지부장으로 승진시켜야 하지 않냐는 의견
　　에 대해 긍정이나 부정적인 의견을 보일 수 있다. (d)는
　　promote의 다른 의미를 이용한 함정이다.

어휘 promote 승진시키다, 홍보하다　regional 지역의
　　entry level 제일 아래 단계의　product 제품

정답 (b)

## 8

M What seems to be the problem with my lawn mower?

W _____

(a) I think the motor has a glitch in it.
(b) I guess you should take out a loan.
(c) They have no problem solving skills.
(d) It's really difficult to maintain order.

해석 M 제 잔디 깎는 기계에 무슨 문제가 있는 거죠?

W _____

(a) 모터에 작은 결함이 있는 것 같네요.
(b) 대출을 받으시면 되겠네요.
(c) 그들은 문제 해결 능력이 없어요.
(d) 질서를 유지하는 게 정말 어려워요.

해설 잔디 깎는 기계가 이상해서 뭐가 잘못되었는지 묻고 있으므로 그 문제를 알려 주는 (a)가 가장 적절하다. (b)의 loan은 남자의 말 lawn과 발음 혼동을 이용한 함정이며, (c)는 problem을 중복 사용한 함정이다.

어휘 lawn mower 잔디 깎는 기계  glitch 작은 결함  take out a loan 대출하다  solve 해결하다  maintain order 질서를 유지하다

정답 (a)

## 9

W Do you root for any baseball teams?

M _____

(a) I'm not a huge fan of sports.
(b) They are rooted in American culture.
(c) I can give you a ballpark figure.
(d) Thanks but I don't play baseball.

해석 W 응원하는 야구팀 있어요?

M _____

(a) 저는 스포츠를 별로 안 좋아해요.
(b) 그들은 미국 문화에 뿌리를 두고 있어요.
(c) 대략적인 수치를 알려 줄 수 있어요.
(d) 감사하지만 전 야구는 안 해요.

해설 응원하는 야구팀이 있느냐고 물었으므로 있다면 구체적인 팀 이름을, 없다면 부정의 응답을 할 수 있다. root, baseball 등 여자의 말에 나온 단어를 중복 사용한 함정에 유의한다.

어휘 root for ~을 응원하다  huge fan 열광적인 팬  root 뿌리박게 하다  ballpark figure 어림잡은 수치

정답 (a)

## 10

M Could you clean the bathroom this evening?

W _____

(a) I'll do that on my way home.
(b) Yeah, you can take a shower first.
(c) I'll never forget your kindness.
(d) I would, but I have to work late hours.

해석 M 오늘 저녁에 욕실 좀 청소해 줄래?

W _____

(a) 집에 가는 길에 할게.
(b) 응, 넌 샤워부터 하면 돼.
(c) 당신의 친절을 절대 잊지 못할 거예요.
(d) 그러고 싶지만 늦게까지 일해야 해.

해설 욕실 청소를 부탁하는 말에 거부의 의사를 표현하는 (d) 가 적절하다. (d)의 I would, but ~은 일종의 가정법 표현으로, 하고 싶지만 다른 일이 있어 못한다는 의미이다. bathroom과 연관이 있는 단어인 (b)의 take a shower 함정에 빠지지 않도록 주의한다.

어휘 on one's way home 집으로 가는 도중에  take a shower 샤워하다  work late hours 늦게까지 일하다

정답 (d)

## Part II
## 11

W Why were you late this morning?
M I missed my train.
W Again? What happened?
M _____

(a) I forgot to set the alarm.
(b) Stop making an excuse.
(c) The train station is very close.
(d) Please have your ticket ready.

해석 W 오늘 아침에 왜 늦었나요?
M 기차를 놓쳤습니다.
W 또요? 어떻게 된 일이죠?
M _____

(a) 자명종 맞추는 걸 깜빡했어요.
(b) 변명 그만하시죠.
(c) 기차역은 아주 가까워요.
(d) 티켓을 준비해 주십시오.

해설 지각한 남자에게 기차를 놓친 이유를 묻는 여자의 말에 대한 응답으로 시계의 알람을 설정하는 것을 잊었다고 하

는 (a)가 가장 적절하다. (b)는 남자의 말을 듣고 여자가
할 수 있는 말이다.

어휘  **miss** 놓치다  **set the alarm** 자명종을 설정하다
**make an excuse** 변명을 하다

정답  (a)

## 12

M  Did you make an appointment, ma'am?
W  I did. My last name is Gupta, G-U-P-T-A.
M  I see. By the way, is it an Indian name?
W  _____

(a) No, you don't have a thick accent.
(b) Check the appointment book.
(c) It's quite easy to pronounce.
(d) No, my family is from Pakistan.

해석  M  약속을 하셨나요?
W  했어요. 제 성은 굽타예요. G, U, P, T, A요.
M  알겠습니다. 그런데, 인도 이름인가요?
W  _____

(a) 아뇨, 심한 악센트는 없으신데요.
(b) 예약 노트를 확인하세요.
(c) 발음하기가 아주 쉽네요.
(d) 아뇨, 저희 가족은 파키스탄 출신이에요.

해설  여자의 이름을 듣고 인도 이름인지를 묻는 남자의 말에
인도 이름이 맞는지 아닌지 밝히고 있는 (d)가 가장 적절
하다. (b)는 appointment를 중복 사용한 함정이다.

어휘  **make an appointment** 만날 약속을 하다
**last name** 성  **thick** 심한  **accent** 말투, 어조
**pronounce** 발음하다

정답  (d)

## 13

M  Do you know when this semester ends?
W  The last week of June. Do you have any
plans?
M  I have to take a summer course because I
flunked economics.
W  _____

(a) Join the club. So did I.
(b) At least you passed it.
(c) Right, the economy is bad now.
(d) Congratulations! You're so smart.

해석  M  이번 학기 언제 끝나는지 아니?
W  6월 마지막 주. 무슨 계획이라도 있어?
M  경제학에서 낙제해서 여름 강좌를 들어야 해.
W  _____

(a) 같은 신세네. 나도 그랬거든.
(b) 적어도 넌 패스했잖아.
(c) 맞아. 요즘 경제가 안 좋아.
(d) 축하해! 넌 정말 똑똑하다니까.

해설  경제학에서 낙제해 여름 강좌를 들어야 한다는 남자의
말에 위로하며 자신도 그랬었다고 하는 (a)가 가장 자
연스럽다. join the club은 남의 실패를 위로할 때 쓰
이며 '같은 신세가 되다'라는 의미이다. economics와
economy는 서로 뜻이 다르므로 비슷한 발음 함정에 빠
지지 않도록 유의한다.

어휘  **semester** 학기  **flunk** 낙제하다  **economics** 경제학
**pass** 통과하다  **economy** 경제

정답  (a)

## 14

W  Do you have any brothers or sisters?
M  Yes, one brother and two sisters.
W  Are you the baby of the family?
M  _____

(a) Yes, I'm married with a baby.
(b) Well, I should ask my parents.
(c) I was a baby twenty years ago.
(d) I'm actually the second youngest.

해석  W  남자나 여자 형제 있니?
M  응, 남자 형제 하나 여자 형제 둘 있어
W  네가 가족 중에 막내니?
M  _____

(a) 응, 난 기혼이고 아이가 있어.
(b) 그게, 부모님한테 물어봐야 해.
(c) 난 20년 전에 아기였지.
(d) 실은 밑에서 두 번째야.

해설  가족 관계를 이야기하며 막내냐고 묻는 말에 가장 적절한
응답은 자신이 몇째인지 이야기하는 (d)이다.

어휘  **the baby of the family** 막내

정답  (d)

## 15

W Is this your new tablet computer?
M Actually, it's my smart phone.
W Wow, the display is as big as a tablet PC!
M _____

(a) Yes, I'll pick up the tab.
(b) You bet. It sure is.
(c) Do you want it fixed?
(d) I'll call you back later.

해석 W 이거 네 새 태블릿 컴퓨터니?
　　M 실은, 이거 내 스마트폰이야.
　　W 우와, 화면이 태블릿 PC만큼이나 큰데!
　　M _____

　　(a) 그래. 내가 낼게.
　　(b) 물론이지. 정말 그래.
　　(c) 이거 고치고 싶니?
　　(d) 나중에 다시 전화할게.

해설 스마트폰의 화면이 태블릿 PC만큼 크다고 감탄하는 여
　　자의 말에 사실을 인정하면서 전적으로 동의하는 (b)가
　　적절하다.

어휘 display 화면　pick up the tab 계산하다, 쏘다
　　You bet 물론이지　call back 다시 전화하다

정답 (b)

## 16

W How about going to the movies today?
M I'm exhausted and I had a bad day at work.
W Alright. We can always catch a movie on
　　Saturday.
M _____

(a) Yes, it's the best place to sit.
(b) I have a long commute to work.
(c) I like that better than going tonight.
(d) But I worked overtime yesterday.

해석 W 오늘 영화 보러 가는 거 어때?
　　M 나 기진맥진한데다 회사에서 일진이 안 좋았어.
　　W 그래. 토요일에는 항상 영화를 볼 수 있으니까.
　　M _____

　　(a) 그래, 여기가 제일 앉기 좋은 자리야.
　　(b) 난 장거리 출퇴근해.
　　(c) 오늘 가는 것보다 그게 낫겠어.
　　(d) 하지만 어제 초과 근무했어.

해설 오늘 영화를 보러 가자고 제안했다가 남자의 상태를 듣고
　　토요일에 언제든 볼 수 있다고 하는 여자의 말에 동의하
　　며 그게 낫겠다고 말하고 있는 (c)가 대화 맥락에 가장 적
　　절하다.

어휘 exhausted 지친, 기진맥진한　bad day 일진이 나쁜 날
　　catch a movie 영화 보다　commute to work
　　출퇴근하다　work overtime 초과 근무하다

정답 (c)

## 17

M Nice to meet you, Ms. Kim. I'm Jim Smith.
W Oh, you're Jim from the General Affairs team,
　　right?
M Yes. Welcome aboard. Do you need any help
　　today?
W _____

(a) No thanks, I'm already aboard the ship.
(b) I'm really excited about my new job, too.
(c) Yes, I'll finish it as soon as possible.
(d) Thanks, but everything has been taken care
　　of.

해석 M 만나서 반갑습니다. 김 선생님. 짐 스미스입니다.
　　W 아, 총부부의 짐이시죠?
　　M 네, 입사 축하해요. 오늘 뭐 도움이 필요한 게 있나요?
　　W _____

　　(a) 아니요. 전 이미 배에 탔어요.
　　(b) 저도 새 일자리에 아주 들떠 있어요.
　　(c) 네, 가능한 한 빨리 끝낼게요.
　　(d) 고맙지만 다 처리되었어요.

해설 도움이 필요한지 묻는 남자의 말에 신입 사원인 여자의
　　응답으로 가장 적절한 것은 (d)이다. aboard는 흔히 '배
　　나 비행기에 타고, 탑승하여'라는 의미로 쓰이지만 대화에
　　서는 '새로 가입하여, 신입자로'라는 의미로 쓰였다.

어휘 general affairs 총무　as soon as possible 가능한
　　빨리　take care of 처리하다

정답 (d)

## 18

W Are you trying to call your son again?
M Yes, but he has not answered my call yet.
W Do you have any urgent matters?
M _____

(a) How about sending a text message?
(b) That's what really matters to me.
(c) Actually, today is his 20th birthday!
(d) Maybe he's studying in the library.

해석 W 아들에게 또 전화하시는 건가요?
　　 M 네, 아직 제 전화를 받지 않아서요.
　　 W 뭐 급한 일이 있는 거예요?
　　 M _____

(a) 문자 메시지를 보내지 그러세요?
(b) 그건 저한테 정말 중요한 문제예요.
(c) 실은, 오늘이 아들의 스무 번째 생일이에요!
(d) 아마 도서관에서 공부하고 있나 봐요.

해설 무슨 급한 일로 아들에게 계속 전화하려는 것인지를 묻는
　　 여자의 말에 아들의 생일이기 때문에 그렇다며 전화를 건
　　 이유를 말하는 (c)가 가장 자연스럽다. (a)는 남자에게 해
　　 줄 수 있는 여자의 제안으로 적절하다.

어휘 answer one's call ~의 전화를 받다　urgent 긴급한
　　 matter 문제, 중요하다　text message 문자 메시지

정답 (c)

## 19

M How long does it take to the airport by shuttle bus?
W About two hours, if the traffic is not bad.
M How often does the bus leave?
W _____

(a) Whenever you have time.
(b) Every hour on the hour.
(c) I'll leave it up to you.
(d) You can transfer to the subway.

해석 M 셔틀버스로 공항까지 얼마나 걸리죠?
　　 W 차가 막히지 않으면 2시간 정도요.
　　 M 버스는 몇 분 간격으로 있지요?
　　 W _____

(a) 당신이 시간이 있을 때마다요.
(b) 매시 정각이에요.
(c) 당신한테 맡길 거예요.
(d) 지하철로 갈아탈 수 있어요.

해설 셔틀버스의 운행 간격을 묻는 말에 대해 '매시 정각'이라
　　 는 의미의 every hour on the hour라고 답하는 (b)가
　　 가장 자연스럽다. (c)의 leave는 중복 단어를 이용한 함
　　 정이다.

어휘 traffic 교통　whenever ~할 때는 언제든
　　 leave it up to ~에게 맡기다

정답 (b)

## 20

M Monica, I'd like to go on a vacation in the first week of October.
W Sorry, but could you postpone it until things get back to normal?
M Okay, if you really want me to.
W _____

(a) Yes, you could use some rest.
(b) Thanks. I hope you have a safe trip.
(c) I do. We are in an emergency situation.
(d) All work and no play makes Jack a dull boy.

해석 M 모니카, 저 10월 첫째 주에 휴가를 가고 싶은데요.
　　 W 미안하지만 상황이 정상화될 때까지 연기할 수 있나요?
　　 M 알았어요, 꼭 그러기를 원하신다면요.
　　 W _____

(a) 네, 당신은 휴식이 필요해요.
(b) 고마워요. 안전하게 여행하기 바랍니다.
(c) 그래요. 우리는 비상사태인 상황이에요.
(d) 일만 하고 놀지 않으면 우둔한 사람이 돼요.

해설 남자에게 상황이 정상화될 때까지 휴가를 연기해 달라는
　　 여자가 할 수 있는 말은 그 이유를 말하는 (c)가 가장 적
　　 절하다. 나머지 선택지는 모두 남자에게 휴가를 허락할 경
　　 우 할 수 있는 말이다.

어휘 go on a vacation 휴가를 가다　postpone 미루다
　　 get back to normal 정상화되다　could use ~가
　　 필요하다　emergency 비상사태　dull 우둔한

정답 (c)

## Part III

### 21

Listen to a conversation between two classmates.

M Anna, you went to sociology class today, didn't you?

W Of course I did. Why?

M Could you lend me your notes, please?

W You were absent again?

M Yeah. Sorry to bother you but I need them to write the report.

W Okay. See you at the cafeteria at five thirty.

Q What is the man mainly trying to do?

(a) Apologize for being absent from class

(b) Attempt to borrow the woman's notes

(c) Ask the woman to write a report for him

(d) Give back notes the woman lent him

해석  두 급우 간의 대화입니다.

M 안나, 오늘 사회학 수업 갔었지?

W 당연하지. 왜?

M 네 필기 좀 빌릴 수 있을까?

W 또 결석한 거야?

M 응. 귀찮게 해서 미안한데 리포트를 쓰려면 필요해서.

W 알았어. 5시 30분에 구내식당에서 보자.

Q 남자가 주로 하려고 하는 일은?

(a) 수업에 결석한 것을 사과하기

(b) 여자의 공책을 빌리려고 시도하기

(c) 여자에게 자기 리포트를 써 달라고 요청하기

(d) 여자가 빌려 준 공책 돌려주기

해설  남자는 리포트를 작성하기 위해 결석했던 수업의 필기 노트를 여자에게서 빌리려 한다. 남자가 사과하는 것은 여자를 성가시게 할까 봐이므로 (a)는 알맞지 않다.

어휘  sociology 사회학  lend 빌려 주다  bother 성가시게 하다  be absent from ~에 결석하다  apologize 사과하다  attempt 시도하다  borrow 빌리다

정답  (b)

### 22

Listen to two colleagues discuss a new office layout.

W I can't concentrate on work these days.

M Is it about the new open-plan office layout?

W Yes, it's very distracting.

M Yeah, it's hard to focus when you hear all the noises.

W People are working longer to do the same amount of work.

M I should talk to the CEO.

Q What are the man and woman mainly discussing?

(a) How to stay focused in a noisy environment

(b) Why employees chose an open plan layout

(c) How a new office layout has reduced productivity

(d) How to persuade the CEO to change his plan

해석  새 사무실 배치에 대한 두 직장동료 간의 대화입니다.

W 요즘 업무에 집중할 수 없어.

M 새로운 오픈 플랜식 사무실 설계 때문에 그래?

W 응, 너무 산만해.

M 그래. 잡다한 소음이 들리는데 집중하기 힘들지.

W 사람들이 같은 업무량을 처리하려고 더 오래 일하고 있잖아.

M CEO에게 얘기해 봐야겠다.

Q 남자와 여자가 주로 의논하고 있는 것은?

(a) 시끄러운 환경에서 계속 집중하는 방법

(b) 직원들이 오픈 플랜 설계를 선택한 이유

(c) 새로운 사무실 구조가 어떻게 생산성을 저하시켰는지

(d) 계획을 바꾸도록 CEO를 설득하는 방법

해설  여자는 오픈 플랜식으로 사무실 구조가 개조된 후 주변의 소음 때문에 업무에 집중할 수 없고, 같은 업무량을 소화하려고 더 오래 일하고 있다며 고초를 토로하고 있다. 따라서 대화의 주된 내용으로 (c)가 가장 적절하다.

어휘  concentrate on ~에 집중하다  open-plan 오픈 플랜(칸막이를 최소화한 건축 평면)  layout 배치, 설계  distracting 마음을 산란케 하는  productivity 생산성

정답  (c)

## 23

Listen to a conversation between two coworkers.

W Are you taking a day off again tomorrow?

M Yes, I could use some rest.

W Wouldn't you rather save your vacation days for summer?

M No, I prefer spreading out my breaks.

W Are you sure you won't regret it in summer?

M Yes. I don't like going on a long vacation.

Q What are the man and woman mainly talking about?

(a) The man's plan for the next summer vacation

(b) Whether the man has saved enough for vacation

(c) The man's preference for several shorter vacations

(d) Where the man wants to go for his leave tomorrow

해석 두 직장동료 간의 대화입니다.

W 내일 또 월차 냈어?

M 응, 좀 쉬려고.

W 여름을 위해 후일을 좀 아껴 두는 게 어때?

M 아니, 난 쪼개서 쉬는 게 좋아.

W 여름에 후회하지 않겠어?

M 응. 장기 휴가는 별로야.

Q 남자와 여자가 주로 얘기하고 있는 것은?

(a) 남자의 다음 여름휴가 계획

(b) 남자가 휴가를 위해 저축을 충분히 했는지

(c) 남자가 여러 번의 짧은 후일 선호하는 것

(d) 내일 남자가 휴가로 어딜 가기 원하는지

해설 남자가 장기 휴가보다 짧게 여러 번 쉬는 것을 선호한다는 대화이므로 (c)가 알맞다.

어휘 **day off** (근무·일을) 쉬는 날  **could use** ~가 필요하다(need)  **spread out** 넓게 퍼지다  **break** 휴식  **preference** 선호, 애호  **leave** 휴가

정답 (c)

## 24

Listen to a conversation at an office.

M Hi, I have an interview here today.

W Did you apply for an engineer job?

M No, for a security guard position.

W You aren't expected for another fifty minutes.

M Sorry. I happened to take an early train.

W It's okay. Please have a seat. I'll call the manager.

Q Which is correct according to the conversation?

(a) The manager is out of the office at the moment.

(b) The man has arrived earlier than expected.

(c) The woman did not expect the man to come.

(d) The man hopes to work as an engineer.

해석 사무실에서의 대화입니다.

M 안녕하세요? 오늘 여기에서 면접이 있는데요.

W 엔지니어직에 응시하셨나요?

M 아니요, 경비원직이요.

W 50분 후에 오셔야 하는데요.

M 죄송합니다. 기차를 일찍 타게 돼서요.

W 괜찮습니다. 앉으세요. 매니저 불러 올게요.

Q 대화에 의하면 옳은 것은?

(a) 매니저는 현재 사무실에 없다.

(b) 남자는 예상보다 일찍 도착했다.

(c) 여자는 남자가 올 거라 예상하지 않았다.

(d) 남자는 엔지니어로 일하길 바란다.

해설 여자는 남자가 면접에 50분 뒤에 올 거라고 생각하고 있었고, 남자는 기차를 일찍 타게 돼서 예정된 시간보다 일찍 오게 되었다고 하므로 알맞은 선택지는 (b)이다. 여자가 매니저를 불러온다고 해서 매니저가 부재중인 것은 아니며, 여자는 남자가 오는 걸 알고 있었지만 일찍 와서 당황했을 뿐이다.

어휘 **security** 보안, 경비  **position** 자리, 직위  **expect** 예상하다  **at the moment** 현재, 지금

정답 (b)

## 25

Listen to a conversation between two friends.

W Did you hear that Sylvia's house was broken into last night?

M Yes, and fortunately her family was not there.

W Thank goodness no one was hurt.

M The burglar just got away with a few hundred bucks.

W I'm worried that the police may not have a clue who did it.

M Right. There've been similar cases in the neighborhood recently.

Q Which is correct according to the conversation?

(a) The burglar fled the scene with nothing but a few boxes.

(b) The burglar who broke in Sylvia's house is still at large.

(c) Recent break-ins in town were committed by the same person.

(d) Some of Sylvia's family members were at the scene of the break-in.

해석 두 친구 간의 대화입니다.

W 어젯밤 실비아의 집에 강도가 들었다는 얘기 들었어?

M 응, 다행히 집에 가족이 없었다면서.

W 아무도 안 다쳐서 다행이야.

M 강도가 몇백 달러만 가지고 도망갔대.

W 누가 그랬는지 경찰한테 단서가 없을까 봐 걱정돼.

M 그러게. 최근에 동네에 비슷한 사건들이 있었잖아.

Q 대화에 의하면 옳은 것은?

(a) 강도는 상자 몇 개만 가지고 현장을 달아났다.

(b) 실비아의 집에 침입한 강도는 아직 체포되지 않았다.

(c) 동네에서 일어난 최근의 침입 사건들은 동일범의 소행이다.

(d) 실비아의 가족 몇 명이 침입 현장에 있었다.

해설 아직 누가 그랬는지 모른다는 여자의 말을 미루어볼 때 알맞은 선택지는 (b)이다. still at large는 '(범죄자가) 아직 체포되지 않은'이라는 의미라는 것을 알아 둔다. (b)의 boxes는 대화에서 '달러, 돈'을 의미하는 bucks와의 발음 혼동을 이용한 오답이다. (c)는 아직 단정할 수 없는 사항이다.

어휘 break into 침입하다  burglar 절도범  clue 단서  flee 달아나다  scene 현장  break-in 침입  be still at large 아직 체포되지 않고 있다  commit 저지르다

정답 (b)

## 26

Listen to a conversation on a college campus.

M Excuse me, I can't log into my student account.

W The college website is now undergoing scheduled maintenance.

M What? But I'm supposed to upload my psychology homework by today.

W You know, the service suspension was announced last week.

M Uh-oh, I was absent all week due to volunteer work. What should I do?

W Well, the service will resume in four hours.

Q Which is correct according to the conversation?

(a) The website maintenance is taking longer than expected.

(b) The man has asked his professor to move the deadline.

(c) The man was not notified of the planned service interruption.

(d) The man will be able to access the website in two hours.

해석 대학 캠퍼스에서의 대화입니다.

M 죄송한데, 제 학생 계정에 로그인이 안 돼요.

W 대학교 웹 사이트가 예정된 점검을 하는 중이에요.

M 뭐라고요? 오늘까지 심리학 과제를 올려야 하는데요.

W 서비스 정지는 지난주에 공지되었어요.

M 자원봉사 때문에 지난주 내내 결석했어요. 어떡하죠?

W 서비스는 4시간 후에 재개될 거예요.

Q 대화에 의하면 옳은 것은?

(a) 웹 사이트 점검은 예상보다 오래 걸리고 있다.

(b) 남자는 교수에게 마감일을 옮겨 달라고 요청했다.

(c) 남자는 예정된 서비스 중단을 공지받지 않았다.

(d) 남자는 2시간 후에 웹 사이트에 접속할 수 있을 것이다.

해설 지난주에 서비스 정지 공지가 있었지만, 남자는 자원봉사를 가느라 공지를 받지 못했다고 하므로 (c)가 알맞다. 웹 사이트의 서비스는 2시간이 아닌 4시간 후에 재개될 것이다.

어휘 account 계정  undergo ～을 겪다  scheduled 예정된  maintenance 유지  psychology 심리학  suspension 정지  resume 재개하다  deadline 마감 일자  notify 알리다  planned 계획된  interruption 중단  access 접근

정답 (c)

## 27

Listen to a conversation between two friends.

W  I'm striving to adapt to my new job.

M  But you said you're satisfied with the work.

W  I am. But it's my colleagues. They're friendly but we hardly ever interact.

M  That's common with back office jobs.

W  Yeah… I miss my old job. It was all about teamwork.

M  Try spending time together after hours like we did when we worked together.

Q  Which is correct about the woman according to the conversation?

(a) She was discontented with the work she used to do.

(b) She is spending much time with the man after work.

(c) She is overwhelmed by frequent interaction with coworkers.

(d) She expected more collaborative working environment.

해석 두 친구 간의 대화입니다.

W  새로운 직장에 적응하느라 힘들어.

M  그런데 일이 만족스럽다고 했잖아.

W  일은 좋아. 그런데 동료들 말이야. 친절하긴 한데 교류가 전혀 없어.

M  고객을 직접 상대하지 않는 일은 다 그래.

W  응… 예전 직장이 그리워. 팀워크가 좋았는데.

M  우리가 같이 일했을 때처럼 퇴근 후에 함께 시간을 보내 봐.

Q  대화에 의하면 여자에 대해 옳은 것은?

(a) 예전에 했던 업무에 만족하지 않았다.

(b) 퇴근 후 남자와 많은 시간을 보내고 있다.

(c) 동료들과의 빈번한 교류에 주체를 못한다.

(d) 좀 더 협력하는 근무 환경을 기대했다.

해설 여자는 새로운 근무지에서 예전보다 동료들과 교류가 없어서 적응하느라 힘들다고 하므로 (d)가 적절하다. (c)는 대화와 반대되는 내용이다.

어휘 strive 분투하다  adapt to ~에 적응하다  colleague 동료  interact 소통[교류]하다  back office 비영업 부서  be all about ~이 최고다  discontented 불만족한  overwhelmed 압도된  collaborative 협력적인

정답 (d)

## 28

Listen to a conversation between a waitress and a customer.

M  Excuse me. Are these walnuts in my dessert?

W  Yes, sir. They're locally grown walnuts.

M  But there's no mention of walnuts in the menu.

W  Well, not all the ingredients are listed on the menu.

M  You know what? I'm allergic to walnuts.

W  Oh, I'm terribly sorry, sir. I'll get you another one without them right away.

Q  What can be inferred from the conversation?

(a) The man's dessert was not made to order.

(b) The restaurant does not use imported ingredients.

(c) The man intended to order a dessert without walnuts.

(d) The restaurant does not prepare a bespoke dish for diners.

해석 웨이트리스와 손님 간의 대화입니다.

M  저기요. 제 디저트에 호두가 들었나요?

W  네, 손님. 지역에서 재배한 호두예요.

M  그런데 메뉴에 호두에 대한 언급은 없었는데요.

W  모든 재료가 메뉴에 나와 있지는 않습니다.

M  있잖아요, 전 호두에 알레르기가 있어요.

W  정말 죄송합니다. 손님. 호두가 없는 디저트를 바로 가져다 드릴게요.

Q  대화로부터 유추할 수 있는 것은?

(a) 남자의 디저트가 주문된 대로 만들어지지 않았다.

(b) 식당은 수입 재료를 사용하지 않는다.

(c) 남자는 호두가 들어 있지 않은 디저트를 주문할 생각이었다.

(d) 식당은 손님 맞춤 음식을 준비하지 않는다.

해설 호두 알레르기가 있는 남자는 메뉴에 호두가 들어 있다는 언급이 없어서 디저트를 주문한 상황이다. 따라서 남자는 디저트에 호두가 들어 있는지 모르고 주문했음을 알 수 있다. 지역에서 자란 호두로 만든 디저트라는 것이 식당에서 수입 재료를 쓰지 않는다는 의미는 아니며, 여자가 다시 갖다 주겠다고 하므로 손님 맞춤으로 음식을 준비할 수 있다는 것을 알 수 있다.

어휘 ingredient 재료, 성분  allergic to ~에 알레르기가 있는  import 수입하다  bespoke (개인 주문에 따라) 맞춤  diner 식사하는 사람

정답 (c)

## 29

Listen to two friends discuss a recent protest by environmentalists.

M  The protesters in Stanley Square committed a serious gaffe.

W  Yeah, they left the park in an utter mess.

M  That's not how environmentalists are supposed to act.

W  Mountains and lakes aren't the only things that deserve their attention.

M  Right. Their inconsiderate behavior is now grabbing the headlines.

W  They lost the support of our local community.

Q  What can be inferred about the protesters from the conversation?

(a) Their littering the square was a calculated strategy.

(b) The media focused on their environmental cause.

(c) They demonstrated for cleaner mountains and lakes.

(d) Their environmental message was marred by their behavior.

해석  환경론자들의 최근 시위에 대한 두 친구의 대화입니다.

M  스탠리 광장에서 시위하던 사람들이 큰 실수를 저질렀어.

W  응, 공원을 완전히 엉망진창으로 만들었더라.

M  환경론자들이 그렇게 행동하면 안 되는데.

W  산과 호수에만 관심을 두어야 하는 건 아닌데 말이지.

M  맞아. 그 사람들의 지각없는 행동이 이제 대서특필되고 있어.

W  그들은 우리 지역의 지지를 잃었어.

Q  대화로부터 시위자들에 대해 유추할 수 있는 것은?

(a) 광장에 쓰레기를 버린 것은 계산된 전략이었다.

(b) 언론은 그들의 환경적 대의에 집중했다.

(c) 더 깨끗한 산과 호수를 위해 시위했다.

(d) 환경 메시지가 자신들의 행동으로 손상되었다.

해설  환경 운동가들이 광장에서 시위를 하면서 공원을 더럽게 해 그 지역의 신뢰를 잃고 언론에 대대적으로 보도되었다고 하므로 유추할 수 있는 내용은 (d)이다.

어휘  protester 시위자  commit 저지르다  gaffe 실수  utter 완전한  mess 엉망진창  environmentalist 환경 운동가  inconsiderate 사려 깊지 못한  grab the headlines (언론에) 대서특필되다  litter 어질러 놓다  calculated 계산된  strategy 전략  cause 조직, 대의명분  demonstrate 시위하다  mar 손상시키다, 망치다

정답  (d)

## 30

Listen to two coworkers discuss a company policy change.

W  Did you hear the company will revoke overtime?

M  Yes. I think it's absurd.

W  I agree. Now we'll have to work evening hours without getting paid.

M  And our base salary is not enough to make ends meet.

W  Management said flexible working hours will compensate for reduced income.

M  The labor union should do something about this.

Q  Why are the man and woman upset about the company's new policy?

(a) It will phase out flexible working.

(b) It will decrease their hourly wage rate.

(c) It will abolish payment for working extra hours.

(d) It will undermine the labor union's authority.

해석  회사 정책 변화에 대한 두 직장동료의 대화입니다.

W  회사에서 초과 근무 수당을 폐지한다는 이야기 들었어?

M  응. 터무니없다고 생각해.

W  동감이야. 이제 수당도 못 받으면서 저녁 근무를 해야 한다는 거잖아.

M  그리고 우리 기본급으로는 겨우 먹고 살기도 힘들어.

W  경영진은 탄력근무제가 수입감소를 보상해 줄 거라고 해.

M  이 일에 대해 노동조합이 무언가 해야 해.

Q  남자와 여자가 회사의 새 정책에 대해 화가 난 이유는?

(a) 탄력근무제가 단계적으로 폐지될 것이기 때문에

(b) 그들의 시간당 급여가 줄어들 것이기 때문에

(c) 초과 근무에 대한 수당이 폐지될 것이기 때문에

(d) 노조의 권위가 약화될 것이기 때문에

해설  회사가 초과 근무 수당을 폐지하면 앞으로 직원들은 야근 수당을 받지 못하고 야근을 해야 하기 때문에 남자와 여자가 불만을 토로하고 있다. 따라서 (c)가 가장 적절하다. 초과 근무 수당이 없어진다고 해서 기본급에 해당하는 시간당 급여가 줄어드는 것은 아니므로 (b)는 정답이 될 수 없다.

어휘  revoke 폐지[철회]하다  overtime 초과근무, 초과근무 수당  absurd 터무니없는  make ends meet 겨우 먹고 살 만큼 벌다  flexible 탄력적인  compensate for 보상하다  reduced 감소한  income 소득  labor union 노동조합  upset 화난, 속상한  phase out 단계적으로 폐지하다  hourly wage rate 시간급  abolish 폐지하다  undermine 약화시키다  authority 권위

정답  (c)

# Part IV

# 31

Hello, Mr. Stevenson, I'm calling from the Crown Bank. We were going over your application for a new credit card, but I'm afraid that we need more information about your current job. Please call me back at your earliest convenience and provide me with more details about your job. You can reach me at 301-554-0782 between 10 a.m. and 6 p.m., Monday through Friday.

Q  What is the purpose of the phone call?

(a) To inquire of Mr. Stevenson about his personal data

(b) To provide additional information about the bank

(c) To request a phone call to the bank in the morning

(d) To tell Mr. Stevenson the status of his credit card

해석 안녕하세요, 스티븐슨 씨. 크라운 은행에서 전화 드립니다. 저희가 귀하의 새 신용 카드 신청서를 검토하고 있었는데, 죄송하지만 현재 직업에 관한 정보가 더 필요합니다. 가급적 빨리 제게 전화를 주셔서 귀하의 직업에 관한 보다 세부적인 사항들을 알려 주시기 바랍니다. 월요일부터 금요일 오전 10시부터 오후 6시까지 301-554-0782로 연락 주시면 됩니다.

Q  전화를 건 목적은?
(a) 스티븐슨 씨의 인적 사항에 관해 묻기 위해
(b) 은행에 관한 추가 정보를 제공하기 위해
(c) 아침에 은행에 전화하도록 요청하기 위해
(d) 스티븐슨 씨 신용 카드의 상태에 대해 알려 주기 위해

해설 신용 카드 신청서 검토 과정에서 필요한 현재 직업 정보를 얻기 위해 가능한 빨리 다시 전화해 달라는 내용으로 볼 때, 이 전화를 건 목적으로 가장 적절한 선택지는 (a)이다.

어휘 **go over** 검토하다  **application** 신청서  **current** 현재의  **at one's earliest convenience** 가급적 빨리  **reach** 연락하다  **inquire** 묻다  **personal** 개인의  **additional** 추가의  **request** 요청하다  **status** 상태,

정답 (a)

# 32

As some of you already know, Washington D.C. was built with political considerations. It is located in the middle between North and South, providing an image of balance. However, it was once mostly a swampy area with most parts infested with mosquitoes. Actually, many politicians were against the plan to build the capital of the US in such a harsh environment, and many people tried to stay out of the area. Yet, against all odds, it is now one of the most important cities in the world.

Q  What is mainly being discussed?

(a) Why people tried to stay out of Washington D.C.

(b) The difficulty of building Washington D.C.

(c) The area where Washington D.C. is built

(d) How Washington D.C. became a powerful city

해석 몇몇 분들은 이미 알고 있듯이, 워싱턴 D.C.는 정치적 고려에서 건설되었습니다. 이곳은 북부와 남부 한가운데 위치해 균형의 이미지를 줍니다. 그러나 이곳은 한때 대부분 모기로 들끓었고 대부분의 지역이 늪지였습니다. 실제로 많은 정치인들이 그런 열악한 환경에 미국의 수도를 건설하려는 계획에 반대했고, 많은 사람들이 그 지역을 피하려 했습니다. 그러나 모든 역경에도 불구하고, 이제 이곳은 세계에서 가장 중요한 도시 중 하나입니다.

Q  논의된 주된 내용은?
(a) 사람들이 워싱턴 D.C.를 피하려 한 이유
(b) 워싱턴 D.C. 건설의 어려움
(c) 워싱턴 D.C.가 건설되었던 지역
(d) 워싱턴 D.C.가 영향력 있는 도시가 된 방법

해설 미국의 수도인 워싱턴 D.C.의 위치, 이미지, 건설 이전의 환경, 상황에 대해 이야기하고 있으므로 주된 내용으로 가장 적절한 선택지는 (c)이다. (a)는 예전 환경에 대한 부연 설명으로 언급되었다.

어휘 **political** 정치적인  **consideration** 고려, 고찰  **locate** 위치하다  **balance** 균형  **swampy** 늪이 많은  **infested with** ~이 들끓는  **mosquito** 모기  **be against** ~에 반대하다  **capital** 수도  **harsh** 열악한  **stay out of** ~을 피하다  **against all odds** 모든 역경에도 불구하고

정답 (c)

# 33

Ladies and gentlemen, our flight to Canberra will be departing in twenty minutes, and we will begin the boarding process. We ask that passengers with children and those who are physically challenged to board the plane first. After that, passengers with tickets marked from A to D will board next. Due to a technical problem with the boarding gate, we kindly ask business and first-class passengers to wait until everyone has boarded the plane. Thank you.

Q  Who should board the flight last?

(a) Passengers with family members
(b) Passengers who are standing in line
(c) Passengers with first-class tickets
(d) Passengers who are on business

해석 여러분, 캔버라행 비행기가 20분 후에 이륙할 예정이오니 탑승 수속을 시작하겠습니다. 어린이를 동반한 승객들과 신체장애가 있는 분들의 우선 탑승을 부탁드립니다. 그 후, 다음으로 A부터 D까지 표시된 티켓을 소지하신 승객들이 탑승할 것입니다. 탑승구의 기술적인 문제로 인해 비즈니스석 승객과 일등석 승객께서는 다른 승객이 모두 탑승하실 때까지 기다려 주시기를 부탁드립니다. 감사합니다.

Q  마지막으로 탑승해야 할 이들은?
(a) 가족을 동반한 승객들
(b) 줄 서 있는 승객들
(c) 일등석 승객들
(d) 출장을 가는 승객들

해설 공항에서의 상황이며, 안내 방송 마지막에 탑승구의 기술적인 문제로 비즈니스석과 일등석의 승객들은 모든 승객이 탑승할 때까지 기다려 줄 것을 부탁하고 있으므로 적절한 선택지는 (c)이다. (d)의 on business는 '출장 중인', '사업 차'라는 뜻이지, 비행기의 비즈니스석 승객이라는 의미는 아니다. 일반석을 타고 출장을 갈 수도 있고, 비즈니스석을 타고 개인적인 여행을 다닐 수도 있기 때문이다.

어휘 flight 비행기  depart 출발하다  boarding process 탑승 수속  passenger 승객  physically challenged 신체적으로 장애가 있는  mark 표시하다  boarding gate 탑승구  stand in line 차례로 줄 서다

정답 (c)

# 34

Some people believe that taking a cold shower will help them sober up when they are drunk. This is just one of many unverified home remedies people use without asking any questions. Let's look at another example. Some people drink carbonated beverages when they have an upset stomach, but there's no evidence of it actually helping people. Although most of these home remedies lack logical basis, many people still practice them nonetheless.

Q  Which is correct according to the talk?

(a) People should take warm showers to sober up.
(b) Most home remedies are dangerous to people's health.
(c) Carbonated drinks do not help ease an upset stomach.
(d) Water is better than carbonated drinks to sober up.

해석 어떤 사람들은 술을 마셨을 때 찬물로 샤워를 하면 술 깨는 데 도움이 될 거라고 생각합니다. 이것은 사람들이 아무런 의심 없이 하는 입증되지 않은 민간요법의 하나일 뿐입니다. 다른 예를 살펴보겠습니다. 어떤 분들은 속이 더부룩할 때 탄산음료를 마시지만, 이것이 실제로 도움이 된다는 증거는 없습니다. 이런 민간요법 대부분은 논리적 근거가 없지만 많은 사람들이 아직도 행하고 있습니다.

Q  담화에 의하면 다음 중 옳은 것은?
(a) 사람들은 술을 깨기 위해 따뜻한 물로 샤워해야 한다.
(b) 대부분의 민간요법들은 건강에 위험하다.
(c) 탄산음료는 소화 불량을 완화시키는 데 도움이 되지 않는다.
(d) 술을 깨는 데는 물이 탄산음료보다 낫다.

해설 입증되지 않은 민간요법에 관해 이야기하면서 속이 더부룩할 때 탄산음료를 마시지만 그것이 도움이 된다는 증거는 없다고 주장하고 있다. 술을 깨기 위해 찬물로 샤워하는 것이 입증되지 않은 방법이라는 것이 따뜻한 물로 샤워를 해야 한다는 것을 의미하지 않으며, 민간요법이 입증되지 않았지만 건강에 위험하다는 언급도 없다.

어휘 sober up 술이 깨다  unverified 입증되지 않은  home remedy 민간요법  carbonated beverage 탄산음료  upset stomach 배탈  evidence 증거  lack ~이 없다  logical basis 논리적 근거  practice 행하다  nonetheless 그럼에도 불구하고  ease 완화시키다

정답 (c)

## 35

Today's lecture is about John D. Rockefeller, an American industrialist and probably the richest man to ever walk on Earth, who made a fortune selling oil. Many people know him by his charitable foundations and support for education by establishing schools such as the Chicago University. However, what most people fail to see is that he was one of the most ruthless businessmen to dominate the oil industry. Rockefeller crushed his competitors with no mercy and took extreme measures to keep his workforce under control.

Q Which is correct according to the lecture?

(a) Rockefeller was a cruel businessman despite his charity work.
(b) Chicago University was established to educate Rockefeller's employees.
(c) Rockefeller had less interest in supporting education than making money.
(d) Competition in the oil industry was fierce because there were too many companies.

해석 오늘은 미국의 기업가로서 석유 판매로 부를 축적한, 아마도 세계에서 역대 최고 부자인 존 D. 록펠러에 관해 강의하겠습니다. 많은 사람들이 그의 자선 재단과 시카고 대학 같은 학교를 설립한 교육 지원적인 면에서 그를 알고 있습니다. 그러나 대부분의 사람들이 알지 못하는 사실은 그가 석유 산업을 장악한 가장 무자비한 사업가 중 하나였다는 것입니다. 록펠러는 경쟁사들을 무자비하게 제압하고 직원들을 통제하기 위해 극단적인 조치를 취했습니다.

Q 강의에 의하면 다음 중 옳은 것은?
(a) 록펠러는 자선 사업에도 불구하고 잔인한 사업가였다.
(b) 시카고 대학은 록펠러의 직원들을 교육시키기 위해 설립되었다.
(c) 록펠러는 돈을 버는 것보다 교육 지원 사업에 관심이 덜했다.
(d) 너무 많은 회사가 있었기 때문에 석유 산업에서의 경쟁이 치열했다.

해설 사람들이 록펠러의 자선 사업과 교육 지원 사업에 대해 알고 있지만, 기업가로서 그는 무자비하게 경쟁사들을 누르고 극단적으로 직원들을 통제했다는 내용으로 볼 때 알맞은 선택지는 (a)이다.

어휘 lecture 강의 industrialist 기업가 make a fortune 부자가 되다 charitable foundation 자선 재단 establish 설립하다 ruthless 무자비한 dominate 장악하다 crush 뭉개다 competitor 경쟁자 with no mercy 무자비하게 take extreme measures 극단적인 조치를 취하다 workforce 직원 charity work 자선 사업 educate 교육하다 make money 돈을 벌다 fierce 치열한

정답 (a)

## 36

In 1939, a famous baseball player Lou Gehrig was diagnosed with a disease called amyotrophic lateral sclerosis, or simply ALS. It's a rare disease that prevents the communication between the brain and the muscles. Two years later, Lou Gehrig died of the disease, and now the disease is also called Lou Gehrig's disease. Most people die within five years of getting the disease, but some people survive longer. The best example of a long-term ALS is the renowned astrophysicist, Dr. Hawking.

Q What can be inferred about Dr. Hawking?
(a) He is the only survivor of long-term ALS.
(b) He only has a few years left before he passes away.
(c) He contracted ALS from Lou Gehrig.
(d) He has had ALS for more than five years.

해석 1939년, 유명한 야구 선수인 루 게릭은 근위축성 측삭 경화증, 간단히 ALS라고 부르는 병을 진단받았다. 이는 뇌와 근육 간의 소통을 방해하는 희귀 질병이다. 2년 후 루 게릭은 이 병으로 사망했고, 이제 그 병을 루게릭병이라고도 부른다. 이 병에 걸리면 대부분 5년 안에 사망하지만 그보다 오래 사는 사람들도 있다. 장기적인 ALS의 가장 좋은 예는 저명한 천체 물리학자 호킹 박사이다.

Q 호킹 박사에 관해 유추할 수 있는 것은?
(a) 장기적인 ALS의 유일한 생존자이다.
(b) 사망하기까지 몇 년밖에 남지 않았다.
(c) 루 게릭으로부터 ALS에 걸렸다.
(d) ALS에 걸린 지 5년이 넘었다.

해설 루게릭병에 걸리면 일반적으로 5년 안에 죽지만 그보다 오래 사는 이들도 있으며, 가장 좋은 예로 호킹 박사를 들고 있으므로 그에 관해 유추할 수 있는 내용은 (d)이다.

어휘 diagnose 진단하다 disease 병 rare 희귀한 survive 살아남다 long-term 장기적인 renowned 저명한 astrophysicist 천체 물리학자 pass away 사망하다 contract (병에) 걸리다

정답 (d)

## Part V

## 37~38

Everyone, we are nearing the last part of our guided tour. Our bus will soon stop across from the West Façade of the Saint Walter Church. Upon looking at the Façade, some of you may think it's different from what you expected or what you saw on the Internet. That's because the most iconic Façade of the church is the East Façade on the opposite side. Among the four façades, the East Façade was the first one to be completed as the symbol of the whole church. I will give you plenty of time to take pictures of all of the facades except the North Façade, which is currently closed because of renovation. But we will later enter the building from the South Façade, which has recently been reopened after lengthy repairs.

Q37 What is the main topic of the talk?

(a) The history of Saint Walter Church
(b) The attractions inside the church building
(c) The itinerary for a tour of the church
(d) The purpose of taking photos at church

Q38 Which attraction is currently off limits to visitors?

(a) The North Façade
(b) The West Façade
(c) The South Façade
(d) The East Façade

해석 여러분, 우리 가이드 투어의 마지막 목적지에 가까워지고 있습니다. 우리 버스는 곧 세인트 월터 교회의 서쪽 파사드 바로 맞은편에 정차할 예정입니다. 여러분 중에서 이 파사드를 보자마자, 여러분이 기대했던 것 또는 인터넷에서 본 것과 다르다는 생각을 하시는 분도 있을 것입니다. 왜냐하면 이 교회의 가장 상징적인 파사드는 그 반대편에 위치한 동쪽 파사드이기 때문입니다. 4개의 파사드 중, 동쪽 파사드는 교회 전체의 상징으로서 가장 먼저 완공이 된 파사드입니다. 현재 보수공사로 닫혀있는 북쪽 파사드를 제외한 모든 파사드의 사진을 찍을 수 있도록 충분한 시간을 드리겠습니다. 하지만 잠시 후엔 오랜 보수 끝에 최근 재개장된 남쪽 파사드를 통해 건물 안으로 입장하도록 하겠습니다.

Q37 담화의 핵심 주제는?

(a) 세인트 월터 교회의 역사
(b) 교회 건물 내부의 볼거리
(c) 교회 관광 일정
(d) 교회에서 사진촬영의 목적

해설 투어가이드가 교회 관광 일정을 설명하는 내용이므로 (c)가 정답이다. 동쪽 파사드가 가장 먼저 완공됐다는 내용을 제외하고는 교회의 역사에 대한 언급이 없으므로 (a)가 핵심 주제라고 보기는 어렵다. (b)와 (d)는 언급되지 않았다.

정답 (c)

Q38 현재 방문객의 출입이 제한되어 있는 곳은?

(a) 북쪽 파사드
(b) 서쪽 파사드
(c) 남쪽 파사드
(d) 동쪽 파사드

해설 북쪽 파사드가 보수공사로 닫혀있다고 했으므로 (a)가 정답이다.

어휘 near 가까워지다, 다가오다 guided tour 가이드가 있는 여행 façade 파사드, (건물의) 정면 iconic 상징적인 renovation 보수, 리노베이션 lengthy 너무 긴, 장황한 repair 수리, 보수 attraction 관광지, 명소 itinerary 여행일정, 여행계획 off limits 출입금지의

정답 (a)

Class, let me clarify the difference between consecutive interpretation and simultaneous interpretation. During consecutive interpretation, the speaker and the interpreter take turns. The speaker has to pause after several sentences to allow the interpreter to translate. Consecutive interpretation is commonly used in interviews, small business meetings, or summit meetings. In simultaneous interpretation, on the other hand, the interpreter translates at the same time as the speaker is talking. The interpreter sits in a sound-proof booth and speaks into a microphone while listening to the speaker via a headset. Then, members of the audience listen to the interpretation through earphones. Simultaneous interpretation is ideal for conferences, lectures, or presentations that deliver a lot of information. Most importantly, simultaneous interpreting always requires at least two interpreters. The reason is that a simultaneous interpreter can only focus for fifteen to twenty minutes at a time before having to take a break as the level of concentration required is insanely high. Therefore, you must hire a pair of interpreters, who will alternate every fifteen minutes or so.

Q39 Which is correct about simultaneous interpretation according to the lecture?
(a) It is hardly ever used for business meetings.
(b) Interpreters should take turns to translate.
(c) The speaker should pause after a few sentences.
(d) Interpreters can work for only twenty minutes a day.

Q40 What can be inferred from the lecture?
(a) A simultaneous interpreter is paid more than a consecutive interpreter.
(b) Consecutive interpreters tend to choose to work by themselves.
(c) Certain equipment is needed to use simultaneous interpretation.
(d) Simultaneous interpreters are mostly good at delivering a lecture.

해석 학생 여러분, 순차통역과 동시통역의 차이점에 대해 명확히 설명 드리겠습니다. 순차통역 시에는, 화자와 통역사가 번갈아 말을 합니다. 화자는 몇 개의 문장을 말한 후, 통역사가 통역할 수 있도록 잠시 말을 멈추어야 합니다. 순차통역은 보통 인터뷰, 소규모 비즈니스 회의, 정상회담 등에 사용됩니다. 한편 동시통역은 화자가 말을 하는 동시에 통역사가 통역을 진행합니다. 통역사는 방음처리가 된 부스에 앉아, 헤드셋으로 화자의 말을 들으며 마이크에 대고 통역을 합니다. 그러면 청중은 이어폰을 통해 통역내용을 듣게 됩니다. 동시통역은 다량의 정보를 전달하는 콘퍼런스, 강의 또는 프레젠테이션에 이상적입니다. 가장 중요한 점은, 동시통역의 경우 항상 최소 두 명의 통역사가 필요하다는 사실입니다. 동시통역은 놀랍도록 높은 수준의 집중력을 요하기 때문에, 동시통역사는 한번에 15분 내지 20분 밖에 집중할 수 없으며 이후 휴식을 취해주어야 합니다. 그렇기 때문에 반드시 두 명의 통역사를 고용해야, 통역사들이 매 15분 정도마다 교대로 통역을 진행할 수 있습니다.

Q39 강의에 따르면 동시통역에 대해 옳은 것은?
(a) 비즈니스 회의에 사용되는 경우는 거의 없다.
(b) 통역사들이 교대로 통역해야 한다.
(c) 화자는 몇 개의 문장을 말한 후 잠시 멈추어야 한다.
(d) 통역사는 하루에 20분만 일할 수 있다.

해설 두 명의 동시통역사가 교대(alternate)로 통역한다고 했으므로 (b)가 정답이다. 담화 앞부분 순차통역에 대한 설명에서 'take turns'라는 표현이 나와서 혼동하기 쉬우니 유의해야 한다. 소규모 비즈니스 회의에 보통 순차통역이 사용된다고 해서 비즈니스 회의에 동시통역이 거의 사용되지 않는다고 할 수는 없다. 특히 대규모 비즈니스 회의에 대한 언급은 없으므로 (a)는 오답이다. 동시통역사들이 한번에(at a time) 15분~20분 밖에 집중할 수 없다고 했지 하루에 20분만 일할 수 있다고 한 것은 아니므로 (d)는 오답이다. (c)는 순차통역에 대한 설명이다.

정답 (b)

Q40 강의에서 추론할 수 있는 것은?
(a) 동시통역사는 순차통역사보다 돈을 더 많이 받는다.
(b) 순차통역사는 혼자 일하기로 선택하는 경향이 있다.
(c) 동시통역을 이용하기 위해서는 특정 장비가 필요하다.
(d) 동시통역사들은 대개 강의를 잘한다

해설 동시통역에는 방음부스, 헤드셋, 이어폰 등이 필요하다고 했으므로 (c)가 정답이다. 동시통역에는 장비가 필요하고 통역사도 최소 2명이 필요하기 때문에 순차통역보다 비용이 더 든다는 유추는 가능하지만, 동시통역사가 순차통역사보다 돈을 더 많이 받는다는 내용은 없으므로 (a)는 지나친 비약이다. 텝스 문제를 풀 때 배경지식을 동원해서는 안 되겠지만, 실제로도 통역사 1명이 받는 통역료는 동시/순차 여부에 관계 없이 똑같다. 순차통역은 1명이 필요하기 때문에 혼자 통역하는 것이지 통역사가 혼자 일하기로 선택하는 것은 아니므로 (b)는 오답이다. (d)의 'deliver a lecture'는 '강의를 하다'라는 뜻이므로 오답이다. '강의를 전달하다'라는 뜻으로 잘못 파악하지 않도록 평소에 숙어를 잘 외워야 한다.

어휘 consecutive 연속적인, 순차적인 interpretation 통역 simultaneous 동시의 take turns 교대로 하다, 번갈아 하다 pause 잠시 멈추다, 멈춤 interpreter 통역사 translate 번역하다, 통역하다 summit 정상회담 sound-proof 방음 장치가 되어 있는 via ~을 통하여 concentration 집중 insanely 미친 듯이, 제정신이 아닌 alternate 교대하다, 번갈아 하다 deliver a lecture 강의를 하다

정답 (c)

## ACTUAL TEST 2 p.176

Part I
1 (a)   2 (d)   3 (b)   4 (c)   5 (d)   6 (a)
7 (c)   8 (d)   9 (a)   10 (a)

Part II
11 (c)   12 (a)   13 (c)   14 (a)   15 (c)   16 (c)
17 (b)   18 (d)   19 (b)   20 (c)

Part III
21 (c)   22 (d)   23 (c)   24 (b)   25 (b)   26 (c)
27 (c)   28 (b)   29 (b)   30 (c)

Part IV
31 (c)   32 (d)   33 (c)   34 (a)   35 (b)   36 (c)

Part V
37 (a)   38 (b)   39 (b)   40 (c)

### 1

M You remembered our anniversary!
W _____

(a) How can I forget?
(b) Never mind. I'm fine.
(c) Perhaps some other time.
(d) Today is okay with me.

해석 M 우리 기념일을 기억했다니!
W _____

(a) 어떻게 잊겠어?
(b) 신경 쓰지 마. 난 괜찮아.
(c) 아마 다음번에.
(d) 난 오늘 괜찮은데.

해설 기념일을 기억해서 놀라는 남자의 말에 기억하는 게 당연하다고 반문하는 (a)가 가장 자연스럽다. (c)는 이번에는 어려우니 다음 기회에 만나거나 시간을 갖자고 말할 때 사용하는 표현이다.

어휘 remember 기억하다 anniversary 기념일 Never mind 신경 쓰지 마 some other time 다른 때, 언젠가

정답 (a)

### 2

W Make sure to take an umbrella just in case.
M _____

(a) Right, I should address climate change.
(b) But I couldn't find it in the case.
(c) It's an umbrella term for many types of raincoats.
(d) Thanks for reminding me. I almost forgot.

해석 W 혹시 모르니 우산을 꼭 가져가세요.
M _____

(a) 맞아요, 기후 변화를 다뤄야 해요.
(b) 하지만 상자에서 그걸 찾을 수 없었어요.
(c) 그건 여러 종류의 비옷을 포괄적으로 나타내는 말이에요.
(d) 상기시켜 줘서 고마워요. 하마터면 잊을 뻔했어요.

해설 비가 올지도 모르니 우산을 가져가라고 말해 줘서 고맙다고 대답하는 (d)가 가장 적절하다. (a)의 climate change는 여자의 말 umbrella에서 연상할 수 있는 단어로 혼란을 주고 있다. (c)의 umbrella는 '포괄적인'을 뜻하는 형용사이다.

어휘 make sure 반드시 ~하다 just in case 만일을 대비해 address 다루다 climate 기후 umbrella term 포괄적인 용어 remind 상기시키다

정답 (d)

## 3

W What should I do to log into the network?

M _____

(a) Turn on the speaker first.
(b) Enter your student number.
(c) It comes quite handy.
(d) You can access it online.

해석 W 네트워크에 로그인하려면 어떻게 해야 되지?

M _____

(a) 먼저 스피커를 켜.
(b) 학번을 입력해 봐.
(c) 그건 꽤 편리해.
(d) 온라인으로 들어갈 수 있어.

해설 네트워크에 로그인하는 방법을 묻고 있으므로 학번을 입력하라고 구체적인 방법을 알려 주는 (b)가 응답으로 적절하다. (a)는 로그인하는 방법과 거리가 먼 응답이며, (d)는 network와 관련된 표현인 access it online으로 혼동을 주고 있다.

어휘 log into ~에 접속하다   turn on ~을 켜다   enter 입력하다, 넣다   quite 매우   handy 편리한, 유용한   access 접근하다

정답 (b)

## 4

M Excuse me, is there a stationery store nearby?

W _____

(a) They sell pens, pencils, and notes.
(b) You can ride a stationary bike there.
(c) It's one block away from here.
(d) Stay here and it will pass by.

해석 M 실례합니다. 근처에 문구점이 있나요?

W _____

(a) 그곳은 펜과 연필, 공책을 팔아요.
(b) 거기서 자전거 운동 기구를 타시면 됩니다.
(c) 여기서 한 블록 떨어져 있어요.
(d) 여기 계시면 지나갈 거예요.

해설 문구점의 위치를 묻고 있으므로 위치를 알려 주는 (c)가 가장 적절하다. (b)는 stationery와 발음 혼동을 이용한 오답으로, stationary bike는 공원이나 체육관에 있는 페달을 밟는 운동 기구를 뜻한다. (d)는 버스 노선 등 교통 수단에 대해 물었을 때 적절한 응답이다.

어휘 stationery store 문방구   nearby 가까이에   ride 타다   stationary 정지한   pass by 지나가다

정답 (c)

## 5

W Who do you think should fix this issue?

M _____

(a) I'll fix you up with my old friend.
(b) It was already issued last week.
(c) But he didn't cause the problem.
(d) Whoever is available, I think.

해석 W 이 문제를 누가 해결해야 할 것 같니?

M _____

(a) 내 오랜 친구와 너의 소개팅을 주선해 볼게.
(b) 벌써 지난주에 발행됐어.
(c) 그러나 그는 문제를 일으키지 않았어.
(d) 시간이 되는 사람이면 누구든지.

해설 의문사 who 질문의 대답으로 구체적인 사람 이름이 나온다는 보장은 없고, 상황에 따라 응답이 달라질 수 있음을 명심한다. (a)와 (b)는 여자의 말에서 나온 단어(fix, issue)로 혼동을 주고 있지만 전혀 다른 의미로 쓰였다.

어휘 fix 해결하다   issue 문제, 발행하다   fix A up with B A와 B의 만남을 주선하다   cause 유발하다   available 시간이 있는

정답 (d)

## 6

W You sure know where you can get the best deal!

M _____

(a) Yup, I always look for good values.
(b) Right, I learned how to deal the cards.
(c) To know is one thing, to teach is another.
(d) Yes, it'll be quite expensive indeed.

해석 W 어디가 가격이 가장 괜찮은지 잘 알고 있구나!

M _____

(a) 응. 난 항상 좋은 가격을 찾아보거든.
(b) 맞아. 카드를 돌리는 걸 배웠어.
(c) 아는 것과 가르치는 건 별개야.
(d) 응. 정말 너무 비쌀 거야.

해설 가격이 가장 괜찮은 곳을 남자가 알고 있다는 여자의 말에 맞장구를 치는 (a)가 가장 적절하다. 여기서 value는

가격 대비 가치를 뜻한다. (b)와 (c)는 각각 여자의 말에 나오는 deal, know를 반복 이용한 함정이다.

어휘 **deal** 거래 **look for** 찾다 **deal** 나누어 주다. (카드를) 돌리다 **quite** 매우 **indeed** 정말

정답 (a)

# 7

> M I think Jenny is coming down with the flu.
> W _____
>
> (a) Her hair comes down to her shoulders.
> (b) She will come up with a good idea.
> (c) Maybe she picked up a bug in the office.
> (d) I don't think she asked for a raise.

해석 M 제니가 독감에 걸린 것 같아요.
　 W _____

　 (a) 그녀의 머리가 어깨까지 내려와요.
　 (b) 그녀는 좋은 생각을 내놓을 거예요.
　 (c) 아마 사무실에서 걸렸을 거예요.
　 (d) 그녀가 급여 인상을 요구한 것 같지 않아요.

해설 제니가 독감에 걸린 것 같다는 말에 수긍하면서 걸린 장소를 언급하는 (c)가 가장 적절하다. pick up a bug는 '병에 걸리다'라는 의미로 알아 둔다. (a)는 남자의 말 come down을 반복 이용한 함정이다.

어휘 **come down with** (병에) 걸리다 **flu** 독감 **come up with** ~을 찾아내다. 내놓다 **ask for** 요청하다 **raise** 인상

정답 (c)

# 8

> W Have you settled on your term paper topic?
> M _____
>
> (a) I settled down with a newspaper.
> (b) No, I submitted mine yesterday.
> (c) It was favorably reviewed.
> (d) I'm torn between two subjects.

해석 W 기말 리포트 주제 정했니?
　 M _____

　 (a) 신문을 갖고 편안히 앉았어.
　 (b) 아니, 내 건 어제 제출했어.
　 (c) 그건 호평을 받았어.
　 (d) 두 가지 주제 중에서 갈피를 못 잡겠어.

해설 기말 리포트 주제를 정했냐는 말에 두 가지 중에서 결정하지 못했다는 (d)가 가장 적절하다. 주제를 정하지 않았다고 하면서 어제 제출했다고 하는 (b)는 어색하다.

어휘 **settle on** ~을 정하다 **term paper** 기말 리포트 **settle down** 편히 앉다 **submit** 제출하다 **favorably** 우호적으로 **review** 검토하다 **be torn between** ~ 사이에서 갈피를 잡지 못하다

정답 (d)

# 9

> M Could you look through this document, please?
> W _____
>
> (a) I'm overwhelmed with other work.
> (b) Sorry, but we're on a tight budget.
> (c) Only after I thoroughly go through it.
> (d) I would but I have nothing to do now.

해석 M 이 문서 좀 살펴봐 주시겠어요?
　 W _____

　 (a) 다른 일도 너무 많은 상태예요.
　 (b) 죄송하지만 예산이 빠듯해요.
　 (c) 완전히 살펴본 후에만요.
　 (d) 그러고 싶지만 지금은 할 일이 없어요.

해설 어떤 문서를 봐 달라는 남자의 요구에 수락 또는 거절의 답변이 올 수 있다. 따라서 다른 일이 많다며 거절하는 (a)가 가장 자연스럽다. (b)는 Sorry라고 하며 거절하는 내용이지만 뒤에 전혀 관련 없는 말이 이어지므로 적절하지 않다.

어휘 **look through** ~을 검토하다. 살펴보다 **document** 문서 **be overwhelmed with** ~에 압도되다 **on a tight budget** 빠듯한 예산으로 **thoroughly** 완전하게 **go through** ~을 살펴보다

정답 (a)

# 10

> W Do you mind if I tag along with you to the grocery store?
> M _____
>
> (a) As long as you are ready by noon.
> (b) Then bring me along with you.
> (c) I'd love to keep up with you.
> (d) It is tagged with a serial number.

W 장 보러 가는 데 따라가도 돼?

    M  _____

    (a) 정오까지 네가 준비된다면.

    (b) 그럼 나를 데리고 가.

    (c) 너와 계속 연락하며 지내고 싶어.

    (d) 일련번호가 적힌 꼬리표를 달고 있어.

해설 Do you mind if ~?는 상대의 허락을 구하는 표현으로, 수락 또는 거절하는 표현을 찾는다. 따라서 정오까지 준비가 된다면 와도 된다는 수락을 나타내는 (a)가 가장 적절하다. 함께 가자고 요청하는 (b)는 여자가 할 수 있는 말이므로 혼동하지 않도록 한다.

어휘 **tag along** 따라가다 **grocery store** 식료품점 **keep up with** ~와 계속 연락하다 **tag** (꼬리표를) 달다 **serial number** 일련번호

정답 (a)

## Part II
## 11

W  These roses look so pretty.
M  Yes, roses are my favorite flowers.
W  How much were these?
M  _____

(a) Twenty percent off the price
(b) Very much like sunflowers
(c) I don't know. They were a present.
(d) I went to the flower shop alone.

해석 W 이 장미 정말 예쁘네요.
    M 네, 장미는 제가 가장 좋아하는 꽃이에요.
    W 이것들은 얼마죠?
    M  _____

    (a) 20퍼센트 할인해요.
    (b) 해바라기와 너무 똑같죠.
    (c) 모르겠어요. 선물이었거든요.
    (d) 저 혼자서 꽃집에 갔어요.

해설 장미의 가격을 묻는 여자의 말에 선물이기 때문에 잘 모르겠다고 하는 (c)가 가장 자연스럽다. (a)는 쇼핑이나 지불과 관련하여 함정이 될 수 있으므로 유의한다.

어휘 **off the price** 할인하는 **sunflower** 해바라기 **present** 선물

정답 (c)

## 12

M  Hey, looks like you've lost weight.
W  I'm glad you noticed.
M  Are you on a diet or something?
W  _____

(a) I commute on foot these days.
(b) Yes, I'm eating out today.
(c) Thank you for your advice.
(d) I wish I were chubbier.

해석 M 야, 너 살 빠진 것 같아.
    W 알아봐 주니 기쁘네.
    M 다이어트 같은 거 하는 거야?
    W  _____

    (a) 요즘 걸어서 출퇴근해.
    (b) 응, 오늘 외식해.
    (c) 조언 고마워.
    (d) 난 더 통통했으면 좋겠어.

해설 살이 빠진 것 같다며 다이어트를 하는지 묻는 남자의 질문에 요즘 걸어서 출퇴근을 하기 때문에 살이 빠졌다는 (a)가 가장 적절하다. 살이 빠졌다는 말에 기쁘다고 했으므로 (d)는 적절하지 않다.

어휘 **lose weight** 살이 빠지다 **notice** 알아차리다 **be on a diet** 다이어트 중인 **commute** 통근[통학]하다 **on foot** 걸어서 **eat out** 외식하다 **chubby** 토실토실한, 통통한

정답 (a)

## 13

M  Nicole, are you leaving now?
W  Uh-huh. Do you want me to drive you home?
M  Yes, please, if you don't mind.
W  _____

(a) Never mind. I'm leaving anyway.
(b) Thanks. I really appreciate it.
(c) Okay, let's get going.
(d) Right. See you tomorrow then.

해석 M 니콜, 지금 출발해?
    W 응, 집까지 태워다 줄까?
    M 응, 괜찮다면 부탁해.
    W  _____

(a) 괜찮아. 난 어차피 출발하니까.

(b) 고마워. 정말 고마워.

(c) 좋아, 출발하자.

(d) 그래. 그럼 내일 보자.

해설 집까지 태워 준다는 제안을 수락하는 남자의 말에 대해
출발하자고 하는 (c)가 가장 적절한 답변이다. (b)는 여자
의 제안에 남자가 할 수 있는 말이며, (d)는 남자가 제안
을 거절할 경우 헤어지며 여자가 할 수 있는 말이다.

어휘 mind 신경 쓰다  appreciate 고마워하다  get going
출발하다

정답 (c)

# 14

W  Oh my God! Garry, are you okay?

M  Ouch. I think I sprained my ankle.

W  You should go to see a doctor.

M  _____

(a) But I cannot move an inch.

(b) You are going to be alright.

(c) Take this medicine every day.

(d) Please accept my apology.

해석 W  저런! 게리, 너 괜찮니?

　　M  아야. 발목이 삔 것 같아.

　　W  병원에 가야겠다.

　　M  _____

　　(a) 근데 한 걸음도 못 움직이겠어.

　　(b) 넌 괜찮아질 거야.

　　(c) 이 약을 매일 먹어.

　　(d) 내 사과를 받아 줘.

해설 발목이 접질린 남자에게 병원에 가라는 여자의 말에 대한
남자의 응답을 고르는 문제이다. 병원에 가야겠지만 현재
자신의 발목 상태가 그럴 수 없음을 이야기하는 (a)가
가장 적절하다. (b)는 여자가 남자에게 할 수 있는 위로의
말로 적절하다.

어휘 sprain 삐다, 접질리다  ankle 발목  go to see
a doctor 병원에 가다  cannot move an inch
옴짝달싹 못하다  medicine 약  accept one's
apology ~의 사과를 받아들이다

정답 (a)

# 15

W  Are you really participating in a bike ride?

M  Yes, it's to raise funds for our charity partner.

W  Great. But be careful not to get hurt.

M  _____

(a) Okay, I'll make sure to tell him about it.

(b) It's to help the less fortunate.

(c) Thanks. I'm training twice a week.

(d) Yes, I made a point of doing so.

해석 W  정말 자전거 타기에 참가할 거니?

　　M  네, 자선 단체 파트너를 위한 모금이에요.

　　W  좋아. 하지만 다치지 않게 조심하렴.

　　M  _____

　　(a) 좋아요, 그에게 꼭 그것에 관해 얘기할게요.

　　(b) 불우한 이들을 돕기 위한 거예요.

　　(c) 고마워요. 일주일에 두 번 훈련하고 있어요.

　　(d) 네, 전 꼭 그렇게 했어요.

해설 자전거 타기에 참가하는 남자에게 다치지 않게 조심하라
는 여자의 말에 대해 고마움을 표하고 잘 타기 위해 하고
있는 일을 이야기하는 (c)가 가장 적절하다. 대화에 언급
되지 않았던 그(him)에게 말을 전하겠다는 (a)는 적절하
지 않고, (b)는 대화의 raise funds for our charity와
관련한 오답 함정이다. (d)는 과거 시제인 것이 어색하다.

어휘 participate in ~에 참가하다  ride 타기  raise
funds 기금을 모으다  charity 자선 단체  get hurt
다치다  the less fortunate 불우 이웃, 소외 계층
train 훈련하다  make a point of -ing 반드시 ~하다

정답 (c)

# 16

W  Have you decided on your honeymoon
destination?

M  No. Mary wants to go on a cruise but I'm not
sure.

W  What? Isn't a cruise usually for older people?

M  _____

(a) Her older sister is married, too.

(b) Right. I'll invite only a few friends.

(c) Not only that, it's a rip-off.

(d) Yes, and it's an arranged marriage.

해석 W  신혼여행지는 결정했니?

　　M  아니. 메리는 유람선 여행을 원하는데 난 잘 모르겠어.

　　W  뭐? 유람선은 보통 노인들을 위한 거 아니야?

M _____

(a) 그녀의 언니도 결혼했어.
(b) 맞아. 친구 몇 명만 초대할 거야.
(c) 그뿐만 아니라 바가지야.
(d) 응. 중매 결혼이야.

해설 신혼여행으로 유람선 여행을 가는 것에 대해 회의적인 남자가 그런 여행은 노인들을 위한 것이 아니냐고 묻는 여자의 말에 대해 동의하면서 또 다른 반대하는 이유를 말고 있는 (c)가 가장 적절하다. 나머지 선택지들은 대화의 소재인 신혼여행으로 유추할 수 있는 결혼을 이용한 함정이다.

어휘 honeymoon 신혼여행  destination 목적지  go on a cruise 유람선 여행을 가다  rip-off 갈취, 바가지 arranged marriage 중매 결혼

정답 (c)

## 17

M Gosh! How could I get a D in philosophy?
W No offence, but I kind of saw it coming.
M What? What are you trying to say?
W _____

(a) You deserve a scholarship.
(b) You often skipped classes.
(c) I know you worked hard.
(d) Your grade is higher than mine.

해석 M 악! 철학에서 어떻게 D가 나올 수 있지?
W 기분 나빠 하지 않았으면 좋겠는데, 난 그럴 줄 알았어.
M 뭐라고? 무슨 말을 하려는 거야?
W

(a) 넌 장학금을 받을 만해.
(b) 넌 수업을 자주 빼먹었잖아.
(c) 너 열심히 했던 거 알아.
(d) 네 학점이 나보다 높아.

해설 여자의 말에 남자가 반문하는 상황이며, 이에 이어질 말로 가장 적절한 것은 이유를 이야기하는 (b)이다. (d)도 가능성이 있는 말이지만, 여자가 남자의 성적을 예상했다고 하는 맥락에서는 어울리지 않는다.

어휘 philosophy 철학  no offence 기분 나빠 하지 마 deserve ~할[받을] 만하다  scholarship 장학금 skip classes 수업에 빠지다  grade 성적, 학점

정답 (b)

## 18

W Are you still looking for a roommate?
M Yes, but I haven't found one yet.
W Have you tried the student housing service center?
M _____

(a) I will, as soon as I find a housemate.
(b) But I'm searching for a new roommate.
(c) I have, but I prefer central heating.
(d) I didn't even know there was one.

해석 W 아직도 룸메이트 찾고 있니?
M 응, 근데 아직 못 찾았어.
W 학생 주거 복지 센터에 가 봤어?
M

(a) 가 볼 거야. 함께 살 사람을 찾는 대로.
(b) 하지만 난 새 룸메이트를 찾고 있어.
(c) 가 봤는데, 난 중앙난방이 더 좋아.
(d) 그런 게 있는 줄 몰랐는데.

해설 학생 주거 복지 센터에 가봤냐고 묻는 여자의 말에 대해, 그 센터의 이용 여부나 존재 여부에 관해 이야기하는 (d)가 적절하다. (a)의 I will과 (c)의 I have를 듣고 섣불리 정답으로 고르는 실수를 하지 않도록 주의한다. 여자는 룸메이트를 찾고 있는 남자에게 도움이 될 곳을 이야기해 준 것이므로 룸메이트를 찾으면 가겠다는 (a)는 어울리지 않고, 집의 시설에 관해 이야기하는 (c) 또한 대화의 맥락에서 벗어난다.

어휘 housing 주거, 주택  housemate 동거인 search for 찾다  central heating 중앙난방

정답 (d)

## 19

M Hi. I'd like to buy some cold medicine, please.
W Can you tell me what symptoms you are experiencing?
M Um, can I just have some multi-symptom cold relief pills?
W _____

(a) Serious side effects are not common.
(b) It's better to cure individual symptoms.
(c) Do not trust home remedies too much.
(d) It's okay. There is a flu going around.

해석 M 안녕하세요. 감기약을 사고 싶어요.

W 어떤 증상을 겪고 있는지 말해 주시겠어요?

M 음, 그냥 복합 감기 증상 완화제로 주시겠어요?

W _____

(a) 심각한 부작용은 흔치 않아요.

(b) 개별 증상들을 치료하는 게 나아요.

(c) 민간요법을 너무 믿지 마세요.

(d) 괜찮아요. 독감이 돌고 있어요.

해설 약국에서의 대화 상황이다. 복합적인 감기약을 달라고 하는 남자에게 증상을 물으며 개별적인 증상을 치료하는 게 낫다고 말하는 (b)가 가장 적절하다. 나머지 오답들은 모두 약 복용이나 치료, 감기에 관한 이야기지만 대화의 전체 맥락에는 어울리지 않는다.

어휘 cold medicine 감기약  symptom 증상  experience 겪다  multi-symptom 복합 증상  relief 완화  pill 약  side effect 부작용  common 흔한, 일반적인  cure 치료하다  individual 개개의  home remedy 민간요법  flu 독감  go around 돌다

정답 (b)

## 20

W Why don't you try on this sports jacket, sir?

M Well, isn't the color a bit too loud?

W But I think it goes well with your blue jeans.

M _____

(a) I agree. It will look great on you.

(b) I'll show you something in a different color.

(c) I'd prefer something more formal.

(d) It is probably too early to tell.

해석 W 이 스포츠 재킷 입어 보시겠어요?

　　M 글쎄요, 색깔이 너무 화려하지 않나요?

　　W 하지만 입고 계신 청바지와 잘 어울릴 것 같은데요.

　　M _____

　　(a) 동감이에요. 당신에게 아주 잘 어울릴 거예요.

　　(b) 다른 색깔로 보여 드릴게요.

　　(c) 전 좀 더 격식 있는 게 좋아요.

　　(d) 말하기 너무 이른 것 같아요.

해설 스포츠 재킷을 권하며 남자가 입고 있는 청바지와 잘 어울릴 것 같다고 하는 여자에게 화려한 색깔의 옷보다 좀 더 격식을 차린 것이 좋다며 자신의 취향을 이야기하고 있는 (c)가 가장 자연스럽다.

어휘 loud (색깔이) 화려한, 요란한  go well with ~와 잘 어울리다  formal 격식을 차린

정답 (c)

## Part III

## 21

Listen to a conversation between a waitress and a customer.

M Excuse me, waitress.

W Yes, sir.

M My entire company is eating but my order hasn't come yet.

W You ordered a special dish that usually takes longer to cook.

M I know what you mean but it's been twenty minutes already.

W I'm sorry, sir. I'll go and check the kitchen right away.

Q What is the man mainly doing in the conversation?

(a) Asking to customize dishes for patrons

(b) Placing an order at a restaurant

(c) Making a complaint about late service

(d) Ordering a special dish for himself

해석 웨이트리스와 손님 간의 대화입니다.

　　M 여기요.

　　W 네, 손님.

　　M 저와 함께 온 일행 모두가 식사하고 있는데 제가 주문한 음식은 아직 나오지 않았어요.

　　W 손님은 조리 시간이 좀 더 오래 걸리는 특별 요리를 주문하셨습니다.

　　M 무슨 말씀인지 알지만 벌써 20분이나 지났어요.

　　W 죄송합니다, 손님. 바로 주방에 가서 확인해 보겠습니다.

　　Q 대화에서 남자가 주로 하고 있는 일은?

　　(a) 고객을 위한 맞춤 음식 요구하기

　　(b) 식당에서 주문을 하기

　　(c) 늦은 서비스에 관해 항의하기

　　(d) 자신을 위한 특별 음식 주문하기

해설 식당 직원에게 음식을 주문한 지 20분이 지났다고 이야기하는 것으로 보아 남자는 늦어지는 요리에 대해 불만을 표시하고 있음을 알 수 있다. 남자의 주문은 이미 끝난 상황이므로 나머지 선택지들은 알맞지 않다.

어휘 entire 전체의  company 함께 있는 일행, 동석  customize 주문 제작하다  patron 고객, 단골손님  place an order 주문하다  make a complaint 불평하다

정답 (c)

## 22

Listen to a conversation between two college teachers.

M Hey, the number of students in your class has almost tripled this summer.

W Yes, more students than ever enrolled in summer courses.

M How about teaching more classes?

W I can't. I'm already teaching six hours every day.

M Then the college should hire more teachers.

W They're trying to, but temporary teachers are high in demand in summer.

Q What are the man and woman mainly discussing?

(a) Why the college has let in more students than usual

(b) Why it is hard to employ teachers on a part-time basis

(c) Why summer courses are popular among students

(d) Why the woman has to teach big classes this summer

해석 두 대학강사 간의 대화입니다.

M 이봐, 이번 여름 너의 반 학생 수가 거의 3배나 늘었어.

W 그래. 이번 여름 학기 수업에 그 어느 때보다 많은 학생들이 등록했어.

M 학급 수를 늘려 보는 것은 어때?

W 그럴 수 없어. 이미 매일 6시간씩 수업하고 있거든.

M 그러면 학교에서 교사를 더 채용해야겠구나.

W 학교에서도 노력하고 있지만, 여름에 임시 교사에 대한 수요가 많아서 말이야.

Q 남자와 여자가 주로 논의하고 있는 것은?

(a) 대학에서 평상시보다 학생을 더 많이 받은 이유

(b) 시간제 강사를 고용하기 힘든 이유

(c) 여름 학기 수업이 학생들 사이에서 인기 있는 이유

(d) 여자가 이번 여름에 많은 학생을 가르쳐야 하는 이유

해설 여름 학기에 여자가 가르치는 학생의 수가 3배나 늘었음에도 학교는 임시 교사들에 대한 높은 수요로 인해 교사 채용에 어려움을 겪고 있다고 이야기하고 있으므로 (d)가 가장 적절하다.

어휘 triple 3배가 되다  enroll in ~에 등록하다  hire 고용하다  temporary 일시적인, 임시의  in demand 수요가 많은  employ 고용하다  on a part-time basis 시간급으로, 파트타임으로

정답 (d)

## 23

Listen to two friends discuss the Governor's recent political move.

W The Governor now opposes the Labor Party's health care bill.

M Didn't she introduce a similar bill when she was in Congress?

W Yes. It's one of those populist measures for the next election.

M She shouldn't change her political line just to garner votes.

W Right. She should continue to serve as guardian of liberal values.

M Tell me about it.

Q What are the man and woman mainly doing in the conversation?

(a) Blaming the Governor for introducing a health care bill

(b) Condemning the Labor Party for changing their policy stance

(c) Voicing disapproval of the Governor's political maneuver

(d) Discussing the Governor's chance of winning the next election

해석 주지사의 최근 정치적 행보에 대한 두 친구 간의 대화입니다.

W 주지사가 지금 노동당의 의료 보험 법안에 반대하고 있어.

M 그녀가 의회에 있었을 때 유사한 법안을 제출하지 않았니?

W 맞아. 다음 선거를 위한 포퓰리즘 정책 중의 하나야.

M 그녀는 표를 얻으려고 자기 정치적 노선을 바꾸면 안 돼.

W 그렇지. 진보적 가치를 계속 수호하려고 노력해야 하는데 말이야.

M 그러게 말이야.

Q 대화에서 남자와 여자가 주로 하고 있는 것은?

(a) 건강 보험 법안을 제출한 것에 대해 주지사 비난하기

(b) 정치적 입장을 바꾼 노동당 비난하기

(c) 주지사의 정치적 술책에 대해 반감 표현하기

(d) 주지사가 다음 선거에서 승리할 확률에 대해 논의하기

해설 주지사의 행동에 대해 여자는 다음 선거를 위한 포퓰리즘이라고 비난하고, 남자는 주지사가 표를 얻기 위해서 자신의 입장을 바꾸어서는 안 된다고 이야기하고 있다. 따라서 주지사의 정치적 책략에 대해 반감을 표현하고 있음을 알 수 있다. 정치적 입장을 바꾼 것은 노동당이 아니라 주지사이므로 (b)는 적절하지 않다.

Actual Test 2

어휘 governor 주지사 oppose ~에 반대하다 Labor Party 노동당 health care 의료, 보건 bill 법안 introduce (법안을) 제출하다 Congress 국회, 의회 populist 포퓰리즘(대중의 견해와 바람에 맞추어 나가려는 정치 형태; 대중 영합주의)의 measure 조치, 대책 election 선거 garner 얻다 guardian 수호자 liberal 자유주의의, 진보적인 value 가치 Tell me about it 내 말이 그 말이다 condemn 비난하다 stance 태도, 입장 voice 말로 나타내다 disapproval 불만, 비난 maneuver 책략, 술책

정답 (c)

## 24

Listen to two friends discuss their evening plans.
M  Did you make a reservation for our dinner?
W  Yes, last evening. I'll see you there at five thirty.
M  I'm terribly sorry but I have an urgent teleconference until six thirty.
W  Okay, then I'll call the restaurant to change it to seven thirty.
M  Great. Are you okay with eating late?
W  That's what I normally do.
Q  Which is correct according to the conversation?
(a) The man is unsure of when he can meet the woman.
(b) The woman has a habit of having supper late.
(c) The woman initially made a seven thirty reservation.
(d) The man has a teleconference starting at five thirty.

해석 저녁 계획에 대한 두 친구 간의 대화입니다.
M  저녁 예약했어?
W  응, 어제 저녁에. 거기서 5시 반에 보자.
M  정말 미안한데 6시 반까지 급한 화상 회의가 있어.
W  그래, 그럼 식당에 전화해서 예약을 7시 반으로 변경할게.
M  잘됐다. 저녁 식사를 늦게 해도 괜찮아?
W  난 보통 그 시간에 저녁 먹어.
Q  대화를 듣고 다음 중 옳은 것은?
(a) 남자는 언제 여자를 만나게 될지 확실히 모른다.
(b) 여자는 저녁을 늦게 먹는 습관이 있다.
(c) 여자는 처음에 7시 반으로 예약을 해 두었다.
(d) 남자는 5시 반에 시작하는 화상 회의가 있다.

해설 대화 후반부에 남자가 늦게 저녁을 먹는 것이 괜찮은지 묻자 여자가 자신은 보통 저녁을 늦게 먹는다고 답했으므로 여자는 저녁을 늦게 먹는 습관을 가지고 있음을 알 수 있다. 여자가 처음 식당을 예약한 시간은 5시 반이며, 남자의 화상 회의가 언제 시작하는지는 언급되어 있지 않다.

어휘 terribly 매우 urgent 긴급한 teleconference 화상 회의 unsure 확신이 없는 have a habit of ~의 습관이 있다 supper 저녁 식사 initially 처음에

정답 (b)

## 25

Listen to a conversation between a couple.
W  Lyn had a baby last Thursday.
M  Really? I had no idea she was expecting.
W  Oh, I forgot to tell you. She actually told me just last month.
M  What's the baby's name?
W  Arnold. It was Lyn's great-grandfather's name.
M  I like it. Why don't we call them now and congratulate them?
Q  Which is correct according to the conversation?
(a) Lyn was delivered of a baby last month.
(b) The man was not informed of Lyn's pregnancy.
(c) Lyn's great-grandfather named the baby.
(d) The woman has told the man about the pregnancy before.

해석 커플 간의 대화입니다.
W  린이 지난 목요일에 아이를 낳았대.
M  정말? 임신한 줄도 몰랐는데.
W  아, 당신한테 이야기하는 걸 잊었네. 사실 지난달에 린이 이야기해 줬어.
M  아기 이름은 뭐야?
W  아놀드야. 린의 증조할아버지 성함과 같아.
M  이름 좋은데. 우리 전화해서 축하해 주는 게 어떨까?
Q  대화를 듣고 다음 중 옳은 것은?
(a) 린은 지난달에 아이를 낳았다.
(b) 남자는 린이 임신했던 사실을 몰랐다.
(c) 린의 증조부가 아이의 이름을 지었다.
(d) 여자는 전에 남자에게 린의 임신 사실을 말해 주었다.

해설 대화 초반에 남자는 린이 임신한 사실을 몰랐다고 했으므로 (b)가 적절하다. be expecting은 '임신하다'라는 의미로 구어에서 자주 쓰인다. 린은 지난주 목요일에 아이를

낳았으며, 아이의 이름은 증조할아버지께서 지어준 것이 아니라 증조할아버지의 이름을 딴 것이다.

어휘 **have a baby** 아기를 낳다 **be expecting** 임신 중이다 **be delivered of a baby** 아기를 낳다 **be informed of** ~에 대해서 듣다 **pregnancy** 임신 **name** ~에게 이름을 붙이다

정답 (b)

## 26

Listen to a conversation between two friends.
M  You look sad. What happened?
W  My grandmother passed away yesterday.
M  Oh, I'm sorry. Was she ill?
W  Yes, she had been in the hospital for two years.
M  It must be really hard for you.
W  But I also have very pleasant memories of her. We always spent Christmas together.
Q  Which is correct about the woman according to the conversation?
(a) She passed out yesterday in the hospital.
(b) Her grandmother died of an accident.
(c) She met her grandmother at least once a year.
(d) Her grandmother was healthy until recently.

해석 두 친구 간의 대화입니다.
M  슬퍼 보이네. 무슨 일이야?
W  할머니께서 어제 돌아가셨어.
M  저런, 유감이야. 편찮으셨어?
W  응, 2년 동안 병원에 계셨어.
M  정말 힘들겠다.
W  하지만 할머니에 대한 무척 즐거운 기억도 있어. 항상 크리스마스를 함께 보냈거든.
Q  대화에 의하면 여자에 대해 옳은 것은 무엇인가?
(a) 어제 병원에서 기절했다.
(b) 할머니께서 사고로 사망했다.
(c) 할머니를 적어도 1년에 한 번은 만났다.
(d) 할머니께서 최근까지 건강했다.

해설 항상 할머니와 크리스마스를 보냈다는 여자의 말을 미뤄볼 때 적절한 선택지는 (c)이다. 할머니께서는 병환으로 돌아가셨고, 지난 2년 동안 투병 중이셨으므로 (b)와 (d)는 적절하지 않다.

어휘 **pass away** 사망하다, 돌아가시다 **pass out** 의식을 잃다 **accident** 사고

정답 (c)

## 27

Listen to a conversation between a car mechanic and a customer.
W  Hello, I'm calling from Glendale Body Shop about your van.
M  Hi, have you finished fixing the brakes? I was told to pick up my van today.
W  Sorry but we need two more days.
M  Why? Is the damage that bad?
W  No, we just ran out of this particular part.
M  Well, it's okay. My insurance covers car rental.
Q  Which is correct about the man according to the conversation?
(a) The garage will be done repairing his van tomorrow.
(b) His insurance covers the cost of having his car fixed.
(c) Repairing his vehicle requires a specific component.
(d) He was not notified of an estimated timeline for the repair.

해석 자동차 정비공과 손님 간의 대화입니다.
W  안녕하세요, 글렌데일 정비소에서 고객님의 승합차 관련해서 연락드립니다.
M  안녕하세요. 브레이크는 다 고치셨나요? 오늘 제 차를 가지고 가라는 이야기는 들었어요.
W  죄송하지만 이틀 정도 시간이 더 필요할 것 같습니다.
M  왜죠? 브레이크 상태가 그렇게 안 좋은가요?
W  아뇨, 특정 부품 재고가 지금 없어서 그렇습니다.
M  그럼, 괜찮습니다. 보험에서 렌터카 비용을 처리해 주고 있어요.
Q  대화에 의하면 남자에 대해 옳은 것은?
(a) 차량 정비소는 내일 승합차 수리를 마칠 것이다.
(b) 남자의 보험에서 차 수리 비용이 나갈 것이다.
(c) 그의 차를 수리하는 데 특정 부품이 필요하다.
(d) 그는 대략적인 차 수리 기간을 통보받지 않았다.

해설 차의 특정 부품이 없어서 이틀 정도 더 걸릴 것이라 했으므로 남자의 차를 수리하는 데 특정한 부품이 필요하다는 것을 알 수 있다. 남자의 보험이 비용을 대는 것은 그의 렌터카 비용이므로 (b)는 옳지 않다.

어휘 **run out of** ~을 다 써버리다 **particular** 특정한 **insurance** 보험 **cover** (비용을) 충당하다 **garage** 차량 정비소 **repair** 수리하다 **specific** 특정한 **component** 구성 요소 **notify** 통보하다 **estimated** 견적의, 추측의

정답 (c)

## 28

Listen to a conversation between two friends.

M Nora, you look great these days.

W Yup, my chronic dermatitis is gone now.

M Are you on medication or something?

W Yes, I'm taking a new medicine released just two weeks ago.

M Is it an over-the-counter drug?

W Mine is not, but a lower dose version is.

Q Which is correct about the woman according to the conversation?

(a) She used to suffer from an acute skin condition.

(b) She had to have her prescription filled to get her drug.

(c) The drug she is taking has been around for quite a while.

(d) She is on a lower dose version of a new medicine.

해석 두 친구 간의 대화입니다.

M 노라, 너 요즘 아주 좋아 보여.

W 응, 만성 피부 질환이 이제 다 사라졌거든.

M 약 같은 걸 복용하고 있는 거야?

W 응, 바로 2주 전에 나온 새 약을 복용하고 있어.

M 처방전 없이도 약국에서 살 수 있는 약이니?

W 내 약은 안 되지만, 투여량이 조금 더 낮은 것은 살 수 있어.

Q 대화에 의하면 여자에 대해 옳은 것은?

(a) 그녀는 급성 피부 질환을 앓은 적이 있다.

(b) 그녀는 약을 사기 위해 처방전에 따라 약을 조제 받아야 했다.

(c) 그녀가 복용하고 있는 약은 시중에 판매를 시작한 지 좀 된 제품이다.

(d) 그녀는 투여량이 더 낮은 새 약을 복용하고 있다.

해설 대화의 마지막에 여자가 자신의 약이 over-the-counter drug '처방전 없이 구매할 수 있는 약품'이 아니라고 했으므로 여자가 복용하는 약은 처방전이 필요하다는 것을 알 수 있다. 투여량이 낮으면 처방전 없이 살 수 있다고 하므로 (d)는 적절하지 않다.

어휘 chronic 만성의 dermatitis 피부염 medication 약, 약물 release 공개[발표]하다 lower dose 더 적은 투여량 acute 급성의, 심각한 condition 병, 질환 have a prescription filled 처방전에 따라 약을 조제 받다 be around 활동하고 있다 quite a while 꽤 오랫동안

정답 (b)

## 29

Listen to a conversation between two friends.

W Thank you for unclogging the drain.

M No sweat. Home repair is a daunting task for the inexperienced.

W The list of things to fix never goes away.

M A lot of work comes with owning a house.

W It's hard to adjust to not having a landlord to call.

M I understand.

Q What can be inferred about the woman from the conversation?

(a) She is not interested in home improvement.

(b) This is her first time to own a house.

(c) Her landlord refused to fix the drain.

(d) She wants to sell her house to the man.

해석 두 친구 간의 대화입니다.

W 꽉 막혔던 하수구를 뚫어 줘서 고마워요.

M 간단한 일인걸요. 집수리는 경험이 없는 사람에게는 버거운 일이죠.

W 수리할 것들이 절대 줄어들지 않네요.

M 자기 집을 소유하면 해야 할 게 많죠.

W 전화해서 도움을 청할 집주인이 없다는 것에 적응하기가 힘들어요.

M 이해해요.

Q 대화를 듣고 여자에 대해 유추할 수 있는 것은?

(a) 주택 개선에 관심이 없다.

(b) 이번에 처음으로 집을 소유했다.

(c) 그녀의 집주인은 하수구 수리를 거부했다.

(d) 남자에게 이 집을 팔고 싶어 한다.

해설 자기 집을 소유하면 해야 할 일들이 많다는 남자의 말에 여자가 도움을 청할 집주인이 없다는 것에 적응하기 힘들다고 말하는 것으로 보아, 여자가 처음으로 집을 소유하면서 수리하는 데 어려움을 겪고 있음을 알 수 있다.

어휘 unclog ~에서 장애를 없애다 drain 하수구 No sweat 별거 아니다 daunting task 버거운 일 inexperienced 경험이 부족한 go away 사라지다 adjust to ~에 적응하다 landlord 집주인 improvement 개선 refuse 거절하다

정답 (b)

## 30

Listen to a conversation between a husband and wife.

M  I just saw an ad for free puppies.

W  Shh, Frank should not know about this.

M  Why not? He can learn responsibility by caring for a pet.

W  I'm not so sure about that.

M  Come on. It could be a good birthday present for him.

W  Why don't we wait until he turns ten?

Q  What can be inferred from the conversation?

(a) The man feels that their son is not mature enough.

(b) The man is not sure whether their son likes a dog.

(c) The woman doubts their son can look after a dog.

(d) The woman thinks that raising a dog can cost a lot.

해석  남편과 아내 간의 대화입니다.

M  방금 강아지 무료 분양 광고를 봤어.

W  쉿. 프랭크가 이걸 알면 안 돼.

M  왜 안 돼? 애완동물을 돌보면서 책임감을 배울 수 있잖아.

W  난 확신이 안 서.

M  그러지 말고. 애한테 좋은 생일 선물이 될 수 있을 거야.

W  아이가 10살이 될 때까지 기다려 보는 것은 어때?

Q  대화를 통해 유추할 수 있는 것은?

(a) 남자는 아들이 성숙하지 못하다고 생각한다.

(b) 남자는 아들이 개를 좋아하는지 확신할 수 없다.

(c) 여자는 아들이 개를 돌볼 수 있을지에 의문을 갖는다.

(d) 여자는 개를 기르는 데 돈이 많이 든다고 생각한다.

해설  남자는 아들이 애완동물을 기르면서 책임감을 갖게 될 거라고 하지만 여자는 확신할 수 없다고 하므로 (c)가 적절하다. (a)는 남자가 아니라 여자의 생각으로 볼 수 있다.

어휘  ad 광고  responsibility 책임(감)  care for ~을 돌보다  mature 성숙한  doubt 의문을 갖다  look after ~을 돌보다

정답  (c)

## Part IV

## 31

Good morning, I'm calling from Dr. Unger's office to remind you that you have an appointment on the 19th of February at 4 p.m. This is the second time calling, but we haven't received any confirmation call back from you, so we are wondering if you are still coming on that day. Please call us back at your earliest convenience. Thank you and have a great day.

Q  What is the speaker mainly doing?

(a) Rescheduling a doctor's appointment

(b) Making an appointment for a second visit

(c) Confirming a doctor's appointment

(d) Giving a follow up call after the visit

해석  안녕하세요, 웅거 병원에서 2월 19일 오후 4시에 예약하신 것을 다시 한 번 알려 드리기 위해 전화드립니다. 두 번째 전화하는 것인데, 저희가 아직 어떤 확인 전화도 받지 못해서 그날 오시는 것인지 모르겠습니다. 가능한 한 빨리 전화 주시기 바랍니다. 좋은 하루 보내세요. 감사합니다.

Q  화자가 주로 말하고 있는 것은?

(a) 병원 예약 일정 변경하기

(b) 두 번째 방문을 위한 약속

(c) 병원 예약 확인

(d) 방문 후 확인 전화

해설  두 차례 전화했지만 아직 예약 날짜를 확인하는 전화를 받지 못했다고 하며 예약 날짜에 방문할 것인지를 알려 주기를 바라고 있는 것으로 볼 때, 화자가 주로 말하고 있는 내용은 (c)가 적절하다.

어휘  remind 다시 알려 주다  have an appointment 예약[약속]하다  receive 받다  confirmation call 확인 전화  at one's earliest convenience 되도록 빨리  reschedule 일정을 변경하다  follow up 후속의, 뒤따르는  visit 방문

정답  (c)

## 32

All forms of cancer are serious and difficult to treat. But one of the deadliest cancers is pancreatic cancer. The pancreas is an organ located slightly below the stomach, and it is responsible for the production of hormones, including insulin. Pancreatic cancer has a very low prognosis because it is extremely difficult to diagnose it until it is in its advanced stages. People usually do not suspect any problems as symptoms are not apparent.

Q  What is the main topic of the talk?
(a) The distinct function of pancreas
(b) How pancreatic cancer can be treated
(c) Efforts to treat deadly cancers
(d) The difficulty of detecting pancreatic cancer

해석 모든 유형의 암은 심각하고 치료하기 힘들다. 하지만 가장 치명적인 암 중의 하나는 췌장암이다. 췌장은 위의 약간 아래에 위치해 있는 기관으로, 인슐린을 포함한 호르몬 생성을 담당하고 있다. 췌장암은 후기 단계에 이를 때까지 진단하기가 매우 어렵기 때문에, 그 예후가 매우 나쁘다. 사람들은 대개 그 증상들이 분명하지 않기 때문에 어떤 문제도 의심하지 않는다.

Q  담화의 주된 내용은?
(a) 췌장 특유의 기능
(b) 췌장암을 치료할 수 있는 방법
(c) 치명적 암을 치료하려는 노력
(d) 췌장암 발견의 어려움

해설 췌장암은 눈에 띄는 증상이 없어 후기 단계에 이를 때까지 진단하기가 매우 어렵기 때문에 그 예후가 아주 나쁘다는 내용이다.

어휘 **deadliest** 가장 치명적인  **pancreatic cancer** 췌장암  **organ** 기관  **production** 생성  **prognosis** 예후, 예측  **diagnose** 진단하다  **advanced stage** (질병이 진행된) 후기 단계  **suspect** 의심하다  **apparent** 분명한  **function** 기능  **detect** 알아내다, 감지하다

정답 (d)

## 33

More and more people are looking for alternative animals for pets. And one of the most popular animals is the fox. They are small, cute and easy to take care of. Raising a desert fox is similar to raising a cat. You can even feed them cat food sold in any nearby supermarket or a pet shop. Also, you don't have to wash them every day, because foxes tend to keep themselves clean like cats.

Q  Which is correct about owning a fox according to the talk?
(a) It is easy to confuse them for a cat.
(b) It is only slightly larger than a cat.
(c) It doesn't require daily cleaning.
(d) It can eat any kind of pet food.

해석 점점 더 많은 사람들이 대체 애완동물을 찾고 있다. 가장 인기 있는 동물 중 하나는 여우다. 여우는 작고, 귀엽고, 돌보기 쉽다. 사막여우를 키우는 것은 고양이를 키우는 것과 비슷하다. 심지어 근처 슈퍼마켓이나 애완동물 용품점에서 파는 고양이 사료를 먹일 수도 있다. 또한, 여우는 고양이처럼 몸을 청결히 하는 경향이 있기 때문에 매일 씻기지 않아도 된다.

Q  담화에 의하면 여우 키우기에 관해 옳은 것은?
(a) 고양이와 혼동하기 쉽다.
(b) 고양이보다 겨우 약간 더 크다.
(c) 매일 씻길 필요가 없다.
(d) 어떤 종류의 애완동물 먹이도 먹을 수 있다.

해설 대체 애완동물로 인기 있는 여우에 관한 내용으로, 담화의 마지막에 고양이처럼 스스로 몸을 청결히 하기 때문에 매일 씻기지 않아도 된다고 하므로 (c)가 알맞다. 고양이를 키우는 것과 비슷하다고 했지 고양이와 혼동하기 쉽다고 한 것은 아니므로 (a)는 적절하지 않다.

어휘 **alternative** 대안의, 대체의  **take care of** ~을 돌보다  **cat food** 고양이 먹이  **confuse A for B** A를 B와 혼동하다  **slightly** 약간, 다소  **require** 필요[요구]하다  **pet food** 애완동물 먹이

정답 (c)

# 34

Some people think that the Internet offers access to information that can help children develop and grow. There are some that think otherwise. Detractors of using the Internet as an educational tool for children are arguing that it gives children access to information that may have the potential to harm them, especially when children are in their developing stages. They argue that parents need to keep a close eye on what their children are accessing on the Internet.

Q Which is correct about the Internet according to the talk?

(a) Its benefits for children are controversial.
(b) It is a bad influence on developing children.
(c) Its information is difficult for children to access.
(d) It helps parents know more about their children.

해석 어떤 사람들은 인터넷이 아이들의 성장과 발달에 도움이 될 정보에 접근하도록 해 준다고 생각한다. 다르게 생각하는 이들도 일부 있다. 인터넷을 아이들의 교육용 도구로 사용하는 것을 비난하는 이들은 그것이 특히 발달 단계에 있는 아이들에게 유해할 수 있는 정보에 접근하도록 한다고 주장하고 있다. 그들은 아이들이 인터넷에서 접속하는 것들을 주의 깊게 지켜볼 필요가 있다고 말한다.

Q 담화에 의하면 인터넷에 관해 옳은 것은?
(a) 아이들에게 이득이 된다는 것에 논란이 많다.
(b) 아동 발달에 나쁜 영향을 준다.
(c) 그 정보는 아이들이 접근하기 힘들다.
(d) 부모가 아이들에 관해 더 알도록 돕는다.

해설 인터넷이 아이들의 성장과 발달에 도움이 되는 정보를 제공하기도 하지만 아이들이 유해할 수 있는 정보에도 접근할 수 있기 때문에 부모가 지켜볼 필요가 있다고 한 주장으로 볼 때, 인터넷에 관한 내용으로 가장 적절한 선택지는 (a)이다.

어휘 access 접근[이용]하다  detractor 폄하하는 사람  argue 주장하다  potential 가능성  keep a close eye on ~을 주의 깊게 보다  benefit 혜택, 이득  controversial 논란이 많은  influence 영향  developing children 발달기 아동

정답 (a)

# 35

An independent watchdog agency issued a statement last Monday indicating that the North and the South Poles are releasing a tremendous amount of greenhouse gases into the atmosphere. Traditionally, these poles were absorbers of greenhouse gases, but as the ice melts, the trapped carbon dioxide and methane are released. According to some scientists, the amount of greenhouse gases trapped inside the ice is capable of increasing the Earth's temperature by several degrees.

Q Which is correct according to the news report?

(a) The North and South Poles are the leading cause of global warming.
(b) The melting of polar ice will increase the pace of global warming.
(c) More greenhouse gases are trapped in the North Pole.
(d) Human health is sensitive to the amount of polar ice.

해석 지난 월요일 한 독자적 감시 기구가 북극과 남극의 대기 중에 엄청난 양의 온실가스가 발산되고 있음을 나타내는 성명을 발표했습니다. 종래 이 극지방에서는 온실가스를 흡수했지만, 빙하가 녹으면서 내장되어 있던 이산화탄소와 메탄 가스가 방출되는 것입니다. 몇몇 과학자들에 의하면, 빙하에 갇혀 있던 온실가스의 양이 지구의 온도를 몇 도 상승시킬 수 있을 정도라고 합니다.

Q 뉴스 보도에 의하면 다음 중 옳은 것은?
(a) 북극과 남극은 지구 온난화의 주된 원인이다.
(b) 극빙이 녹으면서 지구 온난화가 가속화될 것이다.
(c) 온실가스가 북극에 더 많이 내장되어 있다.
(d) 인류의 건강은 극빙의 양에 민감하다.

해설 극지방의 빙하가 녹으면서 그 안에 있던 온실가스가 방출되어 지구의 온도가 몇 도는 상승할 수 있다고 하므로 가장 적절한 선택지는 (b)이다. 지구 온난화의 원인 중 하나로 제시하고 있는 것이지 주된 원인이라는 표현은 없으므로 (a)는 적절하지 않다.

어휘 watchdog agency 감시 기관  statement 성명  indicate 나타내다  release 내뿜다  tremendous 엄청난  greenhouse gas 온실가스  atmosphere 대기  absorber 흡수하는 것  melt 녹다  trap 모아 두다  capable of ~할 수 있는  leading cause 주된 원인  polar ice 극빙  pace 속도  sensitive 민감한

정답 (b)

## 36

Robert Frost is known for his modern poems, including *The Road Not Taken*. In his short poem, he deals with our perception of life through the choices we make. The character in the poem comes across a fork in the road, where he must decide between a mysterious new road and a well-traveled old road. The new road represents uncertainty in life, and Frost's character chooses this road, which conveys the meaning that life is full of mysteries, opportunities, and adventures.

Q What can be inferred from the lecture?

(a) Robert Frost knows much about human nature.
(b) Robert Frost thinks people should avoid clear roads.
(c) Robert Frost thinks that unclear future is a part of life.
(d) *The Road Not Taken* is the shortest poem by Robert Frost.

해석 로버트 프로스트는 '가지 않은 길'을 비롯해 그의 현대시들로 잘 알려져 있다. 그의 짧은 시에서 그는 우리가 내리는 결정을 통해 삶에 대한 지각을 다루고 있다. 그 시의 등장인물은 신비로운 새로운 길과 많이 다닌 오래된 길 사이에 결정해야 하는 갈림길에 맞닥뜨린다. 그 새로운 길은 삶의 불확실성을 나타내는데, 프로스트 시 속의 인물은 이 길을 선택하여 삶이 신비와 기회, 모험으로 가득하다는 의미를 전달한다.

Q 강의로부터 유추할 수 있는 것은?

(a) 로버트 프로스트는 인간 본성에 관해 잘 알고 있다.
(b) 로버트 프로스트는 확실한 길은 피해야 한다고 생각한다.
(c) 로버트 프로스트는 불확실한 미래가 삶의 일부라고 생각한다.
(d) '가지 않은 길'은 로버트 프로스트가 쓴 가장 짧은 시이다.

해설 로버트 프로스트의 시에 등장하는 인물이 많이 다녀 익숙한 길이 아닌 삶의 불확실성을 나타내는 새로운 길을 선택하면서 삶이 신비와 기회, 모험으로 가득하다는 의미를 전달한다고 하므로 유추할 수 있는 내용으로 가장 적절한 선택지는 (c)이다.

어휘 poem 시 perception 지각, 직관 fork in the road 갈림길 well-traveled 여행을 많이 한, 사람들이 많이 다니는 represent 나타내다 uncertainty 불확실성 convey 전달하다 human nature 인간 본성

정답 (c)

## Part V
## 37~38

It is with mixed feelings that I announce that Mike Oliver, Director of Mobile Communication will be leaving the company at the end of November to pursue a new opportunity. Mike has made great contributions to our business. He led the development of mid-range smartphones to expand our exports to emerging markets. His team also developed tablet PCs that can replace laptops. Mike also helped optimize our high-end smartphones by enhancing partnerships with software firms. Please join me in wishing him all the best in his new endeavors. His position will be taken over by Wendy Kim. As Director of Innovation, Wendy drove the launch of the world's first virtual reality game console, attracting huge media attention. Her team also developed small but profitable peripherals like wireless earphones and foldable keyboards. Her recent project successfully optimized the software for our artificial intelligence speaker. In her new role, Wendy is expected to bring her innovative touch to our main business of mobile communication.

Q37 Which is one of Mike Oliver's achievements?
(a) Development of affordable phones
(b) Optimization of high-end software
(c) Attracting wide press coverage
(d) Increasing export of peripherals

Q38 What kind of business area will Wendy Kim take charge of?

(a) Small but lucrative equipment
(b) Portable communication devices
(c) Tablet PCs for emerging markets
(d) Next generation laptop computers

해석 마이크 올리버 모바일 커뮤니케이션 이사가 새로운 기회를 찾아 11월 말 우리 회사를 떠나게 되었음을 발표하려니 만감이 교차합니다. 마이크는 우리 비즈니스에 막대한 공헌을 해왔습니다. 그는 신흥 시장으로 회사 수출을 확장하기 위해 중간가격대 스마트폰 개발을 이끌었습니다. 또한 마이크의 팀은 노트북을 대체할 수 있는 태블릿 PC를 개발했습니다. 마이크는 소프트웨어 회사와의 파트너십 강화를 통해 회사의 고가 스마트폰 최적화에도 도움을 주었습니다. 여러분 모두 저와 함께 마이크의 새로운 앞날에 행운을 빌어주시기 바랍니다. 마이크의 자리는 웬디 킴이 인계 받게 될 것입니다. 웬디는 이노베이션 이사

로 재직하며 세계 최초의 가상현실 게임기 출시를 주도하여 언론의 뜨거운 관심을 이끌어냈습니다. 또한 웬디의 팀은 무선 이어폰, 폴더블 키보드와 같이 작지만 수익성 있는 주변장치도 개발했습니다. 웬디가 최근 진행한 프로젝트는 회사의 인공지능 스피커 소프트웨어의 최적화에 성공했습니다. 웬디가 새로운 직무를 맡아, 회사의 핵심 비즈니스인 모바일 커뮤니케이션에 혁신을 불어넣을 것이라 기대합니다.

Q37 마이크 올리버의 성과 중 하나는?

(a) 저렴한 가격의 전화기 개발

(b) 고급 소프트웨어의 최적화

(c) 폭넓은 언론 보도 유도

(d) 주변장치의 수출 증대

해설 마이크가 중간가격대(mid-range) 스마트폰 개발을 주도했다고 했으므로 이를 다르게 패러프레이징한 (a)가 정답이다. 마이크는 소프트웨어 회사와 파트너십을 강화해 고가 스마트폰을 최적화한 것이지 고가 소프트웨어를 최적화한 것이 아니기 때문에 (b)는 오답이다. (c)는 웬디의 업적이며 (d)는 마이크와 웬디의 업적을 섞어서 만들어낸 오답이다.

정답 (a)

Q38 웬디 킴이 담당하게 될 사업 분야는?

(a) 소규모 고수익 장비

(b) 휴대용 통신기기

(c) 신흥시장용 태블릿 PC

(d) 차세대 노트북 컴퓨터

해설 웬디는 마이크가 담당하던 모바일 커뮤니케이션 (mobile communication) 부문을 맡게 되었다. 앞부분 마이크의 업적을 보면 스마트폰, 태블릿 PC 등 모바일 커뮤니케이션 기기가 주 사업영역임을 알 수 있으며, 이를 다르게 표현한 (b)가 정답이다. (a)는 웬디의 과거 실적인 '작지만 수익성 있는 주변장치 (small but profitable peripherals)'를 비슷하게 표현한 것이므로 오답이다. (c)는 마이크의 과거 업적 내용을 섞어서 만들어낸 오답이다. (d)는 언급되지 않았다.

어휘 mixed feelings 복잡한 감정  pursue 추구하다  mid-range 중간급의  emerging 떠오르는, 신흥의 replace 대체하다  optimize 최적화하다  high-end 고가의, 고급의  enhance 강화하다  endeavor 노력, 시도  take over 떠맡다  innovation 혁신 launch 출시, 출시하다  virtual reality 가상현실 game console 게임기  profitable 수익성이 있는 peripheral 주변적인, 주변장치  foldable 접을 수 있는 artificial intelligence 인공지능  innovative 혁신적인 affordable (가격이) 알맞은, 저렴한  press coverage 언론보도  take charge of 떠맡다  lucrative 수익성이 좋은

정답 (b)

## 39~40

We often use the term 'the Chinese stock market' but mainland China actually has two different stock markets. The oldest one is the Shanghai Stock Exchange or SSE. The SSE consists mainly of big corporations, many of which are owned by the Chinese government. Infrastructure, real estate, and financial services are the main industries of the Shanghai market. The SSE is the world's fifth largest and Asia's second largest stock market. The other stock market of China is the Shenzhen Stock Exchange, or SZSE. Many of the companies listed on the SZSE are small and medium-sized enterprises in the industries such as information technology, healthcare, and media. The SZSE is the eighth largest stock exchange in the world, and the fourth largest in Asia. As the Shenzhen market lists more technology-oriented firms, it is often compared with the NASDAQ, which is America's second biggest stock market.

Q39 Which is likely to be listed on the Shenzhen Stock Exchange?

(a) A large state-owned company

(b) A pharmaceutical company

(c) A property development company

(d) An American technology company

Q40 What can be inferred from the talk?

(a) The NASDAQ is the world's second biggest stock market.

(b) Technology companies are free from the government control.

(c) The Shanghai market is bigger than the Shenzhen market.

(d) The Shenzhen market lists more tech firms than the NASDAQ.

해석 우리가 '중국 주식 시장'이라는 용어를 종종 사용하지만, 사실 중국 본토에는 두 가지의 다른 주식 시장이 존재합니다. 더 역사가 오래 된 것은 상하이증권거래소(SSE)입니다. SSE는 주로 중국 정부가 소유하고 있는 대기업들로 구성되어 있습니다. 기간산업, 부동산, 금융 서비스가 상하이 주식시장의 주요 산업입니다. SSE는 전세계 5위, 아시아 2위 규모의 주식 시장입니다. 중국의 또 다른 주식시장은 선전증권거래소(SZSE)입니다. SZSE에 상장되어 있는 많은 기업들은 IT, 의료, 미디어 등과 같은 산업에서 활동하는 중소기업입니다. SZSE는 전세계 8위, 아시아 4위 규모를 가진 증권거래소입니다. 선전 증권거래소에는 기술 중심 기업이 더 많이 상장되어 있어서, 미국

2위 규모의 주식시장인 나스닥(NASDAQ)과 비교되는 경우가 많습니다.

**Q39** 선전증권거래소에 상장되어 있을 것으로 보이는 것은?
(a) 국가 소유의 대기업
(b) 제약 회사
(c) 부동산 개발 회사
(d) 미국 기술 회사

해설  선전증권거래소에는 의료(healthcare) 기업들이 상장되어 있다고 했다. 제약사도 이에 해당하므로 (b)가 정답이다. (a)와 (c)는 상하이증권거래소에 해당하는 기업들이다. (d)는 언급되지 않았다.

정답  (b)


**Q40** 담화에서 추론할 수 있는 것은?
(a) NASDAQ은 세계에서 두 번째로 큰 주식시장이다.
(b) 기술관련 회사들은 정부의 통제로부터 자유롭다.
(c) 상하이 시장이 선전 시장보다 크다.
(d) 선전증권거래소에는 NASDAQ보다 더 많은 기술관련회사가 상장되어 있다.

해설  상하이증권거래소 규모는 전세계 5위, 아시아 2위이며, 선전증권거래소 규모는 전세계 8위, 아시아 4위이므로 상하이증권거래소가 더 크다는 사실을 쉽게 유추할 수 있다. 따라서 정답은 (c)이다. 나스닥의 규모는 미국 2위라고만 했지 세계에서 몇 번째인지는 전혀 언급되지 않았으므로 담화의 내용만으로 (a)를 추론할 수는 없다. 참고로 나스닥은 실제 세계 2위 규모의 주식시장이지만, 텝스 문제를 배경지식으로 풀어서는 안 되며 어디까지나 담화에 나온 내용만을 기반으로 풀어야 한다. 상하이증권거래소에 상장된 기업들이 주로 정부 소유 대기업이라고 했지만, 그것만 가지고 (선전증권거래소에 상장되었을 가능성이 높은) 기술 기업들이 정부의 통제로부터 자유롭다는 것은 지나친 비약이므로 (b)는 답이 될 수 없다. (d)는 언급되지 않은 내용이다.

어휘  **term** 용어  **stock** 주식  **mainland** 본토  **stock exchange** 증권거래소  **consist of** ~로 구성되다  **real estate** 부동산  **list** (주식을) 상장하다  **enterprise** 기업  **technology-oriented** 기술중심의  **state-owned** 정부 소유의  **pharmaceutical** 제약, 제약의  **property** 부동산

정답  (c)

# ACTUAL TEST 3  p.182

**Part I**
1 (d)  2 (d)  3 (b)  4 (c)  5 (b)  6 (c)
7 (c)  8 (a)  9 (a)  10 (a)

**Part II**
11 (d)  12 (a)  13 (c)  14 (b)  15 (b)  16 (b)
17 (b)  18 (c)  19 (c)  20 (c)

**Part III**
21 (b)  22 (b)  23 (c)  24 (d)  25 (c)  26 (b)
27 (b)  28 (d)  29 (b)  30 (c)

**Part IV**
31 (b)  32 (a)  33 (c)  34 (c)  35 (d)  36 (c)

**Part V**
37 (c)  38 (b)  39 (c)  40 (a)

**Part I**

## 1

W  Have you seen Peter's new tie?
M  _____

(a) He is tied to the house.
(b) I found it very comfortable.
(c) Do you really buy that?
(d) It matches his suit well.

해석  W  피터의 새 넥타이 봤어요?
　　　M  _____
　　　(a) 그는 집에 얽매여 있어요.
　　　(b) 그거 아주 편안하더라고요.
　　　(c) 정말 그걸 믿어요?
　　　(d) 그의 정장과 잘 어울려요.

해설  피터의 새 넥타이에 대해 그의 옷과 잘 어울린다고 하는 (d)가 가장 자연스럽다. 남자의 넥타이가 아니므로 (b)는 어색한 응답이다. 구어체로 buy는 '믿다'라는 의미가 있다.

어휘  **tie** 매다, 속박하다  **match** 어울리다

정답  (d)

## 2

M You sure know how to play tennis.

W _____

(a) Thanks but that's way out of my league.
(b) We're not a match made in heaven.
(c) You can tell me a thing or two about tennis.
(d) I've played competitively since high school.

해석 M 당신은 테니스 치는 법을 제대로 아시는 것 같네요.

W _____

(a) 고맙지만 그건 제가 꿈도 꾸지 못할 수준이죠.
(b) 우린 천생연분이 아니에요.
(c) 제게 테니스를 한 수 가르쳐 주실 수 있겠네요.
(d) 고교 시절부터 시합에 나갔거든요.

해설 여자의 테니스 실력에 대한 남자의 칭찬에 고교 시절부터 대회에 출전해 테니스를 쳐 왔다는 의미의 (d)가 적절하다. 남자의 말 You sure know ~가 칭찬 또는 감탄의 표현임을 알아 둔다.

어휘 way 너무 멀리  out of one's league ~의 능력 밖인  a match made in heaven 천생연분  tell ~ a thing or two ~에게 좀 알려 주다  competitively 경쟁적으로

정답 (d)

## 3

M I appreciate your advice on my upcoming job interview.

W _____

(a) I just hope the interview went well.
(b) It is my pleasure to help you.
(c) I have butterflies in my stomach.
(d) It is not just that applicant.

해석 M 곧 있을 면접에 대해 조언해 주셔서 감사해요.

W _____

(a) 면접이 잘됐길 바랄 뿐이에요.
(b) 도움을 드릴 수 있어서 기뻐요.
(c) 너무 떨려요.
(d) 그 지원자뿐만이 아니죠.

해설 감사를 표하는 말에 대한 응답으로 It is my pleasure to help you.가 있음을 알아 둔다. 남자가 아직 면접을 본 상태가 아니기 때문에 (a)는 어색하며, (c)는 여자가 아닌 남자가 면접을 앞두고 할 수 있는 말이다.

어휘 upcoming 다가오는  have butterflies in one's stomach 매우 긴장하다  applicant 지원자

정답 (b)

64

## 4

W Has Clare finished her assignment?

M _____

(a) As far as I know, she isn't.
(b) That's where she's assigned.
(c) No, not that I know of.
(d) She's never been there before.

해석 W 클레어가 임무를 끝냈을까요?

M _____

(a) 제가 알기론 그녀는 아니에요.
(b) 그곳이 그녀가 배정받은 곳이죠.
(c) 아니요, 끝내지 않은 걸로 알고 있어요.
(d) 그녀는 거기에 가 본 적 없어요.

해설 not that I know of는 '내가 알기로는 그렇지 않다'라는 부정의 의미를 갖는 관용 표현으로 알아 둔다. 여자가 has로 묻고 있으므로 (a)의 isn't는 대답으로 적절하지 않다.

어휘 assignment 임무, 숙제  assign 할당[배정]하다

정답 (c)

## 5

M I'm fed up with you making excuses all the time.

W _____

(a) I'm not going to warn you again.
(b) But I was late for a good reason today.
(c) Sorry, I promise I'll feed you well.
(d) That's no excuse for not doing my part.

해석 M 언제나 변명하는 당신한테 질렸어요.

W _____

(a) 이번이 마지막 경고입니다.
(b) 하지만 오늘은 그럴 만한 이유가 있어서 늦었어요.
(c) 죄송해요, 잘 먹이겠다고 약속해요.
(d) 제 파트를 하지 않은 것에 대해 변명의 여지가 없네요.

해설 여자의 변명에 질렸다는 말에 이번에는 그럴 만한 이유가 있었다고 항변하는 (b)가 가장 자연스럽다. 첫 단어인 sorry만 듣고 섣불리 (c)를 고르지 않도록 주의한다.

어휘 be fed up with ~에 질리다  make an excuse 변명하다  warn 경고하다  feed 먹이다  no excuse for ~에 대해 변명할 여지가 없는

정답 (b)

## 6

W  Maybe we should go to the movies with mom sometime.

M  _____

(a) Yes, she did already.
(b) No one has told me yet.
(c) I can't agree with you more.
(d) It is being filmed now.

해석  W  언젠가 엄마와 영화 보러 가야 할 거야.

M  _____

(a) 응, 그녀는 벌써 했지.
(b) 아직 아무도 나에게 얘기 안 했어.
(c) 네 말이 맞아.
(d) 이제 촬영 중이야.

해설  I can't agree with you more.는 상대의 말에 동의하는 표현으로 대화상 가장 자연스럽다. (d)의 film은 여자의 말 movies와 관련된 단어를 이용한 함정이다.

어휘  film 촬영하다

정답  (c)

## 7

M  The weatherman just said there will be a thunderstorm next Friday.

W  _____

(a) And I forgot to wear a raincoat today.
(b) Perfect. We'll see mostly sunny skies.
(c) Well, there goes our camping trip.
(d) Okay, let me put it another way.

해석  M  일기 예보에서 다음 주 금요일에 뇌우가 있을 거래요.

W  _____

(a) 그리고 오늘 저는 비옷 입는 걸 잊었어요.
(b) 잘됐네요. 거의 맑은 하늘만 보겠어요.
(c) 저런, 캠핑은 다 갔네요.
(d) 좋아요, 다르게 말해 볼게요.

해설  다음 주에 날씨가 좋지 않을 거라는 말에 계획했던 캠핑을 못 가게 됐다고 말하는 (c)가 가장 적절하다. (b)는 반대의 상황이며, (d)의 put it another way는 '바꿔 말하다'라는 의미의 관용 표현으로 알아 두도록 한다.

어휘  weatherman 일기 예보 아나운서  thunderstorm 뇌우  there goes (기회 등이) 사라지다

정답  (c)

## 8

W  Is it possible to renew library books online?

M  _____

(a) You can do that on the homepage.
(b) A novel like this is long overdue.
(c) Sure. You can return them to the library.
(d) It is closed on public holidays.

해석  W  온라인으로 도서관에서 빌린 책을 대출 연장할 수 있을까?

M  _____

(a) 홈페이지에서 하면 돼.
(b) 이런 소설은 한참 전에 나왔어야지.
(c) 물론이지. 도서관에 반납하면 돼.
(d) 공휴일에는 도서관이 닫아.

해설  도서관 대출 연장이 온라인으로도 가능한지 묻는 말에 홈페이지에서 할 수 있다는 (a)가 가장 자연스럽다. (b)의 overdue는 '반납 기한이 지난'이라는 뜻이 아니라 '이미 했어야 할'이라는 의미로 사용된 함정이다.

어휘  renew 갱신[연장]하다  long overdue 한참 전에 했어야 할  return 반납하다  public holiday 공휴일

정답  (a)

## 9

W  I can drop you off at school tomorrow morning.

M  _____

(a) Thanks, but I don't want to bother you.
(b) I'm not going to drop out of school.
(c) But you can still take the subway.
(d) Let's cross the bridge when we come to it.

해석  W  내일 아침에 학교에 내려 줄 수 있어.

M  _____

(a) 고맙지만 번거롭게 해 드리고 싶지 않아요.
(b) 저는 학교를 그만두지 않을 거예요.
(c) 하지만 아직 지하철을 타실 수 있어요.
(d) 일이 닥치면 그때 가서 생각해요.

해설  학교에 데려다 준다는 제안에 고맙지만 번거롭게 하고 싶지 않다는 (a)가 가장 자연스러운 응답이다. (b)는 여자의 말 drop you off를 이용한 함정이며, 지하철을 타는 사람은 여자가 아니라 남자이므로 (c)는 어색하다.

어휘  drop off 차에서 내려주다  bother 귀찮게 하다  drop out of school 학교를 그만두다  cross the bridge when we come to it 닥치면 그때 고민하다

정답 (a)

## 10

W  How is the online advertising plan going?
M  _____

(a) It is unlikely to get off the ground.
(b) I get along well with the manager.
(c) It is clearly visible from the office.
(d) I already looked them up online.

해석  W 온라인 광고 계획은 어떻게 되어 가고 있어요?
　　 M _____

(a) 순조롭게 출발할 것 같지 않네요.
(b) 매니저와 잘 지내고 있어요.
(c) 사무실에서 또렷하게 보여요.
(d) 이미 인터넷에서 그것들을 찾아봤어요.

해설  온라인 광고 계획이 어떻게 되어 가는지 묻는 말에 작업
의 진척 상황에 대해 말하는 (a)가 가장 적절하다. get
off the ground는 '순조롭게 시작하다'라는 의미이다.

어휘  advertising 광고  get along well with ~와 잘
지내다  visible 보이는  look ~ up ~을 찾아보다

정답 (a)

## Part II
## 11

W  Hi. Did you make a reservation?
M  No, but do you have any tables available?
W  We only have one table right by the entrance.
M  _____

(a) That is under my name.
(b) It's hard to enter anyway.
(c) Sorry, this is reserved.
(d) Well, anything will do.

해석  W 안녕하세요. 예약하셨나요?
　　 M 아뇨, 하지만 앉을 수 있는 자리가 있나요?
　　 W 입구 바로 옆에 테이블 하나뿐이에요.
　　 M _____

(a) 제 이름으로 되어 있어요.
(b) 어쨌든 들어가기 힘들어요.
(c) 죄송하지만, 이 자리는 예약되었습니다.
(d) 그럼, 어디든 괜찮아요.

해설  예약 없이 방문한 식당에서 앉을 수 있는 자리가 입구쪽
자리뿐이라는 말에 어느 곳이라도 앉겠다는 의미의 (d)가
가장 적절하다. (a)는 식당이나 호텔 등에서 자기 이름으
로 예약했다는 의미로 쓸 수 있는 표현이다.

어휘  available 이용 가능한  entrance 입구  enter
들어가다  Anything will do 아무것이나 좋다

정답 (d)

## 12

M  Are you available for a cup of coffee
　　 tomorrow?
W  Yes, I'm not busy these days.
M  How about four o'clock?
W  _____

(a) That'll work perfectly for me.
(b) I hardly drink coffee.
(c) It would be better at four.
(d) Green tea sounds better.

해석  M 내일 커피 한잔할 수 있니?
　　 W 응, 요즘 바쁘지 않아.
　　 M 4시 어떠니?
　　 W _____

(a) 그럼 더할 나위 없이 좋을거야.
(b) 난 거의 커피를 안 마셔.
(c) 4시가 더 낫겠어.
(d) 녹차가 더 나아.

해설  어떤 제안에 대해 아주 좋다는 의미로 That'll work
perfectly for me.라고 말할 수 있다. 여자는 커피를 마
시기로 한 것이므로 (b)와 (d)는 맥락에 맞지 않다. 남자
가 이미 4시를 제안했으므로 (c) 또한 어색하다.

어휘  perfectly 더할 나위 없이  hardly 거의 ~ 않는
green tea 녹차

정답 (a)

## 13

W What are you going to do tomorrow?
M I'm going to study for the midterm.
W Hey, it's the weekend. Let's have some fun.
M _____

(a) Oh, come on! Get a life!
(b) I don't have a midterm plan.
(c) I want to ace all the exams.
(d) All work and no play.

해석 W 내일 뭐할 거야?
　　 M 중간고사 공부할 거야.
　　 W 야, 주말이잖아. 좀 놀자.
　　 M _____

(a) 야! 인생을 좀 즐겨!
(b) 난 중기적인 계획이 없는데.
(c) 모든 시험에서 A를 받고 싶어.
(d) 놀지 않고 공부만 하는 건 안 좋아.

해설 남자가 주말에 시험공부를 하겠다는 이유를 말하는 (c)
가 자연스럽다. (a) Get a life는 따분하게 굴지 말고 좀
더 인생을 즐기라는 뜻으로, 문맥상 여자가 할 말이다. (b)
는 midterm의 다른 뜻을 이용한 함정이며, (d)는 '일만
하고 놀지 않으면 우둔한 사람이 된다'는 뜻의 All work
and no play makes Jack a dull boy에서 뒷부분이
생략된 표현이다.

어휘 **midterm** 중간고사 **ace** ~에서 A를 맞다

정답 (c)

## 14

M Are you still looking for the medical journal?
W Actually, I've found it in the reference section.
M Where do you want to read it?
W _____

(a) I think this article is a real page turner.
(b) Here. Reference books cannot be checked
out.
(c) Perhaps I should read it some other time.
(d) Yes, but it's not allowed out of the library.

해석 M 아직도 의학 저널을 찾고 있니?
　　 W 실은, 참고 문헌 섹션에서 찾았어.
　　 M 어디에서 읽고 싶은데?
　　 W _____

(a) 이 기사는 정말 흥미진진한데.
(b) 여기에서. 참고 도서는 대출할 수 없어.
(c) 이건 언제 다음에 읽어야 할까 봐.
(d) 응, 그런데 도서관 밖으로 가져갈 수 없어.

해설 어디에서 읽을지 장소를 묻는 말에 참고 도서는 대출할
수 없으니 이곳에서 읽겠다고 하는 (b)가 가장 자연스럽
다. (d)는 참고 문헌의 특징을 옳게 설명하고 있지만 Yes
라고 답했으므로 장소를 묻는 말에 어울리지 않는다.

어휘 **look for** ~을 찾다 **medical journal** 의학 저널
**reference** 참고 문헌 **article** 기사 **page turner**
(페이지 넘기기 바쁠 정도로) 흥미진진한 책 **check out**
대출하다 **some other time** 언제 다음에

정답 (b)

## 15

M Is the new sales guy doing well?
W You mean Jeremy? He was awarded the Best
Sales Rep of the Quarter!
M Wow, you sure have an eye for talent.
W _____

(a) Right, you're the one who insisted on hiring
him.
(b) Yep, I saw his potential during the job
interview.
(c) You know what they say—an eye for an eye.
(d) Thank you. I appreciate your effort.

해석 M 새 영업사원은 잘하고 있나요?
　　 W 제레미 말입니까? 분기별 최우수 영업사원상을 받은
　　　 걸요!
　　 M 와, 당신은 역시 재능을 보는 안목이 있어요.
　　 W _____

(a) 맞아요. 그를 채용하자고 고집했던 건 당신이잖아요.
(b) 네, 면접하면서 그의 잠재력을 봤거든요.
(c) 눈에는 눈이라잖아요.
(d) 고마워요. 노고에 감사합니다.

해설 분기별 최우수 영업사원상을 받은 직원에 관해 이야기하
며, 그의 재능을 알아본 안목을 칭찬하는 말에 대해 그를
면접 볼 때 잠재력을 알아봤다는 (b)가 맥락에 가장 자연
스럽다.

어휘 **sales** 판매, 영업 **be awarded** 상을 받다 **quarter**
분기 **have an eye for** ~의 안목이 있다 **talent** 재능
**hire** 채용하다 **potential** 잠재력 **an eye for an**
**eye** 눈에는 눈 **appreciate** 감사하다

정답 (b)

## 16

W  I'll probably flunk this test.
M  No way! I know you're very smart.
W  Seriously, college math is twice as hard as high school math.
M  _____

(a) Right, it's not going to leak.
(b) Hey, that's an exaggeration.
(c) You can enter a tournament then.
(d) No, it's just over your head.

해석  W  나 이 시험에서 낙제할 것 같아.
      M  설마! 넌 똑똑하잖아.
      W  거짓말 안 하고 대학 수학은 고등학교 수학보다 두 배는 더 어려워.
      M  _____

(a) 맞아, 말이 새지 않을 거야.
(b) 야, 그건 과장이야.
(c) 그럼 넌 대회에 나갈 수 있어.
(d) 아냐, 그건 네 능력 밖이야.

해설  시험에 낙제할 거라며 대학 수학이 고등학교 수학보다 두 배는 더 어렵다는 말에 그 정도는 아니라고 응수하는 (b)가 맥락에 자연스럽다.

어휘  flunk 낙제하다  leak 누설되다  exaggeration 과장  enter a tournament 대회에 나가다  over one's head 능력이 못 미치는

정답  (b)

## 17

W  I won a scholarship to Yale University!
M  Congratulations! I'm so proud of you.
W  Thank you. I've studied really hard for the last three years.
M  _____

(a) You're right. No one saw it coming.
(b) See? Hard work always pays off.
(c) You can redo the test if you want to.
(d) I wish your teacher agreed on that.

해석  W  나 예일 대학 입학 장학금 받았어요!
      M  축하해! 정말 자랑스럽다.
      W  감사해요. 지난 3년간 정말 열심히 공부했거든요.
      M  _____

(a) 네 말이 맞아. 누구도 그럴 줄 몰랐지.
(b) 그렇지? 열심히 하면 언제나 보상받아.
(c) 원한다면 시험을 다시 볼 수 있어.
(d) 너희 선생님이 그 말에 동의하면 좋겠구나.

해설  대학 장학금을 탔다며 3년간 열심히 공부했다는 여자의 말에 열심히 한 만큼의 보상이라고 하는 (b)가 가장 적절하다. 여자가 장학금을 타기까지 자신의 노력에 대해 말하고 있으므로 (a)와 (d)는 적절하지 않다.

어휘  win a scholarship 장학금을 받다  Congratulations 축하해요  pay off 보상받다  redo 다시 하다  agree on ~에 동의하다

정답  (b)

## 18

M  I read your column in this week's magazine.
W  Thank you. Actually, it took me forever to write it.
M  Hmm. So are you going to do it again?
W  _____

(a) You can take either one.
(b) Yes, but only in this week's issue.
(c) No, it's just too time-consuming.
(d) Yes, it's not worth the effort.

해석  M  이번 주 잡지에서 네 칼럼 읽었어.
      W  고마워. 사실은 그거 쓰는 데 엄청 오래 걸렸어.
      M  흠. 또 쓸 생각이니?
      W  _____

(a) 둘 중 하나 가져도 돼.
(b) 응, 그런데 이번 호에서만.
(c) 아니, 시간을 너무 많이 잡아먹어.
(d) 응, 노력할 가치가 없어.

해설  칼럼을 쓰는 데 시간이 많이 걸렸다는 여자의 말로 볼 때, 또 쓸 거냐는 남자의 질문에 (c)라고 답하는 것이 알맞다. (d)는 Yes가 아닌 No라고 한다면 적절한 응답이 될 수 있다.

어휘  column 기고, 칼럼  take forever 오랜 시간이 걸리다  either one 둘 중 하나  issue (잡지 등 정기 간행물의) 호  time-consuming 시간 소요가 많은  worth the effort 노력할 가치가 있는

정답  (c)

## 19

W Hi, I'd like to check in. My name is Mary Farlow.

M Good afternoon, Ms. Farlow. You reserved a twin room for five nights, right?

W Um, right but can I have a double room instead?

M _____

(a) OK, your room number, please?

(b) You can do that when you check out.

(c) No problem. We are not fully booked now.

(d) Don't worry. I already took care of it.

해석 W 안녕하세요, 체크인하고 싶은데요. 제 이름은 메리 팔로우예요.

M 안녕하세요, 팔로우 씨. 트윈 룸으로 5박을 예약하신 것 맞죠?

W 네, 그런데 더블룸으로 바꿀 수 있을까요?

M _____

(a) 네, 방 번호가 몇이죠?

(b) 그건 체크아웃할 때 하실 수 있어요.

(c) 그럼요. 지금은 예약이 꽉 차지 않아서요.

(d) 걱정 마세요, 제가 이미 처리했어요.

해설 체크인을 하면서 더블룸으로 변경이 가능한지 묻는 말에 그 가능 여부를 알려 주는 (c)가 적절하다. 체크인을 하는 상황에서는 여자가 방 번호를 알 수 없으므로 (a)는 적절하지 않다.

어휘 reserve 예약하다 instead 대신에
be fully booked 예약이 꽉 차다

정답 (c)

## 20

W Could you proofread my rough draft, please?

M No problem. Let me get my red pen.

W Don't you find it easier to edit soft copy?

M _____

(a) No, a digital version is more convenient.

(b) Yes, but I'm very tech-savvy.

(c) Hard copy is easier on the eyes.

(d) You can do it on paper if you want to.

해석 W 제 초고를 교정봐 주시겠어요?

M 그럼. 빨간 펜 좀 가져올게.

W 소프트 카피로 편집하는 게 더 쉽지 않으시겠어요?

M _____

(a) 아니, 디지털 형식이 더 편리해.

(b) 응, 그렇지만 난 컴퓨터에 아주 능숙해.

(c) 하드 카피가 더 보기 좋지.

(d) 네가 원하면 종이에 해도 돼.

해설 교정보려고 펜을 가져오겠다는 남자에게 소프트 카피, 즉 컴퓨터로 편집하는 게 더 좋지 않겠냐고 묻고 있다. 대화 상 펜을 가져오려 한 남자의 행동으로 보아 종이로 볼 수 있는 하드 카피의 장점을 말하는 (c)가 가장 적절하다.

어휘 proofread 교정을 보다 rough draft 초고, 다듬어지지 않은 글 edit 편집하다 convenient 편리한 tech-savvy 테크놀로지에 능숙한 be easy on the eyes 보기 좋은

정답 (c)

## Part III
## 21

Listen to a conversation between two friends.

M Gloria, I didn't know you're a fan of rock music.

W I am. I always listen to it. I even play the guitar.

M Really? Who is your favorite band?

W Coldplay. I like modern rock.

M I prefer old rock music from the eighties and nineties.

W I also listen to old school rock songs sometimes.

Q What are the man and the woman mainly doing in the conversation?

(a) Learning how to play the guitar

(b) Talking about their common tastes in music

(c) Selecting a rock album for their collection

(d) Remembering their good old days

해석 두 친구 간의 대화입니다.

M 글로리아, 네가 록 음악 팬인지 몰랐어.

W 팬이야. 항상 듣는걸. 기타도 쳐.

M 정말? 제일 좋아하는 밴드는 누구야?

W 콜드플레이야. 모던록을 좋아해.

M 난 80년대와 90년대 올드 록이 좋더라.

W 나도 가끔 올드스쿨 록 음악 들어.

Q 대화에서 남자와 여자가 주로 하는 일은?

(a) 기타 연주하는 법 배우기

(b) 공통된 음악 취향에 대해 이야기하기

(c) 수집할 록 앨범 고르기

(d) 예전의 좋았던 시절 추억하기

남자와 여자는 대화 중에 둘 다 록 음악을 좋아하는 공통 취향이 있다는 것을 알았고 좋아하는 장르에 대해 이야기 하고 있으므로 (b)가 적절하다.

어휘 **common taste** 공통 취향  **select** 고르다, 선정하다
**collection** 모음집, 수집

정답 (b)

어휘 **grade** 성적을 매기다  **fair** 공정한  **assignment** 과제
**free rider** 무임 승객  **encourage** 격려하다

정답 (b)

## 22

Listen to a conversation between two classmates.
W  Do you think the grading system of this course is fair?
M  Yeah, I guess so. Why?
W  I think the professor is placing too much importance on group presentation assignments.
M  But it's the same for other business courses.
W  It's not fair because there are too many free riders.
M  Well, it's what happens in the real business world, too.
Q  What are the man and the woman mainly discussing?
(a) Importance of real business experience
(b) How students are graded in class
(c) Difficulty in getting good grades
(d) How to encourage teamwork in class

해석 두 급우 간의 대화입니다.
W  이 수업의 채점 체계가 공평한 것 같아?
M  응, 그런 거 같은데. 왜?
W  교수님이 그룹 발표 과제에 중요도를 너무 많이 부여 하고 있는 것 같아서.
M  하지만 다른 경영 수업도 마찬가지잖아.
W  무임승차하는 사람이 너무 많아서 공평하지 않아.
M  글쎄, 실제 비즈니스의 세계에서도 그렇지.
Q  남자와 여자가 주로 논의하고 있는 것은?
(a) 실제 비즈니스 경험의 중요성
(b) 학생들이 수업에서 성적이 매겨지는 방법
(c) 훌륭한 성적을 받는 것의 어려움
(d) 수업에서 팀워크를 북돋우는 법

해설 여자가 그룹 과제에 많은 점수를 부여하는 교수의 채점 체계에서는 무임승차하는 사람들이 많다고 비판하고 있으며, 남자 또한 이에 대한 생각을 말하고 있다. 따라서 두 사람은 수업의 점수 체계에 대해 이야기하는 것으로 볼 수 있다.

## 23

Listen to a conversation between two coworkers.
M  Do you know Rick had his hair dyed red?
W  Yes, he sent his new photo to my cell phone. It's hilarious!
M  I think he's gone too far. He is a sales representative.
W  Oh, well. I thought it's kind of cool.
M  Cool? No. He meets our customers every day.
W  We also have a lot of young customers. They will like his new hairstyle.
Q  What are the man and woman mainly discussing?
(a) The company's dress code for salesmen
(b) Why salesmen should look conservative
(c) Their perspective on Rick's new hairdo
(d) How Rick has attracted younger clients

해석 두 직장동료 간의 대화입니다.
M  릭이 머리를 붉은색으로 염색한 거 알아?
W  응, 내 휴대폰으로 사진 보냈더라. 우스꽝스럽던데!
M  너무 지나친 것 같아. 영업 사원이잖아.
W  그게 말이지. 난 멋지다고 생각했는데.
M  멋지다고? 그는 매일 우리 고객들을 만난다고.
W  젊은 고객도 많잖아. 그들은 그의 새 헤어스타일을 좋 아할 거야.
Q  남자와 여자가 주로 논의하고 있는 것은?
(a) 회사 영업 사원의 복장 규정
(b) 영업 사원이 보수적으로 보여야 하는 이유
(c) 릭의 새로운 머리 모양에 대한 그들의 의견
(d) 릭이 젊은 고객을 사로잡아온 방식

해설 두 사람은 영업 사원인 릭이 머리를 붉은색으로 염색한 것에 대해 각자의 생각을 이야기하고 있다. 남자는 영업 사원으로서 적절하지 않다는 의견이며, 여자는 젊은 고객 들이 좋아할 것이라고 한다.

어휘 **hilarious** 아주 우스운, 재미있는  **sales representative** 영업 사원  **dress code** 복장 규정
**conservative** 보수적인  **perspective** 관점, 시각
**hairdo** 머리 스타일  **attract** ~의 마음을 끌다  **client** 의뢰인, 고객

정답 (c)

## 24

Listen to a conversation between a waitress and a customer.

W Would you like to sample our new frozen yogurt with fruit flavor?

M What kind of fruits does it contain?

W Blueberry, kiwi, and orange.

M I'm allergic to kiwi. No thanks.

W Why don't you try other flavors then?

M If you insist, I'd like to taste chocolate yogurt.

Q Which is correct according to the conversation?

(a) The man is allergic to yogurt.

(b) The new flavor contains chocolate.

(c) The samples are on sale today.

(d) The man cannot eat a particular fruit.

해석 웨이트리스와 손님 간의 대화입니다.

W 과일 맛 나는 신제품 요거트 아이스크림 맛보실래요?

M 어떤 종류에 과일이 들었나요?

W 블루베리와 키위, 오렌지가 들어있어요.

M 제가 키위 알레르기가 있어서요. 됐습니다.

W 다른 맛 드셔 보시는 건 어때요?

M 정 그렇다면, 초콜릿 요거트를 맛보고 싶은데요.

Q 대화에 의하면 옳은 것은?

(a) 남자는 요거트에 알레르기가 있다.

(b) 새로운 맛에는 초콜릿이 있다.

(c) 샘플은 오늘 할인이 된다.

(d) 남자는 특정 과일을 먹을 수 없다.

해설 과일 맛 요거트 샘플을 맛보라고 권하는 여자에게 남자는 자신이 키위에 알레르기가 있어서 먹지 않겠다고 말하고 있으므로 (d)가 옳다. 초콜릿 맛은 신제품으로 언급되지 않았다.

어휘 **flavor** 맛  **be allergic to** 알레르기가 있다  **contain** ∼이 들어 있다  **particular** 특정한

정답 (d)

## 25

Listen to a conversation between two friends.

W What are you going to do after graduation?

M I'm going to spend some time with my parents back in my hometown.

W And you will do a master's degree after coming back?

M Yes. But I'll take six months off first.

W What are your plans for the six month break?

M Tutoring high schoolers in math.

Q Which is correct about the man according to the conversation?

(a) He is majoring in mathematics.

(b) He has graduated from college.

(c) He plans to make a trip after graduation.

(d) He will pursue a career in teaching.

해석 두 친구 간의 대화입니다.

W 졸업하면 뭐할 생각이야?

M 고향으로 돌아가서 부모님과 시간을 좀 보내려고 해.

W 그런 다음 돌아와서 석사 과정 할 거야?

M 응. 그런데 우선 6개월 쉴 거야.

W 6개월 쉬는 동안 뭐할 계획인데?

M 고등학생들 수학 과외하려고.

Q 대화에 의하면 남자에 대해 옳은 것은?

(a) 수학을 전공하고 있다.

(b) 대학을 졸업했다.

(c) 졸업 후 어디를 갈 것이다.

(d) 가르치는 일을 직업으로 삼을 것이다.

해설 졸업 후 고향으로 간다고 했으므로 (c)가 적절하다. trip은 놀기 위한 여행만 가리키는 것이 아니라 '이동'이라는 포괄적인 의미가 있기 때문에 고향 방문도 make a trip으로 표현할 수 있다. 졸업 후 계획을 묻고 있으므로 아직 대학을 졸업한 것은 아니다. 수학 과외를 한다고 해서 남자의 전공이 수학이라고 단정지을 수 없으며, 6개월 과외를 하는 것을 두고 가르치는 일을 직업으로 삼으려 한다고 말할 수 없다.

어휘 **master's degree** 석사 학위  **tutor** 개인 교습을 하다  **make a trip** 여행하다. 오고 가다  **pursue a career** 경력을 추구하다. 어떤 분야의 직업을 추구하다

정답 (c)

## 26

Listen to a conversation between two students.

M Hey, you have bags under your eyes. What's up?

W I burned the midnight oil writing a linguistics report.

M What? The deadline was delayed to next week.

W No way! I didn't know that.

M The professor told us in class last Wednesday.

W Oh, gosh. I was absent that day because I had a stomachache.

Q Which is correct about the woman according to the conversation?

(a) The man forgot to tell her about the changed deadline.

(b) She wrote a report last night which is due next week.

(c) Her professor allowed her to submit her report late.

(d) She was absent from her linguistics class for two weeks.

해석 두 학생 간의 대화입니다.

M 얘, 너 피곤해 보이는데. 무슨 일이야?

W 언어학 리포트 쓰느라 밤늦게까지 못 잤어.

M 뭐라고? 마감일이 다음 주로 미뤄졌는데?

W 말도 안 돼! 난 몰랐단 말이야.

M 지난 수요일 수업 시간에 교수님께서 말씀하셨잖아.

W 아, 이런. 난 그날 배가 아파서 결석했는데.

Q 대화에서 여자에 대한 이야기로 옳은 것은?

(a) 남자가 바뀐 마감일에 대해 여자에게 이야기하는 것을 잊었다.

(b) 여자는 지난밤에 마감일이 다음 주인 보고서를 썼다.

(c) 교수가 여자에게 리포트를 늦게 내도 된다고 허락해 주었다.

(d) 여자는 언어학 수업을 2주간 결석했다.

해설 지난주 수요일 수업에 결석한 여자는 숙제 마감일이 미루어진 사실을 모르고 어젯밤 늦게까지 리포트를 썼다고 하므로 알맞은 선택지는 (b)이다. 여자가 결석해서 몰랐던 것이므로 (a)는 적절하지 않으며, 마감일이 연장된 것이므로 늦게 내도록 해 주었다는 (c) 또한 적절하지 않다.

어휘 have bags under one's eyes 지쳐 보이다
burn the midnight oil 밤늦게까지 일[공부]하다
linguistics 언어학 delay 늦추다 stomachache 복통 due ~하기로 예정된

정답 (b)

## 27

Listen to a conversation at an office.

W Hey, do you happen to know Terry, the temporary translator?

M Yeah, he's the one who translated my financial report.

W Really? Is he good? Do you think he deserves a full-time position?

M Definitely. Terry is one of the best I've ever worked with.

W Great. I was planning on hiring him as a permanent employee.

M Sounds good. I'm sure you will not regret your decision.

Q Which is correct about Terry according to the conversation?

(a) The woman would like to lay him off soon.

(b) The man thinks highly of his performance.

(c) He's been working on a permanent basis.

(d) The man has not assessed his work yet.

해석 사무실에서의 대화입니다.

W 계약직 번역사인 테리 혹시 아세요?

M 네, 제 재무 보고서를 번역한 사람인걸요.

W 그래요? 잘하나요? 정규직이 될 자격이 있을까요?

M 물론이죠. 함께 일해 본 사람들 중에 최고 중 한 명이에요.

W 좋군요. 정규직으로 채용할 계획이었거든요.

M 반가운 소식이네요. 그 결정 후회하지 않을 거라고 확신해요.

Q 대화에 의하면 테리에 대해 옳은 것은?

(a) 여자는 곧 그를 해고하고 싶어 한다.

(b) 남자는 그의 성과를 높이 평가한다.

(c) 정규직으로 근무 중이다.

(d) 남자는 아직 테리의 작업을 평가하지 않았다.

해설 테리는 계약직 번역사로, 여자는 테리를 정규직으로 채용할지 남자에게 의견을 구하고 있다. 남자는 테리의 작업에 대해 긍정적이므로 (b)가 알맞다.

어휘 translator 번역사, 통역사 financial 금융[재정]의
permanent 영구적인 lay off 해고하다
basis 기초, 원리 assess 평가하다

정답 (b)

## 28

Listen to a conversation between two friends.
M  Yes, I won again!
W  Oh, no. You're a chess genius.
M  Well, I first learned chess when I was eight, and I've played competitively for twelve years.
W  I know. But I've also been playing chess for five years.
M  Your skills have gotten a lot better than five years ago.
W  Thanks. But maybe I should give up on entering the tournament.
M  Hey, cheer up. You'll be way better than most participants.
Q  Which is correct according to the conversation?
(a) The woman is happy about her chess skills.
(b) The woman has never won at chess for five years.
(c) The man first learned how to play chess at the age of twelve.
(d) The man compliments the woman on her improvement.

해석  두 친구 간의 대화입니다.
M  야호, 또 이겼다!
W  이런. 체스 천재 나셨네.
M  8살 때 처음 배워서 12년 동안 대회에 나가며 체스를 뒀는걸.
W  알아. 하지만 나도 체스를 5년 동안 뒀는걸.
M  너 5년 전보다 기술이 훨씬 많이 좋아졌어.
W  고마워. 하지만 토너먼트에 나가는 건 포기해야 할지도 모르겠다.
M  힘내. 대부분의 참가자들보다는 훨씬 뛰어날 거야.
Q  대화에 의하면 옳은 것은?
(a) 여자는 자신의 체스 솜씨에 만족한다.
(b) 여자는 5년간 체스에서 이겨 본 적이 없다.
(c) 남자는 12살에 체스하는 법을 처음 배웠다.
(d) 남자는 여자가 향상된 것을 칭찬한다.

해설  체스 게임은 남자가 이겼지만 남자는 5년 전보다 기술이 좋아진 여자를 격려하고 있으므로 (d)가 옳은 내용이다.

어휘  genius 천재  participant 참가자
compliment 칭찬하다  improvement 향상

정답  (d)

## 29

Listen to two friends talk about their mutual friend.
M  I wonder what Jordan is up to lately. I haven't seen him for quite a while.
W  I have. He's searching for a job.
M  So he's already graduated from law school.
W  Yes, but law firms aren't hiring.
M  I hope he'll find a job before summer.
W  He said it's unlikely but he hopes to join a law firm within this year.
Q  What can be inferred from the conversation?
(a) The man is now working for a law firm.
(b) The woman sees Jordan more often than the man does.
(c) Jordan will get a job by the end of this year.
(d) The woman is helping Jordan find employment.

해석  서로 아는 친구에 대한 두 친구 간의 대화입니다.
M  요즘 조던이 어떻게 지내는지 궁금하네. 한동안 못 봤는데.
W  난 봤어. 일자리를 구하고 있더라.
M  그러면 벌써 로스쿨을 졸업한 거구나.
W  응, 그런데 법률 회사가 채용을 안 하고 있대.
M  여름 전에는 그가 취직하면 좋겠어.
W  가능성은 낮지만 올해 안에 법률 회사에 들어가고 싶다고 하더라.
Q  대화를 통해 유추할 수 있는 것은?
(a) 남자는 현재 법률 회사에서 일하고 있다.
(b) 여자는 남자보다 더 자주 조던을 본다.
(c) 조던은 올해 말까지 일자리를 구할 것이다.
(d) 여자는 조던의 취업을 돕고 있다.

해설  남자가 조던을 한동안 못 봤다고 하자 여자가 자기는 그를 만났다며 소식을 들려주는 것으로 보아 여자가 조던을 더 자주 본다고 유추할 수 있다. (c)는 조던의 바람일 뿐 유추할 수 없는 내용이다.

어휘  law firm 법률 회사  find employment 직업을 얻다

정답  (b)

## 30

Listen to a conversation between two old classmates.

W Danny? Hey, do you remember me? I'm Jessica.

M Oh, Jessica! We took an advanced science class in Tenafly High School.

W Right. It was already ten years ago.

M Time flies. By the way, are you wearing contacts now?

W No. I had surgery to correct my vision.

M Really? I'm also thinking about having Lasik surgery, actually.

Q What can be inferred from the conversation?

(a) The man wants to become an eye doctor.

(b) The man and the woman majored in science.

(c) The woman used to wear glasses in high school.

(d) The man's eyesight has improved a lot.

해석 두 동창 간의 대화입니다.

W 대니? 나 기억해? 나 제시카야.

M 제시카! 우리 테나플라이 고등학교에서 과학 심화반 들었잖아.

W 맞아. 벌써 10년 전이다.

M 시간이 이렇게 흐른다니까. 어쨌든, 이제 콘택트렌즈 끼니?

W 아니. 시력 교정 수술했어.

M 정말? 나도 사실 라식 수술 생각 중인데.

Q 대화를 통해 유추할 수 있는 것은?

(a) 남자는 안과 의사가 되고 싶어 한다.

(b) 남자와 여자는 과학을 전공했다.

(c) 여자는 고등학교 때 안경을 썼다.

(d) 남자의 시력은 상당히 좋아졌다.

해설 남자가 고등학교 때 같은 수업을 들었던 여자를 오랜만에 보고 이제 콘택트렌즈를 착용하냐고 묻자, 여자가 시력 교정 수술을 했다고 답하므로 (c)를 유추할 수 있다.

어휘 contacts 콘택트렌즈  have surgery 수술 받다  correct 고치다  vision 시력  eyesight 시력

정답 (c)

## Part IV
## 31

Today's keynote speaker is Dr. John Medina. He is the author of numerous internationally best-selling books about brains. Just like everyone here, Dr. Medina began as a young student who was fascinated by the working of the brain. But now, his enthusiasm has led him to dig deeper and consolidate different fields of brain science and publish a very powerful book, *Brain Rules*. As a professor and a writer, he will give you a comprehensive overview of the brain. Please welcome Dr. John Medina.

Q What is the main purpose of the announcement?

(a) To inform the audience of how a human brain works

(b) To give background information about the guest lecturer

(c) To encourage the audience to purchase the speaker's book

(d) To explain how difficult it was to have him speak for the event

해석 오늘 기조 연설자는 존 메디나 박사님입니다. 박사님은 뇌에 관한 수많은 베스트셀러를 낸 세계적인 저자입니다. 여기 계신 모든 분들과 마찬가지로, 메디나 박사님도 뇌의 작용에 매료된 어린 학생으로서 시작했습니다. 하지만 이제 박사님의 열정으로 더 깊이 파고들어 뇌 과학의 다양한 분야를 통합하였고, 〈뇌가 지배한다〉라는 영향력 있는 저서를 출간하였습니다. 교수이자 저술가로서 박사님은 여러분께 뇌에 대한 포괄적인 개관을 들려줄 겁니다. 존 메디나 박사님을 환영해 주십시오.

Q 안내의 주요 목적은?

(a) 인간의 뇌가 어떻게 작동하는지 청중에게 알려 주려고

(b) 초대 강사에 대한 배경 정보를 제공하려고

(c) 청중이 연설자의 저서를 구입하도록 설득하려고

(d) 박사를 행사에서 연설하게 하기가 얼마나 힘들었는지 설명하려고

해설 뇌 과학 연구의 권위자이자 관련 세계적인 베스트셀러 저자인 한 박사에 대해 소개하고 있으므로 (b)가 적절하다. (a)는 안내 이후에 진행될 박사의 강연 주제이다.

어휘 keynote speaker 기조 연설가  author 저자  numerous 많은  fascinated 매료된  enthusiasm 열정  consolidate 통합하다  field 분야  publish 출판하다  comprehensive 포괄적인  overview 개요, 개관  guest lecturer 초대 강연자

정답 (b)

## 32

Every day people die of malnutrition and starvation in third-world countries. What's more shocking is that most of these deaths are of children under the age of two. And it is possible to prevent these deaths by simply providing more food for them. I am sure that if the government deals with the problem head on and allocate the necessary funds for children, the problem will be solved.

Q  What is the main topic of the talk?

(a) The possibility of eliminating famine in poor countries

(b) The corruption of governments in third-world countries

(c) The death of people by famine and hereditary diseases

(d) The inadequate medical funds for people in need

해석 제3세계 국가에서는 매일 사람들이 영양실조와 굶주림으로 죽습니다. 더 충격적인 것은 이런 사망의 대부분이 2살 이하의 어린이라는 것입니다. 음식을 제공하는 것만으로 이런 죽음을 방지할 수 있습니다. 확신하건대, 정부가 이 문제를 정면으로 다루고 어린이를 위해 필요한 기금을 배분한다면 이런 문제는 해결될 것입니다.

Q  담화의 주제는?

(a) 빈곤국에서 기근을 없앨 가능성

(b) 제3세계 정부의 부패

(c) 기근과 유전병으로 인한 사망

(d) 도움이 필요한 사람들에게 불충분한 의료 기금

해설 제3세계에서 영양실조와 기근으로 죽는 어린이들을 언급하며 이러한 문제는 식량 제공과 공평한 기금 분배를 한다면 해결할 수 있다고 주장하고 있다. 따라서 담화의 주제로 가장 적절한 것은 (a)이다. 죽음의 원인으로 유전병에 대한 언급은 없으므로 (c)는 적절하지 않다.

어휘 **malnutrition** 영양실조  **starvation** 굶주림, 기아  **head on** 정면으로, 똑바로  **allocate** 할당하다  **fund** 기금  **eliminate** 없애다  **famine** 기근  **corruption** 부패  **hereditary disease** 유전병  **inadequate** 불충분한

정답 (a)

## 33

I am greatly honored to stand in front of you today to introduce the employee of the year. John Gomez has been with us since 1998, and since then he has been a great addition to our company. He is particularly notable for his exceptional drive for excellence in whatever he does. Last year, he has led his team to develop our best-selling G4 computer. Please welcome John Gomez.

Q  Which is correct about John Gomez according to the talk?

(a) He is introducing an employee.

(b) He is giving an award.

(c) He is the best worker this year.

(d) He is the founder of the company.

해석 올해의 직원을 소개하기 위해 오늘 여러분들 앞에 서게 되어 대단히 영광입니다. 존 고메즈는 1998년부터 우리 회사에서 일했으며, 그때부터 우리 회사에 크나큰 보탬이 되었습니다. 그는 특히 모든 일에서 탁월함을 추구하는 특출한 추진력으로 유명합니다. 작년에 그는 자신의 팀이 우리 회사에서 가장 잘 팔리는 G4 컴퓨터를 개발하게끔 이끌었습니다. 존 고메즈를 환영해 주세요.

Q  담화에 의하면 존 고메즈에 대해 옳은 것은?

(a) 직원 한 명을 소개하고 있다.

(b) 상을 주고 있다.

(c) 올해 최고의 직원이다.

(d) 회사의 설립자다.

해설 담화 도입부에 올해 최고의 직원을 소개한다고 하면서 존 고메즈를 소개하고 있으므로 (c)가 알맞다. 고메즈를 소개하고 있는 것은 화자이며, 존은 상을 받는 당사자이므로 (a)와 (b)는 적절하지 않다.

어휘 **honored** 명예로운  **addition** 보탬  **notable** 두드러진  **exceptional** 특출 난  **drive** 투지, 추진력  **excellence** 우수, 탁월  **founder** 설립자

정답 (c)

## 34

Hello. You have reached the Solomon Hospital. Please choose from the following options. If this is a medical emergency, please press 1. If you wish to make an appointment or change or confirm an appointment, please press 2. If this is about prescriptions, please press 3. If you want to talk to an assistant, please press 0 or stay on the line.

Q Which is correct according to the recording?

(a) People can talk to the doctors by pressing 0.

(b) People with emergencies need to hang up and dial again.

(c) People who want to check their appointments should press 2.

(d) People can make appointments by speaking to a representative.

해석 안녕하세요. 솔로몬 병원입니다. 다음 안내를 듣고 선택하십시오. 의료 응급 상황이라면 1번을, 진료를 예약하거나 예약 변경 또는 확인을 원하신다면 2번을, 처방전 관련 용무는 3번을 누르시면 됩니다. 상담원과 통화하고 싶으시면 0번을 누르거나 수화기를 계속 들고 기다려 주십시오.

Q 녹음 내용에 의하면 옳은 것은?
(a) 0번을 누르면 의사와 통화할 수 있다.
(b) 응급 상황인 사람은 전화를 끊고 다시 걸어야 한다.
(c) 예약을 확인하고 싶은 사람은 2번을 눌러야 한다.
(d) 직원에게 말해 진료 약속을 잡을 수 있다.

해설 진료 예약이나 예약 변경 및 확인은 2번을 누르라고 했으므로 적절한 선택지는 (c)이다. 0번은 의사가 아닌 상담원과의 통화이며, 응급 상황일 경우에는 1번을 눌러야 한다.

어휘 following 다음의  option 선택  prescription 처방전  stay on the line 수화기를 내리지 않고 기다리다  hang up 수화기를 놓다  dial 전화를 걸다 representative 대표, 대리인

정답 (c)

## 35

Aphra Behn is the first professional female writer. Some of her famous books include *Oroonoko, The Rover*, and *The Lucky Chance*. Now, what's interesting about her writing is that she has strong female characters in her stories. These characters were not only clever and determined but also rebellious, standing up to men who disregarded women. This is similar to what she was trying to do in real life. She struggled to make herself known in a male-centric society.

Q Which is correct about Aphra Behn according to the talk?

(a) She is known for her unique way of describing her characters.

(b) Her most famous book is *The Lucky Chance*.

(c) Most of her books were bought by women similar to her.

(d) She resembles most of her characters in her novels.

해석 애프라 벤은 최초의 여류 전업 작가입니다. 그녀의 유명한 책으로는 〈오루노코〉, 〈방랑자〉, 〈행운〉이 있습니다. 자, 그녀 작품의 흥미로운 점은 강인한 여성이 등장한다는 것입니다. 이러한 등장인물들은 영리하고 단호할 뿐만 아니라 반항적이어서, 여자를 무시하는 남자들에게 맞서 대항합니다. 이것은 그녀가 실제 삶에서 하려 했던 것과 흡사합니다. 그녀는 남성 중심적 사회에서 자신을 알리려 고군분투했습니다.

Q 담화에 의하면 애프라 벤에 대해 옳은 것은?
(a) 등장인물을 묘사하는 독특한 방법으로 유명하다.
(b) 가장 유명한 작품은 〈행운〉이다.
(c) 대부분의 작품이 그녀와 비슷한 여자들에게 팔렸다.
(d) 자기 소설에 등장하는 대부분의 등장인물과 닮았다.

해설 최초의 여류 전업 작가인 애프라 벤의 작품에는 남성 중심 사회에 저항하는 강한 여성이 많이 등장했으며, 그녀 역시 실제 삶에서 유사했다고 하므로 (d)가 가장 적절하다. 나머지 선택지들은 담화에 언급되지 않았다.

어휘 female 여성의  rover 방랑자  determined 단호한 rebellious 반항적인  stand up to ~에게 저항하다, 맞서다  disregard 무시하다  struggle ~하려고 애쓰다  centric 중심의  resemble 닮다

정답 (d)

## 36

When a disease passes from animals to humans, it is called zoonosis. For most diseases, especially viruses, it is uncommon to move from their host animals, which aren't affected by the diseases, to humans. However, in some instances, when humans come into contact with the infected animals, they make the jump and infect humans. In 1994, in Australia, a type of virus from bats started to infect horses and then humans. It was later given the name Hendra virus, and it is a rare case of zoonosis.

Q What can be inferred about the Hendra virus?

(a) It sickened more horses than humans.

(b) It mutated when making a leap to humans.

(c) It does not make the bats sick.

(d) It rarely moves to other animals.

해석 질병이 동물로부터 사람에게 옮겨 오는 것을 동물원성 감염증이라고 부릅니다. 대부분의 질병, 특히 바이러스성 질병은 질병에 영향을 받지 않는 숙주 동물에게서 옮는 경우가 드뭅니다. 그러나 몇몇 사례에서 사람이 감염된 동물과 접촉했을 때 병균이 이동해 사람을 감염시킵니다. 1994년 호주에서는 박쥐에게서 나온 바이러스가 말을 감염시켰고 그 다음에는 인간에게로 옮겼습니다. 이 바이러스는 후에 헨드라 바이러스라고 불렸으며, 동물원성 감염증의 보기 드문 사례가 되었습니다.

Q 헨드라 바이러스에 대해 유추할 수 있는 것은?

(a) 사람보다는 더 많은 말을 병들게 했다.

(b) 인간에게 옮겨 갈 때 돌연변이했다.

(c) 박쥐를 병들게 하지 않는다.

(d) 다른 동물에게 옮겨가는 경우가 거의 없다.

해설 동물원성 감염증 중 병에 걸리지 않은 숙주 동물로부터 인간이 감염되는 경우가 드물지만 있다고 설명하며 헨드라 바이러스를 그 사례로 들고 있다. 따라서 숙주인 박쥐는 헨드라 바이러스에 영향을 받지 않는다는 것을 알 수 있다. 나머지 선택지들은 담화 내용으로는 알 수 없다.

어휘 zoonosis 동물원성 감염증  uncommon 흔하지 않은  host 숙주  instance 사례  come into contact with ~와 접촉하다  infect 감염시키다  mutate 돌연변이되다  sicken 병나게 하다  leap 뜀

정답 (c)

## Part V

## 37~38

You may assume multinational companies always have an edge over local companies, but it's not entirely true. Big global companies also have their own weaknesses. One example is their tendency to deploy a uniform marketing strategy without understanding different markets. Do you remember the failure of Nougatia in Asia? For those who don't know, Nougatia is a premium candy bar that contains dark chocolate and organically grown nuts. After its huge success in the U.S., the headquarters in New York told branch offices in Asia to prepare a massive launch of the product with advertising focused on the health benefits of dark chocolate and organic nuts. Many of the branch offices strongly opposed the plan but were forced to launch the product anyway. And it failed big time. It actually failed for different reasons in different markets. In China, its price was prohibitive. Meanwhile, in Korea, health-conscious consumers simply don't eat any candy bar whatsoever. And Japanese people prefer candy bars covered with milky and creamy chocolate.

Q37 What is the talk mainly about?

(a) Some of the drawbacks of global and local companies

(b) Different consumer needs in different markets

(c) One of the shortcomings of international corporations

(d) Failure of American companies in the Asian market

Q38 Why did Nougatia fail in the Chinese market?

(a) Its consumption was prohibited in China.

(b) It was unaffordable for most consumers.

(c) Its health benefits were irrelevant to people.

(d) The branch office opposed the pricing policy.

해석 다국적 기업이 국내 기업보다 항상 경쟁력을 가지고 있다고 생각하실지 모르겠지만, 반드시 그런 것만은 아닙니다. 대형 글로벌 회사들은 나름의 약점도 가지고 있습니다. 일례로 이들은 각기 다른 시장에 대한 이해 없이 획일적인 마케팅 전략을 실행하는 경향이 있습니다. 아시아에서 실패한 누가샤를 기억하십니까? 모르시는 분들을 위해 설명 드리자면, 누가샤는 다크 초콜릿과 유기농 견과류가 함유된 프리미엄 초코바입니다. 미국에서 누가샤가 큰 성공을 거둔 이후, 뉴욕 본사는 아시아 지사들에 다크 초콜

릿과 유기농 견과류의 건강상 혜택을 골자로 하는 광고와 함께 누가샤의 대대적 출시를 준비하도록 했습니다. 많은 아시아 지사에서 이 계획에 강력히 반대했지만, 결국 제품을 출시하도록 강요받았습니다. 그리고 누가샤는 크게 실패했습니다. 사실 시장별로 실패의 원인은 달랐습니다. 중국에서는 가격이 지나치게 높았습니다. 한국의 경우, 건강에 신경 쓰는 소비자들은 종류를 막론하고 초코바를 아예 먹지 않습니다. 일본인들은 부드러운 밀크 초콜릿으로 덮인 초코바를 선호합니다.

**Q37 위 담화의 주 내용은?**
(a) 글로벌 기업과 국내 기업의 결점들
(b) 시장별 소비자 니즈의 차이점
(c) 국제기업의 단점 중 하나
(d) 아시아 시장에서 미국 기업의 실패

해설 획일적 마케팅 전략이라는 다국적 기업의 약점 한 가지에 대해 집중적으로 다루고 있으므로 (c)가 정답이다. 한 미국 기업의 특정 브랜드의 실패를 그 사례로 들었으나, 일반적으로 미국 기업들의 아시아에서의 실패가 담화의 주제라고 보기 어려우므로 (d)는 오답이다. 국내 기업의 결점에 대한 내용은 없으므로 (a)도 답이 될 수 없다. 시장별로 소비자 니즈가 다르다는 사실은 유추해볼 수 있으나 이 역시 담화의 주제로 보기는 어려우므로 (b)도 오답이다.

정답 (c)

**Q38 누가샤가 중국 시장에서 실패한 이유는?**
(a) 중국에서 누가샤의 소비가 금지되었다.
(b) 대다수 소비자들에게 너무 비싼 가격이었다.
(c) 건강상 이점이 사람들에게 의미가 없었다.
(d) 지사에서 가격정책을 반대했다.

해설 중국에서는 비싼 가격 때문에 실패했으므로 (b)가 정답이다. prohibitive는 기본적으로 '금지하는'이라는 뜻이지만, 여기서 의미가 확장되어 '(가격이) 지나치게 비싼'이라는 뜻도 있다. (a)는 이 단어의 동사형 prohibit을 이용한 오답이다. (c)는 한국과 관련된 내용이고, (d)는 언급되지 않은 내용이다.

어휘 assume 가정하다, 추측하다  multinational 다국적의  edge 우위, 경쟁력  tendency 경향  deploy 배치하다, 전개하다  uniform 획일적인, 균일한  candy bar (초콜릿과 견과류 등이 들어간) 초코바  organically 유기농으로  nut 견과류  massive 대규모의  launch 출시, 출시하다  organic 유기농의  big time 크게, 대단히  prohibitive 금지하는, (가격이) 지나치게 비싼  health-conscious 건강에 신경 쓰는  whatsoever (whatever의 강조) 무엇이든  drawback 결점, 문제점  needs 니즈, 욕구  shortcoming 단점  consumption 소비  prohibit 금지하다  unaffordable 너무 비싼  irrelevant 무관한, 무의미한  pricing 가격책정

정답 (b)

## 39~40

Most parents dress their boys in blue and get them toys like robots and building blocks whereas girls are dressed in pink and get dolls, stuffed animals, and kitchen toys. At school, teachers expect male students to be good at math and science, and females to excel at languages. Many activists have long claimed that, if male and female children were raised in the exactly same way, we would have a sexually neutral society where men and women share more commonalities than differences. A kibbutz, a collective community in Israel, provides an interesting perspective in this regard. In kibbutzim, all the children wore gender-neutral colors. Boys were motivated to play house, and girls were encouraged to play ball sports. All the students were allowed to select their preferred school subjects. The result? Boys still fought with each other, formed hierarchies, and opted for physics and sports. Girls shared feelings with each other, avoided conflicts, and later pursued careers in teaching and counseling.

**Q39 Which is correct about collective communities called kibbutzim according to the talk?**
(a) They were established in Israel for gender studies.
(b) Boys there were banned from forming hierarchies.
(c) They tried to provide a gender-neutral environment.
(d) Children there chose clothes in their preferred color.

**Q40 What can be inferred from the talk?**
(a) Women may be naturally more empathetic than men are.
(b) Science proved men and women are fundamentally different.
(c) Gender stereotyping is the main cause of gender differences.
(d) Teachers influence gender roles more than parents do.

해설 대부분의 부모는 아들에게는 파란색 옷을 입히고 로봇, 블록완구를 주는 반면, 딸에게는 핑크색 옷을 입히고 인형, 봉제완구, 부엌놀이 장난감을 줍니다. 학교에서는 교사들이 남학생은 수학과 과학, 여학생은 언어에서 좋은 성적을 내기를 기대합니다. 많은 운동가들은 만약 남자아이와 여자아이들이 완전히 동일한 방식으로 양육된다면

우리는 남성과 여성이 차이점보다 공통점이 더 많은, 성적으로 중립적인 사회를 형성하게 될 것이라고 오랜 기간 주장해왔습니다. 이러한 점에 있어서 키부츠라는 이스라엘의 집단 공동체는 흥미로운 관점을 제시해줍니다. 키부츠에서 모든 아이들은 중성적인 색깔의 옷을 입었습니다. 남자아이들은 소꿉놀이를 하고 여자아이들은 공놀이를 하도록 장려했습니다. 모든 학생이 자신이 선호하는 수업 과목을 선택할 수 있도록 허용했습니다. 그 결과는 어땠을까요? 남자아이들은 여전히 서로 싸웠고, 위계질서를 형성했으며, 물리학과 체육을 선택했습니다. 여자아이들은 서로 감정을 공유하며 갈등을 피했고, 후에 교육과 카운슬링 방면에서 직업을 찾았습니다.

**Q39** 담화에 따르면, 키부츠라는 집단 공동체에 관한 올바른 설명은?

(a) 성 연구를 위해 이스라엘에 설립됐다.
(b) 소년들은 위계질서 형성이 금지되었다.
(c) 성 중립적인 환경을 제공하고자 노력했다.
(d) 아이들은 자신이 선호하는 색깔의 옷을 골랐다.

해설 담화 후반부 내용 전체를 보면 키부츠가 성 중립적인 환경을 만들려 했다는 것을 알 수 있으므로 정답은 (c)이다. 키부츠가 성 연구를 위해 설립된 것은 아니므로 (a)는 오답이다. 남아와 여아를 똑같이 키워도 남아들은 여전히 위계질서를 형성했다는 것이지 위계질서 형성이 금지됐다는 내용은 없으므로 (b)도 오답이다. (d)는 언급되지 않은 내용이다.

정답 (c)

**Q40** 담화에서 추론할 수 있는 것은?

(a) 여성이 남성보다 자연적으로 공감능력이 더 뛰어날 수도 있다.
(b) 남성과 여성이 본질적으로 다르다는 사실이 과학으로 입증됐다.
(c) 성 고정관념이 여성과 남성의 차이점의 주 원인이다.
(d) 교사는 부모보다 성 역할에 더 많은 영향을 미친다.

해설 키부츠에서 남아와 여아를 똑같이 양육해도 여아들은 감정을 공유하고 갈등을 피했으며, 상담과 관련된 직업을 희망했다는 내용으로 비추어볼 때, 여성이 선천적으로 남성보다 공감능력이 더 뛰어나다는 것을 추론해볼 수 있다. 따라서 정답은 (a)이다. 그렇다고 해서 남녀가 근본적으로 다르다고 과학적으로 검증됐다는 것은 지나친 비약이므로 (b)는 오답이다. (c)는 담화의 내용과 완전히 다르며 (d)는 언급되지 않은 내용이다.

어휘 **dress** 옷을 입다, 입히다 **building block** 블록완구 **whereas** ～인 반면 **stuffed animal** 봉제완구 **excel at** ～을 잘하다 **activist** 활동가 **claim** 주장하다 **raise** 양육하다, 키우다 **neutral** 중립적인 **commonality** 공통점 **kibbutz** (pl. kibbutzim) 키부츠 (이스라엘의 집단 공동체) **collective** 집단의, 단체의 **motivate** 동기를 부여하다 **play house**

소꿉놀이하다 **form** 형성하다 **hierarchy** 계층, 위계질서 **conflict** 갈등, 충돌 **counseling** 카운슬링, 상담 **empathetic** 공감하는 **stereotyping** 고정관념 형성

정답 (a)

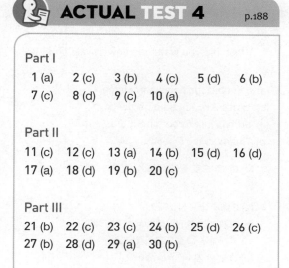

## ACTUAL TEST 4  p.188

**Part I**
| 1 (a) | 2 (c) | 3 (b) | 4 (c) | 5 (d) | 6 (b) |
|---|---|---|---|---|---|
| 7 (c) | 8 (d) | 9 (c) | 10 (a) | | |

**Part II**
| 11 (c) | 12 (c) | 13 (a) | 14 (b) | 15 (d) | 16 (d) |
|---|---|---|---|---|---|
| 17 (a) | 18 (d) | 19 (b) | 20 (c) | | |

**Part III**
| 21 (b) | 22 (c) | 23 (c) | 24 (b) | 25 (d) | 26 (c) |
|---|---|---|---|---|---|
| 27 (b) | 28 (d) | 29 (a) | 30 (b) | | |

**Part IV**
| 31 (a) | 32 (b) | 33 (d) | 34 (c) | 35 (b) | 36 (a) |
|---|---|---|---|---|---|

**Part V**
| 37 (c) | 38 (b) | 39 (c) | 40 (b) |
|---|---|---|---|

**Part I**

**1**

M Which one do you prefer, the blue or the red one?
W _____

(a) Either will be fine.
(b) The colors are flying.
(c) I'll pay by credit card.
(d) Neither. I like the red one.

해석 M 파란 게 좋으세요, 빨간 게 좋으세요?
W _____

(a) 어느 것이든 좋아요.
(b) 깃발들이 펄럭이고 있어요.
(c) 신용 카드로 지불할 거예요.
(d) 둘 다 아니에요. 전 빨간 것이 좋아요.

해설 둘 중 더 좋아하는 것을 묻는 질문에 하나를 고르는 답변을 하거나, 둘 다 싫거나 (a)처럼 어느 것이든 좋다고 말할 수 있다.

어휘 **prefer** ~을 더 좋아하다   **either** 어느 것   **colors** 깃발   **credit card** 신용 카드

정답 (a)

---

## 2

> M When did you water the flowers last time?
> W _____
>
> (a) I planted the flowers in March.
> (b) That's why I hired a gardener.
> (c) Sorry, I just forgot about that.
> (d) That was the last time I did it.

해석 M 마지막으로 꽃에 물을 준 게 언제니?
　　 W _____

　　 (a) 3월에 꽃을 심었어요.
　　 (b) 그게 제가 정원사를 고용한 이유예요.
　　 (c) 죄송해요, 그걸 잊고 있었네요.
　　 (d) 그때 한 게 마지막이었어요.

해설 남자의 말은 꽃에 물을 준 시기를 묻는 말이기도 하지만 꽃에 물을 잘 주고 있는지 질책하는 의미이기도 하다. 따라서 물 주는 것을 잊고 있었다는 의미의 (c)가 가장 자연스럽다.

어휘 **water** 물을 주다   **plant** 꽃을 심다   **gardener** 정원사

정답 (c)

---

## 3

> W Do you mind if I ask you a personal question?
> M _____
>
> (a) Actually, I may be.
> (b) No, fire away.
> (c) Yes, thanks for answering.
> (d) No, never mind.

해석 W 사적인 질문 하나 드려도 괜찮을까요?
　　 M _____

　　 (a) 사실 그럴지도 모르겠네요.
　　 (b) 괜찮아요, 말씀하세요.
　　 (c) 네, 답변 감사해요.
　　 (d) 아니요, 신경 쓰지 마세요.

해설 개인적인 질문을 해도 되겠느냐는 말에 괜찮으니 하라는

---

(b)가 적절하다. mind는 '꺼리다, 싫어하다'라는 부정적인 의미이므로 수락이나 긍정을 나타낼 때는 not이나 no가 들어간 답변이어야 한다. (a)는 I may be가 I do로 바뀐다면 거절하는 답변으로 쓰일 수 있다.

어휘 **personal** 개인적인   **Fire away** 말씀하세요

정답 (b)

---

## 4

> M Are you too tired to give me a ride?
> W _____
>
> (a) No, I can just take a bus instead.
> (b) Don't stop even if you are tired.
> (c) Um, why don't I grab a taxi for you?
> (d) You can always take a nap.

해석 M 저 태워다 주시기엔 너무 피곤하세요?
　　 W _____

　　 (a) 아니요, 대신 저는 버스를 타면 돼요.
　　 (b) 피곤하더라도 멈추지 마세요.
　　 (c) 제가 택시 잡아 드리는 건 어떨까요?
　　 (d) 언제든지 낮잠을 주무실 수 있어요.

해설 자기를 태워다 주기에 피곤하냐는 말에 자기 차 대신 택시를 잡아 주겠다는 대안을 제시하는 (c)가 가장 자연스럽다. (a)는 차를 태워 주겠다는 말에 답할 수 있는 표현이다.

어휘 **give a ride** 태워 주다   **grab a taxi** 택시를 잡다   **take a nap** 낮잠 자다

정답 (c)

---

## 5

> W Don't forget to put on protective clothing before mowing the lawn.
> M _____
>
> (a) I'm saying this for your safety.
> (b) You're right. I'll take it off now.
> (c) Yeah, I'll put it on after I finish gardening.
> (d) It's OK. I'll take care so I don't get hurt.

해석 W 잔디 깎기 전에 보호복을 입는 걸 잊지 마세요.
　　 M _____

　　 (a) 당신의 안전을 위해 하는 얘기예요.
　　 (b) 맞아요, 지금 벗을게요.
　　 (c) 네, 정원 손질 끝내고 입을 거예요.
　　 (d) 괜찮아요, 다치지 않게 조심할 거예요.

해설 잔디 깎기 작업을 하기 전에 보호복을 입으라는 충고에

수긍하는 말 외에도 (d)와 같이 조심할 테니 괜찮다는 답변도 할 수 있다. (a)는 여자가 할 말로 적절하고, (c)의 일을 끝낸 후에 입겠다는 말은 앞뒤가 맞지 않다.

어휘 protective 보호하는   mow the lawn 잔디를 깎다   take off 벗다   put on ~을 입다   take care 조심하다

정답 (d)

해설 뱃멀미가 난다는 말에 자신도 그렇다고 하는 (c)가 가장 자연스러운 대화이다. get seasick은 '뱃멀미가 나다'라는 의미이다.

어휘 motion sickness 멀미   spread 퍼지다   overeating 과식   stop over 잠시 머무르다

정답 (c)

## 6

M   Have you had your hair permed?
W   _____

(a) I don't like men with long hair.
(b) I just put on some wax.
(c) My hairdresser said otherwise.
(d) I come straight home after work.

해석 M   머리 파마하셨어요?
      W   _____

(a) 머리가 긴 남자는 좋아하지 않아요.
(b) 왁스만 발랐을 뿐이에요.
(c) 미용사는 다르게 얘기하던데요.
(d) 퇴근 후에 곧장 집으로 와요.

해설 파마했냐는 물음에 파마를 한 게 아니라 왁스만 발라 그렇게 보인다는 의미의 (b)가 적절하다. (d)는 파마가 아니라 직모일 경우에 '곱슬곱슬하지 않은'이라는 의미의 straight를 이용한 함정이다.

어휘 put on ~을 바르다   otherwise 다르게   straight 곧장

정답 (b)

## 7

W   I always have motion sickness on the boat.
M   _____

(a) That disease spreads easily.
(b) Overeating is a bad habit.
(c) I often get seasick, too.
(d) We will stop over in Singapore.

해석 W   난 항상 배를 타면 멀미가 나.
      M   _____

(a) 그 병은 쉽게 퍼져.
(b) 과식은 안 좋은 습관이야.
(c) 나도 종종 뱃멀미가 나.
(d) 우린 싱가포르에 잠시 머무를 거야.

## 8

M   Why don't you join the company tennis team?
W   _____

(a) The game was exciting indeed.
(b) I didn't realize you had company.
(c) I will invite my coworkers.
(d) I think I'm too old for that.

해석 M   회사 테니스부에 들어오는 게 어때?
      W   _____

(a) 게임은 정말 흥미로웠어.
(b) 일행이 있는 줄 몰랐어.
(c) 동료들을 초대할 거야.
(d) 그러기엔 난 나이가 많은 것 같아.

해설 회사의 테니스부에 들어오라는 권유에 수락이나 거절의 대답이 나올 수 있다. (d)는 합류하지 못하는 이유를 들면서 거절하는 말로 가장 자연스럽다. company가 셀 수 없는 명사로 쓰이면 '손님, 동석자' 등의 의미가 된다는 것을 알아 두도록 한다.

어휘 indeed 정말   coworker 동료

정답 (d)

## 9

W   I don't think he is an ideal candidate for this position.
M   _____

(a) I agree. He's very qualified for the job.
(b) You should ask for a raise then.
(c) What makes you say so?
(d) He'll announce his candidacy for President.

해석 M   그가 이 자리에 맞는 후보인지 모르겠어요.
      W   _____

(a) 동감이에요. 그는 그 자리에 적합한 사람이죠.
(b) 그럼 급여 인상을 요구해 보세요.
(c) 왜 그렇게 생각하세요?
(d) 그는 대통령 후보 출마를 발표할 거예요.

해설 어떤 사람이 적절한 후보가 아닌 것 같다는 말에 동조 또는 반대의 의견을 말하는 것 외에 그렇게 생각하게 된 이유를 묻는 말도 가능하다. (a)는 맞장구를 치고 적합한 사람이라고 했으므로 내용의 앞뒤가 맞지 않다.

어휘 candidate 후보자  position 직책  qualified for ~에 적임인  raise 인상  candidacy 입후보

정답 (c)

## 10

M  Still trying to use up leftover holiday cookies?
W  _____

(a) I think my kids just finished them up.
(b) Yes, take a left turn at the intersection.
(c) I'm tired of cookie-cutter products.
(d) I have a few extra kilos to lose.

해석 M  아직도 명절에 남은 쿠키를 다 써서 없애려고 하시나요?
W  _____

(a) 우리 아이들이 막 다 먹어버린 것 같네요.
(b) 네, 교차로에서 좌회전하세요.
(c) 판에 박은 듯한 제품들에 질렸어요.
(d) 몇 킬로그램은 더 빼야 해요.

해설 남은 음식을 다 처분하려고 하냐는 물음에 막 다 먹어 치웠다는 (a)가 가장 자연스럽다. (b)는 leftover를 이용한 오답 함정이며, (c) 또한 cookie를 반복한 함정이지만 전혀 다른 관용 어구이다.

어휘 use up 다 써버리다  leftover 나머지의  intersection 교차로  cookie-cutter 생김새가 비슷한

정답 (a)

## Part II
## 11

M  Good afternoon. Where are you flying to, ma'am?
W  To Vancouver.
M  Are you transferring to another flight there?
W  _____

(a) An aisle seat, please.
(b) Yes, it's a nonstop flight.
(c) Victoria is my final destination.
(d) To the baggage claim area.

해석 M  안녕하세요. 어디로 가십니까?
W  밴쿠버요.
M  그곳에서 다른 비행기로 환승하시나요?
W  _____

(a) 통로 쪽 좌석으로 주세요.
(b) 네, 직항입니다.
(c) 빅토리아가 제 최종 목적지입니다.
(d) 수화물 찾는 곳으로요.

해설 밴쿠버로 간다는 여자의 말에 남자가 그곳에서 환승하는지 묻고 있으므로 자신의 최종 목적지를 밝히는 (c)가 가장 적절하다. (b)는 직항한다는 대답이므로 yes라고 하는 것은 문맥상 앞뒤가 맞지 않다.

어휘 transfer 환승하다  flight 비행(기)  aisle 통로  nonstop flight 직항편  destination 목적지  baggage claim 수화물 찾는 곳

정답 (c)

## 12

M  The TV in the meeting room is not turning on.
W  Did you press the power button on the TV?
M  Yes, but it's not working.
W  _____

(a) But it works well for older people.
(b) Why don't you turn it on first?
(c) Have you tried the remote control?
(d) You can turn it off by unplugging it.

해석 M  회의실에 있는 TV가 켜지지 않네요.
W  TV의 전원 버튼을 누르셨나요?
M  네, 그런데 안 돼요.
W  _____

(a) 그런데 나이 드신 분들에게는 효과가 있던 걸요.
(b) 우선 켜는 게 어때요?
(c) 리모컨으로 해 보셨나요?
(d) 플러그를 빼서 끌 수 있어요.

해설 회의실에 있는 TV가 전원 버튼을 눌러도 켜지지 않았다는 남자의 말에 다른 방법을 제안하는 (c)가 자연스럽다. (a)는 work를 함정으로 이용한 오답이며, (b)와 (d)도 각각 turn it on, turn it off를 이용한 함정이다.

어휘 power 전원  work 작동이 되다  remote control 리모컨  unplug 플러그를 뽑다

정답 (c)

## 13

W Peter, can I park here?

M Sorry, that's for executives only.

W But I just need ten minutes to unload my van.

M _____

(a) Rules are rules.

(b) I promise I'll be quick.

(c) The business is rather slow.

(d) Let's park that issue for now.

해석 W 피터, 여기에 주차해도 되나요?

M 죄송하지만, 거긴 임원 전용이에요.

W 하지만 트럭에 있는 짐을 내리는 데 딱 10분이면 되는 걸요.

M _____

(a) 규칙은 규칙이니까요.

(b) 빨리 할 거라고 약속할게요.

(c) 사업이 부진하네요.

(d) 그 안건은 잠시 보류하죠.

해설 원래는 주차할 수 없는 구역이지만 일을 빨리 끝낼 수 있으니 주차해도 되겠냐는 여자의 말에 규칙은 지켜야 하니 주차할 수 없다는 의미의 (a)가 가장 자연스럽다. (b)는 여자가 남자에게 할 수 있는 말이며, (d)는 '보류하다'라는 의미로 쓰인 park를 이용한 함정이다.

어휘 executive 임원  unload 짐을 내리다  issue 안건, 문제  for now 우선, 일단  park (안건 등을) 보류하기로 하다

정답 (a)

## 14

M Excuse me. Which train should I take to go downtown?

W Oh, Henry! What a coincidence!

M I'm sorry. Do I know you?

W _____

(a) Of course, you do, but I don't.

(b) We went to high school together.

(c) Yes, you should take the yellow train.

(d) Your schedule doesn't coincide with mine.

해석 M 실례합니다. 시내로 나가려면 어떤 기차를 타야 하나요?

W 어머나, 헨리! 이런 우연이 다 있네!

M 죄송합니다. 절 아시나요?

W _____

(a) 물론 너는 그렇지만, 난 아니야.

(b) 우리 고등학교 동창이잖아.

(c) 네, 노란 기차를 타야 해요.

(d) 당신 일정은 제 일정과 일치하지 않네요.

해설 여자의 반응에 Do I know you?라고 말하는 것으로 보아 남자는 여자가 누구인지 모르고 있다. 따라서 이어질 여자의 말로 가장 적절한 선택지는 두 사람의 인연에 대해 이야기하는 (b)이다. (c)는 남자의 첫 번째 말에 이어질 수 있는 대답이다.

어휘 answer 전화 받다  coincidence 우연  coincide with ~와 일치하다

정답 (b)

## 15

M I landed a job as an English teacher.

W Didn't you always say you wanted to be a journalist?

M I know, but the job market is really tight these days.

W _____

(a) I'll continue the job search while working.

(b) Finally, your dreams have come true.

(c) Yeah, we're working on a tight schedule.

(d) How about trying an employment agency?

해석 M 영어 교사 일자리를 구했어.

W 넌 항상 기자가 되고 싶다고 하지 않았어?

M 그러게. 그런데 취업 시장이 요즘 정말 힘들더라.

W _____

(a) 일하면서도 구직 활동은 계속 할 생각이야.

(b) 결국 네 꿈이 실현됐구나.

(c) 응, 우리는 빡빡한 일정을 소화하고 있어.

(d) 직업소개소를 가 보는 게 어때?

해설 남자가 일자리를 구하기는 했지만 원래 꿈꾸던 일은 아니었으므로 (b)는 적절하지 않고, (a)는 여자가 말하기에는 어색하다. 취업이 어려운 상황에서 여자가 남자에게 해줄 수 있는 말로 가장 적절한 선택지는 (d)이다.

어휘 land a job 일자리를 구하다  tight 빠듯한, 인색한  job search 구직 활동  employment agency 직업소개소

정답 (d)

## 16

M Thank God, it's winter vacation!
W Do you have any plans?
M I'm going to work at a winter camp. How about you?
W _____

(a) I hope your winter camp went well.
(b) I worked as a ski instructor.
(c) I may take off the spring semester.
(d) I'm doing an internship overseas.

해석 M 아, 겨울 방학이다!
W 계획 있어?
M 겨울 캠프에서 일할 거야. 넌?
W _____

(a) 겨울 캠프가 잘됐길 바란다.
(b) 스키 강사로 일했어.
(c) 봄 학기를 휴학할지도 몰라.
(d) 해외에서 인턴으로 일할 거야.

해설 겨울 방학을 맞이해 서로 무엇을 할 계획인지 묻고 있다. 따라서 이어질 여자의 말로 가장 자연스러운 것은 (d)이다. (a)와 (b)는 모두 과거의 일이므로 어색한 응답이다.

어휘 instructor 강사  take off 쉬다  do an internship 인턴으로 근무하다  overseas 해외에서

정답 (d)

## 17

M When will our taxi get here?
W It's supposed to come at three. Why?
M We may have to go home earlier.
W _____

(a) I'll see what I can do.
(b) That's why we should go home.
(c) But then we will be late.
(d) OK. I'll have it arrive by three.

해석 M 언제 택시가 여기 올까?
W 3시에 오기로 되어 있는데. 왜?
M 집에 더 일찍 가야 할지도 모르겠어.
W _____

(a) 할 수 있는 일을 알아볼게.
(b) 그게 우리가 집에 가야 하는 이유야.
(c) 하지만 그러면 우린 늦을 거야.
(d) 알았어. 3시쯤에는 오라고 할게.

해설 택시가 3시에 오기로 되어 있지만 남자가 집에 더 일찍 가야 할지도 모른다고 하므로 택시 예약 시간을 조정한다든지 다른 조치를 취해야겠다는 (a)가 가장 자연스럽다. 택시가 오기로 한 시간보다 더 일찍 가야 하기 때문에 (d)는 알맞지 않다.

어휘 be supposed to ~하기로 되어 있다  by (늦어도) ~쯤에는

정답 (a)

## 18

W They're holding a classical concert this Saturday.
M Yes, I'm going there.
W Oh, really? My friend just gave me a ticket.
M _____

(a) I should've bought a ticket, too.
(b) I really thank him for my ticket.
(c) They may sell tickets on-site.
(d) I may bump into you there, then.

해석 W 이번 주 토요일에 클래식 연주회가 열린대요.
M 네, 저는 가거든요.
W 정말요? 친구가 저한테 표를 줬어요.
M _____

(a) 저도 표를 샀어야 했는데 말이죠.
(b) 그가 표를 줘서 정말 고마워요.
(c) 현장에서 표를 판매할지도 모르겠네요.
(d) 그러면 거기서 우연히 만날 수도 있겠네요.

해설 클래식 공연이 열린다는 말에 남자는 공연에 간다고 하고, 여자 역시 친구에게서 표를 얻었다고 하므로 두 사람이 공연장에서 마주칠 수도 있겠다는 (d)가 적절하다. 남자가 공연에 간다는 것으로 보아 표를 이미 샀다는 것을 유추할 수 있으므로 (a)와 (c)는 적절하지 않으며, 친구에게 표를 받은 것은 남자가 아니라 여자이므로 (b)도 적절하지 않다.

어휘 hold 개최하다  on-site 현장에서  bump into ~을 우연히 만나다

정답 (d)

## 19

W  Have you received all the parcels dispatched to your home?
M  No, there was a problem, actually.
W  Are you serious? What happened?
M  _____
(a) I'm still looking forward to it.
(b) Two packages went astray.
(c) Fragile items should be protected.
(d) I prefer to have them dispatched.

해석  W  집으로 보낸 소포는 다 받으셨나요?
      M  아뇨, 사실 문제가 있었어요.
      W  정말요? 무슨 일인데요?
      M  _____
      (a) 여전히 기대돼요.
      (b) 소포 두 개가 분실되었어요.
      (c) 부서지기 쉬운 물건은 보호되어야 해요.
      (d) 그것들을 보냈으면 해요.

해설  소포를 모두 받았는지 묻는 여자의 말에 남자는 문제가 있었다고 하므로 소포와 관련해 발생할 수 있는 문제를 언급하는 것이 적절하다. go astray는 '길을 잃다, 분실되다'라는 의미이므로 알아 둔다.

어휘  parcel 소포  dispatch 보내다  look forward to ~을 기대하다  package 소포  fragile 부서지기 쉬운  protect 보호하다

정답  (b)

## 20

W  Were you born and raised in the US?
M  My family immigrated from Mexico when I was five.
W  Really? Then do you speak Spanish?
M  _____
(a) Yes, but it was inaudible.
(b) I'm always soft-spoken.
(c) I only have a smattering of it.
(d) Spanish is a lingua franca.

해석  W  미국에서 태어나고 자랐나요?
      M  저희 가족은 제가 다섯 살 때 멕시코에서 이민 왔어요.
      W  정말요? 그럼 스페인어도 하세요?
      M  _____
      (a) 네, 그런데 들리지는 않았어요.
      (b) 전 늘 부드럽게 말해요.
      (c) 조금밖에 못해요.
      (d) 스페인어는 공통어예요.

해설  스페인어를 할 줄 아는지 묻는 말에 자신의 언어 수준을 말해 주는 (c)가 가장 적절하다. have a smattering of 는 '~을 조금밖에 모른다'는 뜻이다.

어휘  raise 기르다, 키우다  immigrate 이주해 오다  inaudible 들리지 않는  soft-spoken 목소리가 부드러운  lingua franca 공통어, 공용어

정답  (c)

## Part III
## 21

Listen to a conversation between a husband and wife.
W  The news said there will be a lot of snow tomorrow.
M  Good. Now it feels more like Christmas Eve.
W  I mean it's going to be a snowstorm!
M  It's okay. I'll stay home tomorrow.
W  But we might get icy roads.
M  Well, I always take the subway to work.

Q  What is the main topic of the conversation?
(a) The damage brought by a snowstorm
(b) Snow forecasted for tomorrow
(c) The man's worrying about the weather
(d) Getting ready for a heavy snow

해석  남편과 아내 간의 대화입니다.
      W  뉴스에서 내일 눈 많이 올 거래.
      M  좋네. 이제야 크리스마스 이브 기분이 난다.
      W  눈보라가 칠 거라니까!
      M  괜찮아. 난 내일 집에 있을 거야.
      W  하지만 도로가 얼지도 모르는데.
      M  뭐, 난 항상 지하철을 타고 출근하니까.

      Q  대화의 주제는?
      (a) 눈보라로 인한 피해
      (b) 내일 예보된 눈
      (c) 날씨를 걱정하는 남자
      (d) 폭설에 대비하기

해설  두 사람은 내일 눈보라 소식에 대해 이야기를 나누고 있다. 여자는 폭설에 길이 얼까 걱정하고, 남자는 크리스마스 이브 기분이 난다며 개의치 않아 하고 있다.

어휘  snowstorm 눈보라  icy 얼음으로 덮인  forecast 예보하다  get ready for ~에 준비하다

정답  (b)

## 22

Listen to two friends discuss their investment.

W I heard some news about our mutual fund.

M Has its value gone up?

W Actually, no. But things will be different next year.

M But what about right now? Has it decreased?

W Just a little. But we should be more patient.

M Well, you're an expert, so I trust what you say.

Q What is the main topic of the conversation?

(a) The best investment tool for them

(b) How much profit they will enjoy

(c) How their investments are doing

(d) Their long-term mutual relationship

해석 투자에 대한 두 친구 간의 대화입니다.

W 우리 뮤추얼 펀드에 대한 소식 들었어요.

M 가격이 올랐나요?

W 사실, 오르진 않았어요. 하지만 내년엔 상황이 달라질 거예요.

M 지금은 어떤데요? 떨어졌나요?

W 조금요. 하지만 더 인내심을 가져야 해요.

M 당신은 전문가이니까, 저야 당신이 하는 말을 믿지요.

Q 대화의 주제는?

(a) 그들을 위한 최고의 투자 수단

(b) 그들이 누리게 될 수익이 얼마인지

(c) 그들의 투자가 어떻게 되고 있는지

(d) 그들의 오래된 상호 관계

해설 남자와 여자는 자신들이 투자한 뮤추얼 펀드에 관한 정보를 나누고 있다. 따라서 대화의 주제는 투자한 것의 상황을 보고 있으므로 (c)가 적절하다. (d)는 대화의 소재인 mutual fund를 이용한 오답이다.

어휘 mutual fund 뮤추얼 펀드(투자 회사의 일종)  value 가치, 가격  go up 상승하다  decrease 감소하다  patient 인내심 있는  expert 전문가  investment 투자  tool 도구  profit 이익  mutual 서로의, 상호의

정답 (c)

## 23

Listen to a conversation between a husband and wife.

M Which hotel should we choose? The Douglas Hotel has better facilities.

W But it's more expensive. We should stay at the Panda Hotel instead.

M The Douglas Hotel has a night club and a spa.

W We'll spend most of our time outdoors.

M Well, the Douglas is just fifteen dollars more expensive per night.

W A penny saved is a penny earned.

Q What is the woman mainly doing in the conversation?

(a) Arguing against doing outdoor activities

(b) Explaining how much they can save

(c) Trying to economize on accommodation

(d) Canceling a hotel reservation

해석 남편과 아내 간의 대화입니다.

M 어떤 호텔로 선택해야 할까? 더글러스 호텔이 시설은 더 좋아.

W 하지만 더 비싸잖아. 대신 판다 호텔에 투숙해야 해.

M 더글러스 호텔에는 나이트 클럽이랑 스파도 있는 걸.

W 대부분의 시간을 밖에서 보낼 거잖아.

M 그게, 더글러스 호텔은 하루에 15달러씩밖에 안 비싸.

W 티끌 모아 태산이라고.

Q 대화에서 여자가 주로 하고 있는 것은?

(a) 야외 활동 반대하기

(b) 얼마나 절약할 수 있는지 설명하기

(c) 숙박에 돈을 아끼도록 노력하기

(d) 호텔 예약 취소하기

해설 두 사람은 어떤 호텔에 머무를지 이야기하고 있다. 여자는 좀 더 저렴한 호텔에 묵으면서 비용을 절약하자고 하므로 (c)가 알맞다. 더글라스 호텔의 하루 숙박료가 15달러 더 비싸다고 한 것은 남자이며, 얼마를 절약할 수 있는지에 대해 여자가 설명한 것은 아니므로 (b)는 오답이다.

어휘 facilities 시설  spa 스파  outdoors 야외에서(부사)  outdoor 야외의(형용사)  per ~마다  economize 절약하다  accommodation 숙박  cancel 취소하다

정답 (c)

## 24

Listen to a conversation at a post office.

M  Do you want to send this item by express mail or registered mail?

W  How much are they?

M  Express is ten dollars and seventy-five cents, and registered is six-fifty.

W  It's kind of urgent, so I want express.

M  It'll take one or two working days.

W  That's great. Thank you very much.

Q  Which is correct about the mail service according to the conversation?

(a) Registered mail could sometimes be delayed.

(b) Express mail takes less than three business days.

(c) Discount rates apply to registered mail.

(d) Express mail costs six dollars and fifty cents.

해석 우체국에서의 대화입니다.

M  이 물건을 특급 우편으로 보내시나요, 아니면 등기 우편으로 보내시나요?

W  가격이 어떻게 되죠?

M  특급은 10달러 75센트고, 등기는 6달러 50센트입니다.

W  급한 거니 특급으로 할게요.

M  영업일로 하루나 이틀이 걸릴 거예요.

W  좋네요. 감사합니다.

Q  대화에 의하면 우편 서비스에 대해 옳은 것은?

(a) 등기 우편은 가끔 지연될 수 있다.

(b) 특급 우편은 영업일로 3일 미만이 소요된다.

(c) 등기 우편에 할인율이 적용된다.

(d) 특급 우편은 6달러 50센트이다.

해설 여자가 특급 우편으로 보낸다고 하자 남자가 특급 우편은 영업일로 하루 이틀이 걸릴 거라고 하므로 (b)가 가장 적절하다. business day는 '영업일'을 의미하는 말로 working day와 같은 뜻이다. (a)는 대화에 나오지 않은 내용이며, (d)는 특급 우편이 아닌 등기 우편의 가격이다.

어휘 express mail 특급 우편  registered mail 등기 우편  urgent 급한  working day 근무일, 영업일  delay 지연되다  discount rate 할인율  apply to ~에 적용되다

정답 (b)

## 25

Listen to a conversation between two friends.

W  Hey, why the long face?

M  My manager didn't like my proposal for the new project.

W  Oh, I remember you said he's really demanding.

M  Right, but I put a lot of effort into this project. I was so confident.

W  Maybe the problem is not the content but the presentation.

M  You may have a point there! I'll present it differently tomorrow.

Q  Which is correct about the man according to the conversation?

(a) He regrets not having made enough efforts.

(b) He plans to present a new idea tomorrow.

(c) His manager was confident about his proposal.

(d) He told the woman his manager is hard to satisfy.

해석 두 친구 간의 대화입니다.

W  이봐, 왜 그렇게 시무룩해?

M  매니저가 신규 프로젝트에 대한 내 제안을 좋아하지 않았어.

W  매니저가 정말 까다롭다고 했던 게 기억난다.

M  맞아. 하지만 이 프로젝트에 정말 노력을 많이 쏟아부었어. 자신 있었다고.

W  어쩌면 문제는 내용이 아니라 발표 때문일지도 몰라.

M  네 말이 맞는 것 같아! 내일 다르게 제시해 봐야겠어.

Q  대화에 의하면 남자에 대해 옳은 것은?

(a) 충분히 노력하지 않은 것을 후회한다.

(b) 내일 새로운 아이디어를 발표할 계획이다.

(c) 남자의 매니저는 그의 제안에 대해 확신이 있었다.

(d) 여자에게 자기 매니저는 만족시키기 힘들다고 말했다.

해설 남자가 상사에게 신규 프로젝트에 대한 제안을 했지만 받아들여지지 않아 속상해 하고 있다. 그 말을 들은 여자가 전에 남자가 자기 상사가 까다롭고 했던 게 기억난다고 했으므로 알맞은 선택지는 (d)이다. 다음 날 발표를 다르게 해 보겠다고 하므로 새로운 아이디어를 발표한다는 것으로 보기는 어렵다.

어휘 long face 시무룩한 얼굴  proposal 제안  demanding 까다로운  put a lot of effort into ~에 많은 노력을 들이다  confident 자신 있는  present 보여 주다, 소개하다

정답 (d)

## 26

Listen to a conversation between two coworkers.

M  Do you have breakfast every day?

W  Yes, except when I sleep in on weekends. How about you?

M  Usually but not this morning. What do you usually eat?

W  Always the same—French toast and some orange with tomato juice.

M  Always? It sounds boring.

W  Not really. They are my favorite.

Q  Which is correct according to the conversation?

(a) The woman feels sick and tired of her usual breakfast.

(b) The woman drinks orange juice at breakfast.

(c) The man skips breakfast at times.

(d) The man ate breakfast today.

해석  두 직장동료 간의 대화입니다.

M  매일 아침 드세요?

W  네, 주말에 늦잠 잘 때 빼고요. 당신은요?

M  보통은 먹는데 오늘 아침은 못 먹었어요. 주로 뭘 드세요?

W  항상 똑같은 걸 먹어요. 프렌치 토스트와 오렌지, 토마토 주스요.

M  항상요? 지겹겠어요.

W  그렇지 않아요. 제가 가장 좋아하는 것들이거든요.

Q  대화에 의하면 옳은 것은?

(a) 여자는 평소 먹는 아침 식사가 지겹다.

(b) 여자는 아침 식사에 오렌지 주스를 마신다.

(c) 남자는 이따금 아침 식사를 거른다.

(d) 남자는 오늘 아침 식사를 했다.

해설  두 사람은 아침 식사에 대해 이야기하고 있는데, 남자는 보통 먹는데 오늘 아침은 먹지 않았다고 하므로 알맞은 선택지는 (c)이다. 여자는 매일 같은 걸 먹지만 지겹지 않다고 했으며, 오렌지 주스를 마시는 게 아니라 오렌지를 먹는다고 했으므로 (a)와 (b)는 적절하지 않다.

어휘  sleep in 늦잠 자다   sick and tired of ~에 질린   skip 거르다   at times 가끔은, 때때로

정답  (c)

## 27

Listen to two friends discuss the city government's new policy.

W  I just heard that the city will now ban large size sodas.

M  I know. I can't believe the City Council passed the bill.

W  The government believes that sugary drinks contribute to obesity.

M  But they shouldn't regulate how much soda I drink.

W  Why not? They control tobacco consumption.

M  It's different. Soda doesn't harm other people.

W  Well, if the obesity rate increases, everyone will have to pay more health care tax.

Q  Which is correct according to the conversation?

(a) The woman argues tobacco is a more serious issue.

(b) The woman affirms the social impact of soft drink consumption.

(c) The man believes soda and tobacco share common ground.

(d) The man doubts the soda ban will go into effect.

해석  시 정부의 새 정책에 대한 두 친구 간의 대화입니다.

W  시에서 이제 대용량 탄산음료를 금지할 거래.

M  그러게. 시 의회에서 그런 법안을 통과시켰다는 게 믿기지 않아.

W  정부는 설탕이 든 음료가 비만의 원인이라고 생각해.

M  하지만 내가 탄산음료를 얼마나 마시는지 규제해서는 안 돼.

W  왜 안 되는데? 담배 소비는 규제하잖아.

M  그건 다르지. 탄산음료는 타인에게 해를 안 끼친다고.

W  글쎄, 비만율이 상승하면 다들 의료 관련 세금을 더 내야 할 거야.

Q  대화에 의하면 옳은 것은?

(a) 여자는 담배가 더 심각한 문제라고 주장한다.

(b) 여자는 탄산음료 소비의 사회적 영향을 주장한다.

(c) 남자는 탄산음료와 담배가 공통점이 있다고 생각한다.

(d) 남자는 탄산음료 금지가 실제로 시행될지 의심한다.

해설  여자는 탄산음료 소비가 담배와 마찬가지로 사회적 영향이 있기 때문에 정부의 규제가 필요하다고 생각하고, 남자는 탄산음료와 담배는 다른 문제라고 생각한다. 따라서 가장 적절한 선택지는 (b)이다. 남자는 해당 법안이 시행될지를 의심하는 게 아니라 법안에 대해 반대하고 있으므로 (d)는 적절하지 않다.

ban 금지하다  council 의회  bill 법안  regulate 규제[단속]하다  contribute to ~에 기여하다  obesity 비만  consumption 소비, 섭취  affirm 단언[주장]하다  impact 영향  common ground 공통점  go into effect 발효하다, 실시되다

정답 (b)

# 28

Listen to a conversation between two friends.

M Sally, any news on your law school admission?

W Not yet. But I'm confident because I have a high LSAT score.

M What about recommendation letters? They could be more important than an exam score.

W I got one from my old professor of philosophy.

M Good. But I think you need one from someone who practices law.

W That's a good idea. Thanks for the advice.

Q Which is correct according to the conversation?

(a) The woman's reference is from someone in the legal circles.

(b) The man recommends a different law school.

(c) The woman thinks her test score isn't good enough.

(d) The man suggests getting a reference from a lawyer.

해석 두 친구 간의 대화입니다.

M 샐리, 로스쿨 진학에 대해 소식 없니?

W 아직 없어. 하지만 LSAT에서 높은 점수를 받아서 자신 있어.

M 추천서는? 추천서가 시험 점수보다 더 중요할 수 있다던데.

W 알고 지내던 철학 교수님께 하나 받았어.

M 잘됐다. 그런데 법조계에 있는 사람에게도 하나 받아야 할 것 같아.

W 좋은 생각이야. 조언 고마워.

Q 대화에 의하면 옳은 것은?

(a) 여자의 추천서는 법조계에 있는 사람이 써 준 것이다.

(b) 남자는 다른 로스쿨을 추천한다.

(c) 여자는 자기 시험 점수가 충분하지 않다고 생각한다.

(d) 남자는 변호사에게서 추천서를 받으라고 제안한다.

해설 로스쿨을 준비하고 있는 여자가 시험 점수는 잘 받았고 철학 교수에게서 추천서를 받았지만, 남자는 법조계에 있는 사람에게도 추천서 받을 것을 조언하고 있다. 대화의

someone who practices law가 (d)에서 lawyer로, recommendation letter는 reference로 바뀌어 표현되었다.

어휘 admission 입학  confident 자신 있는  LSAT 미국 법학 대학원 입학시험(Law School Admission Test)  recommendation letter 추천서  philosophy 철학  practice (의사·변호사 등으로) 일하다  reference 추천서  circle 집단, 사회

정답 (d)

# 29

Listen to a conversation between two friends in a car.

M I feel tired. I think I've driven quite a long distance.

W Right. It's time to switch. You could use some rest.

M I'm also hungry. Maybe we should grab a bite.

W I agree. Let's stop at the next rest area.

M Good. I feel like having some noodles.

W I also need to drink some coffee before driving.

Q What can be inferred from the conversation?

(a) The woman will take over driving soon.

(b) The man is an inexperienced driver.

(c) The woman does not like noodles.

(d) The man will take a right turn at the corner.

해석 차 안에 있는 두 친구 간의 대화입니다.

M 피곤해. 꽤 먼 거리를 운전한 것 같은데.

W 그래. 교대할 때야. 좀 쉬어.

M 배도 고파. 간단히 요기라도 좀 하자.

W 그러자. 다음 휴게소에서 쉬자.

M 좋아. 국수가 당기네.

W 나도 운전하기 전에 커피 좀 마셔야겠어.

Q 대화로부터 유추할 수 있는 것은?

(a) 여자는 곧 운전대를 잡을 것이다.

(b) 남자는 운전에 미숙하다.

(c) 여자는 국수를 좋아하지 않는다.

(d) 남자는 코너에서 우회전할 것이다.

해설 운전하고 있는 남자에게 여자가 교대할 때라고 말하고 있으므로 유추할 수 있는 내용은 (a)이다. 남자는 오랜 시간 운전을 해서 피곤한 것이므로 (b)는 적절하지 않다.

어휘 distance 거리  switch 교대하다  could use 필요하다  grab a bite 간단히 먹다  take over ~을 인계받다  inexperienced 미숙한  turn 회전

정답 (a)

## 30

Listen to a conversation at an office.

M Ms. Nora Pelosi? Hi, I'm Ander from Human Resources.

W Oh, you are Ander. It's great to finally meet in person.

M Right. We only know each other's voices.

W Thank you for organizing the training session for new employees last time.

M No problem. It's my job.

W We may hire more employees next month.

M I see. Please email me in advance so that I can prepare.

Q What can be inferred from the conversation?

(a) The woman joined the company before the man did.

(b) The man may soon organize another training session.

(c) The two people have never talked to each other before.

(d) The woman is relatively new to the company.

해석 사무실에서의 대화입니다.

M 노라 펠로시 씨죠? 안녕하세요, 인사부의 앤더입니다.

W 당신이 앤더 씨군요. 마침내 직접 뵙게 되네요.

M 그러게요. 서로 목소리만 알았잖아요.

W 지난번에 신입 사원 교육 과정 준비해 준 것 고마웠어요.

M 뭘요. 그게 제 일인 걸요.

W 다음 달에 직원을 더 채용할지도 몰라요.

M 알겠습니다. 미리 이메일 주시면 준비할게요.

Q 대화로부터 유추할 수 있는 것은?

(a) 여자는 남자가 입사하기 전에 회사에 입사했다.

(b) 남자는 곧 교육 과정을 준비해야 할지도 모른다.

(c) 두 사람은 한 번도 서로 얘기해 본 적이 없다.

(d) 여자는 회사에서 비교적 신입이다.

해설 두 사람은 통화만 한 사이로, 전에 남자가 여자를 위해 신입 사원 교육 과정을 준비해 준 적이 있다. 여자가 곧 직원을 더 채용할 거라고 하자 남자가 미리 이메일을 주면 준비할 수 있다고 하므로 남자는 곧 신입 사원 교육 과정을 준비해야 할지도 모른다고 유추할 수 있다.

어휘 **Human Resources** 인사부 **in person** 직접, 개인적으로 **organize** (어떤 일을) 준비하다 **in advance** 미리, 사전에 **relatively** 비교적

정답 (b)

## Part IV
## 31

Good afternoon, everyone. As most of you are already aware, our company is planning to relocate our Product Design Department to the east side of the building. However, before making that decision, we want to know what our staff members think about the relocation. So what we have here is a short questionnaire for you to fill out. Please take a moment to complete it. By the way, this is all going to be anonymous, so you don't have to write your name or anything that identifies you.

Q What is the main purpose of the announcement?

(a) To check employees' opinion about a department relocation

(b) To explain that the questionnaire is simple and easy to complete

(c) To explain that relocation is for the best interest of the workers

(d) To give appropriate guidelines about filling out questionnaires

해석 안녕하십니까, 여러분. 대부분 이미 알고 계시듯이 우리 회사는 제품 디자인 부서를 사옥의 동쪽으로 이전하려고 계획 중입니다. 하지만 결정을 내리기 전에 이전에 관한 직원들의 생각을 알고 싶습니다. 그래서 여러분들이 작성할 간단한 설문지를 여기 가지고 왔습니다. 시간을 잠시 내어 설문을 완료해 주시기 바랍니다. 설문 조사는 모두 익명으로 이뤄질 것이니 이름이나 신원이 드러나는 것은 뭐든 쓰지 않으셔도 됩니다.

Q 발표의 주요 목적은?

(a) 부서 이전에 대한 직원들의 의견을 확인하기 위해

(b) 설문지가 작성하기에 간단하고 쉽다는 것을 설명하기 위해

(c) 이전이 직원들의 최선의 이익을 위해서라는 것을 설명하기 위해

(d) 설문지 작성 방법에 대해 적절한 지침을 주기 위해

해설 제품 디자인 부서를 이전하기에 앞서 직원들의 의견을 알고자 간단한 설문 조사를 실시한다는 내용을 발표하고 있다. (d)는 설문지 작성을 돕기 위해 발표 마지막에 언급하고 있다.

어휘 **aware** 알고 있다 **plan to** ~할 계획이다 **relocate** 이전하다 **questionnaire** 설문지 **fill out** (빈칸 등을) 채우다 **anonymous** 익명의 **identify** (신원을) 확인하다 **appropriate** 적절한 **guideline** 지침

정답 (a)

## 32

Aleksandr Pushkin was one of the most influential writers of Russian language. Although he was well-versed in French and wrote some early works in French, he would later write exclusively in Russian. Because the Russian language wasn't a well-developed language back then, he had to devise new words while writing, which would later contribute to the development of the Russian language and literature. Not only that, his stories portrayed real Russian characters that later had great influence on other Russian writers like Gogol and Tolstoy.

Q  What is the main idea of the talk?
(a) The Russian literature was developed by many important writers.
(b) Pushkin had a great influence on Russian literature.
(c) Gogol and Tolstoy were influenced by Pushkin's writings.
(d) Pushkin wrote his works in both French and Russian.

해석 알렉산드르 푸시킨은 가장 영향력 있는 러시아어 작가 중 한 명이다. 불어에 능통하여 초기 작품 몇 편은 불어로 쓰기는 했지만, 이후에는 러시아어로만 글을 썼다. 그때 당시 러시아어는 잘 발달되지 않았기 때문에 그는 집필하면서 새로운 단어를 고안해야 했으며, 이는 후에 러시아의 언어와 문학에 기여했다. 그뿐 아니라, 그의 이야기는 사실적인 인물 묘사를 보여줘, 이후 고골과 톨스토이 같은 다른 러시아 작가들에게 지대한 영향을 미쳤다.

Q  담화의 주제는?
(a) 러시아 문학은 여러 주요 작가들에 의해 발달했다.
(b) 푸시킨은 러시아 문학에 많은 영향을 미쳤다.
(c) 고골과 톨스토이는 푸시킨의 작품에 영향을 받았다.
(d) 푸시킨은 프랑스어와 러시아어로 작품을 썼다.

해설 러시아의 언어와 문학에 영향을 끼친 작가 푸시킨에 관한 내용이므로 (b)가 가장 적절하다. (c)와 (d)는 부분적인 내용이므로 주제로 볼 수 없다.

어휘 influential 영향력 있는  well-versed 능숙한
exclusively 오로지  devise 고안하다  literature 문학  portray 묘사하다

정답 (b)

## 33

The duty-free industry was exclusively for the wealthy individuals who could afford the high cost of flying. However, this all changed when Boeing introduced a new fleet of commercial airplanes, the 747 jumbo jets, in 1970. Boeing 747 has a seating capacity up to 660 passengers. And with its introduction, travelling by air became more affordable. As a result, the duty-free industry boomed as more people began to travel by plane.

Q  Which is correct according to the report?
(a) Duty-free products diversified because of Boeing 747.
(b) Duty-free products began to be sold on board after 1970.
(c) Boeing 747 is much safer than other airplane models.
(d) The cost of air travel reduced because of Boeing 747.

해석 면세 산업은 비싼 항공 여행을 감당할 수 있는 부자들의 전유물이었다. 하지만 1970년 보잉 사가 상업용 비행기인 747 점보 제트라는 새로운 항공기를 선보이자 모든 것이 바뀌었다. 보잉 747기는 승객 660명까지 수용할 수 있다. 보잉 747기의 도입으로 비행기 여행의 비용이 더 저렴해졌다. 결과적으로 더 많은 사람들이 비행기로 여행을 시작하면서 면세 산업은 번창했다.

Q  보도에 의하면 옳은 것은?
(a) 면세 상품은 보잉 747기 때문에 다양해졌다.
(b) 면세 상품은 1970년 이후에 기내에서 판매되기 시작했다.
(c) 보잉 747기는 다른 비행기종보다 훨씬 더 안전하다.
(d) 비행기 여행 비용은 보잉 747기 덕분에 줄어들었다.

해설 과거 면세 산업은 부유한 사람들의 전유물로 여겨졌으나 승객을 더 많이 수용할 수 있는 보잉 747기가 도입되면서 비행기 여행의 비용이 줄어들었고, 결과적으로 면세 산업의 대상도 넓어졌다고 하므로 (d)가 알맞다.

어휘 duty-free 면세의  exclusively 오로지  afford 여유[형편]이 되다  fleet 함대, 비행대  commercial 상업적인  seating capacity 수용력, 좌석 수  passenger 승객  introduction 도입  boom 호황을 맞다, 번창하다  diversify 다양화하다  on board 기내에서  reduce 감소하다

정답 (d)

## 34

With profits dropping at an alarming rate, Creek has decided to change its strategy of developing and promoting luxury brands. The CEO, John Raffel, announced that the company will continue to invest its resources in traditional brands such as Soapbell and Mills, which always had loyal followers, but will also change its strategy from making Amo and Cada luxurious brands to making them more consumer-friendly. He hopes that the changes will turn the current situation around by attracting a broader customer base.

Q Which is correct according to the talk?
(a) Creek has appointed a new CEO.
(b) Many people are dissatisfied with Creek's products.
(c) Creek will try to change its luxury brand image.
(d) Some of Creek's brands are cheap and easy to use.

해석 수익이 급속도로 떨어지자 크릭 사는 고급 브랜드 개발과 홍보 전략에 변화를 주기로 결정했습니다. CEO인 존 러펠은 회사가 항상 충성 고객이 있는 소프벨과 밀스 같은 기존 브랜드에 계속 자원을 투자할 것이지만, 아모와 카다를 고급 브랜드로 만드는 전략에서 좀 더 소비자 친화적으로 만드는 전략으로 변경할 것입니다. 그는 이런 변화가 더 폭넓은 소비자층을 끌어들여 현재의 상황을 전환하기를 바랍니다.

Q 담화에 의하면 옳은 것은?
(a) 크릭 사는 새로운 CEO를 임명했다.
(b) 많은 사람들이 크릭 사의 제품에 만족하지 않는다.
(c) 크릭 사는 자사의 고급 브랜드 이미지를 바꾸려 할 것이다.
(d) 크릭 사의 일부 브랜드는 저렴하고 사용하기에 쉽다.

해설 담화에 등장하는 회사는 수익이 급속도로 떨어지자 기존의 브랜드 전략을 수정하여, 충성 고객이 있는 브랜드에 대한 투자는 계속하되, 일부 브랜드는 고급화 전략에서 소비자 친화적인 전략으로 바꿀 것이라고 한다.

어휘 profit 수익  at an alarming rate 급속도로  strategy 전략  consumer-friendly 소비자 친화적인  current 현재의  appoint 지명하다

정답 (c)

## 35

Unlike the English language, the Chinese language uses characters with meaning, instead of an alphabet. The Chinese characters originated from pictorial characters. For example, the word for "tree" is in the shape of a tree. However, it was impossible to express complex ideas with simple pictures. So, Chinese people began to combine two or more picture words to create a word for an idea. For instance, as people often rest under a tree, the Chinese created a letter meaning "rest" by combining the word for "human" and the word for "tree."

Q Which is correct about Chinese characters?
(a) All of them are picture words.
(b) They grew out of drawings of things.
(c) Most of them consist of two parts.
(d) They cannot express complicated ideas.

해석 영어와 달리 중국어는 알파벳이 아닌 의미가 담긴 문자를 사용합니다. 한자는 상형 문자에서 비롯되었습니다. 예를 들어, '나무'라는 단어는 나무의 모양을 하고 있습니다. 그런데 간단한 문자로 복잡한 개념들을 표현하는 것은 불가능했습니다. 그래서 중국인들은 개념을 나타내는 단어를 만들기 위해 두 개 이상의 상형 문자를 조합하기 시작했습니다. 예를 들어, 사람들은 종종 나무 아래에서 휴식을 취하기 때문에 중국인들은 '사람'이라는 단어와 '나무'라는 단어를 결합시켜 '휴식'을 의미하는 단어를 만들었습니다.

Q 한자에 대해 옳은 것은?
(a) 모든 문자가 상형 문자이다.
(b) 사물의 그림에서 생겨났다.
(c) 대부분 두 부분으로 이루어져 있다.
(d) 복잡한 생각을 표현하지 못한다.

해설 한자는 사물의 형상에서부터 시작해 복잡한 개념은 이런 상형 문자를 결합해 표현했다고 하므로 (b)가 가장 적절하다.

어휘 unlike ~와 달리  character 문자  originate from ~에서 비롯하다  pictorial 그림의  complex 복잡한  combine 결합하다  grow out of ~에서 생기다  consist of ~로 구성되다

정답 (b)

## 36

Are you not satisfied with the mundane packaged tours? Are you up for some adventure and excitement? Then you need to sign up for the Outback Australia for a two-week vacation that you will never forget! You'll take a tour on the exotic outback of Australia with a small group of adventure seekers just like yourself and experience the natural wonders and beauty of millions-of-years-old geological formations. You'll have a taste of our popular outback delights and enjoy all sorts of activities, such as whitewater rafting and bungee jumping.

Q What can be inferred from the advertisement?
(a) Only a handful of people will go on a tour together.
(b) This is the first time introducing the tour to customers.
(c) People are encouraged to sign up quickly on the tour.
(d) The tour will help people to become more adventurous.

**해석** 재미없는 패키지 여행이 만족스럽지 않으신가요? 모험과 즐거움을 찾으시나요? 그렇다면 절대 잊지 못할 2주짜리 오스트레일리아 오지 휴가를 신청하세요! 고객님과 똑같은 모험을 꿈꾸는 분들로 이루어진 소규모 그룹과 함께 오스트레일리아의 이국적인 오지로 여행을 가서 자연의 경이와 수백만 년 된 지층의 아름다움을 경험하게 되실 겁니다. 저희의 인기 있는 오지 음식도 맛보시고, 급류 타기와 번지 점프 같은 온갖 종류의 활동을 즐기실 것입니다.

Q 광고로부터 유추할 수 있는 것은?
(a) 소수의 사람들만 함께 여행할 것이다.
(b) 고객들에게 처음으로 소개되는 여행이다.
(c) 여행을 빨리 신청하는 것이 권장된다.
(d) 여행은 사람들이 좀 더 모험적이 되도록 도울 것이다.

**해설** 지루한 일상에서 탈출해 모험으로 가득한 오지 여행을 꿈꾸는 사람들을 위한 광고이다. 소규모 그룹과 함께 진행된다고 하므로 유추할 수 있는 내용은 (a)이다. 모험하고 싶은 사람들이 만족할 수 있는 여행 상품이지 사람들이 좀 더 모험적이 되는 데 도움이 되는 것은 아니므로 (d)는 적절하지 않다.

**어휘** mundane 지루한  exotic 이국적인  outback 오지, 미개척지의  geological 지질학적  formation 형성, 퇴적층  delight 기쁨  whitewater rafting 급류 타기  bungee jumping 번지 점프  a handful of 소수의  adventurous 모험심이 강한

**정답** (a)

## Part V

### 37~38

A country is labeled an "aging society" when more than 7% of its total population is 65 and older. When people aged 65 and older make up 14% of the population, it becomes an "aged society." If the population 65 and older reaches the 20% mark, it is classified as a "super-aged society." Population aging is a common problem dragging down the economies of many nations, but some countries are aging particularly fast. While it took more than a century for France and 71 years for the U.S. to transition from an aging society to an aged society, it took only 24 years and 17 years for Japan and Korea, respectively. And it is expected to take only 15 years for Vietnam whose economy is now booming thanks partially to its youthful population.

Q37 How long did it take Japan to move from an aging to an aged society?
(a) 15 years
(b) 17 years
(c) 24 years
(d) 71 years

Q38 According to the talk, when does a country become an aged society?
(a) When 7% of the population is 65 and older
(b) When 14% of the population is 65 and older
(c) When 20% of the population is 65 and older
(d) When 24% of the population is 65 and older

**해석** 총인구의 7% 이상이 65세 이상일 때 이 국가를 '고령화 사회'로 분류합니다. 65세 이상 인구가 총인구의 14%를 차지하면 '고령 사회'가 됩니다. 만약 65세 이상 인구가 20% 선을 넘어서면 '초고령 사회'로 분류됩니다. 인구 고령화는 많은 국가의 경제를 침체시키고 있는 흔한 문제이지만, 일부 국가에서는 고령화가 특히 빠른 속도로 진행되고 있습니다. 고령화 사회에서 고령 사회로 진입하는 데에 프랑스는 한 세기 이상, 미국은 71년이 소요된 반면, 일본과 한국은 각각 24년과 17년 밖에 소요되지 않았습니다. 젊은 인구층이 현재 경제 호황에 일조하고 있는 베트남의 경우, 이 과정이 단 15년밖에 걸리지 않을 것으로 예상됩니다.

**Q37** 일본이 고령화 사회에서 고령 사회로 변화하는 데
걸린 시간은?

(a) 15년

(b) 17년

(c) 24년

(d) 71년

해설 고령화 사회에서 고령 사회로 진입하는 데 일본과 한국은
각각 24년과 17년이 걸렸다고 했으므로 정답은 (c)이다.
숫자는 문제로 출제될 가능성이 높으니 노트테이킹을 잘
해야 한다. respectively (각각)의 의미도 혼동하지 말아
야 한다.

정답 (c)

**Q38** 위 담화에 따르면, 한 국가가 고령 사회가 되는 때는?

(a) 인구의 7%가 65세 이상일 때

(b) 인구의 14%가 65세 이상일 때

(c) 인구의 20%가 65세 이상일 때

(d) 인구의 24%가 65세 이상일 때

해설 두 번째 문장에 정답이 그대로 나온 쉬운 문제이다. 역시
숫자는 노트테이킹이 중요하다. aging과 aged의 발음
차이에도 유의한다.

어휘 label 라벨을 붙이다, 분류하다  aging society 고령화
사회  aged society 고령 사회  classify 분류하다
super-aged society 초고령 사회  drag down
끌어내리다, 약화시키다  transition 변이, 과도기, 변하다
respectively 각각  boom 붐, 호황, 호황을 맞다
youthful 젊은

정답 (b)

## 39~40

Most conventional automobiles run on gasoline
or diesel that emits a lot of pollutants. These
days, we are seeing an increasing number of
environmentally-friendly cars on the road. The
most common type is a hybrid vehicle that
runs both on gas and electricity. Hybrid cars
use both a gasoline engine and an electric
motor, thereby improving fuel efficiency and
reducing emissions. Recently, electric cars are
also gaining popularity. Electric vehicles used
to be used only for limited purposes, such as
golf carts or amusement park shuttles. But
nowadays, automakers are launching various
electric vehicles such as sedans, SUVs, and
even sports cars for those who can afford the
luxury. However, some critics point out that,
although electric cars themselves don't emit
air pollutants, they are not a perfect solution
for the environment. Electricity is commonly
made from burning fossil fuels like coal or
natural gas. So unless an electric car runs on
electricity produced by renewable energy, it still
contributes to $CO_2$ emissions.

**Q39** What is the talk mainly about?

(a) Environmental harm by hybrid vehicles

(b) Demerits of fossil-fuel vehicles

(c) Environmentally-friendly automobiles

(d) Diverse types of electric vehicles

**Q40** What can be inferred from the talk?

(a) Electric sports cars are priced lower than
gasoline sports cars.

(b) The eco-friendliness of electric cars depends
on their energy sources.

(c) Hybrid vehicles are more fuel efficient than
electric cars.

(d) Diesel vehicles emit more harmful gases than
gasoline cars.

해석 전통적인 자동차들은 대부분 다량의 오염물질을 배출하
는 휘발유 또는 경유로 구동됩니다. 오늘날 우리는 점점
더 많은 친환경 차량을 도로에서 목격하고 있습니다. 가
장 일반적인 유형은 휘발유와 전기 두 가지 방식으로 구
동되는 하이브리드 자동차입니다. 하이브리드차는 휘발
유 엔진과 전기 모터를 모두 사용하기 때문에, 연비가 향
상되고 배기가스는 줄어듭니다. 최근 전기차 역시 인기가
높아지고 있습니다. 과거 전기차량은 골프 카트, 놀이공
원 셔틀 등 제한적인 목적으로만 사용되었습니다. 그러나

요즘에는 자동차업체들이 세단, SUV, 그리고 사치를 즐길 능력을 갖춘 소비자들을 위한 스포츠카 등 다양한 전기 차량을 출시하고 있습니다. 하지만 일부 비평가들은 비록 전기차가 자체적으로 대기 오염물질을 배출하지는 않지만 이것이 환경을 위한 완벽한 해결책은 아니라고 지적합니다. 전기는 보통 석탄 또는 천연가스와 같은 화석연료의 연소를 통해 만들어집니다. 따라서 전기차가 재생에너지로 생산된 전기로 작동되는 것이 아니라면, 여전히 CO2 배출에 일조하고 있는 것입니다.

Q39 담화의 주제는?

(a) 하이브리드차가 환경에 미치는 피해
(b) 화석연료 자동차의 단점
(c) 친환경 차량
(d) 전기차의 다양한 유형

해설 친환경 차량인 하이브리드차와 전기차에 대해 말하고 있으므로 (c)가 정답이다. (a)는 언급되지 않은 내용이다. 담화 첫 문장에 화석연료를 사용하는 전통적인 자동차들이 오염물질을 많이 배출한다는 내용이 있지만 전체 담화의 주제는 아니므로 (b)는 오답이다. (d)도 지엽적인 내용이라 답이 될 수 없다.

정답 (c)

Q40 담화에서 추론할 수 있는 것은?

(a) 전기 스포츠카는 휘발유 스포츠카보다 가격이 낮게 책정되었다.
(b) 전기차의 친환경성은 차량의 에너지원에 달려있다.
(c) 하이브리드 자동차는 전기차보다 연비가 높다.
(d) 경유 차량은 휘발유 차량보다 해로운 가스를 더 많이 배출한다.

해설 전기차가 직접 오염물질을 배출하지는 않지만, 재생에너지가 아닌 화석연료의 연소로 만들어진 전기로 구동되는 전기차는 여전히 CO2 배출에 일조한다고 한 내용으로 보아, 전기차의 친환경성은 에너지원에 달려있음을 유추할 수 있다. 따라서 (b)가 정답이다. (a), (c), (d) 모두 언급되지 않은 내용이다. (d)는 사실이지만, 텝스 추론 문제는 배경지식으로 풀어서는 안 되며 담화내용 안에서 답을 찾아야 한다.

어휘 conventional 전통적인  run on ~을 연료로 사용하다  gasoline 가솔린, 휘발유  emit 배출하다  pollutant 오염물질  environmentally friendly 친환경적인  gas 휘발유 (gasoline의 줄임말)  fuel efficiency 연비, 연료효율  emission 배출, 배기가스  amusement park 놀이공원  sedan 세단  SUV 스포츠유틸리티차량 (Sport Utility Vehicle)  critic 비평가  point out 지적하다  fossil fuel 화석연료  renewable 재생가능한  CO2 이산화탄소  demerit 단점  eco-friendliness 친환경성

정답 (b)

# ACTUAL TEST 5
p.194

**Part I**

| 1 (c) | 2 (b) | 3 (b) | 4 (c) | 5 (b) | 6 (a) |
|---|---|---|---|---|---|
| 7 (b) | 8 (d) | 9 (a) | 10 (a) | | |

**Part II**

| 11 (b) | 12 (b) | 13 (b) | 14 (a) | 15 (c) | 16 (d) |
|---|---|---|---|---|---|
| 17 (c) | 18 (b) | 19 (b) | 20 (a) | | |

**Part III**

| 21 (a) | 22 (d) | 23 (b) | 24 (d) | 25 (b) | 26 (c) |
|---|---|---|---|---|---|
| 27 (a) | 28 (c) | 29 (c) | 30 (b) | | |

**Part IV**

| 31 (d) | 32 (b) | 33 (a) | 34 (b) | 35 (b) | 36 (d) |
|---|---|---|---|---|---|

**Part V**

| 37 (d) | 38 (c) | 39 (c) | 40 (a) | | |
|---|---|---|---|---|---|

## Part I

**1**

M  I flunked the physics exam.
W  _____

(a) I'm so happy for you.
(b) I should've studied harder.
(c) Oh, I'm sorry to hear that.
(d) Physics is my favorite subject.

해석 M 나 물리 시험에서 낙제했어.
　　W _____
　　(a) 나도 정말 기쁘다.
　　(b) 난 더 열심히 공부해야 했어.
　　(c) 저런, 안됐다.
　　(d) 물리학은 내가 좋아하는 과목이야.

해설 물리 시험에서 낙제했다는 말에 안타까움을 표하는 (c)가 가장 적절하다. (d)는 physics 단어를 중복 사용한 함정이다.

어휘 flunk 낙제하다  physics 물리학  subject 과목

정답 (c)

## 2

M Why don't we go to Europe for summer vacation?

W _____

(a) Because it's cold in winter.
(b) I can't think of a better idea.
(c) I'm suffering from jet lag.
(d) We don't have any vacancies.

해석 W 여름휴가로 유럽에 가는 게 어때요?

M _____

(a) 겨울에는 춥기 때문이죠.
(b) 정말 좋은 생각이에요.
(c) 시차 때문에 힘들어요.
(d) 빈방이 없습니다.

해설 Why don't we ~는 제안이나 권유를 나타내는 표현이다. I can't think of a better idea.는 '더 좋은 생각이 나질 않는다.'라는 의미로 그 제안이 아주 마음에 든다는 뜻이다. (d)는 숙박업소에서 손님에게 할 수 있는 말이다.

어휘 jet lag 시차   vacancy 빈방

정답 (b)

## 3

W I can't resist the smell of coffee.

M _____

(a) The taste is a little sour for me, too.
(b) But you have already had four cups today.
(c) It depends on who pays the bill.
(d) This is designed to resist heat.

해석 W 커피향을 참을 수가 없네요.

M _____

(a) 맛이 제게도 좀 신 것 같아요.
(b) 하지만 오늘 벌써 4잔이나 드셨어요.
(c) 누가 계산하느냐에 따라 다르죠.
(d) 이건 열을 견디도록 고안되었어요.

해설 커피향을 참을 수가 없다, 즉 커피를 마시고 싶다는 말에 이미 커피를 많이 마셨다고 하며 자제시키는 (b)가 가장 자연스럽다. (a)의 taste는 여자의 말 smell과 연관된 단어를 이용한 함정이다.

어휘 resist 저항하다   sour 신   depend on ~에 달려 있다
pay the bill 계산하다

정답 (b)

## 4

M Can I help you find something?

W _____

(a) Yes, it is located in aisle five.
(b) I'm looking through the file.
(c) No thanks. I'm just browsing.
(d) That's twenty five in total.

해석 M 찾는 걸 도와 드릴까요?

W _____

(a) 네, 5번 통로에 있어요.
(b) 파일을 훑어보고 있어요.
(c) 괜찮아요. 그냥 둘러보려고요.
(d) 전부 25달러입니다.

해설 상점에서 말을 건네는 직원에게 손님이 괜찮다며 그냥 둘러보고 있다는 (c)가 가장 자연스럽다. (a)는 상품이 진열된 위치를 묻는 손님에게 점원이 할 수 있는 말이며, (d)는 계산할 때 점원이 손님에게 할 수 있는 말이다.

어휘 aisle 통로   look through 훑어보다   browse 둘러보다   in total 다 합쳐서

정답 (c)

## 5

W I'm thinking of returning this pair of pants.

M _____

(a) You should. They look fantastic on you.
(b) I also think they are too loose.
(c) It's time to return the favor.
(d) Your hard work will pay off.

해석 W 이 바지 반품할까 해.

M _____

(a) 그래야지. 너한테 정말 잘 어울린다.
(b) 내 생각에도 너무 큰 것 같아.
(c) 은혜를 갚을 때네요.
(d) 열심히 한 건 보상받게 될 거야.

해설 바지를 반품하려고 한다는 여자의 말에 반품해야 할 이유를 말하며 동조하는 (b)가 가장 자연스럽다. (a)는 반대의 상황으로 오히려 물건을 구매하라는 제안의 의미로 쓰일 수 있다.

어휘 return 반품하다   loose 느슨한   return the favor 은혜를 갚다   pay off 보상받다

정답 (b)

## 6

M I wouldn't leave in this weather if I were you.

W _____

(a) I don't mind being soaked in the rain.
(b) Inflation is difficult to forecast.
(c) Be careful. The road looks icy.
(d) Right, we are flooded with applications.

해석 M 내가 너라면 이 날씨에 가지 않을 텐데.

W _____

(a) 비를 흠뻑 맞는 것도 괜찮아.
(b) 인플레이션을 예상하는 것은 어려워.
(c) 조심해. 도로가 언 것 같아.
(d) 맞아. 신청서가 폭주하네.

해설 날씨가 좋지 않은데도 떠나려는 여자가 하는 말로, 비를 맞아도 괜찮다는 (a)가 가장 자연스럽다. (c)는 주의를 주는 남자의 말로 적절하다.

어휘 **soak** 흠뻑 적시다 **inflation** 물가 상승
**forecast** 예상하다 **be flooded with** ~가 쇄도하다
**application** 신청서

정답 (a)

## 7

M Would you mind opening the window?

W _____

(a) How kind of you to do that!
(b) But it is too high for me to reach.
(c) Sure, you can do me a favor.
(d) It will open a window of opportunity.

해석 M 창문 좀 열어 주시겠어요?

W _____

(a) 그렇게 하시다니 정말 친절하신데요!
(b) 하지만 너무 높아 손이 닿질 않네요.
(c) 물론, 당신은 호의를 베풀어 주실 수 있죠.
(d) 그게 기회의 창을 열어 줄 거예요.

해설 창문을 열어 달라는 남자의 말에 수락이나 거절하는 답변이 자연스럽다. 여기에서는 자신이 열고 싶어도 할 수 없다는 이유를 말하고 있다.

어휘 **reach** 닿다 **do a favor** 호의를 베풀다
**opportunity** 기회

정답 (b)

## 8

W I'm so nervous about my job interview tomorrow.

M _____

(a) It's not your job to do it.
(b) Don't worry. You'll do fine next time.
(c) It's time you moved on.
(d) Just relax and sleep tight tonight.

해석 W 내일 면접 때문에 초조해.

M _____

(a) 그걸 하는 건 네 일이 아니야.
(b) 걱정 마. 다음 번에 잘할 거야.
(c) 이제 다른 일을 해 볼 때야.
(d) 그냥 오늘 밤 마음 편하게 푹 자.

해설 면접 때문에 초조하다는 말에 마음 편하게 가지라는 의미로 (d)가 가장 자연스럽다. '잘 자'라는 의미의 sleep tight도 알아 두도록 한다. 면접에서 떨어진 것은 아니므로 (b)는 어색하다.

어휘 **nervous** 초조한 **move on** (새로운 일·주제로) 넘어가다 **relax** 진정하다

정답 (d)

## 9

M I found the lecture enlightening. How about you?

W _____

(a) The instructor totally lost me.
(b) The college was founded in 1938.
(c) I think I'm good at teaching.
(d) The lighting was not bright enough.

해석 M 그 강의는 깨우침을 주는 것 같아요. 어떠셨어요?

W _____

(a) 강사가 하는 말이 뭔지 전혀 모르겠어요.
(b) 그 대학은 1938년에 설립되었어요.
(c) 저는 가르치는 데 소질이 있는 것 같아요.
(d) 조명이 충분히 밝진 않았어요.

해설 lose는 '~을 잃어버리다'라는 의미 외에도 사람의 말이 '이해되지 못하다'라는 의미로 쓰인다. 강의를 들은 후 의견을 묻는 말에 무슨 말인지 모르겠다고 하는 (a)가 선택지 중 가장 자연스럽다. (b)와 (c)는 남자의 말 lecture과 관련된 어휘를 이용한 오답 함정이다.

어휘 enlightening 깨우침을 주는  instructor 강사
totally 완전히  found 설립하다  lighting 조명

정답 (a)

## 10

> M  Excuse me. Ms. Meredith is calling about the finance project.
>
> W  _____
>
> (a) Okay, please put her through.
> (b) Can I take a message, please?
> (c) All right, send her in now.
> (d) She's on the phone, so call back later.

해석 M  실례합니다. 메레디스 씨가 재무 프로젝트 때문에 전화하셨어요.
　　 W  _____

(a) 그래요, 연결시켜 주세요.
(b) 메시지 남겨 드릴까요?
(c) 좋아요, 지금 그녀를 들여보내세요.
(d) 그녀가 지금 통화 중이니 나중에 전화 주세요.

해설 지금 전화가 와 있다는 말에 전화를 연결시키라는 (a)가 가장 자연스럽다. put through는 전화 관련 대화에서 자주 나오는 표현이므로 반드시 알아두도록 한다.

어휘 finance 금융, 재정, 재무  put ~ through ~에게 전화를 연결하다  on the phone 통화 중인

정답 (a)

## Part II
## 11

> M  I want to buy some cookies before boarding the bus.
> W  But the bus is leaving soon. We might be late.
> M  I'll hurry up. Do you need anything?
> W  _____
>
> (a) Food is allowed on board.
> (b) Thanks, but I'll pass.
> (c) It won't take long.
> (d) Wow, that was fast!

해석 M  버스에 타기 전에 쿠키를 좀 사고 싶은데.
　　 W  하지만 버스가 곧 출발할 텐데. 늦을지도 몰라.
　　 M  빨리 갔다 올게. 뭐 필요한 거 있어?
　　 W  _____

(a) 차내에서 음식을 먹어도 돼.
(b) 고맙지만, 난 됐어.
(c) 오래 걸리지 않을 거야.
(d) 와, 빨리 갔다 왔네!

해설 버스를 타기 전에 먹을 것을 사러 가겠다는 남자가 여자에게 필요한 게 있는지 묻고 있다. 이에 대해 거절하는 표현으로 (b)가 가장 적절하다. pass는 음식 등을 안 먹고 지나간다는 의미가 있다.

어휘 board 승차하다  on board 차내에

정답 (b)

## 12

> W  You are all dressed up. Are you going somewhere?
> M  I'm meeting my girlfriend's mother.
> W  Have you been introduced before?
> M  _____
>
> (a) Yes, so this is the first time seeing her.
> (b) We have, but I still feel nervous.
> (c) I'm not sure whether she will like me.
> (d) No, but she seemed demanding last time.

해석 M  멋지게 차려 입었네. 어디 가는 거니?
　　 W  여자 친구의 어머니를 만나러 가.
　　 M  전에 인사는 드렸어?
　　 W  _____

(a) 응. 그래서 이번이 처음 뵙는 거야.
(b) 그랬는데, 아직도 긴장돼.
(c) 날 좋아하실지 어떨지 모르겠어.
(d) 아니, 근데 지난번에 까다로우신 것 같았어.

해설 여자 친구의 어머니를 뵌 적이 있는지 묻는 말에 그 여부를 말하면서 지금 자신의 심정을 이야기하는 (b)가 가장 적절하다. (a)는 긍정하면서 처음 뵙는다는 것이 문맥상 앞뒤가 맞지 않고, (d)는 부정하면서 지난번 만남에서 어떠했다고 말하는 것이 맥락에 맞지 않다.

어휘 be dressed up 옷을 잘 차려 입다  nervous 초조한  demanding 까다로운

정답 (b)

## 13

M  Did you see Roy's hair?
W  No, what happened?
M  He shaved it off!
W  _____

(a) Saving is a good habit.
(b) He does that in the summer.
(c) He shaves in the morning.
(d) So it should be longer now.

해석  M  로이 머리 봤니?
　　　W  아니, 왜 그러는데?
　　　M  머리를 빡빡 깎았어!
　　　W  _____

　　　(a) 절약은 좋은 습관이지.
　　　(b) 그는 여름에는 그렇게 해.
　　　(c) 그는 아침에 면도해.
　　　(d) 그러면 이제 머리가 더 길겠다.

해설  (a)는 shave와 saving의 발음 혼동을 이용한 함정으로, 전혀 관련 없는 내용이다. (c)는 shave가 다른 의미로 쓰였고, (d)는 빡빡머리를 한 사람을 두고 할 말로는 적절하지 않다. 따라서 여름마다 로이가 머리를 빡빡 깎는다는 의미의 (b)가 가장 적절하다.

어휘  shave off (머리를) 빡빡 깎다  shave 면도하다

정답  (b)

## 14

W  This chemistry course is so demanding.
M  You said it. The workload is too heavy.
W  What do you say to making a study group?
M  _____

(a) Good. Two heads are better than one.
(b) Great. You are on your own now.
(c) But we just don't have any chemistry.
(d) OK. Let's start with a light workout.

해석  W  이 화학 수업은 너무 힘들어.
　　　M  그렇긴 해. 공부할 게 너무 많아.
　　　W  스터디 그룹을 만들면 어떨까?
　　　M  _____

　　　(a) 좋아. 백지장도 맞들면 낫다잖아.
　　　(b) 훌륭해. 이제 너 혼자 힘으로 하는구나.
　　　(c) 하지만 우린 그저 아무런 끌림이 없어.
　　　(d) 알았어. 가벼운 운동부터 시작하자.

해설  화학 수업이 힘들다며 스터디 그룹을 만들자는 제안에 동조하면서 호응하는 (a)가 가장 적절하다. 상황에 맞는 속담 표현을 알아 두도록 한다.

어휘  chemistry 화학, 강한 끌림  demanding 부담이 큰, 힘든  workload 업무량  heavy 많은, 과중한  on one's own 혼자 (힘으로)  workout 운동

정답  (a)

## 15

W  Does your school offer evening classes?
M  No, but we have online courses.
W  Great! How do I sign up?
M  _____

(a) Then I can study at night.
(b) That's before the midterm.
(c) Through the homepage
(d) It's Psychology 101.

해석  W  학교에서 야간 강좌를 하나요?
　　　M  아뇨, 하지만 온라인 강좌들은 있어요.
　　　W  잘됐네요! 어떻게 등록하나요?
　　　M  _____

　　　(a) 그럼 밤에도 공부할 수 있어요.
　　　(b) 그건 중간고사 전이에요.
　　　(c) 홈페이지를 통해서요.
　　　(d) 심리학 개론이에요.

해설  온라인 강좌에 등록하는 방법을 묻는 말에 홈페이지를 이용하라는 (c)가 가장 적절하다. (d)의 101은 과목이나 분야를 나타내는 말 뒤에서 '입문, 개론'을 뜻한다.

어휘  evening class 야간 강좌  sign up 등록하다  psychology 심리학

정답  (c)

## 16

M How was your job interview yesterday?
W It went quite well. The interviewers were friendly.
M You should call them today to follow up.
W _____

(a) Yes, I wish you good luck.
(b) I'd call them if I were you.
(c) I should've done that yesterday.
(d) Yeah, I was just about to.

해석 M 어제 면접은 어땠어?
　　W 꽤 잘됐어. 면접관들이 우호적이었어.
　　M 오늘 전화해서 알아봐야겠네.
　　W _____

　　(a) 응, 행운을 빌어.
　　(b) 내가 너라면 전화하겠어.
　　(c) 어제 그렇게 했어야 하는데.
　　(d) 응, 막 하려던 참이었어.

해설 면접 후에 전화해서 어떻게 되는 건지 알아봐야 한다는 조언에 그러려고 했다는 (d)가 적절하다. (a)는 여자의 응답 후에 남자가 할 수 있는 말로 알맞다.

어휘 go well 잘되다　interviewer 면접관　friendly 친절한, 우호적인　follow up 더 알아보다　be about to 막 ~하려 하다

정답 (d)

## 17

W What do you want for dinner?
M Anything is fine by me.
W You don't seem to have much of an appetite.
M _____

(a) I'm full of myself.
(b) It's served as an appetizer.
(c) I'm still stuffed.
(d) Dinner is cooking.

해석 W 저녁에 뭘 먹고 싶니?
　　M 난 아무거나 괜찮아.
　　W 별로 식욕이 없나 보구나.
　　M _____

　　(a) 난 거만해.
　　(b) 그건 애피타이저로 제공돼.
　　(c) 난 아직 배가 불러.
　　(d) 저녁 요리 중이야.

해설 식욕이 별로 없어 보인다는 말에 배가 불러서 식욕이 없다는 (c)가 가장 적절하다. (a)는 '배부른'을 의미하는 full을 이용한 오답 함정이다.

어휘 not have much of an appetite 식욕이 별로 없다　be full of oneself 자기만 생각하다　appetizer 식욕을 돋우는 요리, 전채　stuffed 배가 부른

정답 (c)

## 18

W Where is my favorite red skirt?
M Margaret wore it to school this morning.
W Again? She is driving me mad!
M _____

(a) You should ask permission first.
(b) You have tons of other clothes.
(c) Don't drive if you're mad.
(d) I'll give it back to you now.

해석 W 내가 좋아하는 빨간 치마 어디 있지?
　　M 마거릿이 오늘 아침 학교에 입고 갔는데.
　　W 또? 걔 때문에 미치겠다!
　　M _____

　　(a) 먼저 허락을 구해야 해.
　　(b) 넌 다른 옷들이 많잖아.
　　(c) 화가 나면 운전하지 마.
　　(d) 지금 너한테 돌려줄게.

해설 자기가 좋아하는 옷을 다른 사람이 입고 갔다는 사실에 화를 내는 여자에게 그것 말고도 다른 옷이 많으니 화 내지 말라는 (b)가 가장 자연스럽다.

어휘 drive ~ mad ~을 미치게 하다　ask permission 허락을 구하다　tons of 많은, 다수의　clothes 옷

정답 (b)

## 19

M I heard you went cycling last week. How was it?
W Not good. I saw a big pile up on the road.
M Oh, were the bikers seriously injured?
W _____

(a) The news actually added insult to injury.
(b) Not that I know of, but it was very chaotic.
(c) I'd like to know the cause of the accident.
(d) It takes some time for the wounds to heal.

해석 M 지난주에 사이클링 갔다고 들었는데, 어땠니?

　　W 별로였어. 연쇄 추돌 사고가 있었거든.

　　M 자전거 타던 사람들이 심하게 다쳤니?

　　W _____

　　(a) 그 소식은 실제로 일을 더 꼬이게 만들었어.

　　(b) 내가 알기로 그렇지는 않지만, 굉장히 혼란스러웠어.

　　(c) 난 그 사고의 원인을 알고 싶어.

　　(d) 상처를 치료하려면 얼마간 시간이 걸려.

해설 자전거를 탈 때 연쇄 추돌 사고가 있었다고 하자 사람들이 다치지는 않았는지 묻고 있다. 질문에 응답하면서 당시의 혼란스러운 상황을 이야기하는 (b)가 가장 자연스럽다. (d)는 남자의 말 injured와 관련된 어휘들을 이용한 함정이다.

어휘 cycling 자전거 타기　injure 상처를 입히다　pile-up (자동차 등의) 연쇄 추돌 사고　add insult to injury 설상가상으로 만들다　chaotic 혼란스러운, 무질서한　cause 원인　wound 상처, 부상　heal 치료하다

정답 (b)

## 20

W I was told there is a hiking path in that mountain.

M Yes, but it's for experienced hikers.

W What are you trying to say?

M _____

(a) The slope is too steep for the unseasoned.

(b) Even young children can access the trail.

(c) You should plan your career path wisely.

(d) It does not rent out climbing gear.

해석 W 저 산에 하이킹 코스가 있대.

　　M 응, 그런데 숙련자용 코스야.

　　W 무슨 말을 하려는 거니?

　　M _____

　　(a) 경험이 없는 사람들에게는 경사가 너무 가파르다고.

　　(b) 어린아이들도 그 길로 갈 수 있어.

　　(c) 넌 진로 계획을 현명하게 해야 해.

　　(d) 등산 장비를 빌려 주지 않아.

해설 하이킹 코스가 숙련자용이라는 말은 경험이 없는 사람은 가기에 힘들다는 의미로 (a)가 가장 적절하다.

어휘 experienced 숙련된, 경험 많은　slope 경사(지)　steep 가파른　unseasoned 미숙한　trail 산길　plan one's career path ~의 진로를 계획하다　wisely 현명하게　rent out ~을 빌려 주다　climbing gear 등산 장비

정답 (a)

## Part III
## 21

Listen to a conversation between two friends.

W I often have trouble with my stomach these days.

M When does the symptom occur?

W Mostly during the late morning hours.

M What do you usually have for breakfast?

W Lots of cereal with milk.

M Too much milk could cause stomach trouble. Try to reduce your milk consumption.

W Okay. Maybe I should just drink soy milk instead.

Q What are the man and the woman mainly discussing?

(a) A possible cause of the woman's health problem

(b) Why soy milk is better than regular milk

(c) How milk causes stomach troubles for some people

(d) Why milk is not recommended for breakfast

해석 두 친구 간의 대화입니다.

　　W 요즘 위가 자주 안 좋네요.

　　M 증상이 언제 나타나지요?

　　W 대부분 오전 늦게요.

　　M 보통 아침 식사로 뭘 드시나요?

　　W 우유에 탄 시리얼을 많이 먹어요.

　　M 우유를 너무 많이 먹으면 위에 문제를 일으킬 수 있습니다. 우유 섭취를 줄이려고 노력해 보세요.

　　W 알겠어요. 대신 두유를 마셔 봐야겠네요.

　　Q 남자와 여자가 주로 논의하고 있는 것은?

　　(a) 여자가 가진 건강 문제의 가능성 있는 원인

　　(b) 두유가 일반 우유보다 더 나은 이유

　　(c) 우유가 어떻게 일부 사람들에게 위에 문제를 일으킬 수 있는지

　　(d) 우유가 아침 식사로 권장되지 않는 이유

해설 여자의 위 문제의 원인을 추측하는 대화로 아침에 우유를 너무 많이 마시는 것이 원인이 될 수 있다며 우유 섭취를 줄이라고 한다. 따라서 (a)가 적절하다.

어휘 stomach 위　symptom 증상　occur 발생하다　consumption 섭취

정답 (a)

Actual Test 5

정답 및 해설　101

## 22

Listen to a conversation at an office.

M Matthew's task force team needs another accountant, so I recommended you.

W Oh, you're talking about the tax audit team.

M Right. He needs more accountants to review some financial documents.

W Okay, but I have to finish writing my report due this week.

M Don't worry. You can join the team next week.

W Great. I'll talk to Matthew then.

Q What is mainly happening in the conversation?

(a) The man is interviewing the woman for a new job.

(b) They are going over some financial documents.

(c) The man is introducing the woman to Matthew.

(d) The woman is being given a new responsibility.

해석 사무실에서의 대화입니다.

M 매튜의 프로젝트 팀에서 회계사가 한 명 더 필요하다고 해서 당신을 추천했어요.

W 아, 세무 감사팀을 말씀하시는 거군요.

M 맞아요. 재무 관련 서류를 검토하려면 회계사가 더 필요하다더군요.

W 알겠습니다. 그런데 저는 이번 주까지 보고서 작성을 마쳐야 하는데요.

M 걱정 마세요. 팀에는 다음 주에 합류해도 돼요.

W 좋습니다. 그럼 매튜에게 이야기하겠습니다.

Q 대화에서 주로 일어나고 있는 일은?

(a) 남자가 새 일자리 때문에 여자를 면접 보고 있다.

(b) 그들은 재무 관련 서류를 검토하고 있다.

(c) 남자가 여자를 매튜에게 소개하고 있다.

(d) 여자에게 새로운 업무가 주어지고 있다.

해설 남자는 회계 인력이 필요한 매튜의 팀에 여자를 추천해서 다음 주부터 합류하도록 하고 있으므로 (d)가 알맞다.

어휘 **task force team** 프로젝트 팀  **accountant** 회계사  **tax audit** 세무 감사  **review** 정밀하게 살피다  **financial** 재무의  **document** 문서

정답 (d)

## 23

Listen to two friends discuss investment.

M Where do you think I should invest?

W How about biotechnology or solar energy businesses?

M What? But their stock prices have been falling for over a year.

W That's exactly why you should buy their stocks now. Their value will only grow with time.

M I see. Which companies do you recommend?

W Those who have business partners overseas are safer choices.

Q What is the woman mainly doing in the conversation?

(a) Recommending specific companies to invest in

(b) Offering the man advice on investment decisions

(c) Advising the man to invest in businesses overseas

(d) Convincing the man to make safer investments

해석 투자에 대한 두 친구 간의 대화입니다.

M 제가 어디에 투자해야 한다고 생각하나요?

W 생명 공학이나 태양 에너지 사업은 어떠세요?

M 네? 하지만 그쪽 주가는 1년 넘게 떨어지고 있는걸요.

W 그러니까 지금 그 주식을 사야 하는 거죠. 시간이 흐르면 가치가 올라가기만 할 거예요.

M 그렇군요. 어떤 회사를 추천하세요?

W 해외에 협력사가 있는 회사가 더 안전한 선택이에요.

Q 여자가 대화에서 주로 하고 있는 것은?

(a) 투자할 특정 회사 추천하기

(b) 남자에게 투자 결정에 대한 조언해 주기

(c) 남자에게 해외 사업에 투자하도록 조언하기

(d) 남자가 더 안전한 투자를 할 수 있도록 납득시키기

해설 남자는 여자에게 투자 상담을 하고 있으며 여자는 특정 분야를 추천하고 있다. 따라서 남자의 투자 결정에 대한 조언으로 볼 수 있다. 여자는 분야를 추천했을 뿐 회사는 추천하지 않았고, 해외 사업이 아니라 해외 협력사가 있는 회사를 추천하고 있다.

어휘 **biotechnology** 생명 공학  **solar energy** 태양 에너지  **stock price** 주가  **value** 가치  **specific** 특정한  **decision** 결정  **convince** 납득시키다, 확신시키다

정답 (b)

## 24

Listen to a conversation between two friends in a restaurant.

W  Have you decided what to order for lunch?

M  I'm torn between pasta and steak.

W  So am I. Hey, why don't we get the pasta and we can split a steak.

M  That's a great idea. How about some ice cream for dessert?

W  There is a well-known ice cream parlor nearby. Let's go there after lunch.

M  Good. Let's order now.

Q  Which is correct according to the conversation?

(a) They will order ice cream here after lunch.

(b) They are eating in a well-known restaurant.

(c) The man picks steak over pasta.

(d) The woman wants to share some food.

해석  식당에 있는 두 친구의 대화입니다.

W  점심으로 뭘 주문할지 정했어?

M  파스타와 스테이크 사이에서 고민 중이야.

W  나도 그래. 파스타를 주문하는 건 어때? 스테이크는 나눠 먹고.

M  좋은 생각이야. 디저트로는 아이스크림 어때?

W  근처에 유명한 아이스크림 가게가 있어. 점심 먹고 거기 가자.

M  좋아. 이제 주문하자.

Q  대화에 의하면 옳은 것은?

(a) 그들은 점심 식사 후에 이곳에서 아이스크림을 주문할 것이다.

(b) 그들은 유명한 식당에서 식사 중이다.

(c) 남자는 파스타 대신 스테이크를 주문한다.

(d) 여자는 음식을 나눠 먹기를 원한다.

해설  파스타와 스테이크 사이에 고민하는 남자에게 여자는 파스타를 주문하고 스테이크는 나눠 먹자고 권했고 남자는 이를 받아들였으므로 가장 알맞은 선택지는 (d)이다. 아이스크림은 식사 후 근처 아이스크림 가게에서 먹을 예정이다.

어휘  split 나누다  ice cream parlor 아이스크림 가게

정답  (d)

## 25

Listen to a conversation at an airport.

M  Welcome to Heathrow International Airport. How may I help you, ma'am?

W  I've just arrived in from Singapore, and need accommodation.

M  Where would you like to stay?

W  Near the Expo Center, please. I'll be attending the science symposium.

M  Then I would recommend the Crimson Hotel.

W  That sounds great. Could you book me a reservation, please?

M  Right away, ma'am.

Q  Which is correct about the woman according to the conversation?

(a) She wants to stay near the airport.

(b) She accepted the man's recommendation.

(c) She is traveling alone on a holiday here.

(d) She has just flown into Singapore.

해석  공항에서의 대화입니다.

M  히드로 국제 공항에 오신 걸 환영합니다. 뭘 도와 드릴까요?

W  싱가포르에서 막 도착했는데 숙박할 곳이 필요해요.

M  어디에 묵고 싶으신가요?

W  엑스포 센터 근처예요. 저는 과학 심포지엄에 참석할 예정이거든요.

M  그렇다면 크림슨 호텔을 추천해 드릴게요.

W  그게 좋겠네요. 예약도 해 주시겠어요?

M  당장 해 드리겠습니다.

Q  대화에 의하면 여자에 대해 옳은 것은?

(a) 공항 근처에 머물고 싶어 한다.

(b) 남자의 추천을 받아 들였다.

(c) 이곳에서 혼자 휴가 여행 중이다.

(d) 비행기를 타고 막 싱가포르에 도착했다.

해설  여자는 싱가포르에서 막 영국 공항에 도착했는데 숙소를 찾고 있으며, 남자가 추천한 호텔을 예약하려고 하므로 알맞은 선택지는 (b)이다. 과학 심포지엄에 참석할 예정인 것으로 보아 (c)는 적절하지 않다.

어휘  accommodation 숙박 시설  symposium 심포지엄, 학술 토론회  flow into 비행기를 타고 ～에 오다

정답  (b)

## 26

Listen to a conversation between a call center agent and a customer.

M Hello, this is Visit Card service center. How may I help you?

W Hi, I lost my credit card.

M I see. Could you tell me your card number?

W Gosh, I don't know.

M It's okay. Do you know your bank account number?

W Yes, it's 9401-1891-1007. And my name is Jennifer Walsh.

M Let me check… Okay, Ms. Walsh, your card has been canceled.

W Thank you very much!

Q Which is correct according to the conversation?

(a) The woman's card has been used by someone else.

(b) The man successfully froze her bank account.

(c) The woman does not know her card number.

(d) The woman had her credit card stolen.

해석 콜센터 직원과 손님 간의 대화입니다.

M 안녕하세요, 비지트 카드 서비스 센터입니다. 무엇을 도와 드릴까요?

W 안녕하세요, 신용 카드를 분실했어요.

M 알겠습니다. 카드 번호를 말씀해 주시겠어요?

W 이런, 번호를 몰라요.

M 괜찮습니다. 은행 계좌 번호를 아시나요?

W 네, 9401-1891-1007입니다. 제 이름은 제니퍼 월시고요.

M 확인해 보겠습니다…. 네, 월시 씨, 카드 취소되었습니다.

W 정말 감사해요!

Q 대화에 의하면 옳은 것은?

(a) 여자의 카드를 다른 사람이 사용했다.

(b) 남자는 성공적으로 여자의 은행 계좌를 정지시켰다.

(c) 여자는 자신의 카드 번호를 모른다.

(d) 여자는 신용 카드를 도둑맞았다.

해설 여자는 신용 카드를 분실했고, 카드를 취소하기 위해서는 카드 번호나 계좌 번호가 필요한데 카드 번호를 몰라서 은행 계좌를 알려 주고 있다. 따라서 (c)가 알맞다. 남자는 여자의 카드를 취소했지 은행 계좌를 취소한 것이 아니며, 여자의 카드를 다른 사람이 썼는지에 대해서는 언급되지 않았다.

어휘 **account number** 계좌 번호  **freeze** 동결[정지]하다

정답 (c)

## 27

Listen to a conversation between two friends.

W I've never seen this DVD. Its cover is quite exotic.

M It's an Indian movie titled *Bombay Biking Tour*.

W You have a very broad taste in movies.

M Yes, I like to watch and collect all kinds of films.

W Great. It's a pity that most people watch only Hollywood blockbusters.

M Right. Even some movies you don't like at first often grow on you.

W Exactly. Maybe we should go to the movies together some day.

Q Which is correct according to the conversation?

(a) The man thinks people can expand their taste in movies.

(b) The woman likes the DVD because of its cover.

(c) The man never watches blockbuster movies.

(d) The woman usually watches a movie on DVD.

해석 두 친구 간의 대화입니다.

W 이 DVD는 처음인데. 표지가 상당히 이국적이다.

M 〈봄베이 바이킹 투어〉라는 인도 영화야.

W 영화 취향이 무척 다양하구나.

M 응, 모든 종류의 영화를 보고 수집하는 걸 좋아해.

W 좋네. 대부분의 사람들이 할리우드 블록버스터만 보는 건 유감이야.

M 맞아. 처음에는 좋아하지 않던 영화도 점점 마음에 들게 된다니까.

W 그러게. 언제 영화 같이 보러 가야겠다.

Q 대화에 의하면 옳은 것은?

(a) 남자는 사람들이 영화의 취향을 넓힐 수 있다고 생각한다.

(b) 여자는 표지 때문에 그 DVD가 마음에 든다.

(c) 남자는 블록버스터 영화를 절대 보지 않는다.

(d) 여자는 보통 DVD로 영화를 본다.

해설 사람들이 할리우드 블록버스터만 보는 것을 안타까워하는 여자에게 남자는 처음에는 좋아하지 않던 영화도 점점 마음에 들게 된다며, 영화 취향이 더 넓어질 수 있음을 이야기하고 있다.

어휘 **exotic** 이국적인  **broad** 폭넓은  **pity** 애석한 일 **grow on** (취미 등이) 점점 자라다  **expand** 확대하다

정답 (a)

## 28

Listen to a conversation between two friends.

W So you like that audition program on TV, huh?

M No, I was just surfing the channels.

W Ha, you've been watching that show for twenty minutes.

M Okay, I admit it. Just don't tell anyone.

W It's okay. I like that show too, but I never tell anyone about it.

M It's a guilty pleasure. I like it but I'm embarrassed to admit it.

Q Which is correct about the man and woman according to the conversation?

(a) The man auditioned for a TV program secretly.

(b) The woman is annoyed by the man's channel-surfing.

(c) They share a common taste in a particular TV show.

(d) The man feels guilty about watching TV alone.

해석 두 친구 간의 대화입니다.

W TV에서 하고 있는 저 오디션 프로그램을 좋아하는구나?

M 아니, 그냥 채널 돌리고 있었던 거야.

W 아하, 20분이나 그 프로그램을 보고 있었는데.

M 그래. 인정할게. 그런데 아무한테도 얘기하지 마.

W 괜찮아. 나도 그 프로그램을 좋아하지만 아무에게도 좋아한다고 말하지 않아.

M 좋아하지만 남들한테 말하기에는 부끄러운 거지. 나도 좋아하지만 인정하기에는 창피해.

Q 대화에 의하면 남자와 여자에 대해 옳은 것은?

(a) 남자는 몰래 TV 프로그램 오디션에 참가했다.

(b) 여자는 남자가 채널 돌리는 것 때문에 짜증이 났다.

(c) 그들은 특정 TV 프로그램에 대해 취향이 같다.

(d) 남자는 TV를 혼자 보는 것에 대해 죄책감을 느낀다.

해설 두 사람은 같은 TV 오디션 프로그램을 좋아하면서도 창피해서 다른 사람들에게 말하지 못하고 있다. 따라서 특정 TV 프로그램에 공통된 취향이 있다는 의미의 (c)가 적절하다. audition을 동사로 쓰면 '오디션을 보다'라는 뜻이다. 좋아하지만 남들한테 말하기에는 부끄러운 것을 가리키는 guilty pleasure라는 표현도 알아두자.

어휘 audition 오디션, 오디션을 보다  surf the channels 채널을 돌려 보다  admit 인정하다  guilty pleasure 좋아하지만 남들한테 말하기에는 부끄러운 것  secretly 비밀리에

정답 (c)

## 29

Listen to a conversation between two college teachers.

M What courses are you teaching this semester?

W Only basic French classes. I'm so lucky.

M You are! I wish I taught basic classes too.

W How about your schedule?

M I have one advanced French grammar and two writing courses.

W Wow, you must have a lot to prepare!

M Right. I just hope I'll get a better schedule next semester.

Q What can be inferred from the conversation?

(a) The woman taught grammar last semester.

(b) The woman's French is not as good as the man's.

(c) The man is not very happy about his schedule.

(d) The man will teach basic classes next semester.

해석 두 대학강사 간의 대화입니다.

M 이번 학기에는 무슨 과목 가르치세요?

W 프랑스어 기초반만요. 운이 좋았죠.

M 그러게요! 저도 기초반을 가르치면 좋겠어요.

W 시간표가 어떻게 돼요?

M 프랑스 문법 고급 한 반이랑 작문 두 반이요.

W 어머, 준비할 게 많겠어요!

M 네. 다음 학기에는 더 나은 시간표를 받았으면 해요.

Q 대화를 통해 유추할 수 있는 것은?

(a) 여자는 지난 학기에 문법을 가르쳤다.

(b) 여자의 프랑스 실력은 남자의 실력만큼 좋지 않다.

(c) 남자는 자기 시간표가 썩 마음에 들지 않는다.

(d) 남자는 다음 학기에 기초반을 가르칠 것이다.

해설 기초반만 배정받은 여자와 달리 남자는 문법 심화반과 작문반을 두 개나 수업하기 때문에 준비할 게 많다. 남자의 마지막 말에서 다음 학기에는 더 나은 시간표를 받길 바라고 있으므로 유추할 수 있는 내용은 (c)이다.

어휘 grammar 문법  prepare 준비하다

정답 (c)

## 30

Listen to a conversation between two friends.

M Do you know how much it costs to insure a new van?

W I guess it's quite expensive.

M I'm trying to find a good deal on insurance.

W Do you remember Duane from college? He works at an insurance agency.

M He does? I didn't know that.

W Yeah, you should call him and ask.

M I will. Thanks a lot.

Q What can be inferred from the conversation?

(a) The man does not remember Duane well.

(b) The man purchased a new vehicle lately.

(c) Duane's company is known for a low insurance rate.

(d) The man's new van is insured now.

해석 두 친구 간의 대화입니다.

M 새 밴 보험 드는 데 얼마인지 알아?

W 꽤 비쌀 거 같은데.

M 괜찮은 보험 상품을 찾으려고 하고 있어.

W 대학 친구인 드웨인 기억나? 보험사에서 일하는데.

M 그래? 그건 몰랐네.

W 응, 전화해서 물어 봐.

M 그럴게. 고마워.

Q 대화를 통해 유추할 수 있는 것은?

(a) 남자는 드웨인을 잘 기억하지 못한다.

(b) 남자는 최근 새 차를 구입했다.

(c) 드웨인의 회사는 낮은 보험료로 알려져 있다.

(d) 남자의 새 밴은 지금 보험에 들어 있다.

해설 남자는 자신의 새 밴에 들 저렴한 보험을 알아보고 있다고 하므로 최근 새 차를 구입한 것으로 유추할 수 있다. 여자가 드웨인을 언급한 것은 그가 보험 회사에 다니고 있기 때문에 문의해 보라는 것이지 낮은 보험료 때문에 연락해 보라는 것이 아니므로 (c)는 알맞지 않다.

어휘 insure 보험에 들다   insurance 보험   vehicle 차량
insurance rate 보험료

정답 (b)

## Part IV
## 31

Nowadays, anger management has become a hot issue. What are some of the ways people can deal with their exploding anger? Successful management of anger starts with acknowledging the fact that you have an anger management problem. However, for most people, they are in denial or put the blame on others. Such attitudes can make the problem even worse.

Q What is the main idea of the talk?

(a) The effectiveness of anger management programs

(b) Numerous ways to manage one's anger

(c) Health issues associated with anger management

(d) The importance of admitting one's anger issues

해석 요즘 분노 관리가 뜨거운 이슈입니다. 사람들이 폭발하는 분노를 다루는 방법에는 어떤 것이 있을까요? 성공적인 분노 관리는 자신이 분노를 관리하는 데 문제가 있다는 사실을 인지하는 데에서 시작합니다. 하지만 대부분의 사람들은 이런 사실을 받아들이지 못하거나, 다른 사람의 탓으로 돌립니다. 이러한 태도는 문제를 더 악화시킬 수 있습니다.

Q 담화의 주제는?

(a) 분노 관리 프로그램들의 효과

(b) 분노를 다스리는 여러 가지 방법

(c) 분노 관리와 관련된 건강 문제들

(d) 자신의 분노 문제를 인정하는 것의 중요성

해설 성공적인 분노 관리의 시작은 자신이 분노 관리에 문제가 있음을 인정하는 데에서 시작한다는 것이 주제이다. 담화의 acknowledging이 (d)에서 admitting으로 바뀌어 표현되었다

어휘 anger 화, 분노   management 관리   explode
폭발하다   acknowledge 인정하다   denial 부정
put the blame on ~을 탓하다   attitude 태도, 사고
방식   associate 연관 짓다

정답 (d)

## 32

Not everyone living in Levant is a Muslim. Levant is the region comprising modern-day Lebanon, Israel, and parts of Turkey and Syria. There are Muslim Arabs, Christian Arabs, and of course, Jews, all occupying the same grounds. However, the conflict between these groups has been on-going for centuries. And one of the unfortunate outcomes has been the declining number of Christian Arabs in the region. Many of them are leaving their homes for a better life in Western countries, but they are often unwelcomed there because people mistakenly associate them with terrorists.

Q   What is mainly being discussed?
(a) The declining Arab population in Levant
(b) The problems faced by Christian Arabs
(c) The religious assimilation of Christian
     immigrants
(d) The connection between terrorism and Arabs

해석 레반트 지역에 사는 모든 사람들이 이슬람교도인 것은 아닙니다. 레반트는 오늘날의 레바논과 이스라엘, 터키와 시리아의 일부로 이뤄진 지역입니다. 이슬람교 아랍인과 기독교 아랍인, 그리고 물론 유대인도 있는데 다들 같은 지역을 차지하고 있습니다. 하지만 이 그룹들 사이의 갈등은 몇 세기 동안 계속되고 있습니다. 그리고 불행한 결과 중 하나는 그 지역에 기독교 아랍인의 숫자가 감소하고 있다는 것입니다. 그들 중 상당수가 더 나은 삶을 찾아 고향을 떠나 서구 국가로 가지만, 그곳에서도 그들은 종종 테러리스트와 잘못 결부되어 환영받지 못합니다.

Q   주로 논의되고 있는 것은?
(a) 레반트에서 감소하고 있는 아랍인 인구
(b) 기독교 아랍인이 직면한 문제
(c) 기독교 이민자들의 종교적 동화
(d) 테러리즘과 아랍인들 사이에 연관성

해설 레반트 지역의 다양한 종교를 가진 아랍인에 관해 이야기하고 있다. 그들 사이의 갈등으로 기독교 아랍인들이 서구로 가지만 그곳에서 겪는 문제를 언급하고 있으므로 (b)가 가장 적절하다.

어휘 Muslim 이슬람교도   region 지역   comprise ~으로 구성되다   Jew 유대인, 유대교도   occupy 차지하다   conflict 갈등, 충돌   ongoing 진행 중인   unfortunate 불행한   outcome 결과   decline 감소   unwelcome 반갑지 않은   assimilation 동화, 흡수

정답 (b)

## 33

Today, we'll be discussing the two super predators in the oceans: the great white shark and the killer whale. There are clear differences in the way they hunt their prey. The great white shark hunts alone, while the killer whale hunts in pods of three or four. But what is really interesting is that while the great white shark hunts by instincts, the killer whales are taught how to hunt by their parents for years.

Q   Which is correct according to the talk?
(a) Killer whales learn how to catch their prey.
(b) Killer whales are more skilled at hunting.
(c) The great white sharks hunt in packs.
(d) The great white sharks prey on killer whales.

해석 오늘 우리는 바다의 최상위 포식자인 백상아리와 범고래에 대해 논의하겠습니다. 이들이 먹이를 사냥하는 방법에는 분명한 차이점이 있습니다. 백상아리는 혼자서 사냥하지만, 범고래는 서너 마리의 작은 무리를 지어서 사냥합니다. 정말 흥미로운 점은 백상아리가 본능으로 사냥을 하는 반면, 범고래는 여러 해 동안 부모에게 사냥하는 법을 배운다는 것입니다.

Q   담화에 의하면 옳은 것은?
(a) 범고래는 먹이를 잡는 법을 배운다.
(b) 범고래가 사냥에 더 능하다.
(c) 백상아리는 무리 지어 사냥한다.
(d) 백상아리는 범고래를 먹이로 한다.

해설 담화의 마지막에 범고래는 본능으로 사냥하는 백상아리와 달리 부모에게 사냥하는 방법을 배운다고 하므로 (a)가 알맞다. 담화의 are taught how to hunt가 learn how to catch their prey로 표현되었다.

어휘 predator 포식자, 포식   prey 먹이, 사냥감   pod (고래 등의) 작은 떼   instinct 본능   in packs 떼 지어   prey on ~을 먹이로 하다

정답 (a)

## 34

What I want to talk about for today's lecture is urban heat island. Urban heat island is the rise in temperature in cities more than their surrounding areas due to buildings and other concrete structures. These structures absorb short-wave radiation from the sun that heats up the area. There are several problems associated with urban heat islands. One is the change in weather and the subsequent change in climate, causing more frequent thunderstorms.

Q Which is correct about urban heat island according to the lecture?
(a) It causes the climate to change in the countryside.
(b) It can disturb the weather in urban areas for the worse.
(c) It is the direct result of air pollution in the cities.
(d) It changes the temperature to move up and down.

해석 오늘 강의에서는 도시 열섬 현상에 대해 이야기하겠습니다. 도시 열섬은 건물과 기타 콘크리트 구조물들 때문에 도시의 기온이 주변 지역보다 상승하는 현상입니다. 이러한 구조물은 태양으로부터 지역을 가열하는 단파 복사를 흡수합니다. 도시 열섬과 관련된 몇몇 문제가 있습니다. 하나는 날씨의 변화와 뒤따른 기후의 변화로, 더욱 빈번한 뇌우를 초래합니다

Q 강의에 의하면 도시 열섬에 대해 옳은 것은?
(a) 시골에서의 기후 변화를 일으킨다.
(b) 도심 지역의 날씨를 악화시킨다.
(c) 도시 공기 오염의 직접적인 결과다.
(d) 기온이 아래위로 변하게 한다.

해설 도시 열섬 현상의 원인과 그것이 기후에 미치는 영향에 대해 이야기하고 있다. 도시 열섬으로 도심 지역의 기온이 올라가고, 그로 인한 기온 변화로 뇌우가 빈번해진다고 하므로 (b)가 옳다.

어휘 urban heat island 도시 열섬  surrounding 주변의  absorb 흡수하다  short-wave radiation 단파 복사  heat up 온도를 올리다. 데우다  subsequent 그 후의  disturb 방해하다

정답 (b)

## 35

Good afternoon. First, I would like to thank everyone for coming here on a short notice. Our company is currently preparing for a fierce legal battle against our top competitor for a key patent for our newest model of cell phones. Because of the urgency and confidentiality of the matter, we had no choice but to call everyone here on short notice. As the chief of legal matters, I would like everyone to remain silent about the issue until it is resolved.

Q Which is correct according to the announcement?
(a) The competitor is using the company's patent in its products.
(b) Employees should not talk to others about the company's status.
(c) Employees should contribute to the legal process in the future.
(d) The company is suffering from a significant financial loss.

해석 안녕하세요. 우선, 급히 불렀는데도 와 주신 모든 분들께 감사드립니다. 우리 회사는 현재 최신 모델의 휴대 전화에 대한 핵심 특허 건으로 가장 강력한 경쟁사를 상대로 치열한 법정 투쟁을 준비 중에 있습니다. 사안이 긴급하고 기밀이기 때문에 급히 여기로 모두 부를 수밖에 없었습니다. 최고 법무 책임자로서, 문제가 해결될 때까지 침묵해 주시기를 당부드립니다.

Q 발표에 의하면 옳은 것은?
(a) 경쟁사가 그들의 제품에 회사의 특허를 쓰고 있다.
(b) 직원들은 회사의 상황에 대해 다른 사람들에게 얘기해서는 안 된다.
(c) 직원들은 앞으로 소송 절차에 기여해야 한다.
(d) 회사는 심각한 재정 손실로 어려움을 겪고 있다.

해설 회사는 특허 관련 문제로 경쟁사와 법정 싸움을 할 계획이며, 이에 대해 외부에 누설하지 말라고(remain silent) 직원들에게 이야기하고 있으므로 (b)가 알맞다.

어휘 on a short notice 급히  fierce 사나운  legal 법률(상)의  patent 특허(권)  urgency 긴급, 절박  confidentiality 기밀성  chief 장, 우두머리  resolve 해결하다  status 상황  contribute to ~에 기여하다

정답 (b)

## 36

Good afternoon, everyone. We are going to be looking at the miniature portrait paintings, which began to be made in Europe in the 16th century. Although these paintings weren't cheap because they had to be made by highly skilled artists, they were very popular among people. They were especially favored by sailors undertaking long and strenuous journeys, who wanted portraits of their loved ones.

Q What can be inferred from the lecture?

(a) People paid a lot of money to learn miniature portrait painting.

(b) Many highly skilled artists lived outside Europe.

(c) Sailors made a lot of money to afford miniature portraits.

(d) Miniature portraits were mostly of close people.

해석 안녕하세요, 여러분. 미니어처 초상화를 볼 예정인데, 이것은 16세기 유럽에서 제작되기 시작했습니다. 기술이 뛰어난 화가들이 제작해야 했기 때문에 가격이 저렴하지 않았는데도 사람들 사이에 인기가 많았습니다. 특히 길고 힘든 항해를 하면서 사랑하는 사람의 초상화를 원하는 선원들이 좋아했습니다.

Q 강의를 통해 유추할 수 있는 것은?

(a) 사람들은 미니어처 초상화를 배우는 데 많은 돈을 지불했다.

(b) 기술이 뛰어난 많은 예술가들이 유럽의 밖에 살았다.

(c) 선원들은 미니어처 초상화를 구입하기 위해 많은 돈을 벌었다.

(d) 미니어처 초상화는 대부분 가까운 사람들의 초상화였다.

해설 미니어처 초상화는 사랑하는 사람들의 초상화를 간직하고 싶었던 선원들이 좋아했다는 것으로 보아 유추할 수 있는 내용은 (d)이다. 사랑하는 사람이나 가족, 친척 등을 loved ones라 표현한다.

어휘 **miniature** 아주 작은, 축소된  **portrait** 초상화 **undertake a journey** 여행하다  **strenuous** 힘이 많이 드는

정답 (d)

## Part V
## 37~38

Diabetes is a disease in which patients have high blood sugar levels resulting from the body's inability to produce or use insulin. Traditionally, diabetes has been divided into two types. Type 1 diabetes is a genetic condition and is often called early onset diabetes as it typically occurs during childhood. People with Type 1 diabetes produce almost no insulin. On the other hand, Type 2 diabetes mostly develops in older people who are overweight or obese. Although Type 2 diabetes has various causes, this classification has remained unchanged for decades. Recently, a group of European scientists suggested that diabetes should be categorized into five clusters, not just two types. According to their research, Cluster 3 diabetes is defined similarly to classical Type 1 diabetes, while the other four clusters are subtypes of Type 2 diabetes. The researchers said that the new classification may not be perfect but will definitely help find more precise and more personalized treatments for the disease.

Q37 What is mainly being discussed?

(a) Various causes and symptoms of diabetes

(b) More accurate treatment for diabetes

(c) Variable aspects of type 2 diabetes

(d) Different ways of grouping diabetes

Q38 Which is more likely to develop in young people?

(a) Cluster 1 diabetes

(b) Cluster 2 diabetes

(c) Cluster 3 diabetes

(d) Cluster 4 diabetes

해석 당뇨병은 체내에서 인슐린이 분비되지 않거나 인슐린을 사용하지 못해 환자가 높은 혈당 수치를 유지하는 질병입니다. 전통적으로 당뇨병은 두 가지 유형으로 구분되어 왔습니다. 제1형 당뇨병은 유전병이며 보통 유년기에 발병하기 때문에 종종 조기 발병 당뇨병이라 불립니다. 제1형 당뇨병 환자는 인슐린 분비를 거의 하지 못합니다. 반면, 제2형 당뇨병은 대부분 과체중이거나 비만인 성인에게 발병됩니다. 제2형 당뇨병에는 다양한 발병원인이 있지만, 이 분류방법이 수십 년간 바뀌지 않고 유지되어왔습니다. 최근 유럽의 과학자들로 구성된 한 연구팀에서 당뇨

병을 두 가지 유형이 아닌 총 5개 군으로 구분해야 한다는 제안이 있었습니다. 이들의 연구에 따르면, 제3군 당뇨병은 전통적인 제1형 당뇨병과 유사하게 정의되지만, 나머지 4개 군에 해당하는 당뇨병은 제2형 당뇨병의 세부 유형이라 할 수 있습니다. 이 연구진은 새로운 분류법이 완벽하다고 할 수는 없지만 보다 정확한 개인 맞춤형 당뇨 치료를 찾는 데 분명 도움이 될 것이라고 밝혔습니다.

Q37 주로 논의된 내용은?
(a) 당뇨병의 다양한 원인과 증상
(b) 당뇨병의 보다 정확한 치료
(c) 제2형 당뇨병의 다양한 측면
(d) 당뇨병 분류의 각기 다른 방법들

해설 전통적으로 1형과 2형으로 구분되던 당뇨병을 1~5군으로 분류할 수 있다는 것이 주 내용이므로 (d)가 정답이다. divide, categorize가 group이라는 동사로 패러프레이징되었다. 당뇨병의 원인과 증상은 앞부분에 간단히 언급되었으나 주제라고 보기는 어려우므로 (a)는 오답이다. (b)와 (c)는 담화 중 잠깐 언급된 지엽적인 내용들이다.

정답 (c)


Q38 젊은 층에서 더 발병 가능성이 높은 것은?
(a) 제1군 당뇨병
(b) 제2군 당뇨병
(c) 제3군 당뇨병
(d) 제4군 당뇨병

해설 유년기에 발병하는 당뇨병은 전통적으로 제1형으로 분류되었다. 제1형 당뇨병과 비슷하게 정의되는 것이 제3군 당뇨병이므로 (c)가 정답이다.

어휘 diabetes 당뇨  blood sugar 혈당  insulin 인슐린  genetic 유전적인  condition 상태, 질환  onset 시작  develop 발생하다, 발병하다  overweight 과체중의  obese 비만의  classification 분류  categorize 분류하다  cluster 무리, 군  define 정의하다  subtype 하위유형, 세부유형  precise 정확한  personalized 개인 맞춤형의  symptom 증상  accurate 정확한  group 나누다, 분류하다

정답 (c)


## 39~40

Attention, employees. Let me remind you of the importance of reporting suspicious behaviors in our company. If you witness something that does not reflect our corporate ethical values, or could be a potential violation of the regulations, you must not remain silent. By raising your concerns early, you can enable us to conduct investigation into a potential issue before it may get out of our control. Please feel free to go and talk to your supervisor or our internal lawyer, or contact them via phone or email. We understand some of you are hesitant to report a concern out of fear of retaliation. If you prefer to remain anonymous, you can choose to do so by using the Compliance Online Service. The Compliance Online Service is a secure channel operated independently by a third party. This means you can submit a report on the service provider's website. Remember, what is important is not which reporting method you use but your willingness to come forward.

Q39 Which is correct about the Compliance Online Service from the talk?
(a) Employees can use it to raise a concern to their manager.
(b) It is independently managed by the company's headquarters.
(c) It can be used to report potential breaches confidentially.
(d) Some workers hesitate to use it due to security issues.


Q40 What can be inferred from the talk?
(a) Some people worry about revenge when reporting compliance issues.
(b) It is recommended to hide one's identity when raising concerns.
(c) Most employees prefer email communication to face-to-face talk.
(d) The company has been enforcing a strong non-retaliation policy.

해설 직원 여러분께 알려드립니다. 사내에서 의심되는 행위를 신고하는 것의 중요성에 대해 다시 한 번 안내해 드리겠습니다. 여러분이 우리 회사의 윤리적 가치에 어긋나거나, 혹은 잠재적 규정 위반 상황을 목격했다면, 절대 침

묵해서는 안 됩니다. 여러분이 조기에 우려사항을 제기해야, 회사는 잠재적 문제가 통제할 수 없는 상황이 되기 전에 조사를 진행할 수 있습니다. 언제든지 여러분의 관리자 또는 사내 변호사를 찾아가 이야기하거나, 전화 또는 이메일로 연락을 취하십시오. 여러분 중 보복이 두려워 신고를 꺼리는 분도 일부 있을 것이라 생각합니다. 여러분이 익명을 선호한다면, '컴플라이언스 온라인 서비스'를 이용해 익명을 유지할 수 있습니다. 컴플라이언스 온라인 서비스는 제3자에 의해 독립적으로 운영되는 보안 채널입니다. 즉, 이 서비스 제공업체의 웹 사이트에서 여러분이 신고서를 제출할 수 있습니다. 기억하십시오. 중요한 것은 여러분이 어떤 신고 방법을 사용하느냐가 아니라 스스로 나서겠다는 여러분의 의지입니다.

**Q39** 담화에 비추어봤을 때 컴플라이언스 온라인 서비스에 대해 옳은 것은?

(a) 이 서비스를 이용해 직원들이 자신의 관리자에게 우려 사항을 제기할 수 있다.

(b) 회사 본사에 의해 독립적으로 운영되고 있다.

(c) 잠재적 위반 행위를 비밀리에 보고하는 데 사용될 수 있다.

(d) 일부 직원들은 보안 문제로 이 서비스 사용을 주저한다.

해설 플라이언스 온라인 서비스는 잠재적 위반행위 등을 익명(anonymous)으로 보고할 수 있는 보안채널(secure channel)이라고 했으므로 이를 다른 표현으로 패러프레이징한 (c)가 정답이다. 서비스는 제3자(third party)가 독립적으로 운영한다고 했으므로 (b)는 오답이며, 초반에 관리자나 사내 변호사에게 직접 보고하라는 내용이 있지만 이는 이 서비스와는 무관하므로 (a)도 오답이다. (d)는 담화에 나온 단어들을 조합한 문장일 뿐, 담화 내용과 크게 다르다.

정답 (c)

**Q40** 담화에서 추론할 수 있는 것은?

(a) 일부 직원들은 규정준수 문제를 신고할 때 보복을 두려워한다.

(b) 우려사항을 신고할 때 신고자의 신분을 숨길 것이 권장된다.

(c) 대다수의 직원들이 대면 대화보다 이메일 커뮤니케이션을 선호한다.

(d) 회사는 강력한 보복방지 정책을 시행해왔다.

해설 보복이 두려워 신고를 꺼리는 직원들은 컴플라이언스 온라인 서비스를 통해 익명으로 신고할 수 있다고 했으므로 (a)가 정답임을 유추할 수 있다. 담화의 retaliation이 revenge로 패러프레이징되었다. 이러한 서비스를 도입했다고 해서 그 동안 강력한 보복방지 정책을 시행해왔다고 보기는 어려우므로 (d)는 오답이다. 신고자에게 신원을 밝히거나 숨기라고 권장하는 내용은 없으므로 (b)도 오답이다. (c)는 전혀 언급되지 않았다.

어휘 suspicious 수상한  witness 목격하다  violation 위반  raise a concern 우려를 제기하다  conduct 실시하다  hesitant 주저하는  retaliation 보복  anonymous 익명의  compliance (법, 규정의) 준수  secure 안전한, 보안이 철저한  third party 제3자  willingness 의지  potential 잠재적인  breach 위반, 위반하다  confidentially 비밀리에  hesitate 주저하다  revenge 보복, 복수  identity 신원, 정체성  enforce 집행하다, 시행하다

정답 (a)

**Actual Test 1**

**Actual Test 2**

**Actual Test 3**

**Actual Test 4**

**Actual Test 5**

청해
Listening Comprehension

뉴텝스 출제 원리와 해법, 정답이 보인다!

# NEW TEPS 기본편 청해

**뉴텝스 300+ 목표 대비**

- 서울대텝스관리위원회 NEW TEPS 경향 완벽 반영
- 뉴텝스 300점 이상 목표 달성을 위한 최적의 기본서
- 신유형을 포함한 뉴텝스 청해의 파트별 문제풀이 공략법
- 청해에서 자주 쓰이는 상황별/주제별 어휘 및 빈출 표현 수록
- 뉴텝스 실전 완벽 대비 Actual Test 5회분 수록
- 고득점의 감을 확실하게 잡아 주는 상세한 해설 제공
- 모바일 단어장, 받아쓰기, 보카 테스트 등 다양한 부가자료 제공

## Listening